Zu diesem Buch

Zukunft Alter will den Blick dafür schärfen, daß wir alle alt werden – im günstigsten Fall. Ein Drittel der Bevölkerung wird um das Jahr 2030 über 65 Jahre alt sein. Biologen versuchen herauszufinden, warum wir überhaupt altern und ob sich dieser Prozeß aufhalten läßt. Muß in Zukunft der Generationenvertrag neu geschrieben werden? Werden Jung und Alt neue Formen des Zusammenlebens suchen?
Der Zellbiologe Mathis Brauchbar und der Sozialwissenschaftler Heinz Heer begegnen in ihrem Buch den herrschenden Vorurteilen und Tabus mit neuen Erkenntnissen. Sie geben erstmals einen umfassenden Überblick über die aktuellen Beiträge der Biomedizin, Psychologie und Gesellschaftspolitik. Sie zeigen Wege auf, die Alter(n) als Herausforderung und Chance erkennen lassen, ein großes, noch ungenutztes Potential an Kreativität und Leistungsfähigkeit zu nutzen.

Die Autoren:
Mathis Brauchbar, geb. 1964 in Liestal, studierte Philosophie und Zellbiologie. Seit 1988 ist er Wissenschaftsjournalist (u. a. «Weltwoche») mit Schwerpunkt Gentechnik, Sozial- und Präventivmedizin, seit 1989 Mitarbeiter in einem Büro für Öffentlichkeitsarbeit, Beratung und Planung in den Bereichen Gesundheit und Umwelt.
Heinz Heer, geb. 1949 in Basel, studierte Kultur- und Sozialwissenschaften; seit 1984 ist er Wissenschaftsjournalist sowie ständiger Mitarbeiter der «Weltwoche» mit Schwerpunkt Medizin, Psychiatrie, Soziologie und Zeitforschung.

Mathis Brauchbar / Heinz Heer

Zukunft Alter

Herausforderung und Chance

rororo
Rowohlt

Veröffentlicht im Rowohlt Taschenbuch Verlag GmbH,
Reinbek bei Hamburg, April 1995

Umschlaggestaltung Susanne Müller
(Foto: Tony Stone, Images/San Bosler)
Satz Garamond (Linotronic 500)
Gesamtherstellung Clausen & Bosse, Leck
Printed in Germany
1690-ISBN 3 499 19718 9

Inhalt

Einleitung

Jeder Leser, jede Leserin dieses Buches hat große Chancen, das 80. Lebensjahr zu erreichen. Während noch vor hundert Jahren das höhere Alter nur wenigen vorbehalten war, so ist es heute eine fast sichere Zukunftsperspektive – zumindest für Menschen der westlichen Industrienationen. Ein Drittel der Zeit unseres Lebens verbringen wir – das ist schon die Norm – als ältere und alte Menschen. «Das Alter» ist also nicht «das Problem» nur *eines* Teils der Bevölkerung.

Älter werden wir alle; Altern geht deshalb alle an.

Doch die Alterung beginnt nicht erst, wenn sich die ersten Fältchen bemerkbar machen. Wir altern von Geburt an. Wie und was wir in unserem Alter sind, ist das Resultat eines lebenslangen Prozesses. Deshalb ist niemand zu jung, um sich mit dem Alter und dem Altern zu befassen. Das Alter ist zudem längst kein Synonym mehr für Krankheit, Gebrechlichkeit und Siechtum. Im Gegenteil, die Alternsforschung der letzten Jahrzehnte hat bewiesen, daß sowohl die geistige als auch die körperliche Leistungsfähigkeit bis ins hohe Alter erhalten bleiben können. Sie kennt die Bedingungen für ein langes und befriedigendes Leben.

So wie sich die gerontologische Forschung nicht mit «dem» Alter beschäftigt, sondern mit dem Alter*n* – also dem Prozeß, der bei der Geburt beginnt und bis zum Lebensende andauert –, liegt auch in diesem Buch der Akzent auf dem dynamischen Aspekt. Gerontologie bezeichnet deshalb auch die Alter*ns*forschung und nicht die Altersforschung. Altern ist ein außerordentlich komplexes Geschehen, das das Leben jedes einzelnen durchdringt und an jedem beliebigen biographischen Punkt einsichtig wird. Das bedeutet aber auch: Es gibt «den» alten Menschen nicht. Zwar altert jeder, aber eben auf seine höchst individuelle Weise.

Wir befinden uns mitten in einer historischen Entwicklung, in der sich «das Gesicht» des Alters allmählich wandelt. Die Zahl selbstbewußter älterer Menschen, die ihr Leben aktiv und selbstbestimmt gestalten, nimmt zu. Und dieser Trend wird sich zweifellos noch verstärken: Nach der Jahrtausendwende werden Menschen pensioniert werden, die unter den Bedingungen der Hochkonjunktur der 50er und 60er Jahre groß geworden sind. Sie werden sich von den heutigen alten Menschen in vielem unterscheiden.

Das Altern am Ende des 20. Jahrhunderts ist von einem starken Wandel bestimmt. Die Menschen altern anders als früher, und die Wissenschaft erlaubt ein zunehmend besseres Verständnis der vielfältigen Zusammenhänge. So läßt sich zeigen, daß bei älteren Menschen bisher stark unterschätzte Reserven vorhanden sind. Die Aussicht, sie erschließen zu können, gibt Anlaß zu einer begründeten Aufbruchsstimmung.

Doch Altern ist nicht nur eine individuelle Herausforderung: Parallel zur industriellen Revolution ist die lautlose, stille Revolution des Alterns der Bevölkerung in Gang gekommen: Die Menschen leben länger, in den Industrienationen werden immer weniger Kinder geboren, und die Alten werden zahlreicher. 1940 war in den heutigen EG-Staaten jeder vierzehnte über 60 Jahre alt; im Jahr 2020 wird es jeder fünfte sein. Als Folge des Wandels der Bevölkerungsstruktur zeichnen sich schon heute tiefgreifende Veränderungen in der Gesellschaft ab.

Die «Alten», wie wir sie bisher zu kennen glaubten, gibt es schon heute nicht mehr. Hingegen bilden sich immer stärker zwei neue Gruppen heraus: die große Gruppe der sogenannten jungen Alten, die noch voll leistungsfähig sind, obwohl sie nicht mehr arbeiten, und die viel kleinere Gruppe der pflegebedürftigen Hochbetagten. Beide Gruppen haben einen beträchtlichen Einfluß auf die gesellschaftliche Entwicklung in sozialer und wirtschaftlicher Hinsicht.

Aufgrund der wachsenden Zahl alter Menschen wird es zudem immer mehr Pflegebedürftige geben. Bis Ende unseres Jahrhunderts wird sich die Zahl der Menschen, die an Demenz erkranken, voraussichtlich verdoppeln, die Pflegebedürftigkeit entsprechend zunehmen. Während heute noch vier von fünf Pflegebedürftigen zu Hause versorgt werden, wird die Pflege künftig vermehrt in Pflegeheimen, Rehabilitationsstätten und anderen Institutionen stattfinden. Der schon heute offensichtliche Pflegenotstand macht einen massiven Aus- und Umbau der Infrastruktur zur Versorgung pflegebedürftiger alter Menschen notwendig. Und immer dringlicher stellt sich die Frage der Finanzierung dieser Leistungen.

Die jüngeren Alten müßten andererseits schon aufgrund ihrer zahlenmäßigen Stärke zu einer tragenden Stütze der Gesellschaft werden. Doch diese Rolle wird vielen von ihnen heute noch verwehrt; sie werden aus der Arbeitswelt «verabschiedet» und aufs «Altenteil» verwiesen. Eine befriedigende Ersatzrolle bietet sich meist nicht an. Arbeit im weitesten Sinn ist aber von entscheidender Bedeutung für den Status und die Identität erwachsener Menschen. Die Gesellschaft der Zukunft wird auf das produktive Potential der jungen Alten nicht mehr verzichten können. Diese werden vermehrt Arbeiten außerhalb der «Wirtschaft», also etwa in sozialen Bereichen, übernehmen, damit eine sozial abgesicherte Gesellschaft funktionieren kann. In der alternden Gesellschaft nimmt das Thema «Alter und Arbeit» eine Schlüsselstellung ein. Deshalb geht dieses Buch auch verstärkt auf diesen Aspekt ein. Letztlich geht es um den Platz, den die auf ein Drittel anwachsende Bevölkerungsgruppe alter Menschen in der Gesellschaft des 21. Jahrhunderts einnehmen wird.

Wir leben in einer Zeit des Übergangs, in der sich die Wahrnehmung des Alters zu verändern beginnt. Die Alternsforschung hat in den letzten zwei Jahrzehnten viele neue Erkenntnisse gewonnen, die das herkömmliche Bild der Alterungsprozesse des Individuums umstoßen. Die einschlägige Literatur erlebt gegenwärtig einen Boom. Aber auch die sozialen Dimensionen des Alterns stoßen in der Öffentlichkeit auf ein wachsendes Interesse.

Alter und Altern sind vielleicht deshalb so faszinierende Themen, weil sie buchstäblich jeden angehen, jeden Bereich des Lebens betreffen. Die Alternsforschung steckt allerdings noch in den Kinderschuhen. Erst vor wenigen Jahrzehnten wurde Altern zum Gegenstand der Forschung. Es geht dabei um Fragen der Biologie, der

Medizin, der Psychologie, der Bevölkerungs- und Gesellschaftsentwicklung. Wegen der Breite des Themas und der Vielzahl der ausstehenden Antworten können manche Aspekte hier nur gestreift werden.

Dieses Buch versucht aber deutlich zu machen, daß die Zukunft der Gesellschaft und jedes einzelnen Menschen wesentlich davon abhängt, wie wir dem Alter und dem Altern begegnen. Darum: Alter hat Zukunft!

Die stille Revolution

Ein Bild voller Widersprüche

> Alter gehört, wie Gesundheit oder Liebe, zu den Figurationen, über die es stabile Alltagssichten gibt und die als versteckte Lernprozesse weitergegeben werden. Jeder weiß Bescheid. Die meisten meinen etwas anderes.
>
> *Gerd Göckenjan*

Gebremster Aufbruch

Alte Menschen sind einsam, abhängig und hilfsbedürftig; geistig bauen sie ab: Das sind Vorstellungen, wie sie auch heute noch gang und gäbe sind. Vorurteile über alte Menschen und das Altern sind in unserer Gesellschaft weit verbreitet. Laut einer Repräsentativbefragung der Hamburg-Mannheimer Stiftung für Informationsmedizin aus dem Jahre 1989 schätzten nicht weniger als 44 Prozent der Bundesbürger(innen) ältere Menschen als «langsam und träge» ein, und 61 Prozent der Befragten betrachteten alte Menschen als «starrsinnig». Knapp ein Drittel der Befragten (39 Prozent der 25- bis 34jährigen) sind der Auffassung, ältere Menschen redeten «dummes Zeug». 69 Prozent der Befragten in einer breit angelegten Erhebung der Kommission der Europäischen Gemeinschaft im Jahre 1992 – erfaßt wurden sämtliche EG-Länder und alle Altersgruppen – fanden, daß alte Menschen in ihrem Denken zu «starr» seien («too set in their ways and ideas»).[1]

Es gibt zwar Anzeichen dafür, daß das Bild des Alters in den letzten zehn Jahren positivere Konturen gewonnen hat, doch das durch die Medien verbreitete Bild weicht von der Norm ab. In Zeitungsartikeln und Fernsehfilmen kommen alte Menschen im Vergleich zu jüngeren zu selten vor, und wenn, werden sie einseitig dargestellt. Im Gegensatz zu dem in der Öffentlichkeit vorherrschenden Bild alter Menschen wird im Fernsehen die Realität oft beschönigt. In den meisten Fernsehsendungen sind alte Menschen selten krank oder sterben. Das unvollständige und unauthentische Bild in den Medien trägt, so die Berliner Sozialwissenschaftlerin Eva Maria Bosch, zur Verstärkung der Passivität älterer Menschen bei. Die älteren Medienkonsumenten trauen sich oft noch weniger zu, wenn sie sich mit den – unerreichbaren – Vorbildern vergleichen. Kaum Thema fürs Fernsehen sind Beispiele von Alten, die sich politisch engagieren oder sich sonst aktiv in der Gesellschaft einsetzen; ebensowenig findet man eine Darstellung gelungener Modelle des Zusammenlebens von Alt und Jung. Umgekehrt überzeichnen Sendungen, die das Alter zum Thema machen, die negative Kehrseite.

Fast schon so etwas wie eine neue Qualität des Altersbildes in den elektronischen Medien stellt die Behandlung des Altersthemas in der ZDF-Fernsehserie «Der große Bellheim» dar. Die vier Hauptrollen zeigten Männer zwischen 62 und 78 Jahren, und von den 30 weiteren wichtigen Akteuren gehörte fast die Hälfte zur «diffusen Gruppe der jungen Alten, neuen Alten und alten Alten» («Der Spiegel»). Die Geschichte der vier Männer, denen nichts ferner liegt als der Ruhestand, spielt zwar fernab von den Alltagssorgen gewöhnlicher alter Leute, doch die Protagonisten wurden nicht um jeden Preis auf jung getrimmt. Übermut und Melancholie halten sich die Waage, das Alter, wird dem Zuschauer vermittelt, hat verschiedene Facetten.

Laut neueren Untersuchungen gibt es kein einheitliches Altersstereotyp. («Der große Bellheim» ist da seiner Zeit also nicht voraus.) Das heißt, die meisten Menschen erkennen durchaus, daß es Unterschiede zwischen alten Menschen gibt und daß «das Alter» nicht als etwas immer und überall Gleiches betrachtet werden kann. Bei vielen Menschen kommen sowohl positive als auch negative Urteile zugleich vor. Das Bild vom Alter und von alten Menschen wandelt sich überdies mit dem eigenen Älterwerden. Während die Jüngeren das Alter besonders negativ einstufen, zeigt die mittlere Generation größere Offenheit gegenüber dem höheren Lebensalter. Welchen Einfluß die Erfahrung des näherrückenden Horizonts des eigenen Alters hat, zeigt das persönlich geprägte Beispiel der österreichischen Kinderbuchautorin Christine Nöstlinger:

«Ich bin fünfundfünfzig Jahre alt. Vor dreißig Jahren wäre mir eine Frau in diesem Alter ziemlich alt vorgekommen. Auch jetzt, wenn ich mich an meine Mutter in diesem Alter erinnere, erinnere ich mich an eine alte Frau. Mich selbst und meine gleichaltrigen Freundinnen und Freunde halte ich aber keineswegs für ‹alt›. Bis zum ‹Altwerden› haben wir noch jede Menge Zeit. Ewig lang Zeit anscheinend, weil ich mit jedem Jahrzehnt, das ich älter werde, die ‹Altersgrenze› um ein Jahrzehnt verschiebe. Im Moment neige ich dazu, Menschen ab siebzig für alt zu halten. In zehn Jahren werden es wohl die Menschen ab achtzig sein.»[2]

Menschen, die der eigenen Zukunft pessimistisch gegenüberstehen, neigen eher dazu, die Schattenseiten des Alters zu betonen. Es scheint auch, daß das Bild des Alters sehr stark kontextabhängig und entsprechend beeinflußbar ist. Öffentlichkeitskampagnen etwa, die hinfällige, pflegebedürftige Hochbetagte in den Mittelpunkt stellen, um Anteilnahme für diese Menschen zu wecken, laufen Gefahr, abwertende Stereotypien zu verstärken: Negative Bilder lösen negative Reaktionen aus.

«Neue Alte» und «Senioren»: Sprachschubladen

Etwa ab dem 55. Lebensjahr werden heute Menschen von Werbung und Wirtschaft als «Senioren» bezeichnet. Neuerdings ist diese Bezeichnung zunehmend zum Synonym für Jung-Alte geworden. Werbefachleute haben entdeckt, daß die Bedürfnisse der rüstigen, «primär konsumorientierten Senioren» sich grundlegend von den Bedürfnissen der oft pflegebedürftigen Hochbetagten (den «Greisen» und «Greisinnen», wie man sie früher nannte) unterscheiden. Mit (jung gebliebenen) Senioren verbindet sich die Vorstellung von Aktivität, Agilität und sogar einer gewissen Jugendlichkeit. Hinter der gefälligen Bezeichnung «Senioren» verbirgt sich indes eine tabuisierende Haltung: Den Begriff «alt» vermeidet man lieber.

Die Soziologin Christel Schachtner hat kritisch darauf hingewiesen, daß der in Mode gekommene Begriff «Senioren» nicht frei von ideologischen Untertönen ist: «Es ist schick geworden, von Senioren zu sprechen, was so ähnlich klingt wie Sponsoren, Mentoren, Juroren, Junioren – glatt, gefällig, positiv. Den Senioren öffnet sich scheinbar die Welt.» Auch Verlegenheitsfloskeln wie «ältere Mitbürger» und «reife Menschen» deuten auf das gehemmte Verhältnis der Gesellschaft zu ihren Alten. Die zwischen neutral und einschmeichelnd pendelnde Terminologie dient wie jede Kategorisierung der Verschleierung. Mit ihr lassen sich Gräben und Trennlinien in der Gesellschaft, Aus- und Abgrenzungen verdecken. Mit den Begriffen «Senior» und «Seniorin» seien Instrumente gefunden, die Alten auf ihre Plätze zu verweisen. Für den Soziologen Reimer Gronemeyer verbirgt sich in der neuen Terminologie ein tieferer Wandel, der mit einer insgeheimen Entwertung verbunden ist: «Im Wort ‹Senior› steckt die Reduzierung der Alten zu einem verwaltungstechnischen Gegenstand. Als Großvater ist der Greis Märchenerzähler oder Nervensäge gewesen. Als Senior ist er Empfänger von Dienstleistungen und Waren.»[3]

Bemühungen, die «Senioren» als einheitliche Gruppe anzusprechen, schlagen oft fehl: Ausdrücklich als solche gekennzeichnete «Seniorenreisen» erfreuen sich nur geringer Beliebtheit. Die meisten Reisebüros haben sie wieder aus ihren Programmen gestrichen. Auch ausdrücklich auf Senioren abgestimmte Zeitungen und Zeitschriften finden bislang nur wenig Anklang. Alte Menschen schätzen zwar Ratgebersendungen im Radio und Fernsehen, spezielle «Opa- und Oma»-Sendungen hingegen lehnen die meisten ab, wie die bereits zitierte EG-Umfrage bestätigte.[4]

Die «neuen Alten»: die Eroberung eines noch unsicheren Terrains

1970 beklagte Simone de Beauvoir – die das Alter überhaupt erst zum Thema für eine breitere Öffentlichkeit machte – die Lage der Alten als «skandalös». Altsein war damals in Frankreich faktisch für die meisten sehr mühevoll. Die umfassende Diskriminierung der Alten und des Alters wurde mit Stillschweigen übergangen.

In den 90er Jahren zeigt sich ein vielfach anderes Bild: Die «neuen Alten» nehmen ihr Schicksal selbst in die Hand, ihre Aktivitäten kennen zunehmend weniger «altersbedingte» Grenzen, und manche von ihnen haben gar vollere Terminkalender als zur Zeit ihrer Berufstätigkeit. In der zitierten Umfrage der Kommission der Europäischen Gemeinschaft bezeichneten sich zwei von drei Befragten (Mittelwert aller EG-Staaten) als «sehr beschäftigt» oder beantworteten die Frage, ob sie ein «volles Leben» («a full life») führten, mit Ja. Die Alten haben heute im allgemeinen mehr oder bessere Möglichkeiten, sich zu entfalten, denn je. Und viele – nicht alle – nutzen sie auch, die einen mehr hedonistisch, die anderen – etwa die Grauen Panther – gesellschaftlich engagiert. Schon ihrer zahlenmäßigen Stärke wegen prägen die Jung-Alten in allen Sozialschichten in steigendem Maß die (post-)moderne Gesellschaft mit.

Zwar haben ältere Menschen (zumeist) ihre festumrissenen Aufgaben verloren, dafür haben sie aber beachtliche Freiräume hinzugewonnen: Nie waren die Normen, was eine Frau oder ein Mann in einem bestimmten Alter zu tun oder zu lassen hatte – zumindest in der Theorie –, so offen und durchlässig wie heute. Kann man demnach mit Recht von einer Ära der Alten sprechen? Die ehrliche Antwort muß wohl heißen: Ja, aber. Aber weil längst nicht alle Tabus gebrochen sind, die Rollen, die den Alten von der Gesellschaft angeboten werden, weiterhin nicht klar umrissen sind und das Verhältnis der Generationen teilweise ungeklärt und potentiell konfliktgeladen ist. «Während die ‹jungen Alten› sich noch in ihre unsichere Rolle einfinden müssen», diagnostiziert der Soziologe Gerd Göckenjan, «und dieser neue Status offenbar auch als permanente Bewährungsprobe erlebt werden kann, sind die öffentlichen Reaktionen auf diese neue Entwicklung grobkörnig, zwiespältig – sie werden jedenfalls kaum der Komplexität der Verhältnisse gerecht.»[5]

Die Haltung der Gesellschaft gegenüber dem veränderten Alter ortet Göckenjan in einem Schwanken «zwischen Panik und Euphorie». Panik über die womöglich in der Zukunft entstehenden Belastungen für die Gesellschaft, Euphorie aber über den Zugewinn an Erfahrungen und an Wissen, der mit der wachsenden Vitalität der

Alten einhergeht. Der stetig wachsende Anteil älterer Menschen erzeugt diffuse Ängste. Wenn es um die Alterung der Bevölkerung geht, gleitet die öffentliche Diskussion schnell auf ein klägliches Niveau ab. Dann treten alte Menschen auf einmal nicht mehr als Subjekte mit ureigenen und berechtigten gesellschafts- und sozialpolitischen Ansprüchen auf, sondern als Objekte, die Kosten verursachen.

Sieben Vorurteile und ihre Widerlegung

In den Vorstellungen über das Phänomen Alter sind Klischees besonders häufig anzutreffen. Klischees entstehen immer dann, wenn Menschen in Kategorien eingeteilt werden. «Die Alten» scheinen sich dafür ganz besonders anzubieten. Das Alten-Klischee verstellt aber den Blick dafür, daß viele Schwierigkeiten, denen alte Menschen begegnen und die ihrerseits das Klischee nähren, ihnen aufoktroyiert werden. Die Ergebnisse der neueren gerontologischen Forschung sind eine Aufforderung, einige der häufigsten Vorurteile zu revidieren.

1. Klischee:
Alter ist eine Krankheit

Was bereitet einem Angst, wenn man ans Rentenalter denkt? In einer repräsentativen Umfrage, die 1992 in Zürich mit 504 Männern und Frauen im Alter von 15 bis 74 Jahren durchgeführt wurde, rangierte als Antwort auf diese Frage an erster Stelle der Gedanke an eine chronische Krankheit und an Pflegebedürftigkeit; es folgten die Angst, von Helfern abhängig zu werden, und die Angst vor körperlichem und geistigem Zerfall. Aus der Untersuchung ging ebenfalls hervor, daß die Angst vor Altersproblemen um so geringer ist, je älter der Mensch ist. Die weitverbreitete Angst vor Hilflosigkeit im Alter scheint angesichts der Tatsachen übertrieben: Zwar ist der überwiegende Teil der chronisch Kranken alt, doch – und darauf kommt es an – ist nur ein kleiner Teil der alten Menschen chronisch krank. In der 1989 durchgeführten Allensbach-Umfrage zum Bild des Alters fällt der hohe Anteil derer auf, die meinen, alte Menschen lebten mehrheitlich in Heimen. Die durch steigende Gesundheitskosten ausgelöste Debatte um Pflegebedürftigkeit, ihre Ursachen und die nötigen Pflegeeinrichtungen hat unzweifelhaft einen nachhaltigen Einfluß auf die Wahrnehmung des Alters in der Öffentlichkeit.

Die Anzeichen des Alterns sind uns allen bekannt:

- Der Verlust von (nicht mehr ersetzbaren) Nervenzellen kann zu einem Leistungsabbau des Gehirns führen.
- Der Rückgang der Muskelmasse wird von einer Zunahme des Fettgewebes begleitet.
- Ab 40 Jahren läßt die Fähigkeit des Organismus nach, Kalzium aus der Nahrung zum Aufbau der Knochen zu verwerten.
- Die Kapazität von Lunge und Herz nimmt zwischen dem 25. und 85. Lebensjahr bis zu 50 Prozent ab.
- Die Immunleistung nimmt im Laufe des Lebens ebenfalls ab. Die Produktion von roten und weißen Blutkörperchen geht zurück. Alte Menschen sind deshalb krankheitsanfälliger als junge.
- Die Haut fängt ab 40 Jahren an, schlaff zu werden. Die Abnutzungserscheinungen wie Falten und Flecken werden durch übermäßige Sonnenbestrahlung verstärkt.
- Die Fähigkeit, hohe Töne zu hören, nimmt mit zunehmendem Alter ab. Die obersten noch wahrgenommenen Frequenzen sinken von 20000 Hz auf 8000 bis 10000 Hz.
- Die Fähigkeit der Linse des Auges, ein Objekt in der Nähe zu fokussieren, nimmt infolge verminderter Verformbarkeit ab.
- Die Nierenfunktion nimmt ab dem 40. Altersjahr pro Jahr um ein Prozent ab.

Diese Aufzählung mag den Anschein erwecken, daß der körperliche Zerfall im Verlauf der Zeit immer mehr voranschreitet. Doch das verbreitete Bild von körperlichen und seelischen Leiden im Alter entspricht kaum der Realität. Die amerikanische Sozialpsychologin Bernice Neugarten, eine Pionierin der Alternsforschung, hat eine große Zahl von einschlägigen Studien ausgewertet. Das Resultat faßt sie so zusammen: «Der weitaus größte Teil der über

65jährigen sind rüstige, kompetente Leute, die zwar pensioniert, aber in Familie und Gemeinde aktiv sind – Menschen, die die Übergänge der zweiten Lebenshälfte erfolgreich bewältigt haben.» Ihrer Ansicht nach verbessert sich nach der Pensionierung sogar oft der Gesundheitszustand; Wohlbefinden und Zufriedenheit dominieren diese Phase – vorausgesetzt, daß die finanzielle Grundlage gewährleistet ist. Allerdings kann auch das Gegenteil eintreten: Der plötzliche Verlust von Aufgaben in der Arbeitswelt macht manchen alternden Menschen mehr zu schaffen als allfällig altersbedingte Beeinträchtigungen des Gesundheitszustands.

Alte, vor allem hochbetagte Menschen, empfinden den Verlust der Vitalkräfte als Belastung. Doch die Abnahme der körperlichen Funktionstüchtigkeit darf nicht mit Krankheit gleichgesetzt werden. Das Vorurteil, alte Menschen seien meist krank, ist nicht zuletzt eine Folge des einseitigen Krankheitsbegriffs, der in unserer Kultur vorherrscht. Als Kriterium für Gesundheit dient häufig die Arbeitsfähigkeit. In Indien aber gilt als gesund, wer fähig ist, Freude zu empfinden. Altersbedingte organische Veränderungen sind normale körperliche Vorgänge. Verminderte Sehkraft und geringere Belastungsfähigkeit von Knochen und Geweben mögen als Behinderungen wahrgenommen werden; der betroffene Mensch kann dennoch durchaus gesund sein. Viele Begleitphänomene, die lange Zeit selbst von der Wissenschaft als Altersfolgen angesehen wurden – wie körperliche und geistige Leistungsminderung infolge von Übungsmangel –, sind auch im höheren Alter noch revidierbar. Die weit verbreitete Angst vor Krankheit und Hilflosigkeit im Alter, wie sie aus der oben zitierten Umfrage herauslesbar ist, zeugt davon, daß den Krankheiten im Alter von der Öffentlichkeit ein zu hoher Stellenwert beigemessen wird. «Von dem anzustrebenden Ziel einer öffentlichen Meinung, die weiß, daß es gesundheitlich stark beeinträchtigte und demente Alte gibt, aber auch solche, die in Teilbereichen Abbauerscheinungen zeigen und in anderen noch voll funktionsfähig sind, und Alte, die körperlich und geistig noch völlig selbständig und aktiv sind, sind wir noch weit entfernt», stellt das Autorenkollektiv eines Forschungsberichts der Berliner Akademien der Wissenschaften zur Zukunft des Alters fest.[6]

Krankheiten treten im höheren Alter nicht zwingend auf. Sie werden infolge der verminderten Anpassungsfähigkeit des Organsystems jedoch wahrscheinlicher. Vorbeugende Maßnahmen – vor allem körperliche und geistige Aktivitäten – können Erkrankungen verhindern. Als eines seiner obersten Ziele bezeichnet es der 1992 verabschiedete Bundesaltenplan der deutschen Regierung, «die Selbständigkeit älterer Menschen zu erhalten». Die Altenpolitik, d. h. die Politik für Betagte und Hochbetagte, wie sie heute schon in vielen Städten und Gemeinden in Deutschland, Österreich und der Schweiz betrieben wird, trägt diesem Umstand Rechnung. Rudolf Rechsteiner, der ehemalige Leiter des Basler Amts für Alterspflege, beschreibt die Leitlinien dieses Amts folgendermaßen: «Unser Ziel besteht darin, die Selbständigkeit der Menschen in der eigenen Wohnung so lange wie möglich zu erhalten. Ein Heimeintritt erfolgt nur bei wirklicher Hilfsbedürftigkeit, meist erst im Alter zwischen 80 und 90 Jahren.» Zu diesem Bild paßt, daß in den letzten zehn Jahren der Anteil der Pflegebedürftigen in der Altersgruppe der 60- bis 70jährigen laufend zurückgegangen ist. Von den 70- bis 80jährigen Deutschen sind 8,2 Prozent pflegebedürftig, 2,4 Prozent leben in Heimen. Von den 80- bis 90jährigen sind 18,9 Prozent pflegebedürftig, und 10,2 Prozent werden in Heimen betreut. Das durchschnittliche Eintrittsalter in Pflegeheime beträgt 75 Jahre. Infolge der höheren Lebenserwartung der Frauen sind 8 von 10 Pflegeheimpatienten weiblichen Geschlechts. Aus diesen Zahlen geht klar hervor, daß der ganz überwiegende Teil alter Menschen über eine relativ gute Gesundheit verfügt und in der Lage ist, ein selbständiges Leben zu führen.[7]

Das Bild ändert sich erst bei den Hochbetagten: Im hohen Alter nimmt die Wahrscheinlichkeit, krank zu werden, deutlich zu. Das scheint gewissermaßen der Preis zu sein, den wir für die steigende Lebenserwartung zahlen. In den letzten 30 Jahren ist die letzte Lebensphase, in der sich chronische Krankheiten und Behinderungen häufen, durchschnittlich länger geworden. So sind nur etwa 30 Prozent der durch eine höhere Lebenserwartung gewonnenen Jahre eine Periode des gesundheitlichen Wohlbefindens. Allerdings ist chronische Erkrankung nicht einfach mit Pflegebedürftigkeit gleichzusetzen. Der überwiegende Teil chronisch kranker älterer Menschen ist in der Lage, relativ selbständig zu leben. Voraussetzung dafür ist jedoch eine genügende Unterstützung durch ambulante Dienste und behindertengerecht ausgerüstete Wohnungen.

Behinderungen bei alten Menschen fallen leicht ins Auge. Doch ernstlich betroffen davon ist nur eine Minderheit, die allerdings unter gesundheitspolitischen Gesichtspunkten zunehmend ins Gewicht fällt. Ernste Krankheitssymptome, die die Lebensqualität mindern, belasten vor allem die letzte Lebensphase. Doch selbst Hochbetagte müssen nicht zwangsläufig krank werden. Gesund bis ins hohe und höchste Alter – das ist keine abwegige Maxime.

2. Klischee: Die Geriatrie ist daran schuld, daß es so viele Alte gibt

Die Fortschritte der Medizin in diesem Jahrhundert sind unbestreitbar. Das gilt auch für die Geriatrie, die Altersmedizin. Von 1900 bis 1990 stieg die Lebenserwartung in Westeuropa von 49 auf über 75 Jahre. Ein 65jähriger (älter als 65 Jahre wurden damals nur relativ wenige Menschen) hatte um 1900 durchschnittlich noch zehn Jahre vor sich, 1980 bereits 14,4 Jahre. Auch die Todesursachen haben sich in den letzten 100 Jahren verändert. Anstelle von Infektionen stehen heute Krebs- und Kreislauferkrankungen im Vordergrund. 47 Prozent aller Todesfälle betreffen Menschen über 75.[8] Am auffälligsten ist der Fortschritt der Medizin bei der Bekämpfung der Säuglingssterblichkeit. Sie ist auf weniger als ein Prozent gesunken. Tatsächlich sind es eher die Kinderheilkunde und die Infektiologie, die dazu beigetragen haben, daß die Lebenserwartung in den vergangenen 100 Jahren so stark zugenommen hat. Oder wie der Schweizer Gerontologe Charles Chappuis meint: «Die Alternative zum Altwerden ist jung sterben.» Zumindest in Europa gehört es nicht zum Ethos der Altersmedizin, das Leben um jeden Preis zu verlängern. Andere Auffassungen vertreten einzelne Gerontologen in den USA: Sie möchten den Tod am liebsten ganz abschaffen.

3. Klischee: Die Kostenexplosion im Gesundheitswesen hat wesentlich mit dem steigenden Anteil älterer Menschen zu tun

Es ist zwar richtig, daß für ältere Menschen die Gesundheitskosten überdurchschnittlich ansteigen. Der wachsende Anteil älterer Menschen an der Bevölkerung ist aber keineswegs die primäre Ursache für die «Kostenexplosion» im Gesundheitswesen. Tatsächlich fallen die allgemeinen Kostensteigerungen im Gesundheitsbereich weit stärker ins Gewicht als die überdurchschnittlichen Kosten, die von älteren Menschen bis dato verursacht werden. Zur «Kostenexplosion» tragen u. a. die steigende Ärztedichte, die ständige Steigerung der Ansprüche und die Perfektionierung der Apparatemedizin bei. Experten schätzen, daß höchstens ein Viertel des gesamten Kostenzuwachses auf den Anstieg des Anteils der Alten an der Gesamtbevölkerung zurückzuführen ist.

4. Klischee: Die «neuen Senioren» sind außerordentlich aktiv

Diese vor allem von Marketing-Spezialisten verbreitete Leitvorstellung ist ebenso eine Überzeichnung wie das noch immer tief verwurzelte Bild, dem zufolge alte Menschen auf Parkbänken sitzend darauf warten, daß die Zeit vergeht. So wie es alte Menschen gibt, die apathisch oder krank in Alten- und Pflegeheimen ihr Leben verbringen, so gibt es auch gesunde, unternehmungslustige Alte, die dem Leben ein Maximum an Genuß und Freude abzugewinnen versuchen. Aber auch von den jüngeren Alten kann nicht pauschal gesagt werden, daß sie dem Bild vom «neuen Senior» entsprechen.

Bei einer Umfrage, die 1990 in der Bundesrepublik durchgeführt wurde und in die knapp 1500 Menschen im Alter von 55 bis 70 Jahren einbezogen waren, differenzierten sich vier unterschiedliche Lebensstile älterer Menschen heraus.

1. Die pflichtbewußten häuslichen Alten
Bescheidenheit, Sparsamkeit, die Familie, häusliche Pflichten, Gartenarbeit, Kaffeekränzchen, Besuch von Kindern und Enkeln sind für Menschen dieser Lebensstilgruppe von besonderer Bedeutung. Ihr Leben entfaltet sich im wesentlichen in der eigenen, engeren Umgebung. Die Angst vor Abhängigkeit und vor dem Altenheim ist ausgeprägt. 31 Prozent der Befragten gehören zu dieser Gruppe.

2. Die aktiven «neuen Alten»
Selbstverwirklichung, Kreativität, Aufgeschlossenheit für das Neue sind diesen Menschen besonders wichtig. Angehörige dieser Gruppe wollen ‹etwas vom Leben haben›, sie genießen die Rente und nehmen weiterhin – ohne Verpflichtungen und Zwänge – am sozialen Leben teil. In dieser Gruppe befinden sich die meisten Menschen mit einem hohen Bildungsstand. Sie zählen nicht unbedingt zu den jüngsten der Älteren – das Alter ist also nicht entscheidend –, hingegen zu den Wohlhabendsten. Sie stellen einen Anteil von 25 Prozent.

3. Die sicherheits- und gemeinschaftsorientierten Alten
Nach einem harten Arbeitsleben bedeutet die Rente in erster Linie Ruhe und Rückzug. Hobbys, der Kontakt mit Nachbarn und Fernsehen sind für Angehörige dieser Gruppe besonders wichtig. Sie leben in bescheidenen, aber nicht ärmlichen Verhältnissen. 29 Prozent der Befragten sind dieser Gruppe zuzurechnen.

4. Die resignierten Alten
Angehörige dieser Gruppe führen ein Leben, das durch soziale und materielle Nachteile geprägt ist. Es ist gleichzeitig die älteste Gruppe und die mit dem höchsten Frauenanteil. Viele von ihnen haben Gesundheitsprobleme und leben in absoluter Einsamkeit und großer Armut, suchen in der Religion oder in Erinnerungen Trost. Gefühle der Ohnmacht und die Angst vor dem Abgeschobenwerden sind ausgeprägt. 15 Prozent der älteren Menschen gehören immerhin zu dieser Gruppe.[9]

Die demographische Entwicklung wird zu einer weiteren Ausdifferenzierung dieses Bilds führen. Die Lebenslagen, Lebensstile und Bedürfnisse der älteren Menschen werden sich in Zukunft noch stärker voneinander unterscheiden als heute.

5. Klischee: Alt ist man mit 60

Warum nicht mit 50? Warum nicht mit 40? In Frankreich treten Beamte mit 55 in den Ruhestand, in der Schweiz werden Männer mit 65 und Frauen mit 62 Jahren pensioniert. Ginge es nach dem Arbeitsmarkt, hätte man allen Grund, sich bereits mit 40 zu «den Alten» zu zählen. Über 40jährige haben es in der Regel schwer, eine neue Stelle zu finden. Arbeitslose zwischen 40 und 50 werden mit der Frage des Altwerdens auf besondere Weise konfrontiert; sie erleben, was es heißt, aus Altersgründen ausgegrenzt zu werden. Die «Gesetze» des Arbeitsmarkts erinnern fatal an die Definition, wie sie 1893 in Meyers Conversations-Lexikon stand: «Das Greisenalter beginnt bei den Männern zwischen 50 und 60 Jahren, bei den Frauen ab 45 Jahren.»

Die meisten Menschen werden sich zwischen 30 und 40 Jahren zum erstenmal bewußt, daß das Leben nicht vollkommen offen ist, daß auch sie älter und einmal alt werden. Ab 40 beginnt man sich allmählich auf die zweite Lebenshälfte einzustimmen, erste Anzeichen des Alters – eine nicht mehr ganz frische Haut, erste graue Haare – machen sich bemerkbar. Auch die Zeitperspektive verändert sich. Man rechnet nicht mehr mit der Zeit seit der Geburt, sondern mit der Zeit, die einem noch zu leben bleibt. Die subjektive Erfahrung des Älterwerdens ist aber ganz entscheidend durch den Spiegel geprägt, den andere einem vorhalten. Man wird alt, wenn es die Umgebung einen wissen läßt.

Die Zeitabschnitte des menschlichen Lebens sind sozial und historisch definiert. Es ist die Gesellschaft, die ihren Mitgliedern «sagt», bis zu welchem Alter sie Jugendliche oder ab wann sie «Alte» sind. Warum aber sollte jemand von einem Tag auf den anderen alt sein, nur weil er in den Ruhestand getreten ist? Fixierte

Altersgrenzen wie der Zeitpunkt der Pensionierung sind das Produkt einer leistungsorientierten Gesellschaft, die den Ruhestand mit dem Abschieben aufs «Altengleis» gleichsetzt. Die Pensionierungsgrenze als Trennlinie zwischen den «Alten» und den «anderen» ist in mehrfacher Hinsicht fragwürdig. Zum einen ist das gerade aktuelle Rentenalter kein «Naturgesetz», zum anderen haben solche Grenzziehungen einen Einfluß auf das Maß der Alterung der Gesellschaft. Was viele Menschen zwischen 50 und 70 «alt» macht, ist oft nicht ihr geistiges oder seelisches Befinden, sondern die einseitige Betonung und Bevorzugung der Attribute der Jugend.[10] Das Beispiel der «jungen Alten» macht deutlich, daß die vermeintlich festen Grenzen überschritten werden können. Die Übergänge sind fließend geworden, sie rechtfertigen weder begriffliche noch faktische Barrieren. Vielmehr ist es so, daß der beschleunigte Wandel in der immer «älter» werdenden Gesellschaft alle Altersgruppierungen betrifft, wenn auch mit unterschiedlichen Akzenten. So macht die zunehmende Individualisierung der Lebensstile deutlich, daß unsere gewohnte Sicht, Menschen als Angehörige bestimmter Generationen zu betrachten, immer weniger den heutigen Anforderungen in Beruf und Lebensalltag gerecht wird.

Die Einschätzung, ab wann ein Mensch alt ist, ist hinwiederum altersabhängig. Soziologische Studien belegen, daß junge Menschen unter 30 63jährige für alt halten. Für das Selbstverständnis alter Menschen hingegen scheint das 70. Lebensjahr eine Zäsur zu sein. Ab diesem Alter rechnet man sich selbst häufiger zu den Alten. Ein schönes Beispiel der Selbsteinschätzung im hohen Alter lieferte der Publizist Walter Dirks, als er 87 Jahre alt war: «Ich hatte als Siebziger begonnen, mich als Greis zu sehen, jetzt verstehe ich mich ganz einfach als ‹alten Mann›, ein wenig, nicht sehr viel allerdings, auch als älteren Herrn... Viel lieber aber als ein älterer Herr bin ich ein alter Mann, und ich bereite mich vor, ein sehr alter Mann zu werden, in dem wird der ältere Herr dann wohl ganz verschwunden sein.»[11]

Das am Jahrgang ablesbare Alter sagt wenig aus. Altern ist kein einheitlicher Prozeß. Was sich sagen läßt, ist deshalb einzig, daß «mit steigendem Lebensalter die Unterschiede in den Persönlichkeitsmerkmalen, Lebensschicksalen, Lebenslagen, Lebensplänen in einer Jahrgangsgruppe und zwischen den Jahrgangsgruppen eher zu- als abnehmen. Die Schere zwischen den geistig Regen und geistig weniger Regen, Reichen und Armen, Gesunden und Kranken, Aktiven und Inaktiven, den Personen, die den Sinn im Beruf, und jenen, die diesen jenseits des Berufs sehen, wird größer.»[12]

Wer sind nach all dem «die Alten»? Wer von alten und älteren Menschen spricht, muß sich bewußt sein, daß es sich dabei heute um eine gesellschaftliche Großgruppe handelt, die mindestens zwei Generationen umfaßt. Dieser zahlenmäßig immer größer werdende Bevölkerungsanteil zerfällt in zahlreiche Segmente mit sehr unterschiedlichen Merkmalen. Den einen Pol bilden aktive Frührentner(innen), den anderen pflegebedürftige Hochbetagte. Die lange Spanne des dritten und vierten Lebensalters macht begriffliche Differenzierungen notwendig. Eine einheitliche Terminologie fehlt allerdings noch. Der Wiener Soziologe Leopold Rosenmayr hat folgende, auch von der WHO verwendete, Einteilung vorgeschlagen:

- ältere Menschen (60–75 Jahre),
- Alte (75–90 Jahre),
- Hochbetagte (über 90 Jahre),
- Langlebige (100 und mehr Jahre).

Inzwischen ist es vielfach üblich geworden, die Altersgruppe der 55- bis 75jährigen – die sogenannten Jung-Alten – von den «alten Alten» – den Betagten –, und diese nochmals von den Hochbetagten (Menschen über 85 Jahre) abzugrenzen. Der Übergang vom «dritten» zum «vierten» Alter wird meist bei 75 Jahren angesetzt. In Anbetracht des völlig anderen «Gesichts», das das Alter heute für viele Menschen hat, wirken neutrale Bezeichnungen am überzeugendsten. So trifft man immer häufiger auf den Begriff «spätes Erwachsenenalter», wenn von Menschen zwischen 65 und 79 Jahren die Rede ist.

Bezüglich kalendarischer Festlegungen des Alters ist jedoch in jedem Falle Vorsicht geboten. Zu groß sind die Unterschiede zwischen den Menschen eines Jahrgangs. So sind manche 90jährige geistig ebenso beweglich wie bestimmte 60jährige Männer und Frauen.

Die Anzahl der Lebensjahre allein sagt wenig aus über die Verfassung eines Menschen, über seine körperlichen und geistigen Fähigkeiten, seinen Gesundheitszustand. Die Alternsforschung beschränkt sich zudem längst nicht mehr auf einen bestimmten Lebensabschnitt. Vermehrt richtet sie ihre Aufmerksamkeit auch auf die mittlere Lebensphase (40–60 Jahre), in der viele innere und äußere Veränderungen stattfinden, die für die späteren Lebensphasen von Bedeutung sind.

6. Klischee: Alte Menschen sind senil oder eigensinnig

Ein solches kategorisches Urteil ist aus verschiedenen Gründen unangebracht. Die abwertende Charakterisierung «senil» trifft allenfalls nur auf die alten Menschen zu, die unter Hirnleistungsstörungen leiden. Auch Ausdrücke wie «eigensinnig» oder «verstockt» tragen kaum etwas zum Verständnis alter Menschen bei. Es stimmt, daß alte Menschen sich oft nicht so verhalten, wie es die Umgebung von ihnen erwartet. Eine 90jährige Frau möchte sich nicht ins Altenheim einweisen lassen, obwohl ihre Angehörigen sich nichts sehnlicher wünschen, als sie dort versorgt zu sehen. Ein betagter Unternehmer kann sich von seinem Lebenswerk nicht trennen und blockiert die Erneuerung der Konzernspitze und wichtige Managemententscheidungen. Beispiele «störrischer» alter Menschen finden sich zuhauf. Das von der Umgebung als störrisch Empfundene ist einerseits Ausdruck ihres intakten eigenen Willens, der in jedem Fall verdient, respektiert und zur Kenntnis genommen zu werden; es ist aber auch Ausdruck des eigenen Potentials, das dem Alter innewohnt, ein kritisches, durchaus positiv zu verstehendes Stör- und Widerspruchspotential, dazu geeignet, der Gesellschaft den Spiegel vorzuhalten.

Charles Chappuis fragt zu Recht: «Sind nicht auch jüngere und junge Menschen bisweilen vergeßlich, eigensinnig, starrköpfig? Nennen wir sie deshalb senil, vertrottelt?»[13] «Greisenhaftigkeit» impliziert mangelnde Denkfähigkeit. Wesentlich zur Abwertung geistiger Leistungen im Alter hat eine amerikanische Studie aus den

20er Jahren beigetragen, die eine Abnahme der Intelligenz mit zunehmendem Alter behauptete. Diese Auffassung ist heute nicht mehr haltbar. Vielmehr ist es so, daß sich im Verlauf des Älterwerdens bestimmte Aspekte der Intelligenz verändern. Ein allgemeiner Abfall der geistigen Leistungsfähigkeit im Alter ist, sofern die geistigen, gesundheitlichen und sozialen Voraussetzungen günstig sind, keinesfalls die Regel. Die sogenannte pragmatische oder Erfahrungsintelligenz kann bei gesunden Menschen selbst im höheren Alter noch zunehmen.

Leistungseinbußen, wie sie bei Intelligenz- und Gedächtnistests bei Alten in Erscheinung treten, haben nicht primär mit dem Alter zu tun. Es sind andere Faktoren, die dabei eine Rolle spielen, wie z. B. geringe Testmotivation und fehlende Lernstrategien. Zudem ist Intelligenz trainierbar. Auch sehr alte Menschen können wieder ein Leistungsniveau von vor 20 Jahren erreichen, wenn die soziale Umgebung Anreize und Gelegenheiten für das Erlernen neuer Strategien liefert. Die Leistungen des Gedächtnisses können verbessert werden, wenn monotone Lebensumstände – das Los vieler alter Menschen – so verändert werden, daß der alte Mensch wieder mit Anregungen und Herausforderungen von der Umwelt konfrontiert wird.[14] Untersuchungen haben zudem ergeben, daß eine positive Einstellung zur Zukunft die intellektuelle Leistung alter Menschen verbessert. Bemerkenswert sind die Ergebnisse einer amerikanischen Langzeitstudie. Der Intelligenzforscher Werner Schaie beobachtete die Intelligenzentwicklung von 500 Erwachsenen. Dabei wurde ein geringer Abbau der Intelligenz zwischen 60 und 70 Jahren gemessen. Doch dieser Befund ist zu relativieren: Bei mehr als der Hälfte der 75jährigen war die Intelligenz seit dem 60. Lebensjahr unverändert geblieben, bei 40 Prozent war es zu Einbußen gekommen, und bei acht Prozent konnten Gewinne festgestellt werden. Inzwischen weiß man auch aufgrund von gezielten Trainingsstudien, daß alte Menschen auch im Bereich der mechanischen Intelligenz ein beträchtliches Reservepotential haben, das durch Übung erschlossen werden kann.

7. Klischee: Alte Menschen sind weise

Die positiven Aspekte der Intelligenzentwicklung im Alter könnten den Schluß nahelegen, mit dem Alter stelle sich die Weisheit von selbst ein. Die Etymologie scheint diese These zu stützen. «Alt», dem lateinischen altus verwandt, bezeichnet Reife im Sinne von Körperhöhe. Auch im Wort «Welt» steckt als Kern das Wort «Alter». «Wer-ald» (Welt) bedeutet das Alter der Menschen. Doch dieses Klischee einfach so stehen zu lassen, würde nur bedeuten, ein Vorurteil durch ein anderes zu ersetzen. Beides ist falsch. Man muß annehmen, daß beide Vorurteile (‹Alte sind senil› resp. ‹Alte sind weise›) auf Abwehr beruhen: Was einem angst macht, verteufelt man, oder man überhöht es. Daß Alter vor Torheit nicht schützt, hat schon Adolf Freiherr von Knigge gewußt. Die Vorstellung, mit zunehmendem Alter würde der Mensch automatisch erfahrener, ist illusionär. Anstatt ein Mehr an Wissen und Abgeklärtheit zu gewinnen, können Menschen im Alter ebensogut abgestumpfter, verbitterter oder verängstigter werden. Positive wie negative Vorurteile sagen etwas aus über historische und kulturelle Bedingtheiten. Ob man alte Menschen als senil und lästig abtut oder ihnen Weisheit zubilligt, hat wenig mit objektiven Kriterien zu tun, dafür um so mehr mit kulturell vermittelter Hoch- oder Geringschätzung des Alters.

Ein kleiner historischer Abriß zeigt, wie die Zuschreibung positiver oder negativer Attribute im Laufe der Geschichte immer Wandlungen unterlag. Das Selbstzeugnis des Konfuzius belegt, wie in der altchinesischen Kultur Alter und Weisheit zusammenfielen: «Mit 15 Jahren bemühte ich mich um das Studium der Weisheit; mit 30 gewann ich Sicherheit darin; mit 40 hatte ich keine Zweifel mehr; mit 60 konnte mich nichts auf der Welt erschüttern, mit 70 vermochte ich den Wünschen meines Herzens zu folgen...» Im Verlauf eines langen Lebens wuchs so das Maß an Abgeklärtheit, um gegen das Ende hin seinen Höhepunkt zu erreichen. Ähnlich beschrieb auch der japanische Maler Hokusai um 1830 sein Leben: «Gegen 50 Jahre hatte ich eine unendliche Menge Zeichnungen veröffentlicht. Aber alles, was ich vor dem dreiundsiebzigsten Jahr geschaffen habe, ist nicht der Rede wert. Gegen das Alter von 73 Jahren ungefähr habe ich etwas von der wahren Natur der Tiere, der Kräuter, der Fische und Insekten begriffen. Folglich werde ich mit 80 Jahren nochmals Fortschritte gemacht haben, mit neunzig Jahren werde ich das Geheimnis der Dinge durchschauen, und wenn ich hundertzehn Jahre zähle, wird alles von mir, sei es auch nur ein Strich oder ein Punkt, lebendig sein.»

In der griechischen Antike begann sich das Bild, das sich das Abendland vom Alter machte, erstmals zu wandeln und nahm ambivalente Züge an. Der fast 80jährige Plato lobte das Alter jenseits der 50, in dem der Mensch in den Stand der Wahrheit gelange. Sein Schüler Aristoteles sah es gerade umgekehrt: Alter ist für ihn eine Krankheit. Nach 50 baue der Körper ab, und die Persönlichkeit zersetze sich. Deshalb müßten alte Männer auch von der Macht ferngehalten werden. Auch in der römischen Kultur finden sich einander widersprechende Urteile. Cicero rühmt die Klugheit, die dem Alter eigen ist: «Die Staaten wurden stets von jungen Leuten ruiniert, gerettet und wieder aufgebaut aber von den Alten.» Bei Seneca heißt es ähnlich: «Die Früchte erlangen ihren vollen Geschmack erst in dem Augenblick, da sie vergehen.» Plinius, Ovid, Horaz und Juvenal rückten demgegenüber die Schrecken des Alters in den Vordergrund. Von besonderem Reiz ist die Lebensalterslehre Isidors von Alexandrien, die bis zur Renaissance immer wieder zitiert wurde. Nach Isidor dauerte die (männliche) Kindheit bis zum Alter von zwei Jahren. Dann folgte das «Knabenalter» bis zum vierzehnten Lebensjahr. Der Jugend (iuventus) konnte man sich bis 45 oder gar 50 Jahren erfreuen. Darauf folgte die Reifezeit (gravitas). Sie dauerte bis zum 60. Altersjahr. Das Alter (senectus) schließlich dauerte bis 70 Jahre. Den Abschluß bildete das Greisenalter. Sowohl der «Kindheit» als auch dem Greisenalter wurde von Isidor ein geringer Wert zugeschrieben.

Im Mittelalter und in der Neuzeit genoß das Alter wenig Ansehen. In der Commedia dell'arte ist der Greis als Pantalone eine lächerliche Figur. Gnadenlos ist Montaignes Urteil: «Das Alter gräbt uns mehr Falten in den Geist als ins Gesicht; und die Seele alter

Menschen, mit wenigen Ausnahmen, bekommt beim Altern einen säuerlichen und muffigen Geruch.»

Im Zeitalter der Aufklärung erfährt das Alter wieder eine Aufwertung. Als 75jähriger meinte Voltaire: «Im Alter erträgt man das Leben, in der Jugend mißbraucht man es.» Im 20. Jahrhundert herrscht erneut die Ambivalenz in der Beurteilung des Alters vor, wie wir sie aus den Anfängen abendländischer Zivilisation kennen. Der rasante technologische Fortschritt entwertet den Erfahrungsvorsprung der älteren Generationen, und der Kult des Jugendlichen prägt unsere Leitbilder. Daneben finden sich aber auch positive Bilder des Alters. Meist sind es Prominente, Künstler wie Picasso, Chaplin, Karajan, Rubinstein, die als Symbolfiguren für Originalität und Schaffenskraft im Alter herangezogen werden.

Diese Aufzählung häufig wiederkehrender Stereotype ist natürlich nicht vollständig. Das gestörte Verhältnis der Gesellschaft zum «Alter» kommt auf vielfältige Weise zum Ausdruck: in der Dominanz von Werten, die mit «Jugend» assoziiert werden, und der Marginalisierung und der Defunktionalisierung aller, die nicht oder nicht mehr in dieses Raster passen. Die hartnäckigen, sich zäh haltenden Vorurteile sind dafür verantwortlich, daß über ein Fünftel der Bevölkerung – bald wird es ein Viertel sein – als «Minderheit» angesehen wird.

Die Altersexplosion

> Die Welt ist älter geworden. Wenn der Mensch altert, so ist er voll von Gebrechen; wenn die Welt altert, so ist sie voll von Unglück.
>
> *Augustinus*

Der Planet bekommt einen Graustich

Rund um den Erdball nimmt die Zahl alter Menschen zu. Nach Berechnungen der Vereinten Nationen wird es im Jahre 2025 auf der Welt 1,2 Milliarden Menschen geben, die über 60 Jahre alt sind. 1950 waren es erst 200 Millionen. Während die Weltbevölkerung derzeit um einen Faktor 3 wächst, nimmt der Anteil der über 60jährigen um einen Faktor 6 zu: Der blaue Planet bekommt einen Graustich.

Die relativ höchste Zunahme alter Menschen verzeichneten bisher die Industrienationen. Trotzdem leben drei Viertel der alten Menschen in den Entwicklungsländern. Und in Zukunft werden vor allem einige Länder der Dritten Welt eine rasante Alterung der Bevölkerung erfahren. Die im Vergleich zum Norden jüngeren Bevölkerungen des Südens unterliegen damit einem doppelten Problemdruck: Zu der Bürde hoher Geburtenraten mit all ihren verhängnisvollen Folgen gesellt sich hauptsächlich in Afrika, wo die Entwicklung am dramatischsten verläuft, die kaum zu lösende Aufgabe, in 30 Jahren fünfmal mehr alte Leute als heute versorgen zu müssen. Die Perspektiven sind um so düsterer, als sich die traditionellen Familienstrukturen, auf deren Unterstützung sich alte Menschen bislang verlassen konnten, teilweise auflösen – u. a. auch als Folge der Aids-Epidemie.

In Westeuropa hat sich die Zahl der über 60jährigen zwischen

1960 und 1990 um die Hälfte erhöht. Schweden, Deutschland, die Schweiz, Österreich, Großbritannien und Dänemark gehören zu den Ländern mit dem höchsten Anteil alter Menschen. Im vereinigten Deutschland stellten die über 65jährigen 1990 15,4 Prozent der Bevölkerung. Bis zum Jahre 2035 wird ihr Anteil auf mindestens 25, eventuell sogar auf 35 Prozent steigen.[1]

Alterung der Bevölkerung in Europa

Prozentualer Anteil der über 65jährigen an der Gesamtbevölkerung

Mitgliedstaat	1965	1990	2000	2020	2040*
Belgien	12,6	14,8	16,7	19,6	22,3
Dänemark	11,6	15,5	15,4	19,9	25,2
Bundesrepublik Deutschland	11,8	15,6	17,3	23,0	28,0
Frankreich	12,0	13,9	15,7	19,7	23,1
Griechenland	8,6	12,7	15,0	16,1	21,2
Irland	11,0	10,2	9,1	10,6	17,2
Italien	9,7	14,3	16,6	20,0	24,9
Luxemburg	11,6	13,0	13,7	15,6	22,3
Niederlande	9,5	12,8	13,6	19,0	25,0
Portugal	8,3	12,4	13,6	15,0	20,6
Spanien	8,8	13,0	15,0	16,2	23,3
Vereinigtes Königreich	12,1	15,7	15,6	17,9	20,6
Insgesamt (EG 12)	10,9	14,4	15,8	19,1	n/a

Quelle: Analyse der Entwicklung der Bevölkerungsstruktur und der Zahl der Arbeitskräfte anhand der EUROSTAT-Datenbanken, 1988; Tendenzen der Sozialausgaben und der Bevölkerungsentwicklung, OECD 1988.

* Vorausschätzungen der OECD.

Zwar nimmt die Gesamtzahl alter Menschen zu, doch der Anteil der Hochbetagten wächst besonders rasch. Von 1950 bis 1985 nahm die Zahl der 80- bis 85jährigen in der Bundesrepublik um das Zweieinhalbfache zu. Die über 80 Jahre alten Menschen machen heute schon 4 Prozent der Bevölkerung aus. Die Zunahme der Hundertjährigen schlägt gar alle «Rekorde»: Gab es in Deutschland 1939 16 Hundertjährige, so waren es 1970 385, 1990 über 3000, und im Jahr 2000 werden es gar 10 000 sein![2] Drei Viertel von ihnen werden Frauen sein.

Prozentualer Anteil der älteren Menschen an der Gesamtbevölkerung der EG 1990 und 2020

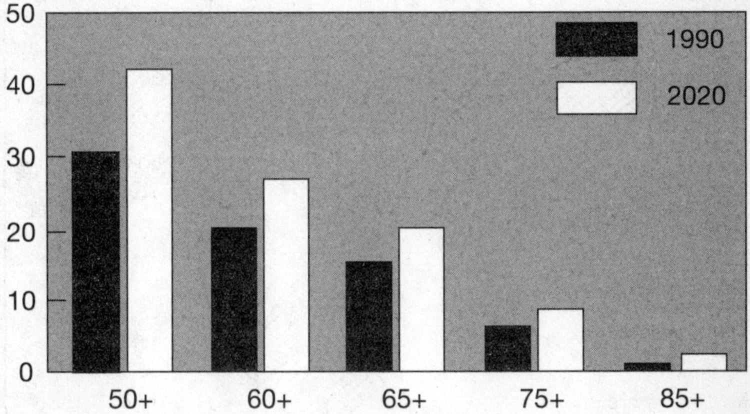

Während die ältere Bevölkerung wächst, wird der Nachwuchs immer spärlicher. Zwischen 1970 und 1990 schrumpfte der Anteil der Kinder und Jugendlichen unter 15 Jahren an der Bevölkerung in der Bundesrepublik um ein Drittel. In 30 Jahren werden die unter 20jährigen nicht einmal mehr ein Fünftel der Bevölkerung stellen. In keinem anderen Land ist die nachwachsende Generation zahlenmäßig so schwach. Noch 1946 kamen in Deutschland auf einen 80 Jahre alten Menschen zehn Kinder unter sechs Jahren; 1987 betrug dieses Verhältnis noch 1 : 2. Zum erstenmal in der Menschheitsgeschichte hat sich in Westeuropa das zahlenmäßige Verhältnis der jungen und der alten Generation verkehrt: Es gibt mehr Alte als Kinder. Auf 50 Millionen unter 15jährige kommen 70 Millionen über 60jährige.

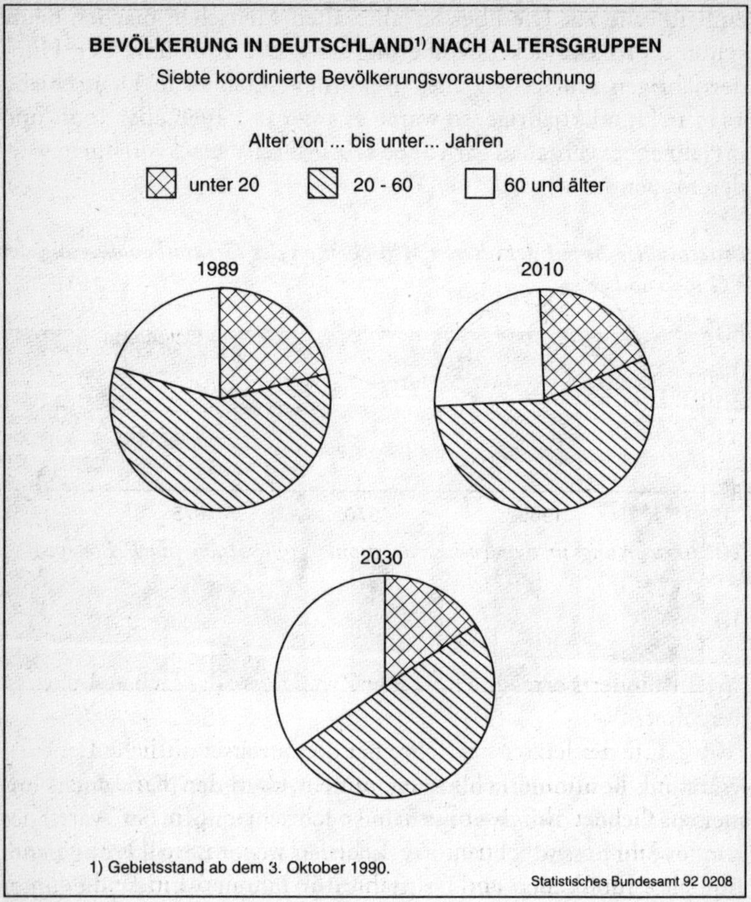

Homo Longaevus: die Langlebigkeitsrevolution

Wenn man davon ausgeht, daß es heute keine Besonderheit mehr ist, 80, 90 und mehr Jahre zu erleben, so wird klar, daß die früher euphemistische Rede von den 50 Jahren als Lebensmitte zunehmenden Realitätswert erhalten hat. Nachfünfzigern verbleibt eine Lebensspanne von 30 oder gar 40 und mehr Jahren. Noch am Ende des

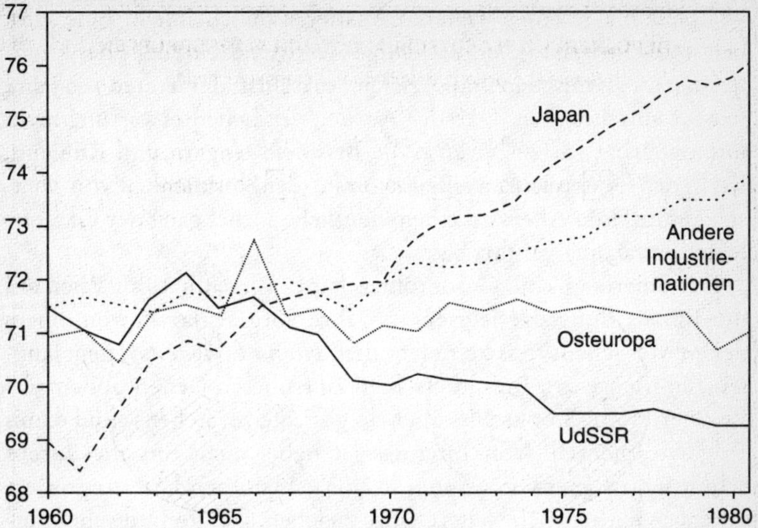

Lebenserwartung in den Industrienationen 1960–1980 (nach Bourgeois-Pichat, 1984).

19. Jahrhunderts erreichte nur jeder Zwanzigste das sechste Lebensjahrzehnt.

Im Laufe der letzten 100 Jahre hat die durchschnittliche Lebenserwartung kontinuierlich zugenommen. Hatte ein Kind um 1890 bei der Geburt durchschnittlich 50 Jahre vor sich, so waren es 1950 65 Jahre. 1990 betrug die Lebenserwartung in Deutschland 78,9 Jahre für Frauen und 72,7 Jahre für Männer. Ein Ende dieser Entwicklung ist bis jetzt nicht absehbar: Immer mehr Menschen werden immer älter. Wer 1990 geboren wurde, kann im Durchschnitt bereits wieder mit zehn Lebensjahren mehr rechnen als Menschen, die 1950 zur Welt kamen. Eine solche Zunahme ist in der Geschichte unvergleichlich. Gegenwärtig erhöht sich die durchschnittliche Lebenserwartung von Neugeborenen für jeden Jahrgang um etwa drei Monate.[3]

Wie sich die Lebenserwartung längerfristig entwickeln wird, läßt sich allerdings schwer voraussagen. Ein größeres Gesundheitsbewußtsein macht einen weiteren Anstieg wahrscheinlich. Eine stark belastete Umwelt und eine allfällige Wohlstandseinbuße aber könnten den medizinischen und sozialen Fortschritt der letzten 100 Jahre wieder einschränken. Daß der Anstieg der Lebenserwartung nicht unumkehrbar ist, zeigen u. a. die Beispiele Ungarn und Rußland, wo in den letzten Jahren eine Erhöhung der Sterblichkeit von Menschen mittleren Alters zu einem deutlichen Rückgang der Gesamtlebenserwartung geführt hat.

Der amerikanische Gerontologe James Birren hat mit Blick auf die Entwicklung der letzten 100 Jahre vorgeschlagen, von einem neuen Menschentypus zu reden: dem *Homo Longaevus*, dem langlebigen Menschen. Im Unterschied zu früheren Generationen verfügt der Homo Longaevus über ein gesteigertes Lebens- und damit Erlebenspotential. Von Interesse ist dabei nicht nur die durchschnittliche Lebenserwartung. Je älter jemand wird, desto größere Chancen hat er, noch weitere Jahre zu leben. Das kommt sehr deutlich in der Lebenserwartung der heute 60jährigen zum Ausdruck. Sie beträgt in Deutschland für Männer knapp 18, für Frauen mehr als 22 Jahre – fast 5 bzw. 7,5 Jahre mehr als zur Zeit der Jahrhundertwende.[4] Das bedeutet, daß man heute durchschnittlich nach der Pensionierung noch eine Lebenszeit vor sich hat, die ungefähr der Hälfte des Arbeitslebens entspricht. Die Phase des «Altseins» umfaßt mittlerweile ein Viertel der gesamten Lebenszeit. Sie hat damit eine Ausdehnung von epochalem Ausmaß erfahren. Diese vielleicht brisante Tatsache wird allerdings dadurch relativiert, daß nicht nur das Alter, sondern auch das mittlere Erwachsenenalter an Jahren gewonnen hat: Alt im Sinne des 19. Jahrhunderts ist man heute nicht mit 60, sondern mit 80 Jahren. Vor dem «Alter» im traditionellen Sinn liegt heute die Lebensphase des «jungen Alters».

Aber auch die übrigen Lebensabschnitte haben sich verändert. Am auffälligsten zeigt sich das bei der Lebensspanne, die einem Paar nach der Beendigung seiner elterlichen Pflichten verbleibt. Die nachelterliche Phase dauert heute durchschnittlich zehnmal so lange wie vor 100 Jahren. Ein Vergleich des typischen Lebenslaufs einer Frau im 17. Jahrhundert mit dem einer Frau dieses Jahrhunderts zeigt das Ausmaß der Veränderung: Die Kindheit hat sich von

27,6 Prozent der Lebenszeit auf 15,7 Prozent verkürzt, die Spanne zwischen erster und letzter Geburt von 22,9 Prozent auf 5,6 Prozent. Das Risiko der Verwitwung ist für sehr viele Frauen schon fast «programmierbar» geworden: Die Witwenschaft hat durchschnittlich von 0 auf 10,9 Prozent der Lebenszeit zugenommen.[4]

Die Langlebigkeits-Revolution wird von der Gesellschaft noch kaum in all ihren Dimensionen erfaßt. Viele Klischees in bezug auf alte Menschen verweisen auf die kürzere Lebenserwartung früherer Jahrzehnte. Die hohe Lebenserwartung macht das Leben «planbar» und läßt Investitionen in Menschen (Schulung, Bildung) berechenbar erscheinen. Lebenslanges Lernen konnte sich als Konzept überhaupt erst auf diesem Hintergrund durchsetzen. In der «Normbiographie» hat der Zufall kaum mehr Platz.

Das alte Gesicht des Todes

Der Tod ist heute gewissermaßen eine Exklusivität des Alters. Der überwiegende Teil der Menschen stirbt nach dem 60. Lebensjahr. Mehr als die Hälfte der Frauen erlebt den 80. Geburtstag. Die Überlebenskurve, die im Jahre 1900 noch nahezu eine Diagonale war, verläuft inzwischen beinahe waagerecht. Erst bei der Altersmarke 65 bekommt sie einen Knick und beginnt steil nach unten zu weisen: Der Tod in mittleren und jüngeren Jahren ist selten geworden. Sterben und Tod haben dadurch eine vollkommen andere Bedeutung erlangt. «Für unsere Vorfahren», schreibt der Sozialhistoriker Arthur Imhof, «war der grobschlächtig verfahrende Tod eine selbstverständliche Erscheinung in ihrem Alltag. Mittels einer Handvoll immer wiederkehrender Todesursachen: Pocken, Bauchtyphus, Fleckfieber, Cholera, Pest schlug er überall zu, in jedem Alter, in jedem Stand: er traf Männer wie Frauen, Säuglinge und Kinder, Verheiratete wie Ledige.»[5] Es liegt auf der Hand, daß sich das Verhältnis zum Tod verändert, wenn er aus dem «normalen» Leben verbannt ist: Der Tod hat kein Alltagsgesicht mehr. Das aber macht es leicht, ihn zu verdrängen: Er ist zum Tabu-Thema geworden.

Dank dem hohen Lebensstandard in den Industriegesellschaften ist es den meisten Menschen vergönnt, das ihnen verbleibende Mehr an Lebenszeit zu einem guten Teil auszuschöpfen. Sie nutzen die nachberufliche Phase zum Reisen, für Hobbys, Sport oder Fortbildung und erfüllen sich Wünsche, die das Leben bis dahin offengelassen hat. Die Mehrheit verbringt den Lebensabend somit entsprechend der Losung der Wiener UNO-Konferenz über Fragen des Alterns von 1982: Nicht nur dem Leben mehr Jahre geben, sondern den Jahren auch mehr Leben. Der alte Menschheitstraum eines langen und bis zuletzt lebenswerten Lebens – er ist erstmals auf 4000 Jahre alten Papyrus-Rollen belegt – scheint damit in Erfüllung zu gehen.

Die gestiegene Lebenserwartung ist im wirtschaftlichen und sozialen Fortschritt begründet, der durch die industrielle Revolution ausgelöst wurde. Vor allem der Rückgang der Säuglings- und Kindersterblichkeit von 30 bis 40 Prozent im 19. Jahrhundert auf heute unter ein Prozent hat die Überlebenschancen der Individuen drastisch gesteigert. Bessere Ernährung, bessere sozial-hygienische Verhältnisse und der wachsende Wohlstand haben diesen Fortschritt ermöglicht. Dazu kamen Erfolge in der Medizin: die erfolgreiche Behandlung von Infektionskrankheiten, verbesserte operative Techniken und wirkungsvollere Medikamente zur Bekämpfung oder Hinausschiebung chronischer Krankheiten. Die Fortschritte der Medizin werden in den Industrienationen von einem ausgebauten Gesundheitswesen und einem vielfältigen sozialen Netz begleitet, das der wachsenden Zahl alter Menschen in unserer Gesellschaft angepaßt wurde. Nicht nur der Tod hat dadurch ein zunehmend «altes Gesicht» bekommen, auch die schweren Erkrankungen treffen die Menschen später im Leben. Sie treten meist erst wenige Jahre bis Monate vor dem Tod auf. Zwar sind sie in leichter Form schon zuvor ansatzweise vorhanden, doch zeigen sie kaum Symptome und beeinträchtigen das Wohlbefinden nicht wesentlich. Zur Belastung werden sie erst in der letzten Lebensphase.[6]

Freilich haben nicht alle gleichermaßen Anteil an der höheren Lebenserwartung. Abgesehen davon, daß Frauen im Durchschnitt länger leben als Männer, ist die Chance, ein hohes Alter zu erreichen, je nach sozialer, wirtschaftlicher und beruflicher Stellung verschieden. Menschen, die durch Bildung und Einkommen günstigere Voraussetzungen haben, um auf sich und ihre Gesundheit achtzugeben, leben auch länger. Angehörige bestimmter intellektueller Berufe, wie Lehrer, Pfarrer, oder Menschen in mittleren und höheren Führungspositionen haben eine deutlich höhere Lebenserwartung als Angehörige niedriger sozialer Schichten.[7]

Es liegt auf der Hand, daß die Langlebigkeits-Revolution weitreichende gesellschaftliche Folgen hat. Einer ihrer Vorteile besteht darin, daß die Produktivität dank der gesunkenen Sterblichkeitsrate bei Menschen im erwerbsfähigen Alter in den letzten Jahrzehnten ständig gestiegen ist und weiter zunimmt. Auf der anderen Seite bringt sie eine zunehmende Zahl hochbetagter Menschen mit sich, die an degenerativen Krankheiten wie Herz-Kreislaufstörungen, Demenz oder Osteoporose leiden und auf intensive Pflege angewiesen sind. Vor allem der Vormarsch degenerativer Hirnerkrankungen ist die weniger schöne Kehrseite der Langlebigkeits-Revolution.

Vergreisung der Gesellschaft?

Die Zunahme alter Menschen verändert die Alterszusammensetzung nachhaltig. Wenn noch um 1900 der Altersaufbau der Bevölkerung graphisch die Form einer Pyramide hatte, wobei die alten Generationen die schmale Spitze ausmachten, gleicht er jetzt mehr einem baumartigen Schema («zerzauste Wettertanne»): Die verästelte Krone älter werdender Bürger sitzt auf dem schmäler werdenden Stamm der jüngeren Generationen. In Zukunft wird der Altersaufbau graphisch eine Pilzform haben, wodurch das Gewicht der Älteren symbolisch – als mächtiger Kragenhut – noch deutlicher zum Ausdruck kommt.

Von Aldous Huxley stammt die böse Metapher von der «modernen Gesellschaft als Greisenfabrik». Die demographische Alterung gehört unbestreitbar zu den zentralen und gleichzeitig faszinierendsten Herausforderungen der Gegenwart und näheren Zukunft. Die relative und absolute Zunahme alter Menschen gibt dieser Gruppe

Altersaufbau der Bevölkerung

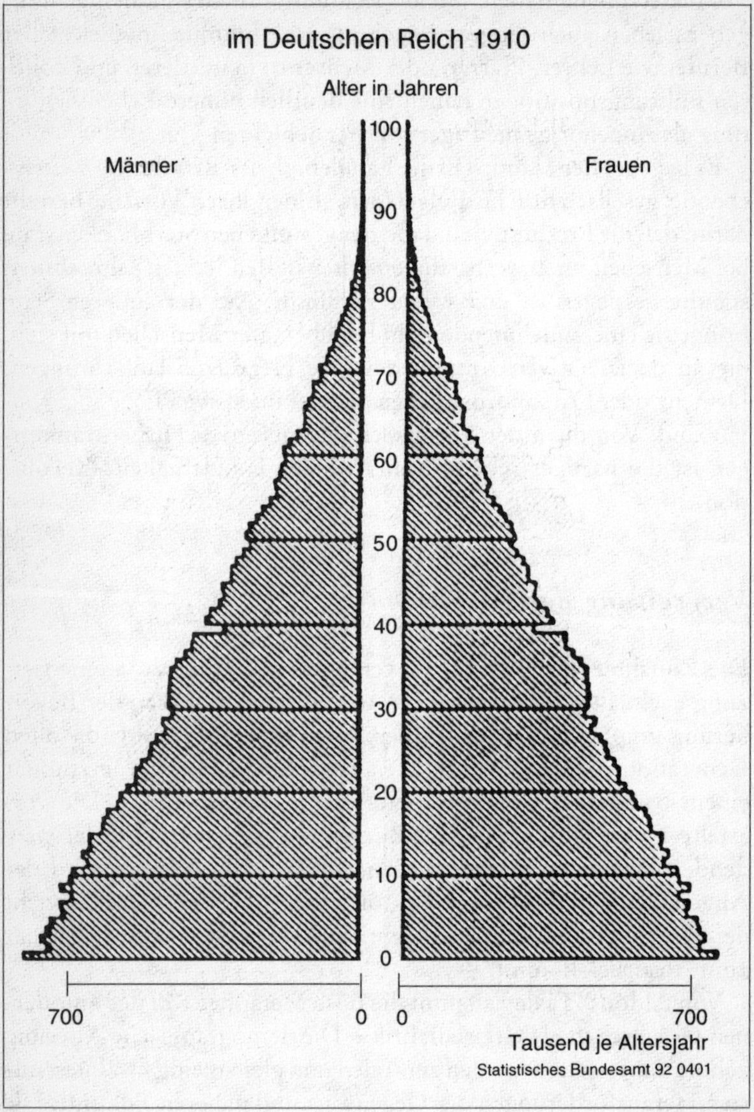

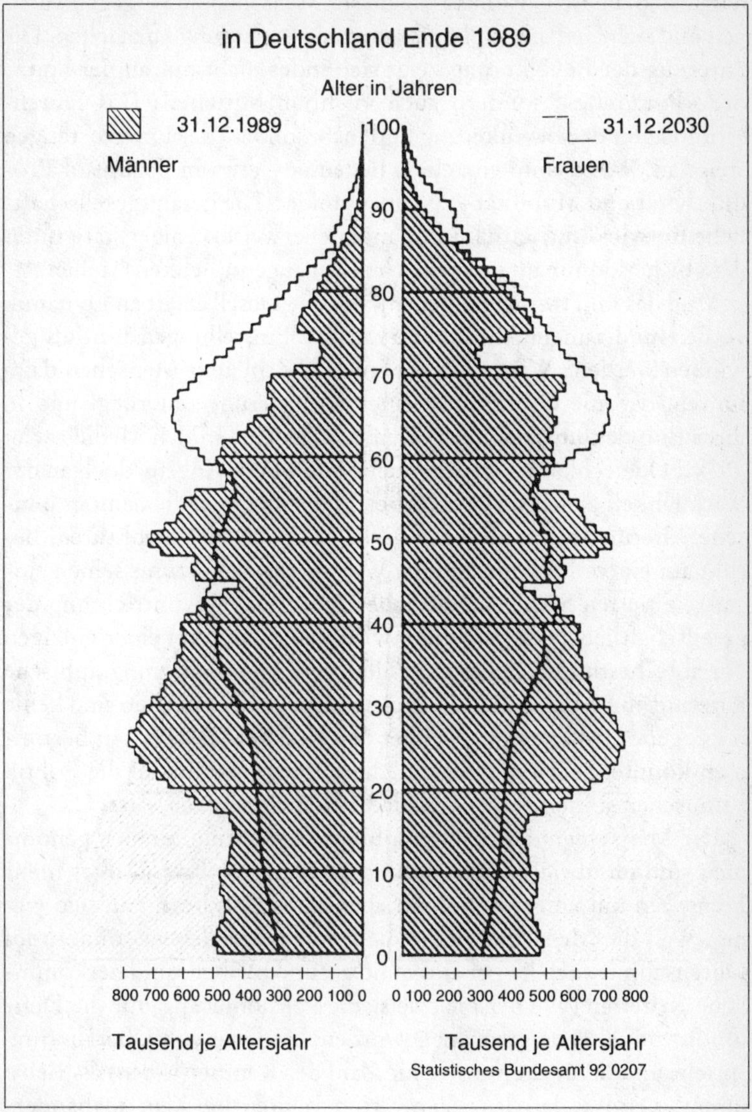
in Deutschland Ende 1989
Alter in Jahren
31.12.1989
31.12.2030
Männer
Frauen
100
90
80
70
60
50
40
30
20
10
0
800 700 600 500 400 300 200 100 0
0 100 200 300 400 500 600 700 800
Tausend je Altersjahr
Tausend je Altersjahr
Statistisches Bundesamt 92 0207

nicht nur ein größeres Gewicht, sie zwingt die Gesellschaft auch dazu, sich die Lebensumstände dieser Menschen zu vergegenwärtigen und sich Gedanken über ihre soziale Bedeutung zu machen. Die Alterung der Bevölkerung zeigt sich indes nicht nur an der Spitze der «Pyramide», sondern auch in ihrem Mittelteil: Das Durchschnittsalter der Bevölkerung und insbesondere der Erwerbstätigen steigt an. Was das im einzelnen bedeutet – etwa in bezug auf Produktivität und Mobilität –, ist noch unklar. Die gesamtgesellschaftliche Entwicklung wird künftig möglicherweise weniger stark unter dem bisher dominanten Vorzeichen der Jugend(lichkeit) stehen.

Muß das nun zwingend heißen, daß die Gesellschaft an Dynamik verliert und zunehmend konservativere Einstellungen Einfluß gewinnen werden? Wird die zunehmende Zahl alter Menschen dazu führen, daß die Gesellschaft einer Senilisierung unterliegt und in ihrer Entwicklung stagniert? Reißerische Titel in den Medien wie: «Wird Deutschland zum Altenheim?» schüren Ängste, doch an der Wirklichkeit zielen sie weit vorbei. Die Annahme, die demographische Alterung führe zu einer Verkalkung sozialer Strukturen, beruht auf einem Mißverständnis. Wie immer Augustinus seinen eingangs zitierten Satz gemeint haben mag: Die Gesamtrichtung der gesellschaftlichen Entwicklung wird keinesfalls von einer einzigen Variable bestimmt! Es wäre völlig verfehlt, die demographische Alterung mit *sozialer* Alterung gleichzusetzen. Die Alten sind keine homogene Großgruppe, die über den Rest der Gesellschaft bestimmen könnte. Selbst wenn sich Ältere etwa vermehrt in die Politik einmischen sollten, wird diese dadurch nicht einfach «älter».

Die Meßzahlen der demographischen Alterung für sich genommen sind im übrigen nicht besonders aussagekräftig. Daß es mehr Menschen mit einem höheren Lebensalter gibt, besagt an sich wenig. Weil die Menschen heute nicht nur länger leben, sondern im Durchschnitt auch länger aktiv und gesund bleiben, sind herkömmliche Kriterien (wie beispielsweise die Pensionierung) für die Definition von Alter fragwürdig geworden. Und wer von Überalterung spricht und dafür die wachsende Zahl der Rentner(innen) als Beleg nimmt, vergißt, daß das gegenwärtige Rentenalter kein unabänderliches Naturgesetz ist.

Indikatoren, die die gestiegene Lebenserwartung miteinbeziehen, relativieren die demographische Alterung. Der amerikanische Demograph Norman Ryder hat schon vor 20 Jahren einen «dynamischen Alterungsindikator» vorgeschlagen, wonach das Alter eines Menschen dann beginnt, wenn die verbleibende Lebenserwartung noch zehn Jahre beträgt. (Die Lebenserwartung verändert sich mit zunehmendem Alter.) Legte man einen solchen dynamischen Indikator zugrunde, wäre der Anteil der «alten» Männer 1990 um 5 Prozent, derjenige der «alten» Frauen sogar um 10 Prozent niedriger gewesen. Im Jahre 2025 würde die Differenz 11 bzw. 14 Prozent betragen.[8]

Ideologisierte, vorurteilsbehaftete Begriffe wie Altenlast, Rentnerschwemme, Überlastungsquoten, Rentenlastquoten u. ä. sind Ausdruck verschwommener, von irrationalen Ängsten geprägter Vorstellungen des sich vollziehenden weitreichenden Wandels. Bedenklich ist, daß sich diese Begriffe in der Sprache der Bürokratie und in der Fachsprache etabliert haben. Die Angst vor Überalterung gründet in kulturellen Stereotypen: Fortschritt und Wachstum, Wettbewerb und Leistung werden einseitig mit Jugend in Verbindung gebracht. Demgegenüber wird die Alterung, so Hans-Ulrich Klose, Seniorenbeauftragter der SPD, «mit fragwürdigen Metaphern wie ‹Vergreisung› als Erstarrung oder Abstieg interpretiert. Die älteren Bürger als Quelle von individuellem und gesellschaftlichem Reichtum, diese Perspektive ist in der Diskussion bisher unterbelichtet.»[9] Eine rationale Betrachtungsweise der demographischen Alterung geht davon aus, daß Gesellschaften anpassungsfähige «Gebilde» sind, die auf Herausforderungen mit Innovationen reagieren. «Fast alle Befürchtungen, daß die gesellschaftliche Entwicklung allein oder überwiegend durch eine Zunahme des Altenanteils bestimmt werde, sind unbegründet oder überzogen», sind sich die Autoren der von der Berliner Akademie der Wissenschaften herausgegebenen Studie «Zukunft des Alterns und gesellschaftliche Entwicklung» einig. «Die gesellschaftliche Entwicklung verläuft nicht proportional zu demographischen Verschiebungen, und moderne Wohlfahrtsstaaten, wie die Bundesrepublik Deutschland, verfügen über eine hohe Selbststeuerungs- und Adaptationskapazität.»[10]

Wichtiger als der zahlenmäßige Anteil der Älteren an der Gesamtbevölkerung sind die physischen und psychischen Lebensumstände der alten Menschen selbst und die politischen, ökonomischen, ökologischen und sozialen Bedingungen der Gesellschaft als ganzes. «Das Alter», schreibt der amerikanische Demograph Lincoln Day, «ist in dem Maß eine Last – sowohl für die alten Menschen selbst als auch für die Gesellschaft –, in dem wichtige Faktoren des Lebensstandards wie Wohnen, medizinische Versorgung, Einkommensverteilung, öffentliche Transportmittel usw. es nicht zulassen, daß alte Menschen ihre Lebensbedürfnisse selbst befriedigen und am Leben der Gesellschaft teilnehmen können.»[11]

Die Alterung erfolgt von «unten»

Der wachsende Anteil alter Menschen in den hochentwickelten Gesellschaften basiert auf zwei Ursachen, die gleichermaßen von Bedeutung sind: Die gestiegene Lebenserwartung wird von einer niedrigen Geburtenrate begleitet.

Der Geburtenrückgang ist kein neues Phänomen. In Deutschland setzte er schon im letzten Viertel des 19. Jahrhunderts ein. Seit dem sogenannten Pillenknick der 60er Jahre nimmt der Nachwuchs aber laufend und in weit stärkerem Maße als je zuvor ab. 1972 begannen in der Bundesrepublik die Sterbefälle die Geburten zu überwiegen. Für den Zeitraum von 1990 bis 2030 wird mit einem kumulierten Überschuß der Sterbefälle über die Geburten von etwa 14 Millionen gerechnet.[12]

Die «stille Revolution» der sinkenden Geburten- und steigenden Sterberaten läßt unter Bevölkerungswissenschaftlern die Befürchtung aufkommen, daß in den Industrieländern längerfristig mit einem Rückgang der Gesamtbevölkerung zu rechnen sei. Ein Blick in die Vergangenheit zeigt, welche epochalen Veränderungen in den letzten 150 Jahren stattgefunden haben: 100 Frauen des Geburtsjahrgangs 1850 brachten in der Schweiz im Durchschnitt 400 Kinder, 100 Frauen des Geburtsjahrgangs 1890 «nur» noch 240 Kinder zur Welt. Allerdings war auch mit dieser Rate die Reproduktion der Bevölkerung mehr als gesichert. Der starke Geburtenüberschuß im 19. Jahrhundert führte zu rasch wachsenden Generationen und – bei gleichzeitig hoher Sterblichkeit – zu einer sehr jungen Altersstruktur, die graphisch die Form einer ziemlich regelmäßigen Pyramide aufwies. Die Regelmäßigkeit des Altersaufbaus der Bevölkerung vor dem Ersten Weltkrieg beruht darauf, daß jede Altersgruppe stärker besetzt war als die nächst höhere.

Seit dem Geburtsjahrgang 1939 ist die Erneuerung der Generationen in Deutschland, der Schweiz und Österreich nicht mehr gewährleistet. Dieser Trend wurde nochmals Ende der 50er/Anfang der 60er Jahre für kurze Zeit durchbrochen: Auf dem Höhepunkt des sogenannten Babybooms der Nachkriegszeit betrug die Fertilitätsrate 2,7 Kinder pro Frau. Die markanteste Zäsur der letzten 150 Jahre trat nach 1965 (nach der Einführung der Antibaby-Pille) ein. Von diesem Zeitpunkt an ging die Geburtenhäufigkeit rapide zurück und erreichte in Deutschland mit durchschnittlich 127 Kindern pro 100 Frauen Mitte der 80er Jahre einen absoluten Tiefstand. Zum Bestandserhalt der Generationen fehlen in Deutschland heute etwa 35 Prozent des Nachwuchses.[13] Zur Zeit sind zwar noch die geburtenstarken Jahrgänge im Familiengründungsalter, in wenigen Jahren werden jedoch die geburtenschwachen Jahrgänge nachrükken, und die (absolute) Zahl der Geburten wird rasch abnehmen.

Für die Demographen besteht kein Zweifel: Die abnehmende Geburtsrate in den Industriestaaten ist Ausdruck eines dauerhaften Trends. Es handelt sich um eine Entwicklung von säkularer Tragweite, die mit Wertvorstellungen gekoppelt ist, die in der zweiten Hälfte des 20. Jahrhunderts aufgekommen sind. Die postmodernen Verhaltensänderungen im Zuge von Individualisierung und Emanzipation sind so tiefgreifend, daß die niedrige Fruchtbarkeitsrate unumkehrbar scheint.

Eine Studie des International Institute for Applied Systems Analysis (IIASA), die zehn alternative Szenarien umfaßt, kommt zum Schluß, daß die Bevölkerung Europas (mit dem europäischen Teil der ehemaligen Sowjetunion) und Nordamerikas (USA und Kanada) in den nächsten 30 Jahren in jedem Fall noch weiter anwachsen wird. Unter der Annahme eines weiteren Rückgangs der Fruchtbarkeitsrate (auf 50 Prozent des für die Reproduktion notwendigen Niveaus, also auf ein Kind pro Frau) ist aber damit zu rechnen, daß die Bevölkerung in diesem Raum bis zum Jahre 2050 von einer Milliarde (Höchststand) auf 771 Millionen sinkt. Die Kommission der Europäischen Gemeinschaft geht davon aus, daß der Höchststand der Bevölkerung im Jahre 2005 erreicht sein wird, «so daß die Bevölkerung im Jahre 2010 um knapp zwei Prozent über dem gegenwärtigen Stand liegen und bis zum Jahre 2025 um etwa 2,3 Prozent abnehmen wird».[14]

Eine andere, ebenfalls von Experten des IIASA unternommene Studie untersucht die Bevölkerungsentwicklung im vereinten Deutschland. Die Untersuchung geht von drei alternativen Szenarien aus. In den ersten beiden Szenarien wird eine Gesamtbevölkerung von weniger als 60 Millionen nach dem Jahr 2040 vorausgesagt. Einzig das dritte Szenarium rechnet mit einer Bevölkerung von 95 Millionen im Jahr 2050. Da dieses Szenarium aber wenig wahrscheinlich ist, ist eine Abnahme der Bevölkerung Deutschlands so gut wie vorprogrammiert.[15]

Obwohl bei der Veränderung der Bevölkerungszusammensetzung verschiedene Faktoren zusammenwirken, deren Entwicklung schwer voraussagbar ist, führt kein Weg an der weiteren Alterung der Bevölkerung vorbei. Auch ein neuer «Babyboom» könnte diesen Trend nur unwesentlich beeinflussen. Die tiefe Reproduktionsrate hat jedoch nicht nur negative Aspekte. Denn schließlich sind wir von einem Fließgleichgewicht mit der Natur weit entfernt. Längerfristig wäre ein Bevölkerungsrückgang unter ökologischen Gesichtspunkten vermutlich sogar wünschbar. Ein Rückgang der Bevölkerung muß keineswegs bedeuten, daß die Wirtschaft dadurch schmerzhaft schrumpfen würde.

Einwanderung als Ausweg?

Muß aufgrund der demographischen Entwicklung die bange Frage «Sterben die Deutschen aus?» mit Ja beantwortet werden? Alle Zeichen deuten darauf hin, daß Zuwanderung aus dem Ausland (in verstärktem Maß auch aus außereuropäischen Ländern) der einzige Faktor ist, der noch zu Bevölkerungswachstum – oder wenigstens zu einer Stabilisierung der Bevölkerungszahl – beitragen kann. Seit Mitte der 80er Jahre ist der Bevölkerungszuwachs, den Deutschland, Österreich und die Schweiz zu verzeichnen haben, nur dank Zuwanderung erfolgt. Der Einwanderungsüberschuß übertrifft seither den Geburtenüberschuß in seiner Bedeutung. Ob es künftig noch zu einem Bevölkerungswachstum kommen wird, hängt weitgehend von der Entwicklung der Wanderungsbewegung ab. Mit anderen Worten: Nicht demographische Faktoren wie die Alterung der Bevölkerung entscheiden über das Ausmaß des Bevölkerungsrückgangs; die künftige Bevölkerungszahl wird fast ausschließlich von der verfolgten Einwanderungspolitik bestimmt.

«Einwanderung» ist derzeit jedoch ein Reizthema. Wachsende Ausländerfeindlichkeit, eine restriktive Asylpolitik und eine verbreitete, von Ängsten bestimmte Haltung, die das Boot als «voll» ansieht, machen eine vernünftige Migrationsdiskussion fast unmöglich. Dennoch müssen sich verantwortlich denkende Menschen dieser Fragestellung auf rationale Weise annehmen. Nicht nur die Entwicklung in Ost- und Südosteuropa macht es wahrscheinlich, daß noch auf längere Zeit mit Zuwandererströmen nach Westeuropa zu rechnen ist. Da der Großteil der Einwanderer im aktiven Erwerbsalter steht, wirkt sich die Einwanderung günstig auf die Zusammensetzung der Altersgruppen aus. Ohne weitere Immigration würde das Durchschnittsalter in Deutschland (37,4 Jahre 1983) auf fast 49 Jahre im Jahr 2033 ansteigen. Um das gegenwärtige Durchschnittsalter zu halten, müßten – bei gleichbleibender Geburtenrate – allerdings 500000 oder mehr Einwanderer pro Jahr zugelassen werden.

Das Durchschnittsalter ist deswegen von Bedeutung, weil mit ihm die Zahl der Erwerbsbevölkerung gekoppelt ist. Ohne Einwanderung und bei gleichbleibender Erwerbsbeteiligung wird sich das Arbeitskräfteangebot innerhalb der nächsten Jahrzehnte um 14 Millionen Menschen (das entspricht 30 Prozent der Erwerbsbevölkerung) verringern.[16]

Viele Fragen bleiben offen

Die mittel- und vor allem die langfristigen Auswirkungen der demographischen Alterung werden, so Hans-Ulrich Klose, Deutschland «nachhaltiger und einschneidender verändern als viele andere Prozesse, einschneidender selbst als die deutsche Einheit». Der wirtschaftliche und gesellschaftliche Umbruch ist vorprogrammiert. Nun laufen demographische Entwicklungen wie das Altern und die Abnahme der Bevölkerung nicht einfach mechanisch oder schicksalhaft ab. Zum einen sind sie bis zu einem gewissen Grad beeinflußbar, beispielsweise durch eine gezielte Einwanderungspolitik. Zum anderen nehmen sie sich je nach Interpretation in ihrer Bedeutung verschieden aus. Kulturpessimismus, wie er sich im Bild einer vergreisten Gesellschaft niederschlägt, ist nicht angesagt. Die beschriebenen demographischen Trends führen aller Voraussicht nach zu einschneidenden Veränderungen: Im Spannungsbogen zwischen vorauszusehendem Bevölkerungsrückgang und der Bedarfsbefriedigung einer älter werdenden Bevölkerung sowie den sozialen und wirtschaftlichen Ansprüchen einer sich weiter differenzierenden, zunehmend multikulturellen Bevölkerung muß der nötige Ausgleich gefunden werden. Dabei kommt es auf die bereits angesprochene Innovationsfähigkeit der Gesellschaft an. Das Alter(n) ist vor allem deshalb ein gesellschaftspolitisch akutes Problem, weil etwa ein Drittel des Sozialbudgets und der überwiegende Teil der Gesundheitsausgaben für den älteren Teil der Bevölkerung aufgewendet werden.[17] In diesen Bereichen wird somit künftig ein immer größerer Finanzbedarf bestehen.

Einen ersten kritischen Höhepunkt dürfte die Entwicklung in den Industriestaaten des Nordens um das Jahr 2020 erreichen. Das ist der Zeitpunkt, wo die «Babyboom»-Generation der Nachkriegszeit – also der in den 50er und frühen 60er Jahren Geborenen – in den Ruhestand treten wird. Die «Babyboom»-Generation ist die zahlenmäßig stärkste Generation, die es je gab. Sie kam für Politiker und Planer unerwartet. Die Angehörigen dieser Generation hatten (und haben) unter Engpässen zu leiden: zu wenig Platz in Schule und Universität, zu wenig Arbeitsplätze, zu wenige Wohnungen. Die absoluten Zahlen machen deutlich, mit welchen Größenordnungen zu rechnen sein wird: Um das Jahr 2030 werden in Deutschland mindestens 21 Millionen über 60jährige Menschen leben. Vier Millionen von ihnen werden über 80 Jahre alt sein.[18] Zu einer «Entspannung» wird es erst nach dem Jahr 2035 kommen: Dann treten wieder geburtenschwache Jahrgänge ins Rentenalter.

Die Folgen der demographischen Alterung prägen die Gesellschaft als ganzes. Die mit ihr einhergehenden Veränderungen betreffen die Wirtschaft ebenso wie die Politik, die Kultur nicht minder als den Konsum. Die Altersexplosion führt in den nächsten Jahrzehnten zu neuen Konstellationen in ganz unterschiedlichen Gesellschaftsbereichen:

- *Wirtschaft und Arbeitsmarkt:* Die Zahl der Erwerbstätigen nimmt ab. Es wird immer weniger junge Menschen geben, die die aus dem Produktionsprozeß ausscheidenden älteren Arbeitskräfte ersetzen können. Die berufliche Weiterbildung auch älterer Arbeitskräfte wird deshalb zur Erreichung weiterer Produktionsfortschritte zunehmend wichtig. Für die Wirtschaft bedeutungsvoll wird auch die veränderte Konsumgüternachfrage sein: Der Markt wird sich auf eine geringere Zahl junger Konsumenten einstellen müssen. Dafür weitet sich das Marktsegment der Alten aus. Ältere Menschen werden dadurch zu einer wichtigeren Zielgruppe von Marketing und Versorgung. Die Volkswirtschaftstheorie für eine alternde Bevölkerung ist indes noch kaum über Ansätze hinausgekommen. Unzählige Faktoren können sich ändern: Einkommen, Steuern, Sparverhalten, Art des Konsums usw. Theoretisch noch sehr viel schwieriger zu erfassen ist die Wechselwirkung aller denkbaren Veränderungen.

- *Staatliche Aufgabenbereiche:* Verschiedene, auf die Jugend zugeschnittene Bereiche und die damit verbundene Infrastruktur werden weniger genutzt werden. Das betrifft zum Beispiel Kindergärten und Schulen. Im Erziehungsbereich ist absehbar, daß relativ mehr und ältere Lehrer immer weniger Schüler auszubilden haben werden. Demgegenüber nimmt die Bedeutung der Erwachsenenbildung (inkl. Seniorenuniversität) zu. Und eine wachsende Zahl Hochbetagter wird es nötig machen, mehr Einrichtungen für die Altenpflege bereitzustellen. Die Rekrutierung und Ausbildung von Pflegepersonal gewinnt an Bedeutung.

• *Rentenfinanzierung:* Die Frage, wer künftig die Ruhestandsrenten für die alten Menschen bezahlen wird, berührt derzeit die Öffentlichkeit am meisten, wenn von der Alterung der Gesellschaft die Rede ist. Tatsächlich ist mit diesem Fragenkomplex eine explosive Dynamik verbunden. Die Finanzierung der Renten und der Gesundheitskosten ist potentiell eine ernstzunehmende Belastungsprobe für den Zusammenhalt der Gesellschaft in der Zukunft. Sie trägt den Keim künftiger Konflikte zwischen den Generationen in sich. Das staatliche Rentensystem, wie es in der Bundesrepublik praktiziert wird, hängt von der Zahl, dem Einkommen und dem effektiven Rentenalter der Erwerbstätigen ab. Das zahlenmäßige Verhältnis zwischen Rentnern und ökonomisch aktiver Bevölkerung («Altenlastquote») verändert sich in ganz Westeuropa in eine für die Finanzierung der Renten ungünstige Richtung. Dieser Prozeß wird die nächsten 30 bis 50 Jahre andauern und sich mit dem Eintritt der «Babyboom»-Generation ins Rentenalter zusätzlich akzentuieren. Der zunehmenden Zahl Rentner steht somit eine deutlich schrumpfende aktive Bevölkerung gegenüber.

Während der Anteil der Rentner an der Gesamtbevölkerung in Deutschland in den nächsten 40 Jahren auf mindestens ein Drittel ansteigen wird, wird der Anteil der (potentiell) erwerbstätigen Deutschen, d. h. der Bevölkerung zwischen 15 und 64 Jahren, von 68 Prozent 1990 auf 60 oder eventuell sogar 55 Prozent im Jahre 2035 zurückgehen. Im Jahre 2050 – dem wahrscheinlichen Höhepunkt dieser ungleichgewichtigen Entwicklung – werden in Deutschland voraussichtlich 100 Menschen im Alter zwischen 20 und 64 Jahren 80 Menschen über 60 Jahren gegenüberstehen.[19] Eine Abnahme der erwerbsfähigen Bevölkerung um acht oder im Extremfall 13 Prozent wird von den Bevölkerungswissenschaftlern allerdings nicht als besonders dramatisch angesehen, sondern als «relative Stabilität» gewertet. Für die Sicherung der sozialen Aufgaben wichtiger als die potentielle Erwerbsbevölkerung ist die Zahl der effektiv Erwerbstätigen und das Einkommen, das sie erzielen.[20]

Geht man von den wirtschaftlichen und institutionellen Bedingungen aus, wie sie im Jahre 1985 herrschten (kennzeichnend für das Jahr 1985 war u. a., daß es kein Wirtschaftswachstum gab), ist unter Fortschreibung gegenwärtiger demographischer Trends und gleichbleibender Prämien zwischen 1990 und 2030 mit einem Wachstum der Ausgaben der Rentenversicherung von 30 Prozent zu rechnen. Gleichzeitig wird das Volumen der Beitragszahlungen aufgrund einer geringeren Zahl von Beitragspflichtigen um 25 Prozent abnehmen. Selbst wenn man unterschiedliche Szenarien der Bevölkerungsentwicklung zugrunde legt, führt kein Weg daran vorbei, daß bei Aufrechterhaltung des gegenwärtigen Rentensystems entweder die Beitragssätze massiv ansteigen oder die Rentenleistungen drastisch gekürzt werden müssen – allenfalls auch beides zusammen. Weder eine relativ hohe Einwanderung noch ein erneuter Anstieg der Geburtenrate könnten daran etwas ändern.[21] Hingegen würden ein starkes Wirtschaftswachstum und rasche Produktivitätsfortschritte zur «Rettung» des Systems beitragen. Aus heutiger Sicht erscheint jedoch beides wenig wahrscheinlich.

Die Konsequenzen des heutigen Rentensystems für den produktiven Teil der Bevölkerung sind eher erschreckend. «Will man ein Defizit der Rentenkassen vermeiden und gleichzeitig die Rentenleistungen nicht kürzen, wäre im Jahr 2030 ein Beitragssatz von 37 Prozent des Bruttoeinkommens erforderlich, verglichen mit 18,7 Prozent im Jahre 1990. Rechnet man noch 15 Prozent Kranken- und Arbeitslosenversicherung und eine durchschnittliche Lohnsteuer von 30 Prozent hinzu, würde sich», so der IIASA-Demograph Thomas Büttner, «eine Gesamtbelastung von 80 Prozent des Bruttoeinkommens ergeben – sicher ein politisch nicht durchsetzbarer Wert.»[22] Die Konsequenz liegt auf der Hand: Für den Lebensunterhalt der deutschen Arbeitnehmer bleibt bei einer derart exorbitanten Belastung mit Sicherheit nicht genug übrig...

Die künftige Finanzierung der Renten ist allerdings weniger ein demographisches als ein politisches Problem. Die Alterung der Bevölkerung stellt das Rentensystem nicht als ganzes in Frage; sie zwingt aber zu sinnvollen Anpassungen. Lösungen unter Einbeziehung institutioneller Änderungen sind möglich. In jedem Fall aber ist dafür die Solidarität der Generationen (auch die Solidarität innerhalb der Altengeneration selbst) Voraussetzung. Die Stärkung dieser Solidarität ist denn auch von der Kommission der Europäischen Gemeinschaft «zu einer unserer größten Aufgaben der nächsten Jahrzehnte» erklärt worden. (Eine vertieftere Diskussion der Rentenfrage findet sich auf den Seiten 255–260.)

• *Gesundheitswesen und Sozialausgaben:* Die medizinische Versorgung alter Menschen ist im allgemeinen aufwendig und teuer. 1986 waren in der Bundesrepublik ein Drittel der Männer und 38 Prozent der Frauen über 75 Jahren krank oder litten an Unfallfolgen.[23] Da die Zahl alter Menschen weiter zunehmen wird, werden altersbedingte Gesundheitseinbußen zu einem immer größeren Problem für den Rest der Gesellschaft. Die Mehrerkrankungen belasten das Gesundheitswesen mit zusätzlichen Aufgaben, die den heutigen Personalbestand überfordern, und die Gesundheitskosten werden weiterhin überproportional wachsen. Zwischen 1970 und 1987 vervierfachten sich die Kosten im Gesundheitswesen der Bundesrepublik von 70,6 auf 260,9 Milliarden Mark. Inwieweit die sich ändernde Altersstruktur der Bevölkerung bei dieser Steigerung eine Rolle spielt, ist unter Experten umstritten. Ökonomische Studien weisen darauf hin, daß Angebotsfaktoren (Ärztedichte, der Ausbau von Krankenhäusern usw.) eine größere Rolle spielen als demographische Einflüsse. Immerhin: Die Langzeitpflege – und sie wird zum größten Teil von Alten beansprucht – schlägt mit 20 Prozent der Gesundheitskosten zu Buche. In der Bundesrepublik belastet rund eine Million Altenpflegeplätze die öffentliche Hand mit je DM 2500 pro Monat. Die Tendenz geht sowohl bei den Fallzahlen chronischer Erkrankungen als auch bei den durch sie verursachten Einzelkosten steil nach oben. Durch die Langlebigkeitsrevolution bedingt, nehmen auch die Fälle von Alterskrankheiten, die operativ behandelt werden müssen, stark zu. Man geht davon aus, daß in den nächsten 20 Jahren etwa 30 Prozent mehr Operationen an alten Menschen vorgenommen werden müssen, in den nächsten 35 Jahren sogar 50 Prozent mehr als heute.[24] Angesichts der Kosten, die durch die zunehmende Zahl alter kranker Menschen anfallen, wird in Zukunft die Prävention eine immer größere Rolle spielen. Bei all dem darf man auch nicht vergessen, daß der Anstieg der Lebenserwartung nicht nur zusätzliche und zum Teil neue gesundheitliche Probleme mit sich gebracht hat, sondern auch zu einer Zunahme der gesunden, behinderungsfreien Lebensjahre geführt hat.

Die steigenden Gesundheits- und sonstigen Sozialkosten, die das Altern der Bevölkerung verursacht, lösen bei den damit befaßten Politikern um so mehr Kopfzerbrechen aus, als sie mit einer wirtschaftlich ungünstigen Entwicklung zusammenfallen. Und im Gefolge der Rezession nehmen die sozialen Probleme erst recht zu. Der desolate Zustand der Krankenkassen und teilweise auch der Rentenversicherung in vielen Industriestaaten ist allerdings weniger eine Folge der demographischen Entwicklung als die Quittung für politische Versäumnisse. In den USA droht der «Medicare», der Gesundheitsfürsorge für die Älteren, schon in wenigen Jahren das Geld auszugehen. In Italien wird der kostenlose staatliche Gesundheitsdienst rigoros abgebaut; staatliche Ambulatorien und Krankenhäuser müssen sich nun selbst erhalten. Die «Sécu» in Frankreich, die außer der Altersversicherung noch eine Betriebs- und Nichtbetriebsunfallversicherung, eine Krankenversicherung und die staatlichen Familienzulagen umfaßt, weist pro Jahr (1990 und 1991) ein Defizit von mehr als 25 Milliarden Francs auf. Die Franzosen, seit 1960 mit einem offiziellen Ruhestandsalter von 60 Jahren beglückt, müssen sich unter dem Damoklesschwert des demographischen Drucks und dem Riesenloch in der Sozialversicherungskasse auf eine einschneidende Trendwende einstellen: Um die bisher gültige Regel, nach der drei Erwerbstätige für einen Rentner zahlen, beibehalten zu können, müßte das durchschnittliche Rentenalter von derzeit 60,4 Jahren auf 62,5 Jahren im Jahr 2010 und auf 66,4 im Jahr 2025 erhöht werden.[25]

Die Grenzen des Wohlfahrtsstaates

Fast überall stößt der Wohlfahrtsstaat an die Grenzen seiner Finanzierbarkeit. An der Sozialministerkonferenz der OECD in Paris im Dezember 1992 wurden dramatische Töne angeschlagen. Mit einem Anteil von 25 bis 30 Prozent (für die BRD 32 Prozent) am Volkseinkommen seien die Sozialausgaben auch in den reichsten Staaten an der oberen Grenze angelangt, waren sich die Minister einig. Die Wirtschaftsorganisation der Industrieländer sieht den «Wohlfahrtsstaat in der Krise»: Mehr öffentliche Leistungen seien nicht mehr zu erwarten, weil die öffentlichen Kassen schon jetzt leer und in erschreckendem Maße auf Kredite angewiesen seien, hieß es im Kommuniqué, das von der Konferenz verabschiedet wurde. Die sozialpolitische Krise ist allerdings hauptsächlich durch zunehmende Arbeitslosigkeit und soziale Desintegration verursacht; die Zunahme der Betagten spielt dabei eine untergeordnete Rolle.

Zwar sollen auf Empfehlung der OECD alle Bereiche der sozialen Sicherheit überprüft werden. Doch neben der weiterhin ansteigenden Arbeitslosigkeit rücken vor allem die Rentner ins Licht der Aufmerksamkeit, denn man befürchtet, daß die starke Zunahme der Rentner und pflegebedürftigen Hochbetagten die Leistungsfähigkeit des Sozialstaats in Kürze überfordern wird. Die Bevölkerungswissenschaftler gehen davon aus, daß der Anteil der Sozialausgaben zumindest noch in den nächsten 30 bis 40 Jahren weiter ansteigen wird. Grundlegende Veränderungen und Anpassungen der Sozialpolitik scheinen daher unumgänglich.

Auf der OECD-Konferenz wurden Vorschläge unterbreitet, die darauf abzielen, daß die «Alten sich wieder einen Teil ihres Bedarfs selbst verdienen». Dabei wurde nicht nur an Altersarbeit gedacht. Während die Einführung einer obligatorischen Pflegeversicherung oder – in der Schweiz – einer speziellen Krankenversicherung für über 75jährige schon seit einiger Zeit diskutiert wird, fassen die Sozialminister der Industrienationen inzwischen auch das Vermögen der Älteren als Finanzierungsquelle für die von ihnen verursachten Kosten ins Auge. «Angeregt wurde in der offiziellen Presseerklärung der Sozialminister sogar die Liquidierung des Besitzes, beispielsweise des eigenen ‹Häuschens› von älteren Personen», wie die Basler Zeitung berichtete. Der Einbezug vor allem größerer Vermögenssummen zur Deckung der Gesundheits- und Pflegekosten der Alten ist in der Tat eine Option, die vernünftigerweise in Erwägung gezogen werden kann und muß.

Daß ein zunehmend rauherer sozialpolitischer Wind weht, wird aus einer weiteren Empfehlung der OECD-Ministerrunde deutlich: Die soziale Sicherheit soll «von kommerziellen Diensten und Versicherungen wieder stärker auf die Familie, Nachbarn und Volontäre zurückverlagert werden». Das freilich dürfte illusorisch sein: Wer von den Jüngeren kann es sich heute denn noch leisten, Alte in Gratisarbeit zu betreuen. Auch Rentenkürzungen sind inzwischen nicht mehr tabu. In Schweden beispielsweise wurden die Renten im Rahmen eines «Krisenpaktes» 1992 um zwei Prozent gekürzt (gleichzeitig allerdings auch die Kinderbeihilfen nicht erhöht). Das Projekt der griechischen Regierung, die Rentensätze einzufrieren und das Rentenalter von 60 auf 65 Jahre anzuheben, löste im September 1992 schwere soziale Spannungen aus.

Die Beispiele zeigen, daß die Bereitstellung von Mitteln für die Sozialpolitik zugunsten einer alternden Bevölkerung in den nächsten Jahrzehnten ein Problem darstellt, für das es zunächst noch keine überzeugende Lösung gibt. Außer Frage steht, daß das Grundprinzip des modernen Wohlfahrtsstaats – die Fürsorge für alle Bürger – nicht zur Disposition gestellt werden darf, wenn nicht ein beispielloser historischer Rückschritt in Kauf genommen werden soll. Der Entwurf für die Charta der sozialen Grundrechte der Europäischen Gemeinschaft sieht denn auch für ältere Menschen ausdrücklich das Recht auf einen angemessenen Sozialschutz vor.[26]

Nicht nur Probleme: auch Chancen sind die Folge

Die Alterung der Bevölkerung bringt nicht nur Probleme mit sich; sie birgt auch neue Chancen für gesellschaftliche Modernisierungsmaßnahmen im Bereich sozialer Dienstleistungen, im Hinblick auf eine Verbesserung der beruflichen Qualifikation und bei der Gestaltung flexiblerer Arbeitsbedingungen. Bei einer Auflistung der auf die Gesellschaft zukommenden Probleme muß deshalb vor einer Dramatisierung der demographischen Alterung gewarnt werden. Volkswirtschaftler führen verschiedene Faktoren an, die zu einer Entspannung des Alterungsproblems beitragen könnten:

- Höhere Produktivität. Nicht nur Rationalisierungsmaßnahmen in der Wirtschaft – auch die Alterung der Erwerbsbevölkerung könnte auf die Produktivität einen positiven Einfluß haben, wenn das Erfahrungspotential der älteren Erwerbstätigen zielgerichtet genutzt wird.
- Die im Durchschnitt reicher werdenden Rentner treten vermehrt als Konsumenten auf. Konsumorientierte neue «Seniorenschichten» tragen dazu bei, daß die Wirtschaft in Schwung bleibt. Diese Überlegung hat zumindest für die unmittelbare Zukunft Gültigkeit; denn bisher zeichnet sich noch keine einschneidende Änderung des Lebensstils hin zu weniger Konsum ab.
- Die Schrumpfung der Erwerbsbevölkerung könnte auf dem Arbeitsmarkt mittel- oder längerfristig Raum schaffen für Bevölkerungsteile, die bislang zu wenig oder nur marginal an ihm teilhatten: für die Frauen jeden Alters und für die heute «funktionslosen» sogenannten Jung-Alten. Experten erwarten, daß sich für Frauen aufgrund der Verknappung des Arbeitskräfteangebots in den nächsten Jahrzehnten neue Berufs- und Wiedereinstiegschancen ergeben werden. Vermehrte Erwerbstätigkeit von Frauen könnte sogar einer der Schlüsselmechanismen sein, mit deren Hilfe die zusätzlichen finanziellen Belastungen des Sozialstaats aufgefangen werden können.[27] Wenn es gelingen sollte, ältere Menschen in die Produktionssphäre zurückzuholen, würden sich die tragenden sozialen Gesamtlasten entsprechend verringern.

Die der demographischen Alterung innewohnenden Entlastungsfaktoren können durch gesellschaftspolitische Maßnahmen zusätzlich unterstützt oder ergänzt werden. Es gibt mehrere Möglichkeiten zur Abfederung der Folgen des demographischen Wandels. Als theoretische Planspiele denkbar sind:

- Interventionen gegen den Bevölkerungsrückgang. In diesem Zusammenhang wäre an eine Familienförderungspolitik zu denken, die diesen Namen auch verdient, d. h., die auf die tatsächliche Situation der Frauen und der Familie eingeht. In Schweden z. B. ist es gelungen, durch ein vorbildliches Beurlaubungssystem sowohl die Erwerbstätigkeit der Frauen als auch die Geburtenrate zu steigern. Interessant ist beispielsweise in diesem Zusammenhang die Tatsache, daß es trotz Fristenregelung in der ehemaligen DDR prozentual nicht zu mehr Abtreibungen kam als in der alten Bundesrepublik. Das Vorhandensein von Tagesstättenplätzen und anderen Einrichtungen, die berufstätige Mütter entlasten, kann eben auch ein Argument sein, ein Kind zur Welt zu bringen.

- Von viel größerem Nutzen (weil wirkungsvoller) aber wäre eine gezielte Einwanderungspolitik. Zwar ist damit zu rechnen, daß die Geburtenhäufigkeit auch bei den Zuwanderern mittelfristig abnimmt, doch der Überschuß jüngerer Einwanderer verstärkt das Potential der aktiven Bevölkerung. Die Einwanderer zahlen somit einen Teil der Renten der Einheimischen.
- Umverteilungen im Staatshaushalt. Rente statt Rüstung lautet eine Parole, die schon in den 70er Jahren aufkam.
- Anpassung der Sozialpolitik. Für die neuen und erweiterten Aufgaben braucht man neue Finanzierungsmodelle, mit deren Hilfe die Lasten gleichmäßiger verteilt werden können.
- Einbezug älterer Menschen – der heute freigesetzten, leistungsfähigen Jung-Alten – in spezifische, eventuell eigens auf sie zugeschnittene Formen gesellschaftlicher Arbeit. Das kann, muß aber nicht mit einer Erhöhung des Renteneintrittsalters verbunden sein.

Von Kopf bis Fuß auf Altern eingestellt

Die Natur kennt kein Alter

> Der Mensch wird geboren, wächst heran und stirbt entsprechend bestimmten Gesetzen, welche bisher noch nie exakt erforscht worden sind – weder der Gesamtprozeß noch die Veränderungen einzelner Reaktionen.
>
> *Quetelet*

Der Mensch: jenseits der Evolution

Welche Bedeutung hat das Sterben für die Natur? Oder: Hat es einen Sinn, daß wir altern? Die Antwort scheint offenkundig: Wir altern, um kommenden Generationen Platz zu machen. Würden Lebewesen nicht altern, so wäre die Erde längst von ihnen überfüllt. Doch diese Antwort ist falsch. Denn es gibt unzählige Lebewesen, die nicht altern und potentiell unsterblich sind. Dazu gehören Abertausende von Bakterien und Pilzen. Sie vermehren sich durch Verdoppelung, und nach der Teilung ist nicht zu erkennen, welches das Mutter- und welches das Tochterbakterium ist; auch ihr genetischer Apparat ist identisch, und beide Bakterien besitzen dieselbe Chance, sich weiter zu teilen. Bakterien altern so lange nicht, als ihre Umgebung ihnen eine Vermehrung erlaubt. Bakterien und Pilze repräsentieren damit eines von zwei fundamentalen Überlebensprinzipien, die sich im Verlauf der Evolution entwickelt haben: Das Prinzip der ungeschlechtlichen Verdoppelung kennt kaum eine Alterung. Entwicklungsgeschichtlich betrachtet ist es die älteste Überlebensform. Nach Vorstellungen der molekularen Evolutionsbiologie entstand das Leben auf der Erde aus dem Verdoppelungsprinzip. Danach haben sich die «Urahnen» der Erbsubstanz DNA, die Nukleinsäuren, in der Ursuppe selbst verdoppelt und so als erste das Lebensprinzip der Selbstvermehrung verwirklicht und die Erde «bevölkert».

Erst in einer späteren Phase der Evolution hat sich bei Tieren und Pflanzen die geschlechtliche Vermehrung entwickelt, d. h., Keimbahn und Körperzellen (Soma) haben sich voneinander getrennt. Während die Keimbahn das Erbgut verwaltet und dieses an die folgende Generation weitergibt, ist das Soma die Manifestation des Erbguts. Und es sind vor allem die Körperzellen, die altern. Pointiert meint der Evolutionsbiologe Steven Stearns: «Der Preis für die Spezialisierung in Keimbahn und Körperzellen ist der Tod.» Oder anders ausgedrückt: In höheren Organismen bedingen einander Sex und Sterben.

Dies bedeutet allerdings noch nicht, daß mit der geschlechtlichen Vermehrung auch das Altern Einzug gehalten hat. Denn die Natur kennt das Altern nur in Ausnahmefällen. Das Altern selbst hat auf die Entwicklungsgeschichte einer Art kaum Einfluß. Die meisten Lebewesen sterben, bevor sie Alterungserscheinungen entwickeln. Normal ist der Tod infolge widriger Umweltbedingungen, wie beispielsweise Verknappung von Nahrungsmitteln, Dürre, Überschwemmung oder schlicht der Tod, der durch den Freßfeind herbeigeführt wird. Dies war wohl auch lange für den Menschen die Regel: Unsere Vorfahren der Steinzeit wurden selten älter als 35 Jahre; die Alterungsprozesse beeinflussen in diesem Alter weder die Fortpflanzungsfähigkeit noch die Vitalität. Steinzeitmenschen starben also in der Regel, bevor sie «alt» geworden waren. Der Similaun-Mensch, der 1991 nach rund 5000 Jahren aus dem Tiroler Gletschereis geborgen wurde, starb im Alter von 20 Jahren, nur acht Jahre unter der durchschnittlichen Lebenserwartung seiner Zeit.

Daß wir heute Probleme mit dem Altern haben, ist weniger eine Folge der «Natur» als vielmehr unserer Zivilisation. Die drastische Verlängerung der Lebenserwartung des Menschen in den letzten 3000 Jahren hat ihre Wurzeln in der Entwicklung des sozialen Netzes sowie unterstützender Maßnahmen, wie Medizin und Pflege. Für Evolutionsbiologen ist aber nicht die Lebenserwartung von Belang, sondern entscheidend sind Faktoren wie die Anzahl der Nachkommen pro Geburt, das Alter beim Erreichen der Reproduktionsfähigkeit und die Zeitspanne, während der ein Individuum fortpflanzungsfähig bleibt. Was nach der reproduktiven Phase passiert, ist in den meisten Fällen für eine Tierart belanglos. Stearns zufolge nimmt der Selektionsdruck deshalb mit dem Alter ab, weil die Auslese direkt auf die Keimbahn wirkt, aber nur indirekt auf den Körper.[1] Der Nobelpreisträger Peter Medawar brachte es präzise zum Ausdruck: «Der Druck der natürlichen Auslese schwächt sich mit steigendem Alter ab. Wenn ein genetisches Desaster spät genug im Leben eines Individuums passiert, so können dessen Konsequenzen (für die Art) komplett unbedeutend sein.»

Das Alter gewinnt je nach Stellenwert der Nachkommen für das Überleben einer Art eine andere Bedeutung. Lebt zum Beispiel ein Tier in einer unwirtlichen Umgebung, so erhält die Nachkommenschaft eine sehr große Bedeutung: Weil das Individuum selbst kaum lange lebt, wird es viel Energie in das Überleben der Nachkommen investieren. Das Altern des Individuums wird belanglos. Dies ist zum Beispiel bei vielen Insekten oder auch bei gewissen Mäusearten der Fall. Alle Tiere besitzen zudem begrenzte Energieressourcen. Wird viel Energie in das Überleben der Nachkommen investiert, so bleibt für das Elterntier zu wenig Energie, um alt zu werden.

Lebt das Tier hingegen ungefährdet und ist gleichzeitig die Kindersterblichkeit groß, so wird es viel Energie für sich selbst beanspruchen, um so die Nachkommenschaft zu sichern. Bei solchen Tieren ist das Altern von Bedeutung, und die Individuen werden alt, weil sie viel Energie für sich selbst aufsparen.[2] Daß die Lebenserwartung jeder Art sehr komplexe Ursachen hat, vermutete bereits Aristoteles: «Es ist nicht klar, ob es bei Tieren und Pflanzen eine einzige oder verschiedene Ursachen gibt, die einige langlebig, andere kurzlebig machen. Auch Pflanzen haben in gewissen Fällen ein langes Leben, während andere nicht länger als ein Jahr überleben.» Die genetischen und umweltbedingten Faktoren scheinen aber jeder Art jene Lebenserwartung zugewiesen zu haben, die für ihr Überleben optimal ist (vgl. Tabelle S. 67). Der Mensch bleibt dabei die große Ausnahme: Der evolutionäre Druck auf das Überleben der Art wurde im Verlauf der letzten 5000 Jahre durch einen sozialen Druck abgelöst. Der Mensch weicht heute von den Prinzipien der biologischen Entwicklungsgeschichte ab.

Dennoch bleibt die Frage unbeantwortet, weshalb die Natur Alterungsmechanismen einrichtete, die unweigerlich zum Tode führen. Denn aus evolutionärer Sicht gibt es keinen unmittelbaren Grund dafür, daß Lebewesen über ihre Reproduktionsphase hinaus leben sollten. Bei Frauen macht die Zeit nach der Menopause heute immerhin rund ein Drittel des gesamten Lebens aus. Ginge es nur um die Fortpflanzung, so müßte wohl alle Tiere das Schicksal von gewissen Oktopusarten, einigen Beutelmäusearten und der pazifischen Lachse ereilen. Nach der Fortpflanzung scheint sich ein Programm in ihren Körpern einzuschalten, das zum schnellen Tod führt. Eindrucksvoll ist hier vor allem das Beispiel der pazifischen Lachse: Im letzten Jahr vor der Geschlechtsreife fressen sich die Fische genug Energie an, um den Fluß hochzuschwimmen, in dem sie geboren wurden. Wenn sie nach wochenlanger Reise – oft über 2000 Kilometer – ihren Ursprungsort erreicht haben, sind ihre Kräfte aufgezehrt. Die Männchen haben sich in dieser Zeit verändert: Als Ersatz für ihre Zähne, die ihnen ausgefallen sind, haben sie stärkere Kampfzähne bekommen. Diese machen ihnen zwar die Nahrungsaufnahme unmöglich, doch sie sind im Kampf um die Weibchen unerläßlich. Am Ursprungsort laichen die Weibchen, scheinbar mit letzter Kraft. Wie leere, tote Hüllen sterben sie kurz darauf. Männchen gelingt es bisweilen, mehrere Gelege zu besamen. Doch auch sie verenden binnen weniger Stunden. Für pazifische Lachse scheint es unmöglich, die nötige Energie aufzubringen, um nochmals zurück in den nahrungsreichen Pazifik zu schwimmen. Ihre Reise zu ihrem Ursprung ist sprichwörtlich eine Reise um Leben und Tod.

Führende Biologen wie der Amerikaner Leonard Hayflick meinen, die angemessene Frage sei nicht jene nach den Ursachen des Todes, sondern die nach den Ursachen des langen Lebens. Bei einigen Menschenaffen leben Weibchen auch in freier Wildbahn einige Jahre nach der Menopause. Tatsächlich scheint der Grund für das lange Leben der Menschen und anderer Tiere die Gesellschaft zu sein, in der sie leben. Je komplexer eine Gesellschaft ist, je stärker sie auf Tradition und Erfahrung aufgebaut ist, desto wichtiger werden die Großmütter und -väter. Der evolutionäre Sinn eines Lebens nach der Fortpflanzungsfähigkeit scheint die Vermittlung von Erfahrung und damit von Überlebensfähigkeit an die jüngeren Generationen zu sein.

Maximale Lebenserwartung einiger Tierarten

Tierart	maximale Lebenserwartung
Seeanemonen	65–70 Jahre
Garten-Schnecken	5–6 Jahre
Termiten	25 Jahre und älter
Bienen-Arbeiterinnen [3]	Monate
Bienen-Königinnen	bis zu 30 Jahre
Seepferdchen	1 Jahr
Karpfen	60–80 Jahre
Störe	70–75 Jahre
Krallenfrosch	12–15 Jahre
Große Schildkröten	ca. 180 Jahre
Eule	ca. 70 Jahre
Singvogel	ca. 16 Jahre
Mensch	115 Jahre
Elefant	60–70 Jahre
Wale	30–50 Jahre
Nagetiere	weniger als 5 Jahre

Auf der Suche nach den Ursachen des Alterns

Während die Evolutionsbiologie sich die Frage stellt, *weshalb* wir überhaupt altern, versuchen andere Disziplinen der Biologie zu erklären, *wie* wir altern. Welche Prozesse führen dazu, daß eine Schildkröte älter wird als ein Spatz? Die Alternsforscher versuchen, eine einheitliche Theorie des Alterns zu entwickeln. Doch bis heute fehlt noch immer eine allgemeingültige Theorie. Das hängt damit zusammen, daß verschiedenste Ansätze der Betrachtung gewählt werden. Wenn Evolutionsbiologen vom Altern sprechen, meinen sie etwas anderes als Zoologen, die sich mit der Physiologie des

Alterns beschäftigen. Wiederum anders argumentieren Zell- und Molekularbiologen, die das Altern der Zellen im Visier haben. In der Tat kann von einer Sprachverwirrung unter den Forschern gesprochen werden, da allein schon der Begriff «Altern» unterschiedliche Betrachtungsweisen vereinigt. Das eigentliche Problem liegt aber in der Komplexität des Alterns. Zu Recht betont Richard Cutler vom National Institute on Aging, Baltimore (USA): «Die größte Schwierigkeit beim Studium des Alterns liegt nicht eigentlich in der Anerkennung der Bedeutung dieses Problems, sondern vielmehr in seiner Komplexität.» Wohl auch deshalb mahnt der Biologe und Nobelpreisträger Josuah Lederberg, es gelte zunächst einmal, sich darüber zu einigen, welches Phänomen man beim Altern überhaupt untersuche. Er schlägt vor, sich auf den Unterschied in der Lebenserwartung zwischen Mäusen und Menschen zu konzentrieren und sich dabei die Frage zu stellen, welche Unterschiede im Erbgut zwischen Maus und Mensch diese bedingen könnten.

Daß sich Lederberg ausgerechnet auf Mäuse beschränken will, hängt damit zusammen, daß die Forschung in den letzten Jahren hinreichend Erfahrungen mit Mäuseexperimenten gesammelt hat. Aufschluß bietet auch der Vergleich zwischen Schimpanse und Mensch. Denn immerhin haben wir 99 Prozent unseres Erbguts mit diesen Menschenaffen gemeinsam. Beobachtet man die Alterungsvorgänge, so wird deutlich, daß Mensch und Schimpanse physiologisch ähnlich altern. Auf das eine Prozent genetische Differenz scheint es aber zurückzuführen zu sein, daß wir etwa doppelt so alt werden wie die Schimpansen.

Um das Altern zu erklären, haben Biologen ein vereinfachtes Schema des Lebensverlaufs entwickelt. Danach machen die Organe eines Lebewesens bis zum Zeitpunkt der Fortpflanzungsfähigkeit eine Entwicklung durch, bei der sie ihre maximale Kapazität oder Vitalität *(maximal functional capacity)* laufend erhöhen. Der Mensch erreicht diese zwischen dem 20. und 30. Lebensjahr. Danach nimmt sie stetig ab – ein Prozeß, den wir Altern nennen. «Im Grunde ist es so, als ob alles in uns am Vergehen ist, wenn wir älter werden», faßt Richard Cutler zusammen. «Kein Gewebe, kein Organ, noch irgendeine Funktion unseres Körpers kann dem Altern entkommen.» Je schneller der Abbau der Vitalität eines Organs oder eines Organismus abläuft, desto größer ist die Alterungsrate (vgl. Abbildung S. 70).

Das Schema der maximalen Kapazität läßt verschiedene Schlüsse in bezug auf den Unterschied zwischen Mensch und Schimpanse zu[4]:

- Ist die maximale Kapazität des Menschen und seiner Organe dieselbe wie bei den Schimpansen, so kann die Differenz in der Lebenserwartung nur durch Unterschiede in der Alterungsrate erklärt werden, was bedeuten würde, daß Schimpansen schneller altern als Menschen (a).
- Wenn allerdings beide etwa die gleiche Alterungsrate besitzen, so müssen Schimpansen eine geringere maximale Kapazität besitzen als Menschen und erreichen deshalb früher den Punkt, an dem der Körper für Krankheiten, die zum Tod führen, anfällig wird (b).

Welches dieser beiden Szenarien den Unterschied zwischen Schimpanse und Mensch bedingt, ist nicht klar. Möglicherweise kommen beide zum Tragen. Dieses Schema hat aber schwerwiegende Konsequenzen für die Beeinflußbarkeit des Alterns. «Ich würde erwarten», spekuliert Cutler, «daß Ernährung und geistige und körperliche Übung zwar die maximale Kapazität erhöhen können, aber kaum einen Effekt auf die Alterungsrate haben.» Denn die Forschung geht heute davon aus, daß die Alterungsrate größtenteils genetisch determiniert ist. Dies belegen auch die seltenen genetisch bedingten Krankheiten wie etwas die Progerie, bei der Betroffene mit einer hohen Geschwindigkeit altern, mit 15 Jahren schon aussehen wie andere Menschen mit 60 Jahren und sehr früh sterben. Ist die Einschätzung Cutlers richtig, so sind biologische lebensverlängernde Maßnahmen nur bis etwa zum 25. Lebensjahr möglich. Danach zehren wir an unserer maximalen Kapazität.

Das Schema von Alterungsrate und maximaler Kapazität hat weitere Konsequenzen: Da die Alterungsrate genetisch determiniert ist, gibt es Unterschiede beim Altern zwischen den Individuen, genauso wie es Unterschiede in der Augenfarbe gibt. Deshalb altern gewisse Menschen schneller als andere, auch wenn sie viel Sport

Schematischer Vergleich des Lebensverlaufs von Mensch und Schimpanse

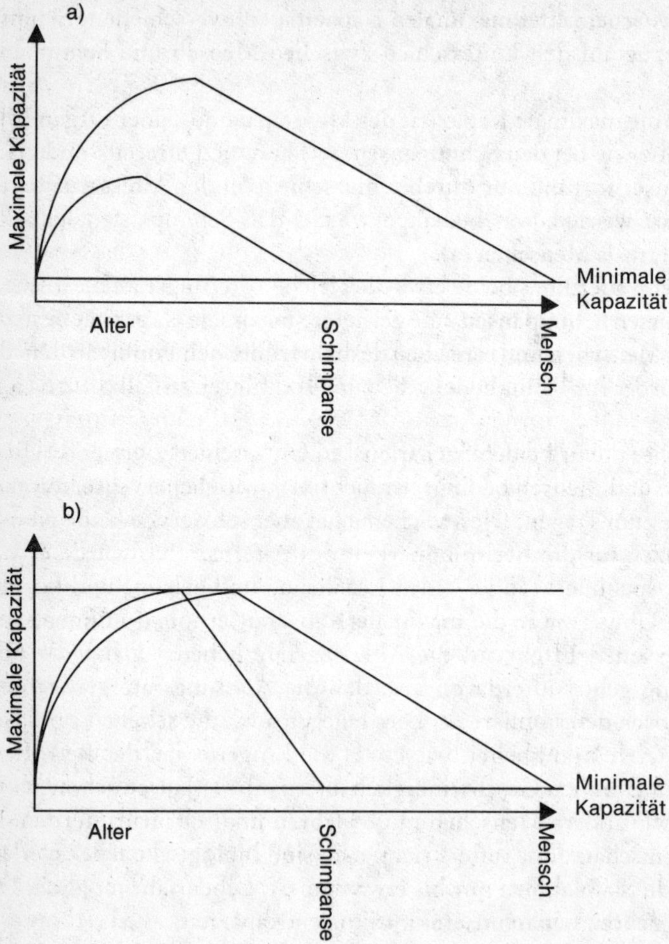

treiben und sich ideal ernähren. Die «magische Grenze» von 120 Jahren können also nur Menschen erreichen, die sowohl eine für Langlebigkeit ausgestattete Erbmasse besitzen, als auch ihr Leben optimal gestalten.

Das Ergrauen der Zelle

Während diese Überlegungen den gesamten Organismus betreffen, ist die Molekularbiologie heute überzeugt, daß allen Altersprozessen Veränderungen in und um die Zellen eines Organs zugrunde liegen. Eine besondere Bedeutung kommt dabei der «Achillesferse» der Zelle, der DNA, zu. Denn auf ihr sind sämtliche Informationen gespeichert, die eine Zelle zum Überleben braucht. Änderungen der Erbsubstanz (Mutationen) können das Altern einer Zelle vorantreiben oder die Position der Zelle im Zellverbund verschlechtern. Aber nicht nur die Information auf der DNA «altert»; die Chromosomen selbst werden in der Folge von Zellteilungen stets minimal verkürzt. Die Alterung der Erbsubstanz hat direkte Folgen für die Zelle. Die Eiweiße, die aufgrund von Bauanleitungen auf der DNA gebildet werden, weisen mit den Jahren immer mehr Fehler auf, sie verlieren an Effizienz. Die Zelle selbst droht aus den Fugen zu geraten.

Im Gewebe treten Zellen mit ihren Nachbarzellen in Verbindung und können ihre Aufgabe meist nur mit Hilfe dieser Zell-zu-Zell-Kommunikation erfüllen. Durch zellinterne und äußere Einflüsse wird diese Kommunikation mit der Zeit immer stärker behindert. Der Zelle und der Erbsubstanz setzen chemisch aggressive freie Radikale zu, wie sie im Fettsäurestoffwechsel entstehen können. Energiereiche Strahlung, erbgutschädigende Chemikalien und manche Viren aus der Umwelt sorgen dafür, daß sich im Verlaufe der Jahre immer mehr Mutationen im Erbgut anhäufen. Im Alter werden zudem deutlich mehr Mißbildungen von Chromosomen (Aberrationen) bereits im Mikroskop sichtbar. Alle diese Einflüsse zusammen führen dazu, daß die Zelle ihre Aufgaben nicht mehr übernehmen kann und schließlich stirbt. Von diesem Zelltod ist in besonderem Maße das Gehirn betroffen, weil seine Zellen im Vergleich zu anderen eine relativ geringe Kapazität besitzen, spontan entstandene

Mutationen zu reparieren. Wenn das Gehirn dennoch über viele Jahrzehnte seine Funktion ausüben kann, so ist dies zum Teil auf die enorme Anzahl von Nervenzellen zurückzuführen.

Die zahlreichen Schädigungen wirken sich zunächst im Zellinnern aus. So verlangsamt sich der Eiweißstoffwechsel auf mehreren Stufen: Die DNA-Kopien, die die Anleitung zum Bau von Proteinen aus dem Zellkern tragen (mRNS), werden langsamer synthetisiert und aus dem Zellkern hinaustransportiert. Die Proteine selbst werden langsamer zusammen- und wieder abgebaut. Ein Teil der Proteine wird in ein verzweigtes Kanalsystem, ins endoplasmatische Retikulum, hineinsynthetisiert. Auch an diesem Zellorganell sind Alterungserscheinungen erkennbar. Das Kanalsystem ändert seine Organisation, was dessen Funktion behindern kann.

Im Kanalsystem befindliche Eiweiße werden zum sogenannten Golgi-Apparat transportiert. In dieser zelleigenen «Post» werden die Proteine aussortiert und zu ihren Bestimmungsorten entsandt. Das Ausmaß und die Organisation des Golgi-Apparates können sich im Alter verändern. Dadurch könnte auch die Effizienz dieser Post behindert werden. Die Spuren des Alterns lassen sich bei fast allen Zellbestandteilen auffinden. So auch bei den enzymhaltigen Bläschen, den Lysosomen. Sie haben die Aufgabe, Biomoleküle abzubauen. Unverdaute Reste lagern sich in den Lysosomen ab und bilden das als «Alterspigment» bekannte Lipofuszin.

Auch direkt außerhalb der Zellen macht sich das Altern bemerkbar: Rund ein Drittel des Körpereiweißes besteht aus Kollagen. Dieses Protein ist im ganzen Körper zu finden. Es stützt das Gewebe und hält es – zusammen mit einem weiteren Protein, dem Elastin – elastisch. Mit zunehmendem Alter wird die Produktion neuen Kollagens allerdings gedrosselt, gleichzeitig wird aber auch der Abbau der fasrigen Kollagenstrukturen gebremst. Denn die Kollagenfasern neigen dazu, sich untereinander chemisch zu vernetzen. Das ist der Beginn eines sich selbst verstärkenden Zyklus: Die abbauenden Enzyme finden immer schwerer Zugang. Dadurch haben die Kollagenfasern wiederum mehr Zeit, sich intensiver zu vernetzen, und der Abbau kommt noch langsamer voran. In der Folge können im Alter die Blutgefäßwände verhärten oder Falten in der Haut

Schnitt durch eine schematisierte Zelle

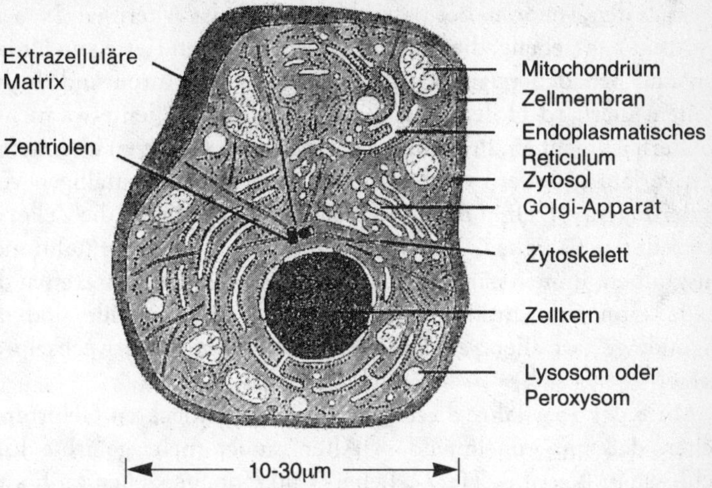

aus: Alberts, Bruce et al.; The molecular Biology of the Cell: New York 1983

sichtbar werden. Äußere Einflüsse, wie intensive UV-Strahlung aus dem Sonnenlicht, können den Vorgang der Kollagenalterung wesentlich beschleunigen und so auch bei jungen Menschen bereits zu «Altershaut» führen. Das Geschehen in und um eine Zelle ist äußerst komplex. Im Verlauf der letzten Jahrzehnte wurden dennoch zahlreiche Theorien zur Erklärung der Alterungsprozesse in den Zellen entwickelt. Theorien, die Altern als die permanente, aber zufällige Schädigung der Zellen und Organe bezeichnen (Theorien der passiven Alterung), und solche, die Altern als Folge der genetischen Ausstattung erklären (Theorien der genetisch begründeten Alterung). Oft wurden diese Theorien ebenso schnell verworfen, wie sie vorgetragen wurden. Viele Theorien unterscheiden nicht klar zwischen den Ursachen und den Folgen der Alterung, was eine Bewertung wesentlich erschwert. Sie verdeutlichen aber, wie sehr um eine einheitliche Theorie des Alterns gerungen wird.

Passives Altern

Gemäß den Theorien der passiven Alterung ist Altern ein Nebenprodukt des Lebens; die Folge einer lebenslangen Kette von Unfällen und Schadenereignissen in den Körperstrukturen und in den Zellen. Gerhard Hofecker von der Universität Wien etwa meint: «Altern ist nicht ein Prozeß, der nach eigenen Gesetzen und Abfolgen verläuft, sondern vielmehr die Gesamtheit von zufälligen Veränderungen.» Treffen diese zufälligen Veränderungen die Zelle, so wird deren Fähigkeit, Eiweiße herzustellen und ihre Funktionen auszuüben, immer stärker behindert. Die Schädigungen treffen die Zelle somit am empfindlichsten Punkt. Denn Eiweiße sind die Grundlage fast aller zellulären Funktionen und Stoffwechselprozesse.

Mitte der 20er Jahre dieses Jahrhunderts entdeckten Gehirnforscher, daß mit zunehmendem Alter immer mehr gefärbte Einschlüsse in Nerven-, Herz-, Leber- und Knochenzellen zu finden sind. Diese Einschlüsse bestehen zur Hauptsache aus sogenanntem Lipofuszin, das seinen Namen von der Fähigkeit erhalten hat, in fluoreszierendem Licht zu leuchten. Am häufigsten findet sich das Lipofuszin bei alten Menschen im Gehirn, im Herz und in der Leber. Deshalb nahmen mehrere Forscher an, daß diese Zelleinschlüsse den Stoffwechsel der Zellen dieser Organe behindern würden und letztlich als Todesursache fungierten, da diese lebenswichtigen Organe nach und nach verkümmerten.

Nach dieser Theorie wäre Altern nichts anderes als ein bloßes «Ersticken» der Zellen am eigenen Abfall. Doch sie wird heute kaum mehr beachtet, zumal es durch die Lipofuszin-Ablagerungen in der Zelle nicht nachweislich zu einer Beeinträchtigung der Zellfunktionen kommt. Die Einschlüsse gelten als Endprodukte der zellinternen Verdauung, die in den «zellulären Kehrichtverbrennungsabteilen», den Lysosomen, vonstatten geht. Biomoleküle, die nicht funktionsfähig oder überflüssig sind, werden dort in ihre Bestandteile zerlegt und so weit wie möglich wiederverwertet. Je älter eine Zelle ist, desto häufiger werden die Lysosomen in Anspruch genommen, und desto mehr «unverbrennbarer Abfall», darunter das Lipofuszin, fällt an. Demnach wären die Alterspigmente nicht die Ursache, sondern vielmehr die Folge von Alterungsprozessen.

Moleküle auf Raubzug

Eine weitere Theorie des passiven Alterns kam in den 50er Jahren auf und betrifft die «aggressiven Moleküle», die sogenannten freien Radikale. Bei Tierversuchen stellte man nämlich fest, daß die mittlere Lebenserwartung von Mäusen um 25 bis 40 Prozent gesteigert werden kann, wenn sie mit Antioxidantien gefüttert werden. Zu dieser Stoffklasse gehören z. B. die Vitamine E und C, das 2-Mercaptoaethylamin oder das Butylhydroxitoluol. Solche Substanzen verlangsamen beträchtlich die Reaktion der «aggressiven Moleküle», die als Nebenprodukt des Fettsäurestoffwechsels anfallen. Mit beinahe jedem anderen Molekül in ihrer Umgebung können sie reagieren und dieses dadurch schädigen. Wenn sich solche Substanzen ansammeln, kann dies zum Altern oder gar zum Tod einer Zelle führen. Im Urin können durch freie Radikale geschädigte Moleküle leicht nachgewiesen werden. Solche Studien haben ergeben, daß allein die Erbsubstanz einer metabolisch aktiven Zelle täglich Tausende solcher «Anschläge» ereilen. In der Regel werden diese aber sofort wieder behoben. Auch konnte gezeigt werden, daß die Schädigung durch die freien Radikale um so geringer ist, je höher die Lebenserwartung ist. Bei Mäusen lassen sich rund 18mal mehr geschädigte DNA-Bestandteile nachweisen als beim Menschen.

Daß mit Antioxidantien gefütterte Mäuse älter werden als ihre herkömmlich ernährten Verwandten, muß allerdings nicht heißen, daß die aggressiven Moleküle die primäre Ursache des Alterns sind. Für die Theorie der freien Radikale spricht zwar einiges: Doch ihr Einfluß auf Krankheiten ist offensichtlich größer als die Bedeutung, die ihnen bei den Alterungsprozessen zukommt. Immerhin werden sie mit der Entstehung einer Reihe schwerwiegender Krankheiten wie Krebs, Arteriosklerose oder Rheuma in Verbindung gebracht. Hinzu kommt, daß die erstaunlichen Resultate bei den Tierversuchen auch auf den Nebeneffekt der Antioxidantien zurückzuführen sind: Denn einige sind Appetitzügler. In anderen Tierexperimenten wurde nämlich nachgewiesen, daß Lebewesen, die bei einer strengen Diät gehalten wurden, bis zu 60 Prozent länger leben als ihre Artgenossen, die unkontrolliert fressen durften.

Degenerierte Gene

Seitdem bekannt ist, daß die Erbinformation für beinahe alle Lebewesen auf der Erbsubstanz Desoxyribonukleinsäure (DNA) niedergeschrieben ist, konzentrieren sich die Versuche, die Prozesse des Alterns zu erklären, immer stärker auf sie.

Neben den freien Radikalen ist die DNA tagtäglich einer Reihe von anderen schädigenden Einflüssen ausgesetzt. So kann sie durch Chemikalien, die wir etwa durch die Nahrung aufnehmen, mutiert werden. Diese Chemikalien werden auch krebserregende oder krebsfördernde Substanzen genannt; sie können die Erbsubstanz so verändern, daß aus normalen DNA-Abschnitten, den Genen, die das Zellwachstum kontrollieren, Krebsgene werden. Diese spornen eine Zelle zur ungehemmten Wucherung an. Bei manchen Krebszellen sind nicht die Gene selbst verändert, sondern die Genabschnitte, die die Genaktivität kontrollieren. Auch hier kann die Folge ein ungehemmtes Zellwachstum sein. Eine weitere Schadensquelle ist in energiereichen Strahlen zu sehen. Röntgenstrahlen, ultraviolette oder radioaktive Strahlen können die Erbsubstanz ebenfalls mutieren. Sie können nicht nur zu Krebs führen, sondern lösen auch eine beschleunigte Alterung aus. Allerdings ist die Strahlendosis, der wir im Verlauf eines Lebens normalerweise ausgesetzt sind, viel zu gering, um zu einem beschleunigten Altern zu führen. Neuere Untersuchungen zeigen, daß dazu Strahlendosen notwendig wären, die 12- bis 20mal mehr Mutationen erzeugen als die, die wir während des normalen Lebens abbekommen.

Aber auch ohne äußeren Einfluß können sich Fehler in die Erbsubstanz einschleichen. Etwa dann, wenn sich eine Zelle teilt und zu diesem Zweck das Erbgut verdoppelt. Bei diesem Kopiermechanismus werden Erbgutbausteine mit einer bestimmten Häufigkeit falsch eingebaut. Zum Glück besitzen alle Zellen Reparatur-Mechanismen, die die meisten DNA-Fehler sofort wieder ausmerzen. Ohne sie würde eine Zelle nämlich schnell sterben. Tiere mit einer hohen Lebenserwartung besitzen auch eine hohe Kapazität, Fehler zu reparieren, die durch ultraviolette Strahlung ausgelöst wurden. Umgekehrt haben Tiere mit niedrigerer Lebenserwartung auch eine entsprechend geringere Fähigkeit, die DNA-Fehler wieder zu bereinigen. Es liegt nahe, die Ursache des Alterns in der Reparaturfähigkeit zu suchen, denn mit dem Alter funktioniert das Reparatur-System der DNA immer schlechter, und die Fehlerhäufigkeit nimmt zu. Bislang gelang es allerdings nicht, diese Hypothese mit Experimenten hinreichend zu unterstützen. Die besten Hinweise zur Untermauerung dieser Theorie stammen von Untersuchungen des Reparatur-Systems, das durch UV-Strahlen hervorgerufene Schädigungen bereinigt. Doch dieses ist für das Altern des Organismus ohne Bedeutung, denn die UV-Strahlen sind zu schwach, um bis zu inneren Organen vorzudringen.

Genetisches Altern

Noch bis vor wenigen Jahren war in der biologischen Alternsforschung ein Paradigma gültig, das eigentlich auf einem Irrtum beruhte: 1912 begann der französische Physiologe und spätere Nobelpreisträger Alexis Carrel, Bindegewebszellen aus dem Herz von Hühnerembryonen in der Petrischale zu züchten. Er ernährte diese Gewebekultur regelmäßig mit einem Extrakt aus anderen Hühnerembryonen. Die Kultur gedieh und wuchs. Sie überlebte alle in herkömmlicher Nährflüssigkeit gehaltenen Gewebekulturen. 1946, zwei Jahre nach Carrels Tod, als seine Mitarbeiter das Experiment abbrachen, war die Kultur noch am Leben. Eine Sensation.

Carrel hatte scheinbar ein System entdeckt, wie Zellen ihre normale Lebensdauer in einem Organismus überleben können. Er zog daraus den Schluß, daß Zellen theoretisch unsterblich sind, wenn sie von ihrem ursprünglichen Organismus gelöst werden. Im Nährmedium, das aus Hühnerembryonen zubereitet worden war, mußte außerdem eine Substanz sein, die diese Unsterblichkeit ermöglicht. Diesem lebenserhaltenden Faktor galt von nun an die Aufmerksamkeit. Wenn man den entsprechenden menschlichen Faktor fände, besäße man ein Lebenselixier, ein Mittel gegen das Altern.

Carrels Resultate galten lange als unantastbar. Forscher, denen es nicht gelang, seine Versuche zu wiederholen, machten dies nicht publik. Erst Anfang der 60er Jahre begannen Leonard Hayflick und Paul Moorhead aus Philadelphia die Carrel-Experimente genauer unter die Lupe zu nehmen. Was sie entdeckten, war gar nicht nach dem Geschmack der Fachwelt. Nur mit Beharrlichkeit konnten sich Hayflick und Moorhead durchsetzen. Zu aller Erstaunen zeigten sie, daß normale Zellen eine begrenzte Lebensspanne besitzen. Heute glaubt Hayflick, daß die Hühnerzellen von Carrel nur überlebt hatten, weil der aus Nährlösung zugefügte Hühnerextrakt unsachgemäß präpariert worden war und noch lebendige embryonale Zellen enthielt. Junge Zellen waren der Faktor, der angeblich Unsterblichkeit garantieren sollte. Ein weiterer Effekt aus der Zellkulturtechnik könnte den Fauxpas Carrels erklären: Viele Zellen, die über längere Zeit in der Petrischale gezüchtet werden, neigen nämlich dazu, sich in Krebszellen zu verwandeln und erreichen so «Unsterblichkeit».

Hayflick und Moorhead widerlegten nicht nur Carrel; ihre Resultate galten fortan als neues Paradigma der Alternsforschung. Sie konnten zeigen, daß jede Zellart – zumindest im Labor – ihre eigene Altersgrenze besitzt. Bindegewebszellen des Menschen teilen sich zum Beispiel in der Petrischale lediglich etwa 50mal, dann sterben sie. Zellen alter Menschen überleben im Labor kürzer als Zellen jüngerer Menschen. Auch konnte nachgewiesen werden, daß das Zellteilungspotential um so geringer ist, je tiefer die Lebenserwartung einer Tierart ist. Zellen scheinen sogar eine Art von Gedächtnis zu haben: Werden etwa Bindegewebszellen nach 30 Zellteilungen in flüssigem Stickstoff eingefroren und nach einer beliebigen Zeit wieder aufgetaut, so «wissen» sie, wie oft sie sich zuvor geteilt haben und können sich nur noch rund 20mal teilen, d. h. so lange, bis ihr Zellteilungsvermögen erschöpft ist. Seit diesen Untersuchungen wird das maximale Zellteilungsvermögen Hayflick-Grenze genannt.

Nachdem die «Hayflick-Grenze» sich etabliert hatte, wurden schnell neue Theorien entwickelt. Sie stellten das Erbgut einer Zelle in den Vordergrund. Danach ist die Gesamtheit der Gene wesentlich dafür verantwortlich, daß die Zelle zugrunde geht. Heute sind gemäß den molekularbiologisch orientierten Gerontologen zwei Sorten von Genen am Werk. Die einen, wie etwa die Gene der DNA-Reparatursysteme, sorgen für Langlebigkeit, indem sie die Alterungsprozesse bremsen. Sie werden deshalb auch Longevity-Gene genannt. Die anderen, die Seneszenz-Gene, beschleunigen das Altern, indem sie als Nebeneffekt ihrer normalen Tätigkeit die Zelle schädigen. Bedenkt man, daß die meisten Lebewesen nicht altern, so ist dieser Nebeneffekt der Seneszenz-Gene so etwas wie ein zelluläres Desaster, das als Folge der gestiegenen Lebenserwartung des Menschen überhaupt erst möglich wurde.

Wenn das eine Prozent Erbsubstanz, das uns Menschen vom Schimpansen unterscheidet, für die große Differenz in der Lebenserwartung verantwortlich ist, so müßte die Ursache in einigen wenigen genetischen Faktoren liegen. Das würde aber bedeuten, daß eine Identifikation und Veränderung dieser Gene bereits zu einer drastischen Erhöhung der Lebenserwartung führen könnte. Seit einigen Jahren ist die gerontologische Forschung denn auch bemüht, solchen Genen auf die Spur zu kommen. Wie viele es sind, weiß noch niemand, doch sind bereits erste Erfolge zu vermelden: Michael Jaswinski von der Louisiana State University in New Orleans konnte die Lebensspanne von Bäckerhefen *(Saccharomyces cerevisiae)* durch einen gentechnischen Eingriff um 30 Prozent verlängern. Das Gen, das bei diesem Eingriff manipuliert wurde, nannte er LAG-1 (Longevity Assurance Gene-1). Wie bei solchen Arbeiten üblich, suchte Jaswinski in der Folge nach Strukturen im menschlichen Erbgut, die dem Hefe-Gen LAG-1 ähneln, und wurde dabei auch fündig. Ob dieser entsprechende DNA-Abschnitt aber denselben Effekt in menschlichen Zellen hat, ist noch unklar. Mittlerweile hat Jaswinskis Team drei weitere Langlebigkeits-Gene in Hefen entdeckt, wovon eines die Lebensspanne beinahe verdoppelt und gleichzeitig der Hefe die Fähigkeit gibt, sich zu verdoppeln. Ein weiteres Gen fand Tom Johnson von der University of Colorado; diesmal nicht in Hefen, sondern im Essigälchen *Caenorhabditis elegans*. Dieses AGE-1-Gen scheint das Altern der

Würmer bereits am dritten Lebenstag zu beschleunigen. Nach einer Inaktivierung des Gens durch Johnson lebten die Essigälchen um über hundert Prozent länger: sechs statt drei Wochen. Mittlerweile, so berichtet Johnson, habe er bereits die Gene AGE-2 und AGE-3 gefunden.

Ähnlich spektakuläre Lebensverlängerungen erzielte Michael Rose von der University of California in Irvine mit der Fruchtfliege *Drosophila melanogaster*. Wenn es stimmt, daß die Lebenserwartung von den Genen mitbestimmt wird, so sollte es auch möglich sein, die Lebenserwartung einer Population zu erhöhen, wenn man nur die langlebigen Fliegen sich paaren läßt. Genau dies versuchte Michael Rose: Nur die stärksten und ältesten Fliegen durften sich reproduzieren. Nach 60 Generationen hatte sich die Lebenserwartung der selektierten Fliegen von ursprünglich 40 Tagen auf rund 80 Tage erhöht. Einige wenige Fliegen erreichten sogar das Alter von sechs Monaten. Um diese Veränderung zu erreichen, mußten sich über die Generationen hinweg Hunderte von Erbgutänderungen ansammeln, die die Langlebigkeit begünstigen. Eine dieser Mutationen betrifft ein Gen, das das Enzym Super-Oxyd-Dismutase (SOD) in der Zelle herstellt. Dieses ist fähig, aggressive freie Radikale zu neutralisieren. Die biochemische Analyse der Fliegen zeigte, daß die langlebigen Insekten eine viel aktivere Form der SOD besitzen. Rose zufolge leben die Fliegen nicht nur länger, sondern sind auch von ihrer Konstitution her kräftiger; sie können über 80 Minuten ohne Unterbrechung fliegen. Ihre kurzlebigen Verwandten hingegen sind schon nach 40 Minuten am Ende ihrer Kräfte.

Diese Experimente sind in der Wissenschaft nicht unumstritten, denn sie benutzen alle Organismen, die über Hunderte von Generationen hinweg in den Labors gezüchtet wurden. Durch diese Auswahl unterscheiden sie sich genetisch stark von ihren natürlichen Vorgängern. Ihr Erbgut ist sehr stark an die künstlichen Laborbedingungen angepaßt. Würden solche Experimente mit Organismen aus einer natürlichen Umgebung (Wildtypen) durchgeführt, so wäre nach Ansicht skeptischer Biologen der lebensverändernde Effekt entweder geringer oder nicht sichtbar. Denn das Erbgut von natürlichen Organismen ist auf ideale Weise ausbalanciert. Erste Hinweise zeigen auch, daß die spektakulären Ergebnisse an Labortieren mit Wildtyp-Organismen nicht mehr nachvollziehbar sind.

Überraschende Ergebnisse

Neueste Experimente zeigen, daß die Natur der Alterung noch viel komplexer ist, als bisher allgemein angenommen wurde: 1825 postulierte der Brite Benjamin Gompertz, daß die Todesrate bei allen Lebewesen mit dem Alter exponentiell anwächst. Dieses klassische Gesetz der Alternsforschung bedeutet einfach, daß das Risiko für einen Menschen, mit 15 Jahren zu sterben, kleiner ist als mit 60 Jahren, dieses ist wiederum kleiner als das Risiko, mit 100 Jahren zu sterben. Das klingt einleuchtend. Bisher galt auch allgemein, daß sich für einen Menschen die Wahrscheinlichkeit zu sterben etwa alle acht Jahre verdoppelt. Doch als James Vaupel von der Universität in Odense, Dänemark, eine Gruppe sehr alter Skandinavier analysierte, fand er genau das Gegenteil: Für diese sehr langlebigen Menschen steigt das Risiko zu sterben nicht exponentiell mit den Jahren. Diesen eher überraschenden Effekt fanden Vaupel und sein Team auch bei Fliegen bestätigt, die in Mexiko milliardenfach gezüchtet werden. Eine Analyse der Sterberate ergab, daß die Sterbewahrscheinlichkeit zwar in den ersten 40 bis 60 Tagen des Fliegenlebens wie durch das Gompertz-Gesetz vorausgesagt auf 15 Prozent ansteigt, dann aber abfällt. Sehr alte Fliegen im Alter von 100 Tagen und darüber wiesen nur noch die Wahrscheinlichkeit von vier bis sechs Prozent auf, am nächsten Tag zu sterben. Damit war ihr Sterberisiko statistisch gesehen im hohen Alter geringer als im «jugendlichen» Alter von 20 Tagen.[5] Der Schluß liegt nahe, daß die langlebigen Fliegen kräftiger und überlebensfähiger sind. Wer einmal sehr alt geworden ist, hat große Chancen, noch älter zu werden. Dies könnte daran liegen, daß die langlebigen Individuen mit optimalen Genen für Langlebigkeit ausgestattet sind. Auch dieser Hypothese ging ein Team von Vaupel nach und prüfte sie bei zehn verschiedenen Fruchtfliegen-Populationen. Er kam zu dem Ergebnis, daß das, was bei den gemischten Populationen in Mexiko der Fall ist, auch auf einzelne, genetisch einheitliche Populationen zutrifft. Ab einem gewissen Alter sinkt die Sterbewahrscheinlichkeit. Demnach scheinen mehr die individuellen Risikofaktoren als die genetische Ausstattung für ein sehr langes Leben ausschlaggebend zu sein. Dieses Resultat wird übrigens auch durch die sozio-psychologische Forschung bei langlebigen Menschen bestätigt, denn die Gene sind letztlich nur ein Teil der Ursachen des Alterns.

Tickt in den Zellen eine Uhr?

Mit den Theorien des genetischen Alterns kam auch die Frage auf, ob es ein aktives Programm der Alterung gibt, ein Programm, das den körperlichen Untergang genauso verwirklicht wie das Entwicklungsprogramm den Aufbau eines Körpers aus einer befruchteten Eizelle. Die Mehrheit der Gerontologen verneint heute diese Frage. Wozu auch sollte die Natur ein komplexes genetisches Programm entwickeln, wenn dieses mit wenigen Ausnahmen gar nicht gebraucht wird? Molekularbiologen haben in den letzten Jahren immer wieder vermutet, daß in unserer Erbsubstanz eine Uhr tickt, die aufhört, wenn unsere letzte Stunde schlägt. Denn sie beobachteten, daß die Aktivität zentraler Gene ab einem gewissen Alter drastisch nachläßt. Ob dies allerdings ein Effekt der Abnutzung auf dem Niveau der DNA ist, oder ob dabei ein Zeitschalter auf der DNA wirksam wird, der die Genaktivität einschränkt, ist noch unklar. Auch hierbei läßt sich natürlich fragen: Weshalb soll die Natur solche Uhren ticken lassen, wenn sie gar nicht benötigt werden?

Etwas ähnliches wie eine Sanduhr haben drei Biologen vom Cold Spring Harbour Laboratory in New York erst kürzlich entdeckt. Die Erbsubstanz des Menschen ist auf 23 Chromosomen verteilt, von denen jede menschliche Zelle (mit Ausnahme der roten Blutkörperchen) jeweils ein Paar besitzt. Auf diesen 46 Chromosomen ist jeweils ein DNA-Faden aufgezwirbelt. Würde man diese Fäden entwinden und aneinanderhängen, ergäbe dies eine Länge von zwei Metern DNA, die in jeder Zelle steckt. Allerdings ist dieser Faden weniger als ein Milliardstel Meter dick, so daß diese zwei Meter in jedem Zellkern Platz finden können.

Vor jeder Zellteilung muß das gesamte Erbgut verdoppelt werden, was meist nicht ohne Komplikationen abläuft. Vor allem an den Enden der Chromosomen, den sogenannteen Telomeren, haben die Enzyme, die mit der Verdoppelung beauftragt sind, Mühe, die DNA korrekt zu vermehren. Wohl aus diesem Grund bestehen die Telomere aus sich wiederholenden, kurzen DNA-Sequenzen, die keine offensichtliche Aufgabe im Stoffwechsel einer Zelle besitzen. Denn bei jeder Zellteilung gehen – wie neuere Forschungen zeigen – zwischen fünf und zwanzig dieser Telomer-Sequenzen verloren, und die Chromosomen werden dadurch geringfügig kürzer. Dieser Verlust ist für die Tochterzellen zu verkraften. Im Verlauf vieler Vermehrungszyklen werden die Telomere aber immer kürzer. Forscher haben deshalb vorgeschlagen, die Länge der Chromosomenspitzen als Gradmesser für das biologische Alter zu verwenden. Wenn diese tatsächlich so etwas wie eine zellinterne biologische Uhr sind, ist zu vermuten, daß der Verlust an Erbsubstanz für gewisse Zellen, wie etwa die sich häufig teilenden Blutstammzellen, ab einem gewissen Punkt nicht mehr tragbar ist. Wenn dieser Punkt – vergleichbar mit der Hayflick-Grenze – erreicht ist, stirbt die Zelle ab. Für diese Vermutung gibt es bislang allerdings noch keine experimentellen Hinweise.

Schrittmacher-Organe

Eine Reihe von Theorien wagt den Schritt weg von der Zelle hin zum Zellverbund, dem Organ. Sie gehen davon aus, daß ein bestimmtes Organ das Leben des gesamten Organismus begrenzt. Weil dieses Organ früher altert als andere oder einen schädigenden Einfluß ausübt, altert der ganze Organismus. Favorisiert werden vor allem zwei Organe, die als «Schrittmacher» fungieren könnten: das Immunsystem und das Gehirn; das Gehirn deshalb, weil es die Steuerzentrale für das Hormonsystem ist. Eine Überdosis von Steroidhormonen führt etwa beim pazifischen Lachs zum Tod. Und auch beim Altern von Säugetieren scheinen Hormone im Spiel zu sein. Bei Ratten führt eine Mehrproduktion von Stresshormonen, den Glukokortikoiden, zu einem schnelleren Altern. Bei Versuchen mit Ratten wurde ein regelrechter Teufelskreis beobachtet: Die Stresshormone aus der Nebennierenrinde können genau jene Gehirnzellen töten, die eigentlich das Signal zum Stopp der Stresshormonproduktion erteilen sollten. Dadurch wird die Glukokortikoid-Produktion angekurbelt und verstärkt, und ihr Einfluß auf das Altern nimmt zu.

Seit Jahren stellt man sich die Frage, ob Altern mit einem Versagen des Immunsystems zusammenhängen könnte, denn die Fähigkeit des Immunsystems, Krankheiten abzuwehren, nimmt mit zunehmendem Alter stark ab. Das häufigere Auftreten von Krebsgeschwulsten und Infektionen wird damit in Zusammenhang gebracht. Auch Autoimmunerkrankungen, bei denen sich das Immunsystem gegen körpereigenes Gewebe richtet, wie die Arthritis und gewisse Formen von Altersdiabetes, werden im Alter häufiger.

Vergleicht man die genetische Struktur verschiedener Mäuse-Inzuchtstämme miteinander, so wird deutlich, daß nur die Gene auf dem Chromosom 17 Unterschiede zwischen den Inzuchtstämmen aufweisen. Die anderen Chromosomenregionen paßten sich im Verlauf der Geschwisterpaarung einander an. Unterschiede in der Lebensspanne zwischen den Stämmen lassen sich demnach nur auf diese Chromosomenregion zurückführen. Interessanterweise handelt es sich bei dieser Region um den als MHC bezeichneten Hauptgewebeverträglichkeits-Komplex der Mäuse, der das Immunsystem kontrolliert. Dem MHC gehören aber auch Enzyme an, die bei der zelleigenen Abwehr der aggressiven freien Radikale eine zentrale Rolle spielen.[6]

Das Immunsystem hat die Aufgabe, Fremdkörper wie Bakterien, Viren oder Krebszellen zu eliminieren. Bei der komplexen Organisation dieses Abwehrsystems ist auch die Thymusdrüse im Spiel. Allerdings beginnt sie sich nach der Pubertät zurückzubilden. Dabei läßt sie nach Meinung des kalifornischen Biologen Roy Walford eine empfindliche Lücke zurück. Ein gut ausbalanciertes Immunsystem muß einerseits zwischen fremdartigen und körpereigenen Strukturen unterscheiden können und andererseits fremde Eindringlinge – wie Viren, Bakterien oder Pilze – beseitigen. Nach Walford kommen dem alternden Immunsystem beide Fähigkeiten abhanden. Doch die dominierende Rolle des Immunsystems als «Schrittmacher-Organ» ist umstritten. Träfe sie zu, so müßten Organismen mit defektem Immunsystem schneller altern. Genau dies aber konnte in Experimenten mit Mäusen nicht bestätigt werden.

Ist Altern nun Zufall, Unfall oder (genetisches) Schicksal? Wahrscheinlich ist es alles zugleich. Denn die bisher vorgebrachten Einzeltheorien scheinen sich eher zu ergänzen als zu widersprechen. Obschon die biologische Alternsforschung noch relativ neu ist, hat sie in den letzten Jahrzehnten wichtige Grundlagen erarbeitet. Dazu gehört das Wissen, daß das Altern nicht bloß *eine* Ursache hat. Wahrscheinlich auch ist dieses Phänomen auf einfache Weise gar nicht faßbar, und zum Schluß bleibt seine enorme Komplexität: Altern scheint von unzähligen Faktoren bestimmt zu werden, die ihren eigenen Gesetzen folgen und sich gegenseitig beeinflussen. Es bleibt deshalb fraglich, ob wir jemals das Phänomen der Alterung hinreichend und zufriedenstellend werden erklären können.

Warum Frauen älter werden als Männer

Es ist erwiesen, daß Frauen im Durchschnitt sechs bis sieben Jahre älter werden als Männer. Noch nicht geklärt ist der Grund für diese unterschiedliche Lebenserwartung. Die traditionelle Antwort «Frauen haben weniger Stress und arbeiten weniger hart» kann aber definitiv als falsch bezeichnet werden. Im Tierreich gilt dieselbe Erfahrung. Sogar Weibchen, die den größten Teil der Arbeit leisten, werden gewöhnlich älter als die Männchen.

Die unterschiedliche Lebenserwartung ist soziologisch nicht zu erklären und muß folglich biologische Gründe haben. Hier bietet sich in der Tat eine Reihe von Erklärungen an. Untersucht man die Todesursachen geschlechtsspezifisch, so fällt auf, daß diese bei Männern viel häufiger unter der Rubrik «Unfälle und Verbrechen» zu finden sind als bei Frauen. Von den häufigsten Todesursachen sind in vielen Fällen Männer stärker betroffen als Frauen: Krebs der Atmungsorgane, chronische Bronchitis, Selbstmord, Motorfahrzeugunfälle, alkoholbedingte Leberzirrhose, Harnblase- und Speiseröhrenkrebs sind bei Männern mindestens doppelt so häufig die Todesursache wie bei Frauen. Solche Daten machen deutlich, daß Männer riskanter leben als Frauen.

Der Grund dafür liegt einerseits im unterschiedlichen Lebensstil. So nimmt die Lungenkrebshäufigkeit bei Frauen in Europa seit einigen Jahren deutlich zu, weil immer mehr Frauen rauchen. Andererseits könnte das unterschiedliche Risikoverhalten auch im Hormonsystem der Männer und Frauen begründet liegen. Androgene, männliche Sexualhormone, die in den Hoden produziert werden, scheinen aggressives und damit riskantes Verhalten zu fördern. Bei Singvögeln z. B. stellen sich nach der Paarungszeit, wenn die Androgenproduktion stark reduziert wird, auffällige Veränderungen ein. Die Vögel hören auf, ihr Territorium zu verteidigen, verlieren die Pracht ihres Gefieders und produzieren kein Sperma mehr. Androgene beeinflussen aber nicht nur das Verhalten, sie scheinen auch das Altern zu beschleunigen. Die Lebenserwartung eines jungen Katers steigt nach der Kastration rapide von 5,3 auf 8,1 Jahre – ein Phänomen, das auch bei Menschen zu beobachten ist. Eine Therapieform zur «Behandlung» geistig behinderter Männer, die noch vor wenigen Jahrzehnten zum Repertoire der psychiatrischen Behandlung gehörte, war die Kastration. Untersuchungen im US-Bundesstaat Kansas zeigen, daß die Entmannten durchschnittlich 14 Jahre länger lebten als «unbehandelte» Heiminsassen. Die Differenz läßt sich wohl am besten mit der Eigenschaft der Androgene erklären, den Stoffwechsel zu beschleunigen, so daß die Organe stärker belastet und abgenutzt werden.

Das Sexualhormon Testosteron beeinflußt auch die Blutwerte. Während Knaben und Mädchen bis zur Pubertät noch gleiche Cholesterin-Werte aufweisen, führt die einsetzende Testosteron-Produktion während der Pubertät dazu, daß der Wert des «guten» HDL-Cholesterins im Vergleich zum «bösen» LDL-Cholesterin sinkt. Diese Änderung trägt zu einem erhöhten Risiko der Männer für Herz-Kreislauf-Krankheiten bei. Demgegenüber hat das weibliche Sexualhormon Östrogen eine schützende Wirkung vor Herz-Kreislauf-Leiden. In der Gruppe der 35- bis 44jährigen kommt lediglich eine Frau auf sechs männliche Herz-Kreislauf-Patienten. Dieses Verhältnis verschlechtert sich mit zunehmendem Alter zuungunsten der Frauen. Um das 80. Lebensjahr ist die Rate der Todesfälle, die auf Herzerkrankungen zurückgeht, bei Männern und Frauen ungefähr gleich.

Hormone allein sind wohl kaum die Ursache der höheren Sterblichkeit von Männern. Denn dieses Schicksal zeichnet sich bereits im Mutterleib ab. Dort sterben nämlich mehr männliche als weibliche Föten, was möglicherweise an der unterschiedlichen genetischen Ausstattung von Mann und Frau liegt. Das sog. Y-Chromosom, das beim Mann an die Stelle eines X-Chromosoms tritt, macht den sprichwörtlichen kleinen Unterschied aus. Da Frauen über zwei X-Chromosomen verfügen, also von jedem Gen auf dem X-Chromosom eine «Ersatzkopie» besitzen, können sie Erbfehler und Mutationen auf diesem Chromosom besser kompensieren. Deshalb treten genetische Krankheiten, die ihren Ursprung auf dem X-Chromosom haben, z. B. die Farbenblindheit, die Hämophilie und gewisse Arten der Muskeldystrophie, bei Männern weit häufiger auf als bei Frauen. Männer besitzen nicht nur für das X-, sondern auch für das nur spärlich mit Genen befrachtete Y-Chromosom keine «Sicherheitskopie», weshalb sich Veränderungen dieser Chromosomen schneller als bei Frauen auf den Stoffwechsel auswirken und damit den Krankheitsprozeß wahrscheinlich beschleunigen können.

Ganz befriedigen kann diese Erklärung aber nicht, denn bei manchen Vögeln tragen die Weibchen das Y-Chromosom und werden trotzdem älter als die Männchen mit beiden X-Chromosomen. Mit einem veränderten Lebensstil könnten die Männer ihre Lebenserwartungsdifferenz im Vergleich zu den Frauen wenigstens teilweise kompensieren. In den USA hat dieser Trend (im Gegensatz zu Europa) bereits eingesetzt. Während 1970 die Lebenserwartung von Mann und Frau noch durchschnittlich um 7,6 Jahre differierte, hatte sich diese Differenz 1990 beinahe um ein Jahr verringert.

Die körperlichen Alternsprozesse zwischen Zufall und Notwendigkeit

Eines Morgens schauen wir in den Spiegel und entdecken die ersten Fältchen in den Augenwinkeln, die grauen Haare sind nicht mehr zu übersehen. Viele denken, daß sie nun beginnen alt zu werden. Doch der Schein trügt wieder einmal, denn einzelne Organe altern von Geburt an. Im Herz von Neugeborenen sind sogar schon Spuren des Alterns auszumachen; das Alternspigment Lipofuszin hat sich in den Zellen bereits angesammelt. Dabei altert jedes Organ auf eine charakteristische Weise: Einige beginnen früher damit, wie etwa die Thymus-Drüse, die sich schon während der Pubertät zurückbildet, andere, etwa das Gehirn, können ihre Funktion bis ins hohe Alter aufrechterhalten.

Insgesamt nimmt der Anteil von Körperfett am Körpergewicht zwischen dem 20. und 70. Lebensjahr um durchschnittlich 35 Prozent zu, während die Muskelmasse um über ein Viertel schwindet. Das Blutplasmavolumen nimmt zwischen 20 und 80 Jahren um acht Prozent, das Gesamtkörperwasser um 17 Prozent ab. Eine drastische Verminderung ist zudem bei der Flüssigkeit zwischen den Zellen, der extrazellulären Flüssigkeit, zu verzeichnen; sie nimmt im Mittel zwischen 20 und 65 Jahren um ganze 40 Prozent ab.

Dennoch altert kein Mensch wie der andere, nicht einmal eineiige Zwillinge. Denn Altern wird sowohl durch genetische Faktoren und Umwelteinflüsse als auch durch den Lebensstil bestimmt. Das Sprichwort «Man ist so alt, wie man sich fühlt» entspricht den Tatsachen. Es sind nicht die gelebten Jahre, die das wahre Alter ausmachen. Wohl aus diesem Grund suchen Mediziner seit geraumer Zeit nach Faktoren, mit denen sich das *biologische Alter* eines Körpers bestimmen ließe. Dieses würde – jenseits des kalendarischen Alters – über den Zustand des Körpers Auskunft geben. Das biologische Alter könnte mithin auch ein Gradmesser für die verbleibende Lebensspanne sein. Doch bis heute konnte noch kein zuverlässiger und für den ganzen Körper gültiger Altersmesser gefunden werden.

Der alternde Körper läßt sich in fünf Punkten charakterisieren:

- Das Gewebe und die Organe verändern sich sowohl in ihrem

Aufbau als auch in ihrer Funktion, ihre Leistungsfähigkeit und Belastbarkeit nehmen ab.

- Der Körper neigt zur Unbeweglichkeit. Die Knochen werden brüchiger, die Muskelkraft läßt nach, und die Gelenke sind weniger belastbar.
- Das psychische Verhalten ändert sich, und es bestehen zunehmend Anpassungsschwierigkeiten im psychischen Bereich.
- Der Einfluß der psychischen Verfassung, der psychosomatische Impuls, auf den Körper wird schwächer.
- Mehrere Krankheiten treten gleichzeitig auf.

Das klingt zwar düster, doch halten unser Körper sowie die medizinische und psychosoziale Betreuung eine breite Palette von Möglichkeiten bereit, um die Probleme eines alternden Körpers zu kompensieren: Die Brille läßt die Fehlsichtigkeit vergessen, und eine Haushaltshilfe ermöglicht alten Menschen ein normales Leben in ihrer Wohnung. Allerdings sind auch den Kompensationsmöglichkeiten körperliche Schranken gesetzt: Mit den Jahren werden die Leistungsreserven immer geringer. Im allgemeinen hat der Körper immer mehr Mühe, sich veränderten Umweltbedingungen anzupassen. Extreme Kälte oder Hitze machen mehr zu schaffen, weil der Körper sich selbst schlechter reguliert. Sportliche Spitzenleistungen läßt der Körper nur bei Ausnahmeathleten zu – etwa bei 70jährigen Marathonläufern. Durch die geringeren Reserven wird der Körper auch verletzbarer und anfälliger gegenüber Störungen des körperlichen Gleichgewichts. Schließlich braucht der Körper im Alter auch länger, um den etwa durch Krankheiten oder starke Belastung gestörten Normalzustand wiederherzustellen. Die Erholungsphase dauert länger.

Wo Altern auffällt

Wie kein anderes Organ gilt das Altern der Haut als Gradmesser für das Altern schlichthin: Facelifting, Hautstraffung und Fettabsaugen nehmen eine Spitzenposition bei den plastisch-chirurgischen Eingriffen ein. Manch einer versucht, mit dieser kleinen «Korrektur» die Natur zu überlisten, ohne zu bedenken, daß der Körper unter der Haut weiter altert. Dabei trägt die Alterung der Haut wohl am wenigsten von allen Organen zum Niedergang des Körpers bei. Wenn sie altert, wird sie bloß dünn und faltig. Die Kollagenfasern, die die Haut elastisch machen, werden durch die Vernetzung zu leicht brechenden Bündeln geballt. Doch in der Haut geht noch mehr vor sich: Als Schutz gegen schädliche Strahlung im Sonnenlicht produzieren gewisse Hautzellen den Farbstoff Melanin, der uns bräunt und die schädlichen UV-Strahlen abfängt. Im Alter wird das Melanin allerdings meist unregelmäßig gebildet, was zu den typischen «Altersflecken» führt. Die Fettzellen der Unterhaut sind nicht mehr so zahlreich, das Polster wird dünner. Auch der Zusammenhalt der verschiedenen Hautschichten wird schwächer, und die Durchblutung verschlechtert sich. Als Folge davon heilen Wunden langsamer, aber auch der Tastsinn läßt nach, weil die Anzahl der Nervenendigungen in der Haut abnimmt. Allgemein ist die Haut im Alter weniger aktiv: Talgdrüsen produzieren weniger Sekret, und Schweißdrüsen sind weniger aktiv, die Haut wird trocken.

Als Schutzhülle und Temperaturregulator des Körpers ist die Haut dauernden Umweltbelastungen ausgesetzt. Insbesondere die ultravioletten Anteile des Sonnenlichts machen ihr zu schaffen, weil sie die Erbsubstanz von Hautzellen schädigen können. Zahlreiche Studien belegen denn auch, daß exzessives Sonnenbaden die Alterung der Haut beschleunigt. Obwohl von der Werbung immer wieder behauptet, läßt sich die Haut nicht jung halten. Kein einziges Präparat bringt dies zustande. Einzig die Geschwindigkeit des Alterungsprozesses läßt sich beeinflussen.

Schwindende Sinne

Während das Altern der Haut die Lebensfunktionen kaum beeinträchtigt, treffen die Veränderungen der Sinnesorgane den «Nerv» des Menschen: die Kommunikation. Die erste technische Kompensation einer Alterserscheinung, die Lesebrille, wurde denn auch in diesem Bereich entwickelt. Alterungsprozesse sind heute bei allen klassischen Sinnen wie Hören, Sehen, Tasten, Riechen und

Schmecken nachgewiesen. Mit der Alterung der Haut wird z. B. der Tastsinn vermindert, die Empfindlichkeit für Vibrationen nimmt ab. Auch der für viele alte Menschen charakteristische schleppende Gang ist auf Veränderungen des Tastsinns zurückzuführen. Auf der anderen Seite bleiben gewisse Eigenschaften des Tastsinns, wie die Fähigkeit, zwischen kalt und warm zu unterscheiden, erhalten. Rund 12 Prozent älterer Menschen klagen über eine Beeinträchtigung des Geschmackssinns. Das mag damit zusammenhängen, daß die Zahl der Geschmackszellen im Lauf des Lebens von rund 10000 auf etwa 2500 zurückgeht. Beim Riechen scheint vor allem die Geruchsschwelle, also der Punkt, an dem man etwas als Geruch wahrnimmt, im Alter angehoben. Denn auch in der Nase, so zeigen Untersuchungen, nimmt die Zahl der Sinneszellen stark ab.

Von Mensch zu Mensch sind allerdings die Sinnesveränderungen stark unterschiedlich ausgeprägt. Besonders deutlich wird dies beim Sehen. Die Augen sind das ganze Leben über Belastungs- und Beanspruchungsfaktoren ausgesetzt. Zudem werden die Linse, der Glaskörper und die Hornhaut nicht etwa durch Blutkapillaren, sondern lediglich durch Diffusion ernährt. Veränderungen können deshalb den Nährmitteltransport wesentlich stören.

Meist zwischen 40 und 50 Jahren bekunden die Augen immer mehr Mühe, Gegenstände, die in der Nähe sind, scharf abzubilden, weil die Linse unelastischer geworden ist. Bekannt ist dieses Phänomen als Altersweitsichtigkeit oder Presbyopie. Sie ist eine direkte Folge davon, daß die Linse im Verlauf des Lebens kontinuierlich wächst, ohne altes Gewebe abzustoßen. Wie die Jahresringe eines Baumes wachsen auch die Zellschichten der Linse stetig. Da sie alle im Verlauf des Lebens gebildeten Zellen behält, entspricht das Alter des Linsenkerns dem Lebensalter eines Individuums. Der Grad der Altersweitsichtigkeit ist somit ein Indiz für das kalendarische Alter eines Menschen. Die Anpassung an plötzliche Hell-Dunkel-Wechsel wird durch diese Verformung erschwert, weil die Pupillen langsamer reagieren. Mit zunehmendem Alter machen sich auch die stetigen Umweltbelastungen bemerkbar. Die Linse trübt sich ein und nimmt eine gelbliche bis dunkelbraune Färbung an. Solche Trübungen, auch unter dem Namen Grauer Star bekannt, führen weltweit jährlich zur Erblindung von rund zwei Millionen Menschen. Die fortwährende Bestrahlung mit Licht geht auch an der Netzhaut, die die Sinneszellen enthält, nicht spurlos vorüber: Es kommt zu einer Ansammlung von Abbauprodukten der Zellen. Der Gehalt an Melanin, das vor UV-Strahlung schützen soll, nimmt ab, während die Konzentration des Alternspigments Lipofuszin deutlich steigt.

Bereits im zweiten oder dritten Lebensjahrzehnt beginnt die Hörfunktion langsam nachzulassen. Stärkere Auswirkungen hat dies meist erst zwischen 50 und 60 Jahren. Es trifft dabei vor allem das Hören der hohen Töne. Altersschwerhörige Menschen haben Mühe, etwa das Klingeln des Weckers, des Telefons, Vogelgezwitscher oder das Ticken einer Uhr wahrzunehmen. Später kommen Probleme beim Verstehen von Sprache, vor allem von Konsonanten dazu. Menschen werden fehlhörig. Der Übergang von normalen zu krankhaften Zuständen ist dabei meist fließend und läßt sich nicht genau eingrenzen. Die Ursache liegt in bekannten Alterungsprozessen, wie der Abnahme der Elastizität von Fasern, schlechterer Durchblutung oder Ablagerungen im Gewebe. Aber auch ein Teil der Sinneszellen im Innenohr und der Nervenreizleitungen, der Neuronen, gehen verloren. Die Erbanlagen tragen dazu bei, daß Altersschwerhörigkeit von Mensch zu Mensch unterschiedlich ausgeprägt ist. Es erstaunt wohl kaum, daß auch Umweltfaktoren das Hörvermögen im Alter entscheidend beeinflussen. So hat eine Studie ergeben, daß der altersbedingte Abbau des Gehörs bei zentralafrikanischen Ureinwohnern schwächer ist als bei Bewohnern von Industriestaaten. Wer dauernd starkem Lärm ausgesetzt ist, sei es in einem Sägewerk oder durch den Verkehr, muß damit rechnen, von Altersschwerhörigkeit stärker betroffen zu sein.

Jahre des Wechsels

Hatten die Wechseljahre noch vor wenigen Jahrzehnten wegen der damaligen Lebenserwartung für Frauen kaum eine Bedeutung, so machen die Jahre nach der Menopause heute bei den meisten Frauen ein Drittel und mehr des Lebens aus. Die Menopause ist nicht zu verwechseln mit den Wechseljahren. Denn sie betrifft lediglich die fünf bis sieben Tage der letzten Monatsblutung und markiert das Ende der Fruchtbarkeit. Die Wechseljahre umfassen hingegen einen längeren Zeitraum, während dessen die Aktivität der Eierstöcke nachläßt und die Produktion des weiblichen Sexualhormons Östrogen langsam eingestellt wird. Die Menopause tritt normalerweise zwischen dem 45. und dem 55. Lebensjahr, durchschnittlich mit 51 Jahren, ein, und kündigt sich meist über mehrere Jahre hinweg an. Unregelmäßigkeiten des Zyklus weisen darauf hin, daß der Vorrat an potentiellen Eizellen unter die kritische Grenze sinkt. Parallel dazu geht die Hormonproduktion allmählich zurück, setzt gelegentlich aus und wieder ein. In der Folge werden die Eierstöcke, Gebärmutter, Scheidenschleimhaut und Brustdrüsen zurückgebildet.

Während sich in den letzten Jahrzehnten der Zeitpunkt der ersten Regelblutung (Menarche) vorverlegt hat, war dies bei der Menopause nicht der Fall. Was von Medizinern wegen der Einnahme der Anti-Baby-Pille vermutet wurde, nämlich ein späteres Eintreten, traf damit nicht ein. Allerdings können Mangelernährung, schwere Krankheiten oder starkes Rauchen die Menopause um einige Jahre verfrüht auslösen. Begleiterscheinungen der Wechseljahre sind oft Hitzewallungen und Schweißausbrüche in der Nacht. Sie sind eine direkte Folge des Östrogenmangels. Folgen der Hitzewallungen sind wiederum Müdigkeit, Schlafstörungen, Gereiztheit oder ein gewisser Libidoverlust, der zum Teil die Folge der Rückbildung der Scheidenschleimhaut im Alter ist.

Auch Männer kommen in die Wechseljahre. Allerdings sind ihre Symptome weniger ausgeprägt und folgen keinem so eindeutigen Muster, wie dies bei den Frauen der Fall ist. Im Gegensatz zu den Eizellen der Frauen bleibt die Produktion von Spermien und damit der Sexualhormone während des gesamten Lebens erhalten. Allerdings nimmt diese mit den Jahren leicht ab. Etwa die Hälfte der 45jährigen Männer entwickelt eine sogenannte Gynäkomastie, d. h., sie setzen mehr Fett an Taillen und Brust an, und die Körperbehaarung geht zurück.

Zehren an der Reserve – das Altern des Gehirns

Wohl bei keinem anderen Organ sind Alterungserscheinungen so gefürchtet wie beim Gehirn. Parkinson- und Alzheimer-Krankheit ängstigen durch ihre Schicksalhaftigkeit. Dabei sind die «normalen» Alternsprozesse des Gehirns bis ins hohe Alter weit weniger gravierend als bei anderen Organen. Von Geburt an teilen sich die Gehirnzellen nicht mehr; sie werden nicht erneuert und altern deshalb kontinuierlich. Die markanteste Veränderung des Gehirns ist die Gewichtsabnahme während des gesamten Lebens, die bis zum Lebensende zwischen 20 und 30 Prozent beträgt. Dies bedeutet freilich nicht, daß dauernd Unmengen an Gehirnzellen verlorengehen. Die Gewichtsabnahme hängt vom Verlust der Nervenfortsätze, aber nicht der eigentlichen Zellkörper ab. Ein echter Verlust an Hirnsubstanz ist zudem erst ab ca. 65 Jahren nachweisbar. Die Zahl der Nerven wird bis zum 80. Lebensjahr um weniger als 20 Prozent reduziert. Der Verlust an Nervenzellen ist noch durchaus im Rahmen der Reservekapazität des Gehirns, die nach heutigen Schätzungen bei ca. 40 Prozent liegt. Erst wenn diese Reserven aufgebraucht sind, kommt es zu psycho-organischen Defekten. Deshalb haben die Verluste an Hirngewicht und Hirnzellen wenig Einfluß auf die Stoffwechselaktivitäten. Aufgrund der langjährigen Tätigkeit kommt es aber in den Zellen zu Ablagerungen (senile Plaques). Bei zwei von drei über 70jährigen finden sich solche senilen Plaques im Gehirn.

Bis zum letzten Schlag

Unser Herz kommt nie zur Ruhe. Im Verlauf eines 80jährigen Lebens schlägt es rund 2,5 Milliarden Mal. Diese Dauerbeanspruchung führt unweigerlich zu Alterungserscheinungen, die bereits bei der Geburt erkennbar sind: Schon bei Neugeborenen sind Ablagerungen des Alterungspigments Lipofuszin unter dem Mikroskop in den Herzmuskeln ausfindig zu machen. Mit den Jahren sammelt sich immer mehr dieses Pigments an. Nicht zuletzt deshalb gilt der

Lipofuszingehalt in einem Gewebe als Gradmesser für das biologische Alter. Aufgrund von Abnutzungserscheinungen versteifen sich die Arterien, die glatte Muskulatur verliert an Elastizität. Im Alter geht die Pumpleistung des Herzens zurück, die Kontraktions- und Entspannungsgeschwindigkeit nimmt ab. Insgesamt, resümiert die Berliner Geriaterin Elisabeth Steinhagen-Thiessen, führe aber der Alterungsprozeß nicht zwingend zu einer Verschlechterung der Ruhefunktion des Herzens. Es sind demnach nicht die natürlichen Alterungsprozesse des Herzens und der Arterien, die zur häufigsten Todesursache in den Industrienationen führen: den Herz-Kreislauf-Krankheiten; hier sind vielmehr zivilisatorische Einflüsse im Spiel.

Auf starke Belastungen reagiert das Herz im Alter aber nicht mehr so flexibel wie in jungen Jahren. Obwohl die Herzfrequenz weniger stark ansteigt, ist das Auswurfvolumen des Herzens größer. Alles in allem reicht diese Pumpleistung aber nicht mehr aus, um Höchstleistungen zu unterstützen. Nach der Anstrengung braucht das Herz länger, um wieder den Ruhepuls zu erreichen. Es ist allerdings nicht klar, in welchem Ausmaß auch Alterungserscheinungen der Lunge und der Skelettmuskulatur zur verminderten maximalen Belastbarkeit beitragen.

Löchriges Skelett

Mit den Jahren werden wir kleiner. Die Knochenmasse nimmt etwa vom 50. Lebensjahr an ab. Dieser Prozeß wird als physiologische Osteoporose bezeichnet. Knochen sind nicht einfach starre Strukturen, die bis zur Pubertät wachsen und dann nur noch abgenutzt werden. Dauernd werden sie ab-, auf- und umgebaut; sie leben. Daran sind hauptsächlich zwei Zelltypen beteiligt: die aufbauenden Osteoblasten und die abbauenden Osteoklasten. Sie tragen zu einer lebenslangen Erneuerung bei. Bis zum 20. Lebensjahr überwiegt der Knochenaufbau, danach ist die Bilanz ausgeglichen. Ab etwa dem 30. Lebensjahr hingegen nehmen Knochenmasse und Mineralgehalt der Knochen kontinuierlich ab. Die Abnahme der Knochenmasse ist möglicherweise auf einen Aktivitätsverlust der knochenaufbauenden Osteoblasten zurückzuführen. Mikroskopische Untersuchungen lassen erkennen, daß die Knochen poröser und damit brüchiger werden. Doch nicht alle Knochen sind gleich betroffen: Brüche der Lendenwirbel, des Oberschenkelhalses und der Hand sind im Alter besonders häufig. Das durchschnittliche Alter von Patienten mit einem Oberschenkelhalsbruch beträgt etwa 80 Jahre. Neben dem Abbau kommt es aber auch zu Neubildungen knöcheriger Strukturen an Stellen, wo Sehnen und Bänder ansetzen und Zugkräfte auf die Knochen wirken. Beide Prozesse führen dazu, daß wir im Alter kleiner werden und zu einer gekrümmten Haltung neigen.

Wie die Knochen altern, hängt eng mit dem Kalzium-Phosphat-Stoffwechsel und mit der Abnahme des Mineralgehaltes der Knochen zusammen. Dieser wiederum wird durch den Hormonhaushalt stark beeinflußt. Denn bei Frauen schreitet der Alterungsprozeß der Knochen wesentlich schneller voran als bei Männern. Hinzu kommt, daß die hormonellen Veränderungen nach den Wechseljahren den Knochenabbau beschleunigen und die Gefahr einer krankhaften Osteoporose wesentlich erhöhen. Körperliches Training, das die Knochen belastet, kann dem Knochenabbau jedoch entgegenwirken. Von entscheidender Bedeutung für das Altern der Knochen ist ihr maximaler Mineralgehalt, den sie etwa im 35. Altersjahr erreichen. Danach nimmt nämlich der Anteil an Mineralien in den Knochen stetig ab. Da sie dazu beitragen, eine hohe Reserve an Knochenmineralien aufzubauen, ist eine gute Versorgung mit kalzium- und phosphathaltigen Lebensmitteln wie Milch und Käse während des Wachstums von entscheidender Bedeutung.

Die körperliche Last der Jahre

> Älterwerden heißt selbst ein neues Geschäft antreten; alle Verhältnisse ändern sich, und man muß entweder zu handeln ganz aufhören, oder mit Willen und Bewußtsein das neue Rollenfach übernehmen.
>
> *Johann Wolfgang von Goethe*

Altern ist keine Krankheit: die sogenannten Altersleiden

Macht Altwerden krank? Obwohl man darauf mit Ja antworten muß, ist Altern keine Krankheit. Kaum jemand stirbt an seinem Alter oder an «Altersschwäche». Trotzdem kann von einer Gesundheit im klassischen Sinne bei älteren Menschen kaum die Rede sein.

Jeder Mensch muß mit zunehmendem Alter damit rechnen, daß die verschiedenen Organfunktionen altersbedingt und individuell ausgeprägt gestört sind. Gewisse Leiden treten im Alter deshalb gehäuft auf und werden als Alterskrankheiten bezeichnet, etwa der Altersdiabetes oder das Prostata-Adenom. Andere Krankheiten, wie Arthrose, deren Verlauf sich über viele Jahre erstreckt, bereiten im Alter zusehends Beschwerden. Wiederum andere sind die Folge bereits bestehender Krankheiten, wie es bei den häufigen Schenkelhalsfrakturen der Fall ist, die als Folge der Osteoporose auftreten. Die häufigsten Krankheiten im Alter sind laut Statistik Herz-Kreislauf-Krankheiten, Demenz (umgangssprachlich: Alters-Schwachsinn), Osteoporose, Arthrose, Krebs und Hirnschlag.

Viele Altersleiden treten zwar häufiger im Alter auf, aber jedes dieser Leiden kann eigentlich auch in frühen Jahren beginnen. Dieses Bild hat einen vielschichtigen Hintergrund: Wie bei jeder Krankheit spielt die *genetische* (d. h. die vererbte) Ausstattung eines Menschen eine wichtige Rolle. Wer eine Veranlagung z. B. für Dickdarm-Krebs hat, bei dem kann dieses Leiden gegebenenfalls früher ausbrechen. Gleiches ist auch bei der Alzheimer-Demenz der Fall.

Nicht nur Veranlagungen können gegeben sein, sondern auch ganz allgemeine körperliche Konstitutionen: Wer mit schwächer ausgebildetem Knorpel auf die Welt kommt, wird wahrscheinlich früher eine Arthrose erleiden. Altern bedeutet auch *Abnutzung* für viele Teile unseres Körpers. Die Quittung für jahrzehntelange Beanspruchung, etwa durch Arbeit oder exzessiven Sport, wird oft erst im Alter präsentiert.

Der *Lebensstil* und die Einstellung zur eigenen Gesundheit sind das dritte wichtige Glied in der Ursachenkette für Krankheiten im Alter. Gerade bei der häufigsten Todesursache, den Herz-Kreislauf-Krankheiten und beim Lungenkrebs, sind Rauchen, Ernährungs- und Bewegungsverhalten oft von entscheidender Bedeutung.

Hinzu kommt schließlich die *psychische Verfassung*. Es mag banal klingen, aber: Wer mit sich selbst zufrieden ist und eine positive Einstellung zum Leben und zur Zukunft besitzt, erkrankt weniger häufig. Altersleiden haben oft eine starke psychosoziale Komponente. Andererseits wirkt sich auch die persönliche Einstellung zum Gesundheitszustand auf die Gemütsverfassung aus. So weist die Bonner Gerontologische Längsschnittstudie[1] nach, daß das Selbstbild älterer Frauen und Männer um so negativer ist, je stärker der subjektiv empfundene Grad an gesundheitlicher Belastung ist.

Ein Charakteristikum der Krankheiten im Alter ist die sogenannte Multimorbidität, d. h., alte Menschen leiden oft gleichzeitig an mehreren Krankheiten. Dies belegt die Anzahl Diagnosen, die bei stationär behandelten Patienten in Krankenhäusern gezählt werden. Während 25- bis 34jährige durchschnittlich zwei Diagnosen aufweisen, sind es bei den 55- bis 64jährigen bereits drei und bei den über 85jährigen sogar vier. Als Ursachen dafür nennt der

Sachverständigenrat der BRD für die Konzertierte Aktion im Gesundheitswesen:

- eine Addition der auch in jungen Jahren vorkommenden Krankheiten zu den altersspezifischen Leiden,
- die Anhäufung chronischer Krankheiten, die zwar behandelt, aber nicht geheilt werden können,
- sowie die erhöhte Anfälligkeit für Krankheiten und Funktionsstörungen infolge der Alterung.

Schwindende Knochenmasse und krumme Rücken: die Osteoporose

Infolge der gestiegenen Lebenserwartung sind einige Krankheiten, wie beispielsweise die Osteoporose, gesundheitspolitisch überhaupt erst relevant geworden. Sie tritt hauptsächlich bei Frauen über 60 Jahren auf. Während die Lebenserwartung der Frauen um die Jahrhundertwende noch bei 51 Jahren lag, beträgt sie heute rund 80 Jahre. Obwohl keine genauen Zahlen vorliegen, kann man davon ausgehen, daß in der BRD, Österreich und der Schweiz zwischen 6 und 12 Prozent der Bevölkerung unter Osteoporose leiden. Definiert ist die Osteoporose als Verminderung der Knochenmasse, die bereits bei schwachen Belastungen zu Knochenbrüchen führen kann. Aber auch ohne Brüche wird die Osteoporose im Alter sichtbar: Es treten Schmerzen im Rücken und beim Gehen auf. Sind erst einmal 30 bis 40 Prozent der Knochenmasse verlorengegangen, drohen die Rückenwirbel sich zu verformen und dann einzubrechen. Viele alte Frauen haben deshalb einen gekrümmten Rücken, den sogenannten Witwenbuckel. Durch die Deformation der Wirbelsäule werden sie zwischen 10 und 20 Zentimeter kleiner. Die inneren Organe werden zusammengedrückt und wölben dadurch den Bauch nach vorne. Die Patientinnen fühlen sich regelrecht zusammengestaucht. Die wohl schlimmste Folge der Osteoporose stellt der Bruch des Schenkelhalses dar. Für jede fünfte Patientin ist eine solche Fraktur tödlich.

Fast jede dritte Frau über 60 Jahren ist von Osteoporose betroffen, und das heißt meist: chronische Schmerzen, immer wiederkehrende Krankenhausaufenthalte infolge von Brüchen, drohende Bewegungsunfähigkeit und nicht zuletzt deswegen eine drohende soziale Isolierung. Auch aus ökonomischer Sicht ist die Osteoporose bedeutsam: Allein die (meist osteoporotisch bedingten) Schenkelhalsfrakturen kosten das Gesundheitswesen der BRD jährlich rund 600 Millionen Mark. Die Ursachen des Knochenschwunds sind noch nicht völlig geklärt. Doch er geht einher mit einer kontinuierlichen Abnahme der Knochenmasse und des Mineralgehalts in den Knochen etwa vom 30. Altersjahr an. Frauen verlieren pro Jahr mehr Kalzium als Männer und werden deshalb hauptsächlich von Osteoporose betroffen. Drastisch wird der Verlust an Knochensubstanz vor allem nach den Wechseljahren: Die Produktion von Östrogen geht zurück. Dieses Hormon stellt wesentlich das Gleichgewicht zwischen Knochenaufbau und Knochenabbau her. Durch den Verlust des Östrogens wird dieses Gleichgewicht zugunsten des Knochenabbaus verschoben.

Entscheidend dafür, ob eine Frau an Osteoporose erkranken wird oder nicht, scheint der maximale Mineralisationsgehalt der Knochen zu sein, der in den ersten drei Lebensjahrzehnten aufgebaut wird. Mit dem 30. Lebensjahr wird in der Regel auch die maximale Knochenmasse erreicht. Besonders wichtig für den Knochenbau ist die Wachstumsphase während der Pubertät. Um der Osteoporose vorzubeugen, ist nicht nur eine kalziumreiche Ernährung wichtig, sondern auch die körperliche Belastung durch Arbeit oder Sport, womit nicht besonders hartes Training gemeint ist. Geeignet sind etwa Gartenarbeit, Wandern, Gymnastik oder Tanzen.

Epidemiologische Studien haben verschiedene Risikofaktoren für eine Bildung der Osteoporose zutage gefördert. Als wichtigster Risikofaktor gilt das Alter einer Frau. Hinzu kommen die vererbte Knochendichte, eine verfrühte Menopause sowie langanhaltende Cortison-Behandlungen. Weitere Risikofaktoren sind: helle Haut, Schlanksein, mangelnde Bewegung, zu wenig Kalzium in der Nahrung, zu viel Kaffee, Alkohol und Zigaretten sowie Spurenmetallbelastung (vor allem Aluminium). Als vorbeugend gelten: viel Sport, ausreichende Sonnenbestrahlung (für die Deckung des Vitamin-D-Bedarfs) und kalziumreiche Ernährung.

Da der Verlust an Knochenmasse und die Entmineralisierung jeden Menschen betreffen, ist die Osteoporose bis heute nicht zuverlässig vorhersagbar. Diagnostiziert wird sie meist erst, wenn die ersten Symptome auftreten. Allerdings kann mit Durchleuchtungsverfahren die Knochenmasse und -dichte bestimmt werden, was zumindest einen Hinweis auf kommende Probleme liefert. Eine echte Therapie, die Heilung versprechen würde, existiert nicht. Um der Osteoporose vorzubeugen, verschreiben viele Gynäkologen ihren Patientinnen nach der Menopause eine Östrogentherapie für mindestens zehn Jahre. Eine Rundumverschreibung ist allerdings wenig sinnvoll, denn bei zwei von drei Frauen ist die Behandlung überflüssig, weil sie ohnehin keine Osteoporose bekommen würden. Seriöse Gynäkologen messen deshalb zunächst die Konzentrationen verschiedener Hormone, bevor sie sich für oder gegen eine Hormontherapie entscheiden. Östrogene sind zwar an sich nicht krebserregend; sie können aber das Wachstum bestimmter Krebszellen beschleunigen. Deshalb ist die Therapie mit Östrogen bei Frauen, die bereits einen östrogenabhängigen Tumor hatten, nicht angebracht. Das Östrogen erhöht zudem das Risiko für Gebärmutterschleimhautkrebs und muß deshalb mit weiteren weiblichen Geschlechtshormonen (z. B. dem Progesteron) verabreicht werden. Andererseits kann die Gabe von Östrogen der Bildung von Arterienverkalkungen und damit von Herzinfarkten und Schlaganfällen vorbeugen. Als weiteren Nachteil empfinden viele Frauen, daß die Monatsblutung in der Folge dieser Therapie trotz Menopause weiter fortdauert. Die Mehrzahl der Frauen bricht eine Hormontherapie nach einem Jahr ab. Diese sollte deshalb gut abgewogen werden. Angezeigt ist sie vor allem bei Frauen, deren Menopause früh eintritt und deren Knochenmasse schon zu diesem Zeitpunkt gering ist und schnell abnimmt, d. h. um mehr als 1,5 Prozent pro Jahr. Des weiteren kommen Frauen dafür in Betracht, die mehr als 3,5 Prozent Knochenmasse pro Jahr verlieren. Neben der Östrogenbehandlung steht eine Reihe weiterer Medikamente zur Verfügung, die den Knochenschwund hemmen können. Dazu gehört das Hormon Kalzitonin, die neue Substanzklasse der Biophosphonate, das Fluorid und die Anabolika.

Verengte Blutbahnen – die Wohlstandskrankheit Arteriosklerose

Blutbahnen stehen unter Dauerbelastungen. Abnutzungserscheinungen sind dabei normal. In der Folge kommt es auch zu Gefäßwandveränderungen: Ausweitungen, Versteifungen und Ablagerungen. Sie sind eine der häufigsten Todesursachen und häufigste Ursache für Frühinvalidität in Industrienationen: in Form von Herz- und Gehirninfarkten. Weil fett- und kalkhaltige Ablagerungen an den Wänden der Arterien die Zirkulation des Bluts behindern, kann es zu Situationen kommen, in denen es dem Gewebe der betroffenen Organe an lebenswichtigem Sauerstoff fehlt. Es droht abzusterben. Die Gefäßwandveränderungen – auch Arteriosklerose genannt – können aus vielen Komponenten bestehen: plattenförmige Ansammlungen von Fetten, komplexen Kohlenhydraten, Blutbestandteilen, faserigem Gewebe und Kalkablagerungen. Zusammen bilden sie sogenannte Plaques, die zu Pfropfen in den Blutbahnen anwachsen und das Gefäß verschließen können.

Je nachdem, wo sich ein solcher Pfropf bildet, sind die Folgen unterschiedlich:

- Sitzt der Engpaß in den Herzarterien, kann es zu einer Angina pectoris (in die Arme ausstrahlende Brustschmerzen bei einer Anstrengung) oder zum Herzinfarkt kommen. Die jährlichen Kosten in der früheren BRD für die Herzkrankheiten beliefen sich 1984 auf rund 30 Milliarden Mark.
- Schätzungsweise 200 Menschen pro 100000 Einwohnern in der BRD erleiden einen Schlaganfall infolge einer gestörten Hirndurchblutung. Vorboten sind dabei meist Bewußtseinsstörungen, die in der Regel nach 24 Stunden abklingen.
- Verschlüsse von Arterien im Becken- und Oberschenkelbereich lassen häufig Schmerzen in den Beinen entstehen. Beim Gehen bleiben Betroffene oft stehen, bis die Schmerzen abklingen. Deshalb bezeichnen Ärzte diese Verschlüsse auch als Schaufensterkrankheit. Die schlimmste Form dieser Arteriosklerose ist das Raucherbein, bei dem das Gewebe bereits so weit abgestorben ist, daß eine Amputation unumgänglich wird.

Die Ursachen einer Arteriosklerose sind meist im Lebensstil des erkrankten Menschen zu suchen. Hauptrisikofaktoren sind das Rauchen, die Zuckerkrankheit (Diabetes mellitus), Bluthochdruck sowie ein zu hoher Cholesterinspiegel. Daneben gelten mangelnde Bewegung, Übergewicht und erhöhter Harnsäuregehalt im Blut als Risikofaktoren zweiter Ordnung. Sind – wie in den meisten Fällen – mehrere dieser Faktoren gleichzeitig vorhanden, so potenzieren sie sich in ihrer Wirkung, denn Arteriosklerose ist in erster Linie eine erworbene Krankheit. Erst in zweiter Linie spielen genetische Faktoren eine Rolle (Elisabeth Steinhagen-Thiessen).

Weil die Arteriosklerose eine Wohlstandskrankheit ist, hat die Prävention Vorrang. Nicht leicht fällt es allerdings der Bevölkerung von Industrienationen, die Hauptrisiken auszuschalten. Hinzu kommt, daß oft anstelle eines gesünderen Lebenswandels Medikamente gegen Cholesterin- und Bluthochdruckwerte verschrieben werden. Bei vielen erfolgen aber auch solche Maßnahmen zu spät. Kommt es zu einem Herz- oder Hirninfarkt, müssen zuerst einmal die Gefäßverstopfungen aufgelöst werden. Dies geschieht meist mit bakteriellen oder gentechnisch hergestellten humanen Enzymen. Mittels Ultraschall-Technik kann man heute präventiv feststellen, wie schnell Blut durch die Arterien fließt, wie weit also eine Arteriosklerose ausgebildet ist. Auch vorhandene Plaques können Ärzte damit aufspüren. Droht etwa ein Infarkt oder ein Raucherbein, stehen verschiedene Methoden zur Verfügung, um die Gefahr abzuwenden:

- Mit der sogenannten Ballon-Dilatation kann ein verschlossenes Gefäß aufgedehnt und dem Blut wieder Durchgang verschafft werden. Allerdings ist diese Intervention oft nicht von langer Dauer.
- Bei Bypass-Operationen fügen Chirurgen ein Stück Vene als Umleitung um die verstopfte Gefäßstelle ein. Bei längeren Umleitungen werden immer häufiger auch künstliche Arterien eingesetzt.
- Noch in der Versuchsphase befindet sich das Einführen von sogenannten Stents in das Gefäß: Ein Drahtgeflecht dient als Stütze für die Arterie und soll sie dauerhaft offenhalten.

Fehlendes Schmiermittel: die Arthrose

Laut amerikanischen Studien leiden über 85 Prozent der über 70jährigen an Gelenkproblemen. Im Gegensatz zur Arthritis, die eine krankhafte Gelenkentzündung darstellt, ist die Arthrose eine Abnutzungserscheinung der Gelenke. Sie entsteht aus einem Mißverhältnis zwischen Beanspruchung und Beschaffenheit (Leistungsfähigkeit) der Gelenkteile. Davon sind vor allem Hüft-, Knie- und Fingerendgelenke betroffen. Oft hält das Gelenk schon von Geburt an nur geringen Belastungen stand, etwa weil infolge eines genetischen Defekts das Stützgerüst des Gelenkknorpels fehlerhaft aufgebaut wird. In den meisten Fällen ist aber langfristige Überforderung der Gelenke die Ursache für Arthrose. Sie kann durch Schwerstarbeit, Sport oder durch ein zu hohes Körpergewicht ausgelöst werden. Andererseits sind auch Veränderungen in den Gelenken selbst Ursachen von Arthrosen: etwa beschleunigte Alterung der Knorpelsubstanz oder veränderte biochemische Prozesse. Hinzu kommt, daß die in der Jugend zähe Gelenkflüssigkeit im Alter flüssiger wird. Zwischen den Knorpelschichten schmiert die Flüssigkeit nicht mehr so gut, der Knorpel wird aufgescheuert, wobei kleine Partikel eine schmerzhafte Gelenkentzündung (Arthritis) auslösen können.

Obwohl sehr viele Menschen eine Arthrose haben, beklagen sich nur wenige darüber. Zu Beginn hat man noch das Gefühl eines Spannens und der Steifigkeit in den betroffenen Gelenken. Dann treten Schmerzen auf, zuerst nur bei Belastungen, dann dauerhaft. Wird die Arthrose früh genug erkannt, kann der Knorpelschwund für lange Zeit gebremst werden. Gymnastik, Massagen, entzündungshemmende und Schmerz-Mittel sowie gelenkschonende Sportarten wie Schwimmen, Radeln, Golf oder Skilanglauf tragen entscheidend dazu bei. Ist die Arthrose allerdings weit fortgeschritten, wird eine Gelenkoperation oft unumgänglich, wenn die Fähigkeit, sich zu bewegen und einem normalen Alltag nachzugehen, erhalten werden soll. Die Gelenkchirurgie hat in den letzten Jahren so große Fortschritte gemacht, daß eine Operation im gesamten Bewegungsverhalten nach der Rehabilitation oft nicht erkennbar ist. Dies hängt einerseits mit der gestiegenen Erfahrung zusammen, andererseits aber auch mit den wesentlich verbesserten künstlichen Gelenken selbst.

Eine der häufigsten Operationen dieser Art ist der Ersatz von Hüftgelenken. In der BRD werden jährlich über 60000 derartige Gelenke aus Keramik oder Metall in alternde Körper eingebaut. Bei dieser Operation wird – so beschreibt der Münchener Professor für Chirurgie Leo Koslowski – die Vorderseite des Kugelgelenks freigelegt, der Hüftkopf mit dem Schenkelhals vom Schaft des Oberschenkelknochens abgesägt und mit einem korkenzieherähnlichen Instrument aus der Hüftpfanne herausgezogen. Dann wird die Hüftpfanne ausgefräst, um die schalenförmige Ersatzpfanne aufnehmen zu können. Diese wird eingesetzt und verankert. Darauf folgt das Ausfräsen des oberen Endes des Oberschenkelschaftes, der den Stiel des künstlichen Schenkelhalses, auf dem der Prothesenkopf sitzt, aufnimmt. Je nach Verfahren wird die Verpflanzung der Einzelteile mit oder ohne Knochenmehlzement vorgenommen. Dieser Operationsbeschrieb tönt eher nach Schlosserei als nach Medizin. Doch was zehn bis 20 Jahre halten soll – und so lange halten die künstlichen Gelenke durchschnittlich bei normaler Beanspruchung –, muß auch richtig sitzen.

Der Bittgang zum Wasserlassen: das Prostata-Adenom

Sechs von zehn 50jährigen Männern sind davon betroffen. Bei den über 70jährigen sind sogar 80 Prozent betroffen: Das Prostata-Adenom ist weniger gefährlich als unangenehm. Es macht alten Männern beim Wasserlassen zu schaffen: Sie müssen häufiger auf die Toilette, statt eines Strahls tröpfelt der Urin. Selten haben sie das Gefühl, die Blase sei leer. Manchmal staut der Urin in der Blase bis in die Nieren zurück, was zu einer Vergiftung des Bluts mit Urin führen kann. Der Gang zur Toilette gerät vor allem in der Nacht zum Bittgang um Erleichterung.

Ursache des Prostata-Adenoms ist eine Vergrößerung der Vorsteherdrüse im Blasenausgang. Von der Prostata geht die Vergrößerung allerdings nicht aus, sondern vom umliegenden Gewebe. Die gutartige Geschwulst drängt die walnußgroße Prostata so sehr an den Rand, daß diese vom (bis zur Größe einer Orange heranwachsenden) Gewebe umschlossen und vereinnahmt wird. Die Geschwulst kann ein Arzt mit einigen Handgriffen einfach erkennen. Deshalb ist eine regelmäßige Vorsorgeuntersuchung vom 45. Lebensjahr an angebracht, zumal die Heilungschancen recht gut sind.

Das Prostata-Adenom wird heute meist mit einer Operation behandelt, mit der transurethralen Resektion der Prostata (TURP genannt). Dabei wird eine Schlinge durch die Harnröhre an die Geschwulst herangeführt und das Gewebe langsam abgetragen. Infolge dieser Behandlung werden allerdings auch die Samenleiter durchtrennt. Bis zum 80. Lebensjahr müssen sich 10 bis 15 Prozent der Männer einem solchen Eingriff unterziehen. Bei 85 Prozent dieser Fälle treten über mehrere Jahre hinweg nach der Operation keine Beschwerden mehr auf, und die Patienten behalten ihre Potenz. Lediglich bei fünf bis 10 Prozent der Prostata-Leiden ist das Adenom so groß geworden, daß es erforderlich ist, die Bauchdecke zu öffnen, um es zu operieren.

Derzeit wird ein neues Operationsverfahren geprüft: Bei der sogenannten TULIP (Transurethral ultrasound-guided, laser-induced prostatectomy) wird ein Laser in die Harnröhre eingeführt und unter Ultraschall-Kontrolle an die Geschwulst gesetzt. Zu den Operationen wird eine Reihe von Alternativen angeboten: Mit dem Aufpumpen eines Ballons (Dilatation) kann der Weg für den Urin wieder geöffnet werden. Allerdings muß dieses – oft schmerzende – Verfahren in regelmäßigen Abständen wiederholt werden, und zudem unterbindet es das Wachstum der Geschwulst nicht. Wie bei der Behandlung der Arteriosklerose kann auch hier ein Stent-Drahtgeflecht eingeführt werden, das die Harnröhre bleibend offenhält. Von Urologen wird dieses Verfahren als echte Alternative bezeichnet, wenn eine Operation – etwa aus Altersgründen – nicht mehr möglich ist.

Neu ist die sogenannte Thermobehandlung. Dabei wird ein warmer Mikrowellen-Stab durch den Mastdarm an das Adenom herangeführt. Das Gewebe soll auf diese Weise zerstört werden. Auch diese Behandlung, die allerdings noch wenig erprobt ist, muß mehrmals vorgenommen werden. In Zukunft könnte eine medikamentöse Therapie die Behandlungsmöglichkeiten erweitern. Denn Mediziner vermuten, daß die Auslösung des Adenoms hormonell bedingt ist. Sogenannte Reduktase- und Aromatase-Hemmer können verhindern, daß das männliche Sexualhormon Testosteron in ein weiteres Hormon umgewandelt wird, das die Prostata zum Wachsen bringt. Erste Studien zeigen, daß diese Medikamente die Geschwulst zwar verkleinern und den Harnfluß und das subjektive Wohlbefinden erhöhen, daß aber eine vollständige Rückbildung nicht möglich ist. Auch hier sind der langfristige Erfolg und eventuelle unerwünschte Nebenwirkungen noch ungewiß.

Schon seit langem werden Pflanzenpräparate wie Kürbiskerne oder Fächerpalm-Extrakte gegen das Prostata-Adenom angepriesen. Sie können zwar ein vorhandenes Adenom nicht verkleinern, sie helfen aber mit, die negativen Begleiterscheinungen länger auszuhalten.

Die große Angst: Krebs

Todesursache Nummer 2 in den Industrienationen sind mit etwa einem Viertel die Krebsleiden. Aber während die Nummer 1, die Herz-Kreislauf-Krankheiten, den meisten Menschen wenig Angst einflößt, löst Krebs fast durchweg Schrecken aus. Zahlreiche Krebs-Metaphern haben sich denn auch in unserer Sprache eingebürgert: Die Korruption etwa wuchert wie Krebs. Oder: Die Nazis stecken wie ein böser Tumor in der deutschen Gesellschaft. Krebs steht für unkontrollierbares, verborgenes und tödliches Wuchern.

Von der Idee, daß Tumore nur wenige Ursachen haben, mußten sich die Onkologen schon lange trennen. Etwa 200 verschiedene Krebsarten zählt man heute, die alle auf verschiedenen Wegen entstehen können, denn eine normale Körperzelle wird nicht auf einen Schlag zur bösartigen Krebszelle. Erst eine Sturzflut von Ereignissen kann dies bewirken. Die Metastasierung ist dabei der letzte und entscheidende Schritt. Im Alter wachsen Tumore in der Regel zwar langsamer, trotzdem nimmt die Wahrscheinlichkeit, eine bösartige

Krebsform zu entwickeln, mit den Jahren zu. Dies hat mehrere Ursachen: Viele Krebsarten benötigen mehrere Jahrzehnte, um voll auszubrechen. Beim Dickdarmkrebs etwa sind bis zu sechs Erbgutveränderungen (Mutationen) nötig, bis sich Metastasen bilden. Solche Mutationen durch genetische Disposition, «Unfälle» in der Zelle oder durch Umwelteinflüsse müssen sich in einer potentiellen Krebszelle über viele Jahre hin ansammeln, um sich als Krebs bemerkbar zu machen. Andererseits nimmt die Effektivität des Immunsystems im Alter ab. Das Immunsystem kann seine Aufgabe, entartete körpereigene Zellen (z. B. eben Krebszellen) zu eliminieren, nicht mehr voll erfüllen.

Mit der Diagnose Krebs ist freilich noch längst nicht das Todesurteil gesprochen. Die Onkologie konnte in den letzten Jahrzehnten die Heilungschancen bei den verschiedenen Krebsarten auf durchschnittlich über 40 Prozent heben. Dabei sind die meisten Therapien gegen Krebs noch wenig spezifisch: Operative Eingriffe, vor allem aber Chemotherapien und Bestrahlungen haben oft den Beigeschmack von «Holzhammer-Methoden», weil durch sie auch gesundes, lebensnotwendiges Gewebe zerstört wird. Bei alten Menschen sind die Erfolgsaussichten bei Chemotherapien ohnehin schlechter, weil der alte Körper Medikamente schlechter erträgt. In den letzten Jahren verheißen aber neue, spezifische Therapieformen Hoffnung. Zu diesen neuen Therapieansätzen gehört die Behandlung der Tumore mit Zytokinen; das sind körpereigene Zellhormone, die in der Zell-zu-Zell-Kommunikation – vor allem innerhalb des Immunsystems – eine zentrale Rolle spielen. Ziel einer Zytokin-Therapie wäre es, jene Teile des Immunsystems zu stimulieren und zu mobilisieren, die in der Bekämpfung von Krebsgeschwulsten eine Rolle spielen. Dadurch würden die körpereigenen Abwehrkräfte gestärkt. Hatten Pharma-Industrie und Onkologie in den frühen 80er Jahren noch gehofft, die Zytokine würden keine unerwünschten Nebenwirkungen nach sich ziehen, so wurde diese Hoffnung in den letzten Jahren zerschlagen. Denn eine solche Therapie greift in ein äußerst diffiziles System Dutzender verschiedener Zytokine ein. So hat sich gezeigt, daß die Therapie mit Interferon, etwa bei der seltenen Haarzell-Leukämie, sehr vielseitige Nebeneffekte haben kann: Grippeartige Symptome, Appetitlosigkeit, Übelkeit, Geschmacksveränderungen und Durchfall gehören dazu.

Schleichender Gehirn-Zerfall: die Demenz

«Der ist wohl ein wenig verkalkt», sagt man oft und meint damit eine Verkalkung des Gehirns. Dabei ist nur gerade jeder fünfte Fall der Demenz vaskulär bedingt, d. h. auf krankhafte Veränderungen der Blutgefäße des Gehirns zurückzuführen. Rund die Hälfte der am Altersschwachsinn Leidenden weist eine Demenz des Typs Alzheimer auf. Im Alter zwischen 60 und 65 Jahren leidet «nur» ein Prozent an Demenz. Doch diese Zahl verdoppelt sich alle fünf Lebensjahre, mit der Folge, daß bei über 30 Prozent der über 90jährigen eine Altersdemenz festzustellen ist. Das gilt allerdings nicht für Chinesen. Lediglich 12 Prozent der über 85jährigen Singapur-Chinesen weisen Anzeichen einer Demenz auf. Dieser Unterschied ist vor allem genetisch bedingt.

Die Weltgesundheitsorganisation WHO bezeichnet die Demenz als «eine erworbene globale Beeinträchtigung der höheren Hirnfunktionen, einschließlich des Gedächtnisses, der Fähigkeit, Alltagsprobleme zu lösen, der Ausführung sensomotorischer und sozialer Fertigkeiten, der Sprache und Kommunikation sowie der Kontrolle emotionaler Reaktionen ohne ausgeprägte Bewußtseinstrübung». Demenzen sind die Alterskrankheiten mit den größten Konsequenzen für das Leben der Betroffenen: Sie bedeuten nicht nur Schwierigkeiten beim Denken – was Außenstehenden als Verblödung erscheinen mag –, sondern sie behindern den Alltag beträchtlich. Demenzen sind «die häufigste Einzelursache von Pflegebedürftigkeit», resümiert der Direktor des Zentralinstituts für Seelische Gesundheit in Heidelberg, Professor Heinz Häfner.

Die Alzheimer-Krankheit und weitere Demenzen werden auch Schrittmacher für die Weiterentwicklung des Gesundheits- und Pflegesystems sein: Laut Schätzungen erkrankten 1994 in der BRD über 55 000 Menschen neu an der Alzheimer-Demenz. Bis zum Jahr 2000 könnte sich diese Zahl verdoppeln und in den folgenden Jahrzehnten sogar verfünffachen. Um dieser Entwicklung gerecht zu werden, muß die Zahl der Pflegebetten mindestens im gleichen Maß anwachsen. Denn eine Heilung der Alzheimer-Krankheit ist noch nicht in Sicht. Die WHO bezeichnet die Alzheimer-Demenz folgerichtig als «eines der größten medizinischen Probleme in der heutigen Welt».

Die Krankheit beginnt meist schleichend. Vergeßlichkeit stellt sich ein, an sich etwas Normales bei Menschen fortgeschrittenen Alters. Bei der Alzheimer-Krankheit kommen die Gedächtnislükken aber immer wieder. Zunächst betreffen sie kürzlich vergangene Begebenheiten, dann auch weiter zurückliegende. Der Verdacht einer Alzheimer-Krankheit verstärkt sich, wenn eine zunehmende zeitliche und räumliche Desorientierung dazukommt. Gewohnte Aufgaben, wie das Holen der Post, oder die Frage, ob Morgen oder Abend sei, stellen kaum lösbare Probleme dar. Mit der Zeit werden die Schritte schleppend und kurz. Die Muskeln sind steif und langsam, die Bewegungen unbeholfen. Der Patient kann verwirrt und launisch sein. Seine Urteilskraft nimmt ab, er hat Schwierigkeiten, die passenden Wörter zu finden, verliert letztlich die Fähigkeit wahrzunehmen, zu denken, sich zu bewegen.

Das Leben eines Alzheimer-Patienten ist ein in wenigen Jahren rückwärts gelebtes Leben: Das Langzeitgedächtnis bleibt lange gut erhalten. Alzheimer-Kranke leben in der Vergangenheit. «Da die Vergangenheit in der Vorstellung des Kranken nicht in der Vergangenheit liegt, sondern sich auf der gleichen Zeitebene wie die Gegenwart abspielt, führt die Verständigung mit den Mitmenschen zu Schwierigkeiten», schreibt die Medizinpublizistin Annelies Furtmayr-Schuh. Die Zeit hat die Alzheimer-Patienten eingeholt. Ihre Zukunft ist die Vergangenheit.

Die Familie und der Freundeskreis müssen mitansehen, wie ein vertrauter Mensch fremd wird, wie seine Persönlichkeit entschwindet, sein Zustand laufend Rückschritte macht, und wie er schließlich auf die Pflege und Betreuung wie ein Kleinkind angewiesen ist. Vom Auftreten der ersten Symptome bis zum Tod vergehen durchschnittlich acht Jahre. Viele Patienten sterben letztlich nicht an der Alzheimer-Krankheit, sondern an anderen Leiden, etwa an einem Infarkt oder an einer Infektion. «Rund 80 Prozent aller pflegebedürftigen Demenzkranken werden zu Hause versorgt», betont Heinz Häfner, «was mitunter erhebliche Folgen für Lebensqualität und psychische Gesundheit der pflegenden Angehörigen hat.» Die Belastung ist ungeheuer groß. Ärzte behaupten darum, daß auf jeden Alzheimer-Kranken mindestens ein Depressiver oder eine Depressive komme – der oder die Pflegende.

Noch existieren keine zuverlässigen Methoden, um die Art der Demenz eindeutig zu diagnostizieren. Meist kann nur eine Gehirnprobeuntersuchung nach dem Tod klären, an welcher Form der Demenz ein Mensch gelitten hat. Dies ist vor allem für die Alzheimer-Demenz der Fall. Immerhin können sogenannte psychometrische Verfahren dieses Leiden heute mit einer Wahrscheinlichkeit von 80 bis 90 Prozent diagnostizieren. Vorsicht ist bei der Diagnose in mehrerlei Hinsicht geboten: Symptome, die auf ein frühes Stadium der Alzheimer-Krankheit hindeuten, können auch Anzeichen einer «gewöhnlichen» Depression sein, und: Wer die Diagnose Alzheimer stellt, impliziert damit auch, daß der Patient an einer Krankheit leidet, die immer weiter fortschreitet und unheilbar ist.

Obwohl der bayerische Nervenarzt Alois Alzheimer (1864 bis 1915) schon 1907 die Krankheit erkannte, liegen die Ursachen noch heute weitgehend im dunkeln. Schon Alzheimer entdeckte die krankhaften Ablagerungen in den Gehirnzellen, die als senile Plaques bezeichnet werden. Färbt man diese ein, so erscheinen sie als dunkle, mikroskopisch kleine Löcher. Doch ob diese in Jahrzehnten entstandenen Ablagerungen nur eine Begleiterscheinung der Alzheimer-Krankheit sind, sie beschleunigen oder gar deren Ursache sind, ist unbekannt. In gewissem Maße voraussagbar ist die Krankheit nur bei jenen, die erblich vorbelastet sind, also bei etwa 10 Prozent der künftigen Patienten. Die Medizin hat mittlerweile ein Gen auf dem Chromosom 21 entdeckt, das in einigen Familien das Alzheimer-Risiko um das Zwei- bis Fünffache ansteigen läßt. Das Eiweiß, das daraus gebildet wird, findet sich in den typischen «dunklen» Löchern der Hirnzellen wieder. Daß die Überproduktion des sogenannten β-Amyloid-Eiweißes bei erblich vorbelasteten Menschen zu Alzheimer führen kann, unterstreicht die Tatsache, daß fast alle mongoloiden Menschen im Alter an diesem

Hirnleiden erkranken. Sie besitzen drei statt normalerweise zwei Chromosomen 21 in jeder Zelle. Allerdings wird das Gen auf Chromosom 21 nicht das einzige «Alzheimer-Gen» bleiben. Mittlerweile wurden Stellen auf den Chromosomen 14 und 19 entdeckt, die ebenfalls mit einer erblichen Vorbelastung für Alzheimer in Beziehung gebracht werden.

Eines dieser Gene findet sich bei Familien, in denen Alzheimer spät, d.h. nach dem 65. Lebensjahr, aber gehäuft auftritt. Dabei handelt es sich um das Gen (APOE) für das Apolipoprotein E – also um ein Eiweiß, das unter anderem beim Transport von Cholesterin im Blut eine wichtige Rolle spielt. Über die Rolle dieses Eiweißes bei der Entstehung von Alzheimer bestehen bis heute lediglich Hypothesen.

Schon länger ist bekannt, daß vom APOE-Gen drei verschiedene Unterformen existieren, die als E2, E3 und E4 bezeichnet werden. Genetische Studien haben gezeigt, daß die Vererbung des E4-Gens sowohl mit dem Risiko verbunden ist, an Alzheimer-Demenz zu erkranken, als auch mit dem Risiko, daß die Krankheit früher einsetzt. Die E2- und E3-Gene scheinen dagegen vor Alzheimer zu schützen. Falls sich diese Befunde bestätigen, könnten künftig «Mitglieder von Familien, in denen die Alzheimer-Krankheit im höheren Lebensalter gehäuft auftritt, systematisch auf das Vorhandensein des E4-Gens getestet werden», schreibt die Schweizer Alzheimervereinigung. Es ist jedoch zweifelhaft, ob eine solche Frühdiagnose sinnvoll ist, da eine wirksame Therapie heute noch nicht möglich ist.

Auf der Suche nach den Ursachen wurden in den letzten Jahren viele epidemiologische Studien mit oft widersprüchlichen Resultaten durchgeführt. Ihr Ziel ist es, durch den Vergleich der Lebensumstände einer sehr großen Anzahl von Patienten Hinweise auf mögliche Faktoren bei der Entstehung dementieller Krankheiten herauszufiltern. Dabei wurde eine Reihe von Zusammenhängen entdeckt, deren Interpretation aber die größten Schwierigkeiten bereitet: In Nordamerika und Europa z. B. ist die Alzheimer-Demenz häufiger als die vaskulär bedingte Demenz. Das Gegenteil ist in Japan, China und Rußland der Fall. Ein Zusammenhang der Alzheimer-Krankheit mit einer erhöhten Einnahme von Aluminium – etwa infolge Kochen mit Alu-Pfannen – konnte ebensowenig bewiesen werden wie die Behauptung, ein Virus sei als Krankheitserreger im Spiel. Ein erhöhtes Risiko für Alzheimer besteht bei Personen, die einmal an einer Schilddrüsen-Unterfunktion litten oder deren Mutter bei der Geburt 40 Jahre oder älter war. Eher unangenehm für Gesundheitspolitiker ist das Resultat der Euro-Studie aus dem Jahr 1991: Sie ergab ein leicht vermindertes Alzheimer-Risiko bei Rauchern. Kein signifikanter Unterschied ist zu finden bezüglich Geschlecht, Sozialklasse, Berufsstatus, Erziehungsniveau oder Intelligenz. Trotzdem kamen zwei Studien in Neapel und Schanghai zu dem Ergebnis, daß Analphabeten ein erhöhtes Risiko für die Alzheimer-Demenz besitzen.

So rätselhaft die Ursachen sind, so schwierig gestaltet sich auch die Therapie. Die Behandlung kann sich lediglich auf die Begleitsymptome konzentrieren und versuchen, das Zusammenleben zwischen Patient und Angehörigen bzw. Pflegepersonal für alle so erträglich wie möglich zu gestalten. Deshalb konzentriert sich die medizinische Praxis heute auf Verhaltensprobleme wie depressive Verstimmungen, aggressive Ausbrüche, starke Unruhe oder Angstzustände, denen mit mild wirkenden Neuroleptika und Antidepressiva entgegengewirkt wird. Solche und andere Medikamente können – bei sorgfältiger Anpassung an den Zustand – dem Patienten und seiner Umgebung oft Erleichterung bringen. Von großer Bedeutung ist auch die Bewegung. Gymnastik, Spazieren und einfache körperliche Arbeiten können die körperliche Leistungsfähigkeit verbessern. «Aber am allerwichtigsten für den Patienten», betont die schweizerische Alzheimer-Vereinigung, «ist die Gestaltung seiner äußeren Lebensumstände und die positive Einstellung der Menschen, die ihn pflegen.»

Ein Gefühl von Niedergeschlagenheit: die Depressionen

Nach Schätzungen der WHO leiden zwischen 3 und 5 Prozent der Weltbevölkerung an irgendeiner Form der Depression. Von den

Menschen, die eine Arztpraxis aufsuchen, sind es zwischen 8 und 12 Prozent. Ob das Risiko, an einer Depression zu erkranken, im Alter zunimmt, ist umstritten. Zwar zeigen Studien erhöhte Risiken für die Stadtbevölkerung über 65, doch weist die Forschung darauf hin, daß Störungen wie Angst und Depression mit steigendem Alter allgemein seltener auftreten. Diese teils gegensätzlichen Einschätzungen hängen mit der Datenerfassung und der jeweiligen Definition der Depression zusammen. Geht man nämlich von einer weiten Definition aus, die auch leichte depressive Symptome miteinbezieht, so haben rund 20 Prozent der über 65jährigen eine Depression. Doch die meisten dieser älteren Menschen bedürfen keiner ärztlichen Behandlung. An schweren Depressionen[2] leiden nämlich «nur» 1 bis 5 Prozent der älteren Bevölkerung, was im Bereich der WHO-Schätzung liegt. Es ist belegt, daß meistens Frauen eher den Mut haben, Symptome der Depression zu zeigen als Männer.

Die Ursachen einer schweren Depression im höheren Lebensalter weichen nicht wesentlich von den Ursachen in jüngeren Jahren ab. Sie können einerseits in den Lebensumständen begründet sein, also z. B. in der Arbeitslosigkeit oder in konstanter beruflicher und privater Anspannung. Andererseits können Depressionen die Folge eines Absinkens von Botenstoffen im Gehirn (Neurotransmitter) sein. Möglicherweise beeinflussen sich beide Ursachen gegenseitig. So können negative Erlebnisse die Biochemie im Gehirn verändern. Im höheren Alter kommen weitere Risiken als Auslöser hinzu: Körperliche Erkrankungen, aber auch Lebenskrisen, wie etwa der Tod des Partners oder der Partnerin. Entgegen jahrzehntelangen Vermutungen ist bis heute aber noch nicht klar, ob die soziale Isolierung, das Alleinsein eine wichtige Ursache für die Depression im Alter ist.

Auch die Selbsttötungshäufigkeit im Alter – oft die direkte Folge einer Depression – ist noch größtenteils ungeklärt. Zwar galt seit den 60er Jahren als erwiesen, daß die Suizidhäufigkeit mit den Jahren deutlich und im fortgeschrittenen Alter verstärkt zunimmt, doch zeigen neuere Daten ein differenzierteres Bild: In Bevölkerungsschichten mit höherem sozialem Status ist die Selbsttötungsrate der über 65jährigen deutlich geringer als bei jüngeren Generationen. Betrachtet man hingegen sozial niedrigere Schichten, so ist das Gegenteil festzustellen. In den USA zeigt sich ein noch komplexeres Bild. Während die Suizidrate bei weißen Männern ab 65 Jahren deutlich steigt, nimmt sie bei weißen Frauen und Schwarzen beiderlei Geschlechts deutlich ab. Eine Erklärung hierfür gibt es nicht. Klar ist allerdings, daß der Entschluß, dem eigenen Leben ein Ende zu setzen, im Alter deutlich ernsthafter ist als in der Jugend. Gemäß einer Untersuchung der Mannheimer Bevölkerung aus dem Jahre 1985 endete bei 15- bis 19jährigen Frauen «nur» einer von rund 60 Selbsttötungsversuchen mit dem Tod. Demgegenüber gelang bei den 70- bis 74jährigen Frauen jeder zweite Versuch.

Ein Großteil der Suizide könnte verhindert werden, wenn die zugrundeliegende Depression frühzeitig erkannt und korrekt behandelt würde. Denn sie ist in der Regel heilbar. Weil Depressionen aber periodische, rhythmische Erkrankungen sind, kommen sie nach einer überstandenen Episode wieder. Die Behandlung einer Depression schließt meist mehrere Formen mit ein. Neben der medikamentösen Behandlung besuchen Betroffene eine Gesprächstherapie, hinzu kommen verschiedene kreative Behandlungsmöglichkeiten, wie die Mal- und Musiktherapie. Die Pharmaindustrie hat in den letzten Jahrzehnten immer mehr Medikamente entwickelt, die die Biochemie des Gehirns direkt beeinflussen. Obwohl es verschiedene Formen der Depression gibt, die recht unterschiedliche Ursachen haben können, scheinen sie sich ähnlich auf die Biochemie des Gehirns auszuwirken. Die meisten dieser Medikamente erhöhen die Konzentration der fehlenden Gehirnbotenstoffe oder verstärken ihre Wirkung.[3] Doch einen Erfolg der Therapie können auch sie nicht immer garantieren, denn es kommt immer wieder vor, daß sich Depressions-Patienten während der Behandlung umbringen.

Pannen mit Pillen

Es ist nicht zu leugnen: Krankheiten werden im Alter immer häufiger. Im Verlauf eines Jahres gehen 90 Prozent der alten Bevölkerung zum Hausarzt. Meist bleibt es nicht bei einem Leiden allein: Bei über 75jährigen werden in der Bundesrepublik durchschnittlich vier Krankheiten pro Person diagnostiziert. Dennoch ist Alter nicht mit Siechtum gleichzusetzen. Nur etwa jeder vierte über 90jährige ist pflegebedürftig. Daß alte Menschen sehr lange ihr gewohntes Leben führen können, verdanken sie oft Medikamenten. Diese nehmen denn auch im Leben älterer Menschen eine wichtige Rolle ein. Laut einer WHO-Untersuchung aus dem Jahr 1981 werden älteren Patienten durchschnittlich vier bis fünf verschiedene Medikamente verabreicht. Doch diese Zahlen sind, wie der Erlanger Professor Dieter Platt meint, noch untertrieben. Oft sind es über zehn verschiedene Substanzen, die im Blut kursieren und sich gegenseitig beeinflussen. Auf dem Rezeptblock stehen dabei meist Herz-Kreislauf-Mittel, Präparate gegen Diabetes sowie Schlaf- und Beruhigungsmittel. Weil der alte Organismus ohnehin Mühe hat, sich ungünstigen oder rasch ändernden Bedingungen anzupassen, reagiert er meist stärker und anders, als dies zu erwarten wäre. Deshalb werden bei betagten Menschen etwa dreimal häufiger unerwünschte Nebenwirkungen von Medikamenten registriert als bei jüngeren Vergleichsgruppen. Wie Platt betont, ist es nicht so sehr der Alterungsprozeß, der zu dieser Anfälligkeit für Nebenwirkungen führt, als vielmehr die das Alter begleitenden Krankheiten, die die Leistungsfähigkeit der Organe schwächen.

Da scheint es beinahe selbstverständlich, daß neue Präparate auf ihre Nebenwirkungen insbesondere bei alten Menschen überprüft werden. Doch leider verhält es sich bei uns nicht so. Erst zehn bis 15 Jahre nach ihrer Einführung wurde die Wirkung der Beruhigungsmittel Benzodiazepine bei der Hauptkonsumenten-Gruppe, den alten Menschen, untersucht. «Im Gegensatz zu den USA», klagt Platt, «gibt es in der BRD keine Auflage, neueingeführte Präparate auch bei geriatrischen Patienten prüfen zu lassen. Rund 40 Prozent aller Pharmaka werden von über 65jährigen eingenommen. Und gerade sie müssen viel zu oft auf eine wissenschaftliche Untermauerung ihrer Therapie verzichten.»

Erst seit gut zwanzig Jahren steht die Erforschung der Medikamentenwirkung bei betagten Patienten auf dem Forschungsplan der Pharmakologie. Dabei erweist sich, daß bei älteren Patienten sowohl die Aufnahme, Verteilung, Stoffwechselverarbeitung und Ausscheidung der Medikamente als auch die Reaktion des Körpers auf die Substanzen anders sind als bei jüngeren Patienten. Viele Präparate werden langsamer in der Leber abgebaut und durch die Niere ausgeschieden. Wenn also ein betagter Patient regelmäßig eine «normale» Dosis einnimmt, bleibt eine immer größere Menge in seinem Körper zurück, und es kann zu einer Überdosierung kommen.

Deshalb müssen etwa Schlaf- und Beruhigungsmittel bei älteren Patienten deutlich niedriger dosiert werden als bei jüngeren, um eine sedierende Wirkung zu erhalten. Will man mit den Benzodiazepinen (z. B. Valium, Seresta) über mehrere Tage die Wirkung beibehalten, muß die Dosis reduziert werden. Dabei nehmen die unerwünschten Nebenwirkungen bei älteren Patienten stärker zu als bei jüngeren. Auch die trizyklischen Antidepressiva (z. B. Noveril oder Tryptizol) müssen bei älteren Patienten geringer dosiert werden: Die Hälfte bis zu einem Drittel der üblichen Dosis reicht aus, damit das Mittel dieselbe Wirkung entfaltet wie die volle Dosierung bei einem jüngeren Menschen. Wird es aber in zu hohen Mengen genommen, können Verwirrtheitszustände oder Kreislaufstörungen auftreten. Die Gründe dafür sind noch unbekannt. Auch bei Herz-Kreislauf-Mitteln, z. B. den altbewährten Digitalis-Präparaten (Herzglykoside wie Lanoxin oder Digoxin), ist mit Nebenwirkungen zu rechnen: 40 Prozent der über 70jährigen Patienten leiden bei ihrer Einnahme unter Herzrhythmusstörungen, Müdigkeit und vermindertem Appetit.

Während die hier genannten Beispiele einzelne Substanzengruppen betreffen, ist über die Wechselwirkungen der einzelnen Wirkstoffe im Körper noch weniger bekannt. Nach Platt können bei fünfzehn verschiedenen Substanzen etwa hundert mögliche Interaktionen auftreten. Deshalb kann die Devise für den Arzt nur heißen, so wenige Medikamente wie möglich und nur so viele wie unbedingt nötig zu verschreiben. Trotzdem verordnen Ärzte immer wieder wahre Heilmittelberge. Bis zu dreißig verschiedene Präparate türmen sich auf den Nachttischen, wobei absurderweise ein Großteil der Mittel die unerwünschten Nebenwirkungen der eigentlichen Medikamente bekämpfen soll. Bei einer solchen Zahl von Pillen, Zäpfchen, Spritzen und Dragees ist es für den Patienten kaum mehr möglich, die Übersicht zu bewahren. Da das Kurzzeitgedächtnis mit zunehmendem Alter ohnehin nachläßt, werden die verschiedenen Dosen oft nicht eingenommen und bleiben in der Packung. Problematisch ist der Langzeitgebrauch von Medikamenten auch in anderer Hinsicht: sie können abhängig machen. Etwa 1 bis 2 Prozent der Bevölkerung von Industriestaaten nehmen regelmäßig Schlaf- und Beruhigungsmittel ein, ohne daß sie vom Arzt verschrieben worden wären. Dabei gelten ältere Menschen als Risikogruppe. Die größte Konsumentengruppe stellen Frauen des Mittelstandes über 55 Jahre dar. Besonders gefährdet sind offensichtlich Personen, die empfindsam, leistungsbetont und unsicher sind. Sie haben Schwierigkeiten, sich durchzusetzen, Schuldgefühle und Antriebsstörungen. Kurz, sie besitzen Symptome einer depressiven Verstimmung.

Den Anstoß zu einer Pillensucht geben dabei nicht selten die Ärzte, die in einer psychischen Krise oder bei geistigen Störungen Schlaf- und Beruhigungsmittel verschreiben. Der Sachverständigenrat für eine konzertierte Aktion im Gesundheitswesen der BRD kritisiert denn auch die Ärzteschaft: «Bei den im Alter häufigen Hirnleistungsstörungen beschränkt sich die Therapie nicht selten unkritisch auf Maßnahmen der medikamentösen Ruhigstellung der Patienten.» Da Schlafmittel unbedacht verschrieben und dazu noch falsch eingenommen werden, kann die Pillenkur bisweilen das Ende der Selbständigkeit eines alten Menschen bedeuten: Wie der Geriater Hannes Stähelin berichtet, kann sich im Laufe einiger Tage bis Wochen ein Benzodiazepin so weit im Körper anreichern, «daß eine zunehmende Verwirrung resultiert, die zu einer ungenügenden Ernährung und Flüssigkeitszufuhr führt». Es kommt dann in der Folge häufig zu Stürzen und zu kaum mehr heilenden Brüchen.

Leben in Selbständigkeit: Geriatrie und Pflege

Ein Beispiel: Robert T. geht es nicht besonders gut. Mit seinen 86 Jahren hat er Gelenkprobleme, der graue Star hat sein rechtes Auge erfaßt, und eine mittelschwere Demenz macht ihm das Denken schwer. Robert T. ist chronisch krank. Seine Frau ist zwei Jahre zuvor gestorben. Seither hat die Tochter Beatrice, die in der Nähe wohnt, einmal am Tag bei ihm vorbeigeschaut, geputzt, gekocht und gewaschen. Seit drei Monaten kann Robert T. aber nur noch schwer aufstehen und muß rundum betreut werden. Damit alles einfacher geht, wohnt er jetzt im Haus der Familie von Beatrice. Ihm ist dies unangenehm. «Seit drei Monaten», klagt die 31jährige Karla, «ist zu Hause der Teufel los. Mutter opfert sich für Opa auf, ist völlig überfordert und erwartet von uns Kindern, vor allem von uns Töchtern, daß wir ihr bei der Betreuung von Opa helfen, dabei haben wir genug eigene Probleme. Vater ist auch nur noch mürrisch. Seit zwei Jahren haben die beiden keine Ferien mehr gehabt.» Beatrice will sich nicht helfen lassen, obwohl sie weiß, daß der Staat eine Reihe von Unterstützungen anbietet. Sie denkt, es sei ihre Pflicht, ihrem Vater zu helfen.

Wie den Angehörigen von Robert T. geht es vielen. Denn rund 80 Prozent der pflegebedürftigen Menschen werden zu Hause betreut. In der BRD gab es 1990 rund eine Million Haushalte mit einer pflegebedürftigen Person, die Hälfte wurde von Familienangehörigen betreut. Dies wird sich in Zukunft ändern: Die Familien werden kleiner, immer mehr Menschen leben als Single, nicht selten müssen wegen der gestiegenen Lebenserwartung mehrere Generationen gleichzeitig versorgt werden. Es ist damit zu rechnen, daß das sogenannte «Töchter-Pflegepotential» etwa ab dem Jahr 2010 wegen des Geburtenrückgangs drastisch zurückgeht.[4] Im Zuge dieser Entwicklungen sind Konflikte in den Familien meist vorprogrammiert.

Gemäß dem traditionellen Rollenbild übernehmen die Ehegattin, die erwachsene Tochter oder die Schwiegertochter die Pflege und verzichten dabei ganz oder teilweise auf eine eigenständige soziale Absicherung, da sie für ihre Arbeit nicht bezahlt werden. In der

Hälfte aller Fälle, wo Patienten zu Hause gepflegt werden, ist die Tochter verantwortlich. Eine Durchschnittsfamilie wendet heute etwa doppelt soviel Zeit für die Pflege der Angehörigen auf als vor dreißig Jahren. Vor diesem Hintergrund wird deutlich, wie stark die Belastung ist: Bei über 80 Prozent der Betreuer führt Hilfeleistung zu chronischer Erschöpfung, zu Aggressionen und Depressionen; in der Hälfte der Familien brechen Konflikte offen auf; viele pflegende Frauen verlieren den Kontakt zu ihrem Freundeskreis. Die unhaltbare Situation hat nicht zuletzt ein problematisches Altern der heute Pflegenden zur Folge, denn sie werden die Pflegebedürftigen und Sozialhilfeempfänger von morgen sein.[5]

Man braucht nicht ausdrücklich zu betonen, daß die familiäre Pflegeleistung oft die ohnehin begrenzten Mittel einer Familie stark belastet und daß die familiären Ressourcen durch die Pflegesituation nicht selten bis aufs letzte ausgeschöpft werden. Wenn Angehörige Pflegeaufgaben übernehmen, sollte man aber erwarten können, daß die öffentliche Hand ihnen entsprechende Hilfeleistungen gewährt. Dazu gehört neben Infrastrukturen – wie z. B. Tageskliniken oder Ferienbetten in Heimen – auch eine finanzielle Abgeltung. Vor allem den pflegenden Frauen müßten die von ihnen erbrachten Leistungen – etwa in Form einer höheren Rente – angerechnet werden. Gemäß dem neuen deutschen Rentenrecht (Rente 92) können nicht erwerbsmäßig tätige Pflegepersonen wenigstens beantragen, daß von ihnen freiwillig geleistete Beiträge wie Pflichtbeiträge behandelt werden und sie somit Anspruch auf eine Rente wegen verminderter Erwerbsfähigkeit erheben können.

«Es ist auch notwendig», schreibt der auf Gesundheitsfragen spezialisierte Soziologe Acacio Catarino, «daß die Trennlinie zwischen öffentlichen und privaten Akteuren verschwindet. Zugleich dürfen besonders schwere Fälle nicht in erster Linie zu Lasten der Familie gehen, sondern die Verantwortung muß aufgeteilt werden. In dieser Hinsicht, und nach den international anerkannten Prinzipien der sozialen Sicherheit, muß sich die staatliche Hilfe, die in der Praxis oft einen rein passiven, kurativen Charakter hat, als aktive, präventive Hilfeleistung etablieren.» Catarino zufolge müßte die Verantwortung zwischen Familie, Nachbarschaft und öffentlichen Stellen aufgeteilt werden. Der Bundesaltenplan der deutschen Regierung erklärt es ausdrücklich zu einem Grundsatz, daß die Situation der Helfer in der Familie, der freiwilligen Helfer und des Personals in den Diensten und Einrichtungen verbessert werden muß.

Die demographisch-soziale Entwicklung wird sich im Bereich der familiären Pflege nachhaltig auswirken: «Zieht man die Entwicklung der Familienstruktur, die wachsende Zahl alleinstehender hochbetagter Frauen, die Abnahme der Kinderzahl und die allgemeine Berufstätigkeit der Frau in Betracht, so wird deutlich, daß eine wachsende Aufgabe auf die öffentlichen Dienste zukommt», prophezeit der Basler Geriatrie-Professor Hannes Stähelin.

Ab dem 80. Lebensjahr, so zeigen Statistiken, nimmt die Selbständigkeit ab und die Zahl der Alten, die auf tägliche Hilfe angewiesen sind, drastisch zu. Trotzdem leben die meisten dieser Alten zu Hause. Dies ist nur mit einem differenzierten und breit gefächerten Behandlungs- und Betreuungsangebot möglich. In einem altengerechten Gesundheitssystem sollte es deshalb regional zuständige Beratungsstellen mit einer Besetzung aus verschiedenen Berufen geben: Ärzte, Therapeuten, Sozialarbeiter, Pflegepersonal. Stähelin betont auch, «daß das klassische Konzept der monokausalen, organbezogenen Krankheitsbetrachtung nur noch bedingt tauglich ist. Vielmehr müssen bei der Beurteilung der Bedürfnisse der betagten Bevölkerung Kompetenz und Autonomie berücksichtigt werden, die durch eine Vielzahl von Krankheiten und anderen Faktoren beeinträchtigt werden können.» Ein ausgewogenes Konzept muß auf Teamarbeit zwischen den einzelnen Helfern beruhen; die Pflege sollte aktivieren, den Patienten stets fordern, ohne ihn zu überfordern. Der Mensch als ganzes und nicht als «Gelenk» oder «Gehirn» sollte rehabilitiert werden. Rehabilitation bei älteren Menschen bedeutet, daß sie soweit wie möglich ein selbständiges, unabhängiges Leben führen können.

Für den alten Menschen ist oft nicht von Vorrang, welche Krankheit er hat, sondern vielmehr welche Konsequenzen im Alltag sie nach sich zieht. Unter Umständen können Gehörverlust, Sehschwierigkeiten oder ein Herz-Kreislauf-Leiden nämlich dieselben Folgen haben. Das Angebot muß deshalb von der Brille über das künstliche Hüftgelenk bis zum Mahlzeitendienst alle Möglichkeiten umfassen, um die physische und psychische Kompetenz alter Menschen so weit wie möglich zu erhalten. Unter Umständen kann bereits die Installation eines Elektroherds genügen. Dann nämlich z. B., wenn eine demente Frau immer wieder den Gasherd abzuschalten vergißt und ihre Mitbewohner damit in ständige Angst versetzt. Wie jede Pflege ist Altenpflege grundsätzlich Hilfe zur Selbsthilfe. In die Pflegeplanung gehen außer körperlichen Zuständen deshalb auch die häuslichen, sozialen und räumlichen Bedingungen des Patienten ein.

Um größtmögliche Selbständigkeit zu gewährleisten, muß die körperlich-geistige Gesundheit so hoch wie möglich gehalten werden. Die Geriatrie, die medizinische Behandlung alter Menschen, ist vielseitig geprägt: Im Vordergrund stehen chronische Krankheiten mit periodischen akuten Phasen, das gleichzeitige Auftreten mehrerer Leiden, die Demenz und damit verbunden der Verlust an Selbständigkeit und schließlich die Langzeitpflege. Hinzu kommt die Pflege und Betreuung Kranker im letzten Stadium, die Sterbebegleitung. Ziel der Geriatrie ist es dabei zunächst, die Phase der Autonomie eines Menschen zu verlängern und die Abhängigkeit vor dem Tod so kurz wie möglich zu halten. Damit steht sie im Gegensatz zur Inneren Medizin. Diese möchte nämlich heilen, den Patienten vollständig wiederherstellen. Die Geriatrie sieht ihre Aufgabe aber darin, so Steinhagen-Thiessen, «den alten Patienten auch unter Voraussetzung bleibender Beeinträchtigungen die Fortführung ihres Lebens in den vertrauten Bezügen und Verhältnissen zu ermöglichen».

Mit zunehmendem Alter verbringen viele Menschen immer öfter einige Tage im Krankenhaus. Die meisten Krankenhaustage werden schon heute von den über 65jährigen beansprucht. Die statistische Zunahme der Krankenhaustage setzt etwa um das 45. Lebensjahr ein und wächst dann exponentiell. Dies gilt sowohl für die akute Behandlung in Krankenhäusern – beispielsweise wegen eines Beinbruchs – als auch für Kuraufenthalte für chronisch Kranke. Altersleiden sind vorwiegend chronische Leiden. Sie sind charakterisiert durch progressive Verschlimmerung, lange Phasen, in denen sich die Symptome ankündigen, und Resistenz gegen Therapien. Die Medizin muß hier von ganz neuen Voraussetzungen ausgehen. «Die am Krankheitskonzept orientierte wissenschaftliche Medizin», kritisiert der Sachverständigenrat für die Konzertierte Aktion im Gesundheitswesen, «vermittelt den Studenten den Eindruck, daß die Alterungsprozesse Krankheiten seien, die grundsätzlich verhütet bzw. behandelt werden können (nach dem Motto: Es ist noch niemand am ‹hohen Alter› gestorben). Hier ist ein grundsätzliches Umdenken in dem Sinne erforderlich, daß viele der heute sogenannten chronischen Alterskrankheiten systemische Manifestationen des Alterns sind. Es ist weder ethisch, medizinisch noch ökonomisch vertretbar, hier unkritisch das gesamte diagnostische Rüstzeug der wissenschaftlichen Medizin einzusetzen.»

Dies gilt um so mehr, als die Unterscheidung zwischen Alterungsprozessen und Erkrankung im Alter schwierig ist. So hat z. B. jeder Mensch im Alter eine mehr oder minder starke Arteriosklerose. Während diese Schwierigkeiten und Fehleinschätzungen im Krankenhaus oft zur Übertherapierung führen, kann auch das Gegenteil passieren: Familie und Hausarzt schieben oft vorschnell Gesundheitsprobleme auf das hohe Alter ab, obwohl vielleicht eine Therapie möglich wäre, die die Lebensqualität des alten Menschen wesentlich verbessern könnte.

Für eine altersgerechte Medizin, meint deshalb Elisabeth Steinhagen-Thiessen, «brauchen wir neue Konzepte der medizinischen Versorgung. Die Akut-Krankenhäuser in ihrer jetzigen Organisationsform sind in mehrfacher Hinsicht ungeeignet für die Versorgung von älteren Menschen und Hochbetagten.» Akut-Krankenhäuser sind mehrheitlich auf monokausale Therapie ausgerichtet und können auf die Bedürfnisse der medizinischen Versorgung älterer Patienten kaum eingehen. Diese Bedürfnisse sind sehr vielfältig. Der alte Körper reagiert zum Beispiel anders auf Medikamente, oder Krankheiten zeigen im Alter ein unterschiedliches Spektrum von Symptomen. Der Arzt muß mit einer verminderten Merkfähigkeit des älteren Patienten oder mit Lustlosigkeit, Angst, Depressivität und Mißtrauen rechnen. Er muß aber auch auf die soziale Situation des Patienten eingehen können, etwa auf seine Isoliertheit oder auf die Wohnverhältnisse.

Etwa jeder vierte Patient in einem Akut-Krankenhaus ist ein Langzeitpatient, der hohe Kosten verursacht, unter anderem dadurch, daß die kostspielige Infrastruktur der Operationssäle oder diagnostischen Geräte ungenutzt bleibt. Altengerechte Rehabilitationseinrichtungen fehlen in Akut-Krankenhäusern ebenso: Ca. 40 Prozent aller über 65 Jahre alten Krankenhaus-Patienten werden kurz nach der Entlassung wieder eingewiesen. Führt eine längere stationäre Behandlung des älteren Patienten aber nicht zur gewünschten Stabilisierung seines Gesundheitszustandes, kommt es unter Vernachlässigung rehabilitativer Behandlungsmöglichkeiten meist zur Einweisung in ein Pflegeheim.

Was sich hier auftut, ist eine Versorgungslücke zwischen Akut-Krankenhaus und Pflegeheim. Diese könnte durch geriatrische Kliniken oder durch die geriatrischen Anstalten an bestehenden Krankenhäusern durch Umfunktionierung von Akut-Betten geschlossen werden. Solche Spezialeinrichtungen für Geriatrie haben zwar in den letzten Jahren in der BRD zugenommen, doch sind es noch immer viel zu wenige, um die hohe Zahl von Fehlbelegungen in Akut-Krankenhäusern wesentlich zu senken und die wegen Fehleinweisungen überfüllten Pflegeheime zu entlasten. Karl Ulrich Mayer, Direktor am Max-Planck-Institut für Bildungsforschung in Berlin, konstatiert denn auch: «Die Altenpflege wird sich neu organisieren müssen.» Viele Menschen liegen nach Mayer in Akut-Krankenhäusern, «weil es zu wenig Pflegeplätze gibt und weil kein Finanzierungsmodus existiert, nach dem die Pflege bezahlt werden könnte. Dies ist ein schönes Beispiel dafür, wie man Kosten durch bestimmte Organisationsprinzipien produzieren kann.»

Während etwa in der Schweiz, in England oder in Skandinavien ein Netz von geriatrischen Kliniken besteht, wurde in der BRD erst vor wenigen Jahren mit der Realisierung solcher Einrichtungen begonnen. Gemäß einer Erhebung aus dem Jahr 1983 wurden von den rund 460000 Betten in Akut-Krankenhäusern 133000 von geriatrischen Patienten beansprucht, die durchschnittlich fast 40 Tage im Krankenhaus verweilten. Für die oft lange Phase der Rehabilitation ist ein Bett in einem Akut-Krankenhaus nicht erforderlich und zu teuer. Deshalb müßten, so schätzt der Sachverständigenrat, zwischen 80000 und 100000 Betten im Akutbereich «den besonderen Bedürfnissen alter Patienten angepaßt werden». Weitere 27000 bis 50000 Betten müßten «umstrukturiert und innerhalb postakuter, rehabilitativ orientierter Kliniken vorbehalten werden». Diese Maßnahmen wären möglich, ohne speziell neue Bettenplätze zu schaffen, indem bestehende Betten umgewidmet und umfunktioniert würden.[6]

Eine umfassende und effiziente Betreuung geriatrischer Patienten kann nicht alleine mit Akut-Krankenhäusern und Heimpflege auskommen. Sie muß auf die sehr vielfältigen und im zeitlichen Verlauf wechselnden Bedürfnisse der geriatrischen Patienten abgestimmt sein. Deshalb braucht es eine Kette von einander ablösenden Betreuungselementen im ambulanten, halbstationären und stationären Bereich (vgl. Tabelle S. 126). Da das Ziel der medizinischen Betreuung darin liegt, den Menschen so lange wie möglich ein unabhängiges Leben in der gewohnten Umgebung zu ermöglichen, fällt dem Hausarzt im Versorgungssystem die Hauptrolle zu. Er kennt den Patienten meist über viele Jahre hinweg, kennt seine Krankengeschichte, seine Lebensumstände und seine Familie. Zudem genießt er oft als einziger Mensch das uneingeschränkte Vertrauen des alten Menschen.

In der Bundesrepublik geht es nicht allein darum, die Versorgungslücken im Bereich der Rehabilitation und der Betreuung zu Hause zu schließen. Auch das Heimpflegesystem müßte nach Meinung des Sachverständigenrats «beträchtlich ausgebaut» werden. In der alten BRD gab es etwa 400000 Plätze in Alten- und Pflegeheimen, insgesamt 132000 Mitarbeiter waren darin tätig. Das ist wenig im Vergleich zu anderen Ländern. Während in der BRD auf eine Pflegekraft drei Pflegeplätze kommen, sind es in der Schweiz lediglich 2,4 und in Dänemark sogar nur 1,3. Experten gehen davon aus, daß der Faktor 1,6, also 60 Pflegerinnen und Pfleger auf 100 Pflegeplätze, eine optimale Betreuung garantieren könnte. Wäre das bundesdeutsche Pflegesystem nach dänischem Maßstab ausgebaut worden, so stünden heute in den alten Bundesländern 550000 Heimplätze zur Verfügung, die von 417000 Mitarbeitern betreut würden.

Elemente einer Betreuungskette für geriatrische Patienten

	formell	informell
Ambulant	Hausarzt	
	Gemeindeschwester	Lebenspartner
	Haushilfe	Angehörige, Freund
	ambulante Spezialdienste	Nachbarn
	Mahlzeitendienste	
	Transportdienst	Freiwilligenhilfe
		Gemeindehelfer
Halbstationär	Tagesspital	offener Mittagstisch
	Tagesstätte	Selbsthilfegruppen
	Tagesheim	Seniorenzirkel
	Nachtklinik	
Stationär	Geriatrisches Spital	Wohngemeinschaft
	Pflegeheim	Sterbehospiz
	Leichtpflegeheim	
	Altenheim	
	Entlastungsbetten	

nach: Charles Chappuis, Medizinische Betreuung alter Menschen, Schweiz. Ärztezeitung 40/91.

Die Qualität der Betreuung und der Therapie in den Heimen hängt wesentlich von den Ressourcen des Pflegepersonals ab. Wo sich wenig Personal um verhältnismäßig viele Menschen kümmern muß, geraten Betreuerinnen und Betreuer unter Druck. Die ständige emotionale Belastung bei der Arbeit und eine chronische Überlastung führen dazu, daß in Pflegeberufen das Burnout-Syndrom, also das Gefühl des Ausgebranntseins, häufig anzutreffen ist. Als Folge davon wechseln die Betreuerinnen und Betreuer oft ihre Stelle oder schirmen sich ab. Die Arbeitsbedingungen des Personals sind mit ein Grund, weshalb der «Pflegenotstand» längst schon Realität ist. Pflegeberufe haben in den letzten Jahrzehnten viel von ihrer Attraktivität verloren. Vom «Traumberuf» Krankenpfleger oder Krankenschwester kann längst keine Rede mehr sein.

Eine weitere Folge des Pflegenotstands ist der Mißbrauch in der Altenbetreuung und -pflege, wenn das Personal überfordert ist: Patienten bekommen bereits um sechzehn Uhr das Abendessen, werden um siebzehn Uhr schlafen gelegt oder mit Beruhigungsmitteln gefügig gemacht. Sie erhalten oft keine Zuwendung und werden rüde behandelt. Der Mord an alten Patienten und Patientinnen durch überfordertes Pflegepersonal – wie in Wuppertal, Wien, Gütersloh und Köln geschehen – erscheint dann als «logisch», wenn gebrechliche Betagte nur noch als Entsorgungsfälle gesehen werden.

Trotz allem bleiben solche Entgleisungen gegenüber alten Menschen Einzelfälle. Ihnen stehen viele vorbildlich geführte Pflegeheime gegenüber, in denen ein hingebungsvolles Pflegepersonal alten, gebrechlichen Menschen hilft, ihr Leben sinnvoll zu gestalten.

Die Psyche zwischen Entwicklung und Krise

Nur wer alt wird, erhält eine vollständige und angemessene Vorstellung vom Leben, indem er es in seiner Ganzheit und seinem natürlichen Verlauf, besonders aber nicht bloß, wie die Übrigen von der Eingangs-, sondern auch von der Ausgangsseite übersieht.

Arthur Schopenhauer

Schaukelstuhl oder dritter Frühling?

Für die Alterung gibt es keine Regeln; jeder Mensch altert auf seine Art und Weise. Altern heißt deshalb auch, sich entwickeln, einen Prozeß durchmachen, der die körperliche sowie die geistige und soziale Entwicklung eines Menschen betrifft. Während der Körper von seiner Geburt an einem kontinuierlichen Alterungsprozeß unterworfen ist, ändern sich die Psyche, unsere Einstellung zum Leben und zu anderen Menschen, unsere Intelligenz und unsere Aktivität. Doch noch weniger als die körperlichen sind die psychischen Veränderungen mit den Jahren vorhersagbar. Zu sehr ist die Psyche, ihr Wandel und Zustand, von persönlichen Erfahrungen und äußeren Ereignissen geprägt.

Dennoch ist eine Reihe von Vorurteilen mit psychischen Veränderungen verknüpft: So heißt es, alte Menschen seien starrsinnig und senil oder weise und gütig. Daß solche Klischees der Wirklichkeit nicht entsprechen, versteht sich von selbst. Doch sind psychische Veränderungen, die mit dem Alter auftreten, Folgen des Alterns selbst, oder sind sie bloß Resultate individueller Entwicklungen? Die neue psychologische Forschung ist der Ansicht, daß nur wenige psychische Änderungen tatsächlich altersbedingt sind. Unsere Persönlichkeit bleibt im Alter in der Regel stabil. Oder anders ausgedrückt: Wir werden alt und bleiben doch die alten.

Von welcher Stufe unseres Lebens an bleiben wir aber die alten? Die Weichenstellung für unser Leben im Alter erfolgt «früh», im allgemeinen vor dem 50. Lebensjahr. Wie der Bremer Psychologieprofessor Wilhelm Mader betont, spricht sehr wenig dafür, «daß sich erst im Alter eine Form von Kreativität und Produktivität entwickeln könnte. Der Horizont der Möglichkeiten für den alternden Menschen ist lange vorher abgesteckt. Der einigermaßen selbstkritisch aufgeklärte Erwachsene um die 50 kann in aller Regel sagen, wer er und wie er als Alter und Alternder sein wird, wie er mit Beziehungen umgehen wird, was ihm selbst unerträglich, wo er anderen unerträglich sein wird, wie er mit Krankheiten und mit krisenhaften Ereignissen umgehen wird.»

Deshalb gilt es, sich schon früh mit dem eigenen Alterungsprozeß zu beschäftigen. Doch die realistische Selbsteinschätzung ist problematisch, darum wird sie weitgehend verdrängt und durch Tagträume ersetzt. «Welcher ‹Workaholic›», fragt Wilhelm Mader, «phantasiert sich nicht gern zwischen 40 und 50 Jahren in die von pflichtgemäßer Arbeit freie Ruhepause – negierend, daß gerade er in der Ruhephase immense Schwierigkeiten haben wird, falls er nicht sofort und in mühseliger Kleinarbeit sein Verhältnis zur Arbeit zu verändern beginnt?» Das Alter beginnt deshalb vielleicht dort, wo der einzelne Mensch erschrocken zur Kenntnis nehmen muß, daß die Weichen in bezug auf den Sinn des eigenen Lebens im Alter schon gestellt sind: Zwischen 40 und 50 Jahren ist meist klar, welchen finanziellen Handlungsspielraum ein Mensch im Alter haben wird; der Umfang der Bildung ist abgesteckt und beeinflußt die künftigen Handlungsspielräume; die Persönlichkeit ist in ihren Konturen festgelegt und verfestigt sich höchstens noch. Sie prägt wesentlich unsere Beziehungen zu anderen Menschen im Alter. Altern kann damit als Chance verstanden werden, zum erstenmal bewußt zu leben.

Zweifelsohne bleibt die körperliche Entwicklung im Alter nicht ohne Einfluß auf die Psyche. So kann der stete und irreversible Verlust von Gehirnzellen zu einem graduellen Abbau gewisser Formen der Intelligenz führen und die nachlassende Intensität des Körpergefühls die Sexualität beeinträchtigen. Doch die Psychologie bekundet ganz allgemein Mühe, psychische Veränderungen auf ihre Ursachen zurückzuführen. So schreibt Bernice Neugarten: «Das Problem ist auch, psychische Änderungen zu finden, die eine direkte Folge der Alterung sind, und von solchen zu trennen, die z. B. durch Krankheit oder durch soziale und kulturelle Veränderungen im Leben ausgelöst werden.» Oft sind nämlich psychische Unterschiede zwischen Generationen lediglich kulturell bedingt.

Obwohl die Persönlichkeit eines erwachsenen Menschen über die Jahre hinweg mehr oder weniger stabil bleibt, sind typische Altersmerkmale zu beobachten. Dazu gehört die vermehrte Besinnung auf sich selbst: Alte Menschen denken häufiger über sich selbst, den Sinn des Lebens und ihre Lebensumstände nach. Auch die Aktivität im täglichen Leben ist in der Regel nur geringen Schwankungen unterworfen. Diese Erkenntnis ist ein Produkt der Forschung der letzten Jahre. Noch in den 50er und 60er Jahren stellten die Gerontologen aufgrund großangelegter Studien in den USA fest, daß die Anzahl der Rollen, die ein Mensch im Leben innehat, etwa ab 65 Jahren abnimmt und die persönlichen Kontakte mit anderen Menschen nachlassen. Diese Resultate führten zur sogenannten *Disengagement-Theorie*, der zufolge sich alte Menschen automatisch von der Gesellschaft und der Welt zurückziehen. Die amerikanischen Psychologen Elaine Cumming und William Henry waren der Ansicht, daß dies für alle Menschen der Fall und absolut normal und natürlich sei.

Die Disengagement-Theorie forderte geradezu zum Widerspruch heraus, und eine Gegentheorie war schnell formuliert: Die *Aktivitätstheorie* besagt, daß der Schlüssel zum Glück in hoher Aktivität im Alter liege. Je aktiver man am Leben teilnehme, desto glücklicher gestalte sich das Alter. Diese Ansicht wird auch heute noch durch die Werbung für Aufbaupräparate wie Lezithin oder Dextran gefördert. Sie zeigt das Bild aktiver Alten, die täglich Dutzende von Klimmzügen schaffen und ihren Enkeln in jeder Hinsicht ebenbürtig sind. Heute hat sich der Widerstreit der Theorien etwas gelegt, was unter anderem der Längsschnittstudie des National Institute of Aging (NIA) in Baltimore zu verdanken ist. Um die Persönlichkeit im Lebensverlauf zu studieren, beobachteten die NIA-Forscher eine Gruppe von Menschen über viele Jahre hinweg. Ihr Augenmerk richtete sich dabei vor allem auf drei Merkmale:

- die Neigung zu Neurosen,
- die Extraversion und
- die Offenheit gegenüber neuen Erfahrungen.

Der Hang zu *Neurosen* ist ein Gradmesser für problematische Lebenseinstellungen (Angst, Depression, Selbstvertrauen). Die Stärke dieses Hangs zeigt an, wie gut jemand mit veränderten oder extremen Situationen umgehen kann. Die *Extraversion* reflektiert die Offenheit gegenüber anderen Menschen. *Offensein* für neue Erfahrungen ist ein Indiz für den Willen, Risiken einzugehen. Diese drei Faktoren sind feine Gradmesser für die Persönlichkeit. Die Baltimore-Studie zeigte in allen drei Bereichen keine großen Veränderungen. Mit anderen Worten: Die Persönlichkeit bleibt über die Jahre hinweg stabil.

Ist damit unsere Persönlichkeit vom Erwachsenenalter an unveränderlich, wie in Stein gemeißelt? Sicher nicht, jeder Mensch weiß aus Erfahrung, daß die eigene Persönlichkeit immer wieder Schwankungen unterworfen ist; z. B. wenn er sich neu verliebt oder in eine persönliche Krise gerät. Die Baltimore-Studie zeigt aber, daß wir uns auf eine Art ändern, die nicht vorhersagbar ist. «Wir wissen heute», schreibt der Nürnberger Psychogerontologe Wolf Oswald, «daß unterschiedliche Fähigkeiten sich auf unterschiedliche Weise verändern, und daß dies nicht zwangsläufig ‹altern› im negativen Sinne bedeuten muß, also Abbau, Defizit und Krankheit.»

Es ist das Leben, das unsere Persönlichkeit formt, und nicht das Alter.

Die geistigen Fähigkeiten gehen nicht verloren

Kaum ein Begriff ist in der Psychologie so umstritten wie die Intelligenz. In diesem Jahrhundert wurde eine Flut von Daten und Modellen zur Frage gesammelt, was Intelligenz eigentlich sei und wie sie sich im Verlauf der Jahre entwickle. Die rege Diskussion hat aber auch zu einem der größten Mißverständnisse dem Altern gegenüber geführt: zu dem Glauben, daß die geistige Leistungsfähigkeit im Alter zwangsläufig abnehme. Bekannt ist dieser Glaube unter dem Begriff *Defizit-Modell*. Obwohl man aus psychologischen Studien bereits seit Mitte dieses Jahrhunderts weiß, daß dieses Modell nicht der Realität entspricht, hat es sich als Vorurteil mit Hartnäckigkeit gehalten. Das Defizit-Modell trägt z. B. wesentlich dazu bei, daß die Altersgrenze bei der Besetzung eines Arbeitsplatzes heute so tief angesetzt wird. Viele Arbeitgeber sind noch immer der falschen Überzeugung, daß neue Arbeitskräfte über 35 Jahren geistig nicht mehr flexibel und anpassungsfähig genug seien, um den Anforderungen am Arbeitsplatz gerecht zu werden.

Die Debatte begann während des Ersten Weltkriegs in den USA, als der erste Intelligenztest entwickelt wurde, um die geeigneten Personen für eine Offizierslaufbahn zu rekrutieren. Ein Team der American Psychological Association entwickelte 1917 die sogenannten Army-Alpha- und Army-Beta-Tests, die bei Hunderttausenden von Armeeangehörigen angewandt wurden. Die Ergebnisse dieser Untersuchung wurden 1921 publiziert und zeigten bereits ab dem 30. Lebensjahr einen beträchtlichen «Intelligenzabfall». Schon in diesen ersten Studien erwies sich aber die Veränderung der geistigen Leistungsfähigkeit als sehr komplex. Es zeigte sich, daß Intelligenz keine einheitliche Größe, sondern ein Konglomerat aus sehr unterschiedlichen Fähigkeiten ist. Während etwa der Wortassoziationstest oder Aufgaben, bei denen man ein Muster aus dem Gedächtnis nachzeichnen mußte, von älteren Menschen weniger effizient gelöst wurden, schnitten diese bei der Prüfung von Wortschatz, Urteilsfähigkeit oder Auffassungsvermögen besser ab als die jüngeren. Trotzdem lag die Gesamtpunktzahl der älteren Menschen tiefer, was im Sinne eines Abbaus geistiger Fähigkeiten gedeutet wurde. Daß die Ergebnisse dieser Tests wesentlich von der Gewichtung der einzelnen Aufgabenstellungen, also vom Punkte-Errechnungsverfahren abhängen, ist offenkundig. Obwohl sich Widerstand gegen diese Art von Intelligenzprüfung regte, war das Malheur schon passiert. Ein Vorurteil hat sich festgesetzt: Mit dem Alter geht der Verlust der geistigen Leistungsfähigkeit einher.

Einen neuen Impuls erhielt die Forschung 1944, als David Wechsler die Bellevue-Wechsler-Intelligenzskala (BWI) entwikkelte. Dieses Verfahren wird heute noch in modifizierter Form zum Intelligenz-Altersvergleich sowie in psychologischen und psychiatrischen Praxen angewandt. Die BWI besteht aus zwei Teilen: einem verbalen und einem Handlungsteil. Im verbalen Teil wird etwa die Frage gestellt: «Wie viele Flügel hat ein Vogel?» Dabei geht es um das Allgemeinwissen, auf das jemand spontan zurückgreifen kann. Fragen wie «Welchen Sinn macht es, Geld auf der Bank zu haben?» sollen das Verständnis für Zusammenhänge prüfen. Ebenso werden im verbalen Teil Arithmetik, die Fähigkeit, Ähnlichkeiten zu erkennen, sowie der Wortschatz und das Zahlennachsprechen getestet. Im Handlungsteil müssen die Probanden innerhalb einer beschränkten Zeit Zahlensymbole auf einem Blatt nachzeichnen, Bilder fertigmalen oder deren Mängel erkennen, Muster in der richtigen Reihenfolge ordnen, Bilder zu einer sinnvollen Geschichte anordnen und Puzzles zusammenfügen.

Während der verbale Teil vorhandenes und gespeichertes Wissen prüft, geht es im Handlungsteil um das analytische Denken, die Fähigkeit, mit neuen Problemen umzugehen. In beiden Teilen, so haben Reihenuntersuchungen ergeben, gibt es altersbeständige und altersabhängige Aufgabenstellungen. Interpretiert man diese Ergebnisse, so zeigt sich, daß gewisse Formen der Intelligenz nicht altersabhängig sind:

- der Wissensumfang
- die praktische Urteilsfähigkeit
- die Fähigkeit, sich in alltäglichen Problemsituationen zurechtzufinden
- sprachliche Kenntnisse

- die Fähigkeit zur Aufmerksamkeit und Konzentration
- die planende Phantasie und
- das Vermögen, zwischen Wesentlichem und Unwesentlichem zu unterscheiden.

Mit zunehmendem Alter ändern sich hingegen
- das Gedächtnis und die Merkfähigkeit
- die geistige Wendigkeit und Umstellungsfähigkeit
- das abstrakt-logische Denken
- die psychomotorische Geschwindigkeit und
- die Kombinationsfähigkeit.

Rechnet man alle Teilergebnisse zusammen, so ergibt sich auch hier ein deutlicher Abfall der Intelligenz, und zwar von der Mitte des dritten Lebensjahrzehnts an. Stimmt diese Berechnung, so würde die geistige Höhe mit der körperlichen, also nach der Adoleszenz erreicht sein. «Diese Kurve ist derart populär geworden», schreibt Ursula Lehr, «daß sie vielleicht an dem generellen Defizit-Modell des Alterns nicht ganz unschuldig ist und sicher zu manchen negativen Einstellungen und verallgemeinernden Aussagen geführt hat.» Doch die Bellevue-Wechsler-Intelligenzskala steht auf tönernen Füßen, denn gemäß neuen Studien haben alte Menschen ganz andere Alltagsprobleme als jüngere, und dies wird bei diesem Test ungenügend berücksichtigt. Die Resultate von Jungen und Betagten sind mithin gar nicht vergleichbar.

Wie auch immer Intelligenztests ausfallen, relevant ist nur, ob die Änderungen der Intelligenz auch tatsächlich das Alltagsleben älterer Menschen und ihr intellektuelles Leistungsvermögen beeinflussen. Sicher tauchen gewisse Erschwernisse im Alter auf, etwa in Form einer Abnahme der Gedächtnisleistung. Diesen steht aber eine große Anpassungsfähigkeit gegenüber, so daß z. B. im Bereich der Informationsaufnahme und -verarbeitung keine Altersabhängigkeit festgestellt werden kann. Wenn es darum geht, an einem Computer zu lernen, sind ältere Menschen genauso schnell wie jüngere. Entscheidend sind nur die individuelle Einstellung und die schulischen Voraussetzungen. Selbst dort, wo altersbedingte Leistungseinbußen zu verzeichnen sind, sind sie so gering, daß das Alltagsleben dadurch nur unwesentlich beeinflußt wird. Oft zeigt sich deshalb, daß ein vermeintlicher Intelligenzschwund bei älteren Testpersonen lediglich durch den Test selbst bedingt ist. Franz Weinert, Direktor des Münchner Max-Planck-Instituts für psychologische Forschung, betont denn auch, daß «ältere Menschen bei der Bewältigung solcher unvertrauten Aufgaben oft schlechter abschneiden als bei der Lösung kognitiver Alltagsprobleme». Das belegen auch Untersuchungen der Leistungsfähigkeit im Alltag: Berufsleistungen, langfristig erworbenes Expertenwissen (z. B. auch bei Schach oder Bridge) können bis ins höhere Lebensalter vollständig erhalten bleiben.

Auch das Pauschalurteil «Alte lernen schlechter» wurde durch die experimentelle Psychologie umgestoßen. Vielfältige Untersuchungen zeigen nämlich:

- Ältere lernen nur bei sinnlosem Unterrichtsmaterial schlechter. Bei sinnvollem Material – etwa dann, wenn ein Sinnzusammenhang klar wird – sind die Lernleistungen mit jenen Jüngerer vergleichbar.
- Ältere können oft nicht auf ein vorhandenes Repertoire an Lerntechniken zurückgreifen. Dieser Mangel kann aber durch einfache Methoden behoben werden.
- Wenn Ältere Mühe haben, dann oft, weil der Stoff zu schnell geboten wird.
- Wenn der Stoff einfach dargeboten wird, lernen Ältere leichter. Das bedeutet, daß Ältere oft Probleme mit der Komplexität des Lernstoffes haben.
- Wenn Zusammenhänge aufgezeigt werden, lernen Ältere leichter als Jüngere. Diese haben aber einen Vorteil beim Lernen in Teilen.
- Begabung spielt eine größere Rolle als das Alter.
- Wer während des Erwachsenenalters übt und immer wieder Neues lernt, lernt auch im Alter leichter.

Vom Alter ist in besonderem Maße das Gedächtnis betroffen. Oftmals klagen alte Menschen darüber, daß sie vieles vergessen haben und sich nur wenig einprägen können. Auch hier gilt es aber zu differenzieren. Das Gedächtnis besteht aus verschiedenen Komponenten: Das *Primärgedächtnis* etwa ermöglicht das Behalten von Informationen während weniger Sekunden. Das *Sekundärgedächtnis* hingegen trägt zum langfristigen Behalten bei durch Memorieren, Verknüpfen oder inneres Wiederholen von Informationen. Ein dritter, wichtiger Faktor ist die *Geschwindigkeit*, mit der die Information aufgenommen wird. Neuere Ergebnisse lassen den Schluß zu, daß dieser Geschwindigkeitsfaktor Schrittmacher für den Gedächtnisverlust ist[1]: «Eine Verlangsamung der Informationsaufnahme stellt gewissermaßen eine ungünstige Ausgangsbedingung dar, um etwas in das Gedächtnis aufzunehmen und später wiedergeben zu können», kommentiert der Psychologe Ulrich Fleischmann von der Universität Nürnberg diesen Sachverhalt.

Um den vielfältigen, altersbedingten Veränderungen der Intelligenz gerecht zu werden, hat der Psychologe H. Kay 1958 ein neues Modell eingeführt. Statt von verschiedenen Intelligenzen spricht er von zwei Komponenten: von einer fluiden und einer kristallinen Intelligenz. Die kristalline Intelligenz entspricht der Intensität, mit der die Inhalte einer Kultur (Sprache, Wissen usw.) aufgenommen wurden. Sie ist so etwas wie ein Speicher, in den Erfahrungen und Gelerntes einfließen, und ist deshalb – im Gegensatz zur fluiden Intelligenz – inhaltsreich. Solange die Rate, mit der wir neue Informationen aufnehmen, größer ist als das Maß, mit dem wir die Informationen wieder vergessen, nimmt die kristalline Intelligenz zu. Und dies kann bis ins sehr hohe Alter der Fall sein. Interessant dabei ist, daß selbst Menschen, deren Gehirn stark arteriosklerotische Gefäßveränderungen aufweist, deswegen nicht notwendigerweise über eine geringere Leistungsfähigkeit zu verfügen brauchen. Im übrigen ist die Hirndurchblutung bei 30- und 70jährigen kreislaufgesunden Menschen gleich. Die fluide Intelligenz ist demgegenüber mehr mit den biologischen Realitäten verhängt. Die Gehirnzellen gehen kontinuierlich und unwiederbringlich zugrunde, und damit geht auch die fluide Intelligenz zurück. Sie entspricht unserer Fähigkeit, figürliche Zusammenhänge zu erkennen und abstrakte Schlußfolgerungen bei Aufgaben zu ziehen, deren Beantwortung nichts oder wenig mit dem vorhandenen Wissen zu tun hat.

Zwangsläufig ist jedoch auch der Abbau der fluiden Intelligenz nicht. Der heute in Berlin lehrende deutsch-amerikanische Psychologe Paul Baltes brachte die Idee der Plastizität der Intelligenz in die Diskussion ein. Danach ist jede Form der Intelligenz im Alter formbar, ein physiologisch bedingter Intelligenzabbau sei durch entsprechendes Training kompensierbar. In der Tat zeigt sich, daß vor allem bei sozial höher gestellten Menschen, die einen regen geistigen Austausch mit anderen pflegen, kein Abbau der Intelligenz festzustellen ist. Bei den Befragten der Bonner Längsschnittstudie blieb die Leistung ihrer Intelligenz in allen untersuchten Bereichen in der Regel dann stabil, wenn ihre sozioökonomischen Lebensbedingungen günstig waren. «Bei Probanden mit Gymnasial- und Universitätsabschluß ließ sich bis ins hohe Alter ein Ansteigen der Verbalintelligenz beobachten», kommentiert der Psychologe Ulrich Fleischmann. Werden geistige Fähigkeiten nicht genutzt, so verkümmern sie. Der Basler Hirnforscher William Meier-Ruge ist überzeugt: «Ein Gehirn verhält sich in seiner Leistungsfähigkeit wie ein Muskel: Wird seine Lern- und Gedächtniskapazität nicht ständig beansprucht, tritt ein Aktivitätsverlust auf, der alle nicht benutzten Funktionen betrifft.» Geistige Leistungseinbußen sind aber nicht irreversibel: Inzwischen weiß man aufgrund von gezielten Trainingsstudien, daß alte Menschen ein beträchtliches Reservepotential besitzen, das durch Übungen erschlossen werden kann. Jeder Mensch verfügt über Kapazitätsreserven. Obwohl diese bei Jüngeren größer sind als bei Älteren, lohnt es sich immer, die geistigen Fähigkeiten gezielt zu trainieren.

Demnach ist das Alter nur eine von vielen Komponenten, die die geistige Leistungsfähigkeit beeinflussen. Ebenso wichtig sind etwa Begabung, Schulbildung, berufliches Training, stimulierende Umgebung, Gesundheitszustand und die biographische Gesamtsituation. Und so erstaunt es auch nicht sonderlich, daß innerhalb derselben Altersgruppe enorme Unterschiede in der geistigen Leistungsfähigkeit zu beobachten sind. Die Bonner Längsschnittstudie kommt zum Schluß, daß bis zum Anfang des achten Lebensjahrzehnts nicht das Alter für die individuelle Streubreite der intellektuellen Entwicklung von vorrangiger Bedeutung ist, sondern vielmehr Erziehung, sozioökonomischer Status und Gesundheit. Ursula Lehr meint deshalb auch: «Die Anzahl der Lebensjahre wird keineswegs zu dem alleinigen oder auch nur überwiegenden bestimmenden Faktor im Hinblick auf die geistige Leistungsfähigkeit; der Schulbildung, dem Beruf und der dadurch gegebenen Trainingsmöglichkeit wie auch der Gesundheit kommen insgesamt eine große Bedeutung zu.» Untersuchungen bei Isolationshäftlingen zeigen, daß die Verarmung der Umwelteinflüsse und die Aufhebung jeglicher Anforderungen an die Hirnleistungen zum vorzeitigen Altern und zu einem Abfall des Intelligenzquotienten führen.

Deshalb kann die geistige Leistungsfähigkeit unter günstigen Bedingungen bis ins hohe Alter erhalten bleiben. Wichtig sind dabei regelmäßiges Training der geistigen Fähigkeiten bei der Arbeit und in der Freizeit, eine anregende Umgebung, gute Gesundheit und hohe Leistungsmotivation.

Sex: ein Bedürfnis, das bei vielen nie erlischt

Noch bis vor wenigen Jahren war Sex im Alter ein absolutes Tabu. Während z. B. stillschweigend akzeptiert wird, wenn ein 80jähriger Mann eine wesentlich jüngere Frau heiratet, wird die Heirat unter Gleichaltrigen im hohen Alter noch immer als «unnötig» oder gar als anstößig empfunden. Daß auch Hochbetagte sich noch verlieben oder sexuelle Lust verspüren könnten, wird kaum in Betracht gezogen. Dabei sieht die Realität ganz anders aus. Die Sexualität verschwindet bei den meisten Menschen nicht plötzlich aus dem Gefühlsleben. Als Faustregel gilt: Wer das ganze Leben sexuell aktiv war, wird dies auch bis ins hohe Alter sein, solange sich die Gelegenheit ergibt und der Wunsch dazu erhalten bleibt. Dem müssen übrigens auch Krankheiten im Alter keinen Abbruch tun.

Die abschätzige Haltung der Gesellschaft gegenüber der Sexualität im Alter und die Glorifizierung der Jugend hat negative Folgen: Alte Menschen fühlen sich oft unter Druck gesetzt, keine sexuellen Gefühle mehr haben zu dürfen. Wer sich selbst als unattraktiv oder sexuell unfähig empfindet, verliert das Interesse an Sex.

Die körperlichen Voraussetzungen für ein erfülltes Sexualleben jedenfalls sind gegeben. Entgegen der landläufigen Meinung wirkt sich die hormonelle Umstellung der Wechseljahre, also die verminderte Zirkulation von Östrogen im Blut, nicht auf das sexuelle Verlangen aus. Dennoch verlieren die Sexualreaktionen der Frau nach der Menopause an Intensität. Die Haut von Brüsten und Schultern etwa wird auch während der Erregung weniger stark durchblutet. Die Auspolsterung der Vagina wird dünner, die Vagina selbst kleiner. Der Orgasmus wird kürzer, und die Anzahl der Kontraktionen nimmt ab. Trotzdem ändert sich die Fähigkeit, Orgasmen zu erlangen, kaum, wie die amerikanischen Sexualforscher Masters und Johnson herausgefunden haben. Sie folgerten bereits 1966: «Für die weibliche Sexualität läßt sich keine Zeitgrenze ziehen.»

Markantere Änderungen fanden die beiden Forscher hingegen bei älteren Männern: Die Erektion erfolgt etwa ab sechzig weniger spontan, braucht mehr Zeit und Anstrengung als bei jungen Männern. Auch ist sie fragiler und kann verlorengehen, bevor es zur Ejakulation kommt. Eine Ejakulation erfolgt durchschnittlich nur noch jedes zweite bis dritte Mal. Diese ist dann auch weniger explosiv als in jungen Jahren. Es wäre falsch, diese Merkmale als Hinweise auf die sexuelle Unfähigkeit älterer Männer zu deuten. Viele Frauen sind im Gegenteil der Ansicht, daß ältere Männer bessere Liebhaber seien, weil die Phase der Erektion länger andauere als bei jüngeren. Der britische Psychologe Hamilton Gibson folgert: «Die Sexualität ist weniger vom Altern betroffen als viele andere körperliche Funktionen.»

Wie überall, wo Themen tabuisiert werden, schleichen sich Mythen ins öffentliche Bewußtsein und werden munter verbreitet. Die Mythen um die Sexualität im Alter sind geprägt von Ängsten, Unsicherheiten, Vorurteilen und Ignoranz[2]:

- *Mythos 1:* «Sexualverkehr und die Ejakulation schwächen den Mann und beschleunigen das Altern und den Tod.» Es mag wohl sein, daß zölibatär lebende, katholische Priester älter werden als der männliche Bevölkerungsdurchschnitt, doch hat dies mehr mit dem Lebensstil als mit der Sexualität zu tun. Außerdem zeigen Studien, daß protestantische Pfarrer zölibatär lebende Geistliche noch überleben, was vielleicht mit einer größeren Lebenszufriedenheit durch ausgelebte Sexualität zusammenhängt.

- *Mythos 2:* «Das Sexualleben kann durch Abstinenz in frühen Jahren und Aktivität in den späten Jahren verlängert werden.» Das Gegenteil ist der Fall: Ein solches Verhalten kann die Sexualität gerade zum Erlahmen bringen.
- *Mythos 3:* «Masturbation ist kindisch und wird von Erwachsenen nicht mehr praktiziert. Wer es dennoch tut, ist hochgradig gestört.» Masturbation gehört in jeder Lebensphase zur normalen Sexualität.
- *Mythos 4:* «Nach der Menopause nimmt die Befriedigung durch den Koitus ab.» Wie Masters und Johnson nachwiesen, ist auch dies nicht richtig.
- *Mythos 5:* «Alte Männer geraten besonders häufig auf sexuelle Abwege: z. B. als Exhibitionisten oder als Kindesmißhandler.» Für sexuelle Besonderheiten gibt es keine Altersstruktur.
- *Mythos 6:* «Alte Frauen, die noch immer Sex genießen, waren als junge Frauen bestimmt Nymphomaninnen.» Diese Aussage entstammt einer sinnesfeindlichen und patriarchalen Epoche und entbehrt jeder Grundlage. Gerade die biologischen Veränderungen der Frau belegen, daß es für Frauen keine Altersgrenze für Sexualität gibt.
- *Mythos 7:* «Die meisten alten Männer verlieren die Lust und die Potenz.» Sexualverkehr ist so lange möglich, wie es Gesundheit und Psyche erlauben.
- *Mythos 8:* «Sexuelles Vermögen und die sexuelle Praxis bleiben das Leben über unverändert.» Aufgrund psychischer und physischer Faktoren, aber auch der zunehmenden Erfahrung macht die Sexualität, wie jede andere Tätigkeit und Einstellung in unserem Leben, eine Entwicklung durch.
- *Mythos 9:* «Wenn ältere Menschen einmal für einige Jahre keinen Geschlechtsverkehr gehabt haben, werden sie in Zukunft nicht mehr dazu fähig sein.» Das Verlangen nach Liebe, Sexualität und Nähe versiegt bei den meisten Menschen nie. Die körperlichen Voraussetzungen, sexuelle Aktivitäten wieder aufzunehmen, sind bei den meisten alten Menschen stets gegeben.

- *Mythos 10:* «Alte Menschen, die an chronischen Krankheiten leiden oder körperlich behindert sind, sollten ihre sexuellen Aktivitäten ganz einstellen.» Solange Sex befriedigt, gibt es keinen Grund dazu.

Während also die körperlichen Voraussetzungen für Sex bis ans Lebensende gegeben sind, sofern er nicht durch Krankheiten beeinträchtigt wird, weisen die spärlichen Studien, die das Sexualverhalten älterer Menschen untersuchen, einen graduellen Abfall von Aktivität und Interesse nach. Der Psychogerontologe Hans-Dieter Schneider weist auch auf einen qualitativen Wandel hin. Er ist der Ansicht, «daß im Laufe des Älterwerdens eine Entwicklung der Sexualität vom Überwiegen des Genitalen zur Hinwendung zu anderen Formen des sexuellen Verlangens, vor allem im Bereich der Zärtlichkeit, erfolgt.» Was früher als Vorspiel zum Geschlechtsverkehr führte, kann im Alter allein befriedigend sein. Die sexuelle Schwelle für Männer kann im achten Lebensjahrzehnt angesiedelt werden. Während noch drei Viertel der Männer in den 60ern sexuelle Gefühle hatten, berichten die meisten 70jährigen und älteren Männer, sie hätten keinen Geschlechtsverkehr mehr. Das mag daran liegen, daß mit dem Alter Krankheiten immer häufiger und wichtiger werden. Aber bei weitem nicht alle Männer entsprechen diesem Schema. Jeder fünfte Mann berichtet von größerem sexuellem Interesse und von häufigerem Geschlechtsverkehr mit zunehmendem Alter. Trotzdem darf Sex im Alter nicht zum Zwang werden. Viele Frauen und Männer sind erleichtert, keinen Geschlechtsverkehr mehr haben zu müssen. Dies ist um so verständlicher, als Frauen oft ihr ganzes Leben über sexuell unterdrückt werden. Falsch wäre wohl auch, wenn die jüngere Generation mit ihrem liberalen Sexualverständnis von der älteren Generation erwarten würde, daß sie sich von ihrem lebenslangen Tabu befreit. Die reservierte Einstellung der älteren Generation zur Sexualität belegt auch eine Schweizer Studie aus dem Jahre 1986: 57 Prozent der 45- bis 54jährigen bezeichneten ein aktives Interesse an sexueller Betätigung bei über 70jährigen als völlig normal. Bei den über 75jährigen hingegen war nur noch jeder Dritte dieser Meinung.

Alle Untersuchungen zur Sexualität im Alter weisen auf einen krassen Gegensatz zwischen Frauen und Männern hin. Während vier von zehn verheirateten Frauen über 65 zugaben, sie seien sexuell aktiv, sagten dies nur gerade vier von hundert verwitweten Frauen. Ganz anders die Männer, bei denen erstaunliche 82 Prozent der Witwer behaupteten, sie seien sexuell aktiv. Dieser Unterschied zwischen Männern und Frauen mag in Wirklichkeit geringer sein, weil Männer dazu tendieren, ihre eigene sexuelle Aktivität übertrieben darzustellen. Obwohl die körperlichen Möglichkeiten bei Frauen langsamer zurückgehen, führen soziale Faktoren dazu, daß das Sexualverhalten sich stärker verändert als bei Männern. Die meisten Frauen haben keinen Sex mehr im Alter, weil sie keinen Partner mehr haben oder weil ihr Partner dazu keine Lust mehr hat. Bei den Männern hingegen liegt der Grund meist bei ihnen selbst. «Die heute alten Frauen», kommentiert die österreichische Ärztin Jutta Rett, «sind dazu erzogen worden, zu hegen, zu pflegen, zu helfen. Also wird die Behinderung des Mannes hingenommen.»

Diese Befunde lassen sich als Folge davon erklären, daß bei den untersuchten Paaren meist der Mann derjenige ist, der den Sex initiiert. Die amerikanische Gerontologin Janet Belsky meint deshalb, daß es für Frauen, die sich ein aktives Sexualleben wünschen, wohl besser wäre, wenn sie jüngere Partner hätten. In der Regel aber heiraten Männer jüngere Frauen. Schon 50jährige Frauen haben große Mühe, einen neuen Partner zu finden. Sie gelten als nicht mehr attraktiv. Eine Frau über 65, deren Mann stirbt, hat kaum mehr eine Chance, zumal die Auswahl gleichaltriger Männer wegen ihrer geringeren Lebenserwartung immer kleiner wird: Auf vier 70jährige Frauen kommen bloß drei gleichaltrige Männer.

Vor diesem Hintergrund wird deutlich, daß Selbstbefriedigung für viele Menschen im Alter die einzige Möglichkeit bleibt, sich sexuell zu betätigen. Eine US-Studie aus dem Jahre 1981 ergab, daß etwa die Hälfte der 60- bis 69jährigen Männer die Frage «Masturbieren Sie?» bejahte. Bei den über 70jährigen antwortete noch ein Drittel mit Ja. Bei Frauen hingegen konnte ein solcher Abfall nicht beobachtet werden. In beiden Altersgruppen bejahte etwa die Hälfte der Frauen diese Frage. Dabei war kein großer Unterschied zwischen verheirateten, verwitweten, geschiedenen und als Single lebenden Frauen auszumachen.

Wenn Frauen ihre Sexualität mit anderen erleben möchten, stellt aufgrund des «Männermangels» die Homosexualität eine Alternative dar. Es ist bekannt, daß Homosexualität zwischen Männern in Gemeinschaften ohne Frauen häufiger ist, etwa beim Militär, in Gefängnissen, Internaten oder Klöstern. Auch die Sexualstudien des Kinsey-Instituts weisen nach, daß Männer häufiger als Frauen homosexuelle Erlebnisse haben. Überraschenderweise zeigt sich aber, daß sich mehr Frauen als Männer zum eigenen Geschlecht hingezogen fühlen. Diese Diskrepanz zwischen Wunsch und Wirklichkeit hängt wohl mit der Tatsache zusammen, daß Männer sich eher trauen, ihre sexuellen Bedürfnisse auszuleben. Aufgrund der Tatsachen, daß nicht nur die Lebenserwartung, sondern auch das Selbstbewußtsein der Frauen zunehmen wird, ist anzunehmen, daß das Ausleben der Homosexualität für Frauen in Zukunft eine größere Bedeutung erlangen wird.

Pensionierung: lernen, nicht nichts zu tun

Leben heißt sich verändern. Und jede Veränderung, jedes Überbordwerfen alter Gewohnheiten, jede unbekannte Situation, jeder Beginn von etwas Neuem birgt den Keim der Krise in sich. Das trifft nicht nur auf Krankheiten, körperlichen Zerfall, den Verlust eines Partners, einen Stellen- oder Wohnungswechsel zu, sondern ebensosehr auf eine Hochzeit oder die Geburt eines Kindes. Solche Veränderungen sind kritische Phasen im Leben, Wendepunkte, auf die jeder Mensch anders reagiert.

Einen besonderen Wendepunkt stellt die Pensionierung dar. War noch vor 150 Jahren der Zeitpunkt der Berufsaufgabe durch die körperliche Leistungsfähigkeit bestimmt, so ist der Austritt aus dem Erwerbsleben heute kollektiv geregelt. Die hohe Lebenserwartung machte den «Ruhestand» erst möglich: Je mehr Jahre wir nichtarbeitend verbringen, desto bedeutender wird die Pensionierung für unser Leben. Von Kind auf ist man gewohnt, regelmäßig aufzustehen, hat sich im Verlauf der Jahre eine berufliche Identität geschaffen, eine Identität, die jenseits von Freizeit und Familie Bestätigung brachte. Dies alles soll nach der Pensionierung nichts mehr gelten, denn in einer stark leistungsorientierten Gesellschaft ist die Pensionierung mit einem Funktions- und Statusverlust verbunden. Nicht selten kommt das Gefühl auf, «alt» geworden zu sein. Hinzu kommt, daß ein jahrelang eingeübter Lebensrhythmus mit klaren Strukturen aufgegeben wird und mit einem Leben eingetauscht werden muß, dessen Strukturen man sich erst selber geben muß.

«Das Ausscheiden aus dem Berufsleben», schreibt Ursula Lehr, «ist mehr als die Aufgabe einer mehr oder minder geschätzten Tätigkeit. Es bedeutet unter anderem die Übernahme einer anderen Rolle mit anderen Verhaltenserwartungen, eine Umstrukturierung des sozialen Felds einschließlich der familiären Kontakte; es bedeutet finanzielle Veränderungen und eine Verlagerung des persönlichen Engagements und Interesses von einer Welt der Arbeit auf eine Welt der freien Zeit.» Weil sich die Berufswelt, die Leistungsnormen der Gesellschaft, die ökonomische Situation und die Freizeitgestaltung stets wandeln, gelten für jede Generation unterschiedliche Voraussetzungen bei der Pensionierung, und jede Generation erfährt sie deshalb auch anders. Doch schon im 19. Jahrhundert gab es Alte, für die der Austritt aus dem Berufsleben alles andere als der Eintritt in einen beschaulichen und wohlverdienten Lebensabend bedeutete. In Wilhelm Raabes Romanfragment «Altershausen» etwa führt die Berufsaufgabe von Professor Feyerabend direkt in eine persönliche Krise, bei der sich ihm die Frage nach dem Sinn seines bisherigen Tuns stellt. Hat er etwa gelebt und doch nichts aus seinem Leben gemacht? Das Alter enthüllt «die toxischen und infektiösen Agentien des Erdendaseins», schreibt Raabe.

Das Alter konfrontiert den Menschen mit sich selbst. Oder wie es der Wiener Gerontologe Leopold Rosenmayr ausdrückt: «Das Alter verstärkt unsere Ambivalenz gegenüber uns selbst und dem Leben gegenüber.»

Der fehlende Spiegel Arbeit

In der Bundesrepublik Deutschland ist etwa ein Drittel der Rentnerinnen und Rentner vor der Pensionierung glücklicher als danach. Arbeit und Erwerb sind nach wie vor die wichtigen Organisationsprinzipien des Lebenslaufs. «Wer aus diesem Ordnungssystem ausscheidet», so der Soziologe Walter Schroeder, «ist gesellschaftlich draußen – auf die Straße verwiesen oder in die Privatheit der Familie oder des Alleinseins.» Der Psychoanalytiker Wilhelm Mader pflichtet ihm bei: «Der fehlende Spiegel ‹Arbeit›, in dem jemand sich und sein Selbstwertgefühl kontrollieren kann, wird in den reichen, westlichen Gesellschaften, die sich den Ruhestand leisten können, selten ersetzt durch aktive und autonom gesetzte ‹Spiegel› gesellschaftlich sinnvoller Tätigkeiten.» Nach Mader schafft Arbeitslosigkeit (bzw. die Freiheit von Arbeit) im Ruhestand dieselben Probleme wie Langzeitarbeitslosigkeit in jüngeren Jahren: eine «verletzbare narzißtische Bedingung». Unsere Vorstellungen eines erfüllten, sinnvollen Alters leiten sich demgegenüber von der kleinen Zahl jener Menschen ab, die auch im höheren Alter noch sozial anerkannte Tätigkeiten ausüben. Dabei fällt auf, daß bei diesen Menschen – häufig Künstler oder Wissenschaftler – die Kontinuität eine herausragende Rolle spielt: Sie setzen im Alter fort, was sie schon 20 oder 30 Jahre zuvor gemacht haben. Das Alter bedeutet für diese Menschen keinen Bruch.

Der vorzeitige Ruhestand (die Frühpensionierung) hätte sich wohl kaum in diesem Ausmaß durchsetzen können, wäre er nicht auch auf ein starkes Interesse der unmittelbar Betroffenen gestoßen. Er kann deshalb auch als Chance verstanden werden. Je größer die körperliche Anstrengung, die Monotonie bei der Arbeit und je geringer der Berufsstatus ist, desto positiver ist die Haltung gegenüber einer frühzeitigen Pensionierung. Es gibt Berufe und Tätigkeiten, die als unangenehm, stumpfsinnig und sinnlos erfahren werden und die die Arbeitskraft so verschleißen, daß Menschen, die eine solch prekäre Arbeit ausüben, vorzeitig «müde» oder sogar krank werden. In (West-)Deutschland tritt fast jeder vierte Rentner – zwei Drittel sind Männer – vorzeitig wegen Berufs- und Erwerbsunfähigkeit in den Ruhestand. Rund 60 Prozent der «Rentenzugänge aus Krankheitsgründen» erfolgen bereits vor dem 60. Lebensjahr.

Der Wunsch nach einem frühen Berufsende kann sehr verschieden begründet sein:

- Man erhofft sich eine Verbesserung des Gesundheitszustands.
- Man glaubt, den als bedrohlich für die eigenen beruflichen Chancen empfundenen neuen Anforderungen an berufliches Wissen oder dem Umgang mit neuen Technologien entgehen zu können.
- Man hofft, mit der vorzeitigen Pensionierung dem Druck des Arbeitsmarktes auszuweichen und somit dem drohenden Verlust des eigenen Arbeitsplatzes zuvorzukommen.
- Für viele bedeutet die frühe Berufsaufgabe auch die «frühe Chance zur späten Freiheit», also die Möglichkeit, auf den Ruhestand verschobene Pläne «ein paar Jahre früher» realisieren zu können.
- Für einen wachsenden Teil älterer Arbeitnehmer ist der «wohlverdiente Ruhestand» ein Recht, auf das man einen Anspruch geltend machen kann und das gleichsam als Gegenleistung für jahrzehntelange Arbeitsverausgabung empfunden wird.

Insgesamt spiegeln diese Motive eine veränderte Einstellung zum Alter: Jünger, gesünder, finanziell oft besser gestellt als noch eine oder zwei Generationen zuvor, erfahren die meisten älteren Arbeitnehmer den «Ruhestand» erstmals als eine «echte Chance».

Doch die letzte Phase vor der Pensionierung ist oft mit Fehleinschätzungen befrachtet. Die einen sehen sich schon am Ende des Lebens, sie begreifen den «Ruhestand» als Stillstand und «Verglühen des Lebens». Andere wiederum begreifen das Rentnerdasein als Beginn des eigentlichen Lebens, als Möglichkeit, endlich das zu tun, worauf man bisher verzichten mußte. Reisen, Hobbys, Sport und Lesen stehen auf der Wunschliste für das «Leben danach» gemäß Umfragen an erster Stelle.

Von reifen, bösen und Schaukelstuhl-Typen

In den 60er Jahren haben Psychologen fünf Persönlichkeitstypen ausfindig gemacht, die unterschiedlich auf das Rentnerdasein reagieren[3]:

- Die größte Gruppe stellt der «reife Typ» dar. Er verfügt über eine realistische Weltsicht, ärgert sich nicht über das Älterwerden und hat deshalb gute Voraussetzungen für ein erfülltes Rentenalter.
- Der Schaukelstuhl-Typ ist kein Freund von Verantwortung und sitzt gerne in der zweiten Reihe. Weil die Pension ihm ermöglicht, seiner Neigung nachzugehen, liebt er den «Ruhestand».
- Der «bewaffnete» Typ ist immer geschäftig. Er hat Angst, über seine Gefühle nachzudenken. Auch er ist glücklich über seine Pensionierung, denn er kann seinen Tag nach seinem Gutdünken mit Aktivitäten vollstopfen.
- Der «böse» Typ bemerkt, daß sein Leben ein Fehlschlag war, und macht die Welt dafür verantwortlich.
- Der Selbsthasser-Typ ist ebenfalls von seinem Leben enttäuscht, doch er gibt sich selbst die Schuld und ist innerlich verbittert.

Selten wird die Pensionierung als eine Art Schock erlebt, so daß es zur Katastrophe, dem Tod, kommt. Der Psychiatrie-Professor Tobias Brocher erinnert sich an einen seiner Universitätslehrer, «der sein Büro am Tage seiner Pensionierung um vier Uhr räumte, ohne ein Wort gegenüber seinen Mitarbeitern zu verlieren, so als würde er am nächsten Tag zur gewohnten Zeit wieder im Institut erscheinen. Am nächsten Vormittag erreichte uns die Nachricht, daß seine Haushälterin ihn am Morgen tot im Bett aufgefunden hatte. Es bestanden keine Anzeichen für einen Selbstmord.» Kurz nach Ende des letzten Weltkrieges hat Arthur Jores die Folgen der Pensionierung bei Polizei- und Finanzbeamten untersucht. Er stieß dabei auf Verheerendes: Die Untersuchten vergreisten innerhalb von zwei Jahren, und die meisten von ihnen starben kurz darauf.

In neueren statistischen Erhebungen tritt dieser frühe «Pensionierungstod» allerdings nicht in Erscheinung. Trotzdem besteht auch heute die Gefahr, im Rentenalter in einen Strudel von negativen Reaktionen hineingezogen zu werden. Menschen, die sich stark mit ihrer Arbeit identifiziert haben, fühlen sich eher als andere ihrer gesellschaftlichen Funktion beraubt und reagieren auf die neue Situation mit Untätigkeit. Dies wirkt sich gleich doppelt verhängnisvoll aus: Die Motivation, eine sinnvolle Tätigkeit aufzunehmen, fehlt ihnen oft. Allgemeine Untätigkeit nach der Beendigung des Berufslebens führt auch zu einer Abnahme der emotionellen Grundspannung und nicht zuletzt zur Isolation und Abkapselung, die von Antriebsminderung, Langeweile, Resignation und Verzweiflung begleitet sind. Diese psychische Krisensituation kann in eine physische Krise münden: die Krankheitsanfälligkeit nimmt zu.

Üblicherweise haben Arbeiter oft mehr Mühe als Angestellte, sich mit dem Rentnerdasein abzufinden, denn sie treten oft mit einer schlechten gesundheitlichen Verfassung in den Ruhestand. Eine gute Gesundheit ist aber eine wichtige Voraussetzung für eine erfolgreiche Bewältigung der neuen Situation. Ganz allgemein scheinen Faktoren, die den Wunsch nach dem Ruhestand nähren, die Anpassung an diese neue Lebensphase zu behindern.

In der Regel harmonisch

Verschiedene Untersuchungen belegen aber, daß der Übergang vom Arbeitsalltag in den sogenannten Ruhestand in der Regel harmonisch verläuft. Eine stark vereinfachende Theorie besagt, daß der Übergang in Phasen verläuft. Während zu Beginn Euphorie und Geschäftigkeit herrschen, stellt sich bald eine Phase der Ernüchterung und Niedergeschlagenheit ein, die von einem Gefühl der Leere begleitet ist. Wenig später folgt dieser depressiven Phase eine Neuorientierung. Der Alltag von Rentnern geht schließlich in eine befriedigende, stabile Routine über. Gerade zu Beginn sind Partnerbeziehungen großen Belastungen ausgesetzt, vor allem solche, in denen nur ein Teil berufstätig war.

Während Partner früher nur an Wochenenden und im Urlaub ausgiebig Zeit füreinander hatten, müssen sie sich nun fast ununterbrochen miteinander beschäftigen. Der früher berufstätige Mann bricht in den geregelten und strukturierten Alltag seiner Frau ein, will Arbeiten und Aufgaben übernehmen, die über Jahrzehnte ihre Domäne waren, will mitbestimmen, wo sie alleine bestimmt hat. Er stört. Mann und Frau müssen deshalb erst einmal lernen, die notwendigen Arbeiten im Haus, wie auch die Zerstreuungen und die Hobbys, auf eine für beide befriedigende Art zu organisieren.

Bei der Antwort auf die Frage an 15- bis 74jährige, woran sie beim Stichwort Pensionierung spontan denken, steht die Aussicht auf mehr Zeit im Vordergrund. Nicht mehr arbeiten und viel Freizeit haben – das ist das pauschale Bild vom Rentnerdasein, getrübt nur durch die Angst vor Gesundheits- und Geldproblemen. Doch diese Erwartungen decken sich nicht mit der Realität. Deshalb wäre eine intensive Vorbereitung auf das Rentenalter dringend nötig. Seit Beginn der 70er Jahre bieten viele Arbeitgeber ihren Mitarbeitern und deren Partnern Vorbereitungskurse an – vorwiegend während der Arbeitszeit. Meist werden dazu Mitarbeiter ein bis vier Jahre vor Eintritt in den Ruhestand eingeladen. Während einige Kurse nur Hintergrundinformationen über die Rentenversicherung und den Rentenplan der Firma vermitteln, bieten die anderen intensive Beratung an.

Der Schweizer Einzelhandel-Konzern Migros zum Beispiel bietet drei- bis fünftägige Kurse an, in denen die Teilnehmerinnen und Teilnehmer umfassend auf das Leben nach der Berufstätigkeit vorbereitet werden. Der Ruhestand soll als Chance und nicht als Schock vermittelt werden. Neben rechtlichen, medizinischen und finanziellen Aspekten behandeln die Migros-Kurse auch Sinnfragen, etwa über Sterben und Tod. In der Regel bieten Firmen aber Kurse an, die das materielle Weiterleben betreffen. Sie umfassen jedoch kaum mehr als einige Sitzungen, weshalb der Effekt im allgemeinen gering ist. Eine Untersuchung aus dem Jahre 1981 zeigt, daß die Zufriedenheit im Pensionsalter durch solche Kurse nicht erhöht wird, auch wenn sie die Angst vor dem «Ruhestand» ein wenig mildern können.

Viele Witwen, wenig Witwer

Ähnlich wie der Ruhestand ist der Verlust des Lebensgefährten ein einschneidendes Erlebnis im Alter. Meistens stirbt der Mann zuerst, und zwar zum einen, weil Frauen im Durchschnitt älter werden, zum anderen, weil Männer meist mit jüngeren Frauen zusammenleben. Die Zahlen sprechen eine eindeutige Sprache: zehn von zwölf verwitweten Menschen sind Frauen. Für viele ist die Verwitwung nicht nur ein Verlust, sondern auch eine große Enttäuschung. Eine 72jährige Frau stellte sieben Jahre nach dem Tod ihres Mannes nüchtern fest: «Mein Leben lang hatte ich für andere gesorgt, das war alles, was mir Freude gemacht hat. Plötzlich war keiner mehr da, die Enkel weit weg, niemand, der mich brauchte.»

Den Partner zu verlieren, bedeutet aber auch einen radikalen Wechsel im Leben, denn nun muß der oder die Hinterbliebene alles selbst erledigen. Oft gehen Beziehungen zu Freunden in die Brüche, weil der/die Verstorbene die treibende Kraft war. Die gesellschaftliche Isolierung wird nicht selten von weiteren sozialen Folgen begleitet: Die wirtschaftliche Situation im Witwenhaushalt kann prekär werden, Probleme mit der Erbschaftsteilung können auftreten, oder früher vorhandene Fürsorge und Pflege fällt weg.

Die psychischen Symptome von Trauernden sind meistens Wut, tiefe Trauer, Schlaflosigkeit und ein Gefühl der Leere. Langandauernde Depressionen sind keine Seltenheit. Manchmal geben sich die Hinterbliebenen auch die ungerechtfertigte Schuld für den Tod des Partners, oder es kommt zu einem Identitätsverlust, da sich die Hinterbliebenen eines Teils ihrer selbst beraubt fühlen. Verhaltensforscher sehen in solchen Reaktionen Verhaltensmuster, die bereits in der frühen Kindheit auftauchen, etwa das Schreien und Krabbeln eines Babys, wenn die Mutter das Kinderzimmer verläßt.

Doch diese Phase der Trauer wird meist verarbeitet. Wie in allen Krisensituationen kann auch hier ein dynamischer Verlauf beobachtet werden. Die Phase der Benommenheit oder Ungläubigkeit weicht einer Phase der Sehnsucht. Diese geht später in ein Gefühl der Zerrüttung und Hoffnungslosigkeit und zuletzt in eine Phase der Erholung über. Um sich wieder zu fangen, müssen nach Ansicht des Psychologen William Worden mehrere Traueraufgaben bewältigt werden, die oft mehrere Jahre in Anspruch nehmen können. Zunächst müssen die Realität des Todes und die Gefühle des Schmerzes und des Verlusts akzeptiert werden; dann muß der Hinterbliebene lernen, mit dem neuen Leben und den neuen Aufgaben fertig zu werden, später muß noch die Offenheit für neue Gefühle hinzukommen.

Es kommt jedoch immer wieder vor, daß eine Frau oder ein Mann mit dem Verlust nicht fertig wird, daß die Trauer krankhaft wird, wenn sie sich über einen zu großen Zeitraum erstreckt. Es ist nachgewiesen, daß der Verlust besser und schneller verarbeitet wird, je älter ein Mensch ist, und daß Frauen im allgemeinen besser damit zu Rande kommen als Männer. Männer brauchen oft eine neue Partnerschaft, um zur alten Lebenszufriedenheit und damit auch zu guter Gesundheit zurückzufinden. Fest steht aber, daß zumindest in den ersten zwei Jahren nach dem Verlust des Partners ein erhöhtes Krankheits- und Sterberisiko besteht.

Untersuchungen von verwitweten Frauen in Chicago aus den späten 70er Jahren zeigen, daß diese im allgemeinen ein unabhängiges Leben führten. Obwohl sie sich oft einsam fühlten, wollten sie nicht zu ihren Kindern ziehen, da sie sich vor den Konflikten fürchteten. Diese Unabhängigkeit war auch in finanzieller Hinsicht zu beobachten. Obwohl die Hälfte der Frauen sagte, daß ihr Einkommen nach dem Tod des Mannes drastisch gesunken sei, wollten sie sich nicht von ihren Kindern unterstützen lassen. Jede fünfte Witwe gab aber zu, nie ganz über den Tod ihres Mannes hinweggekommen zu sein. Die Mehrheit wollte auch nicht wieder heiraten oder eine neue Beziehung eingehen. Als Gründe gaben die Frauen ihr Alter an, die Angst, den Partner pflegen zu müssen, und ihr Gefühl, nie wieder einen dem Verstorbenen ebenbürtigen Mann zu finden.

Eine wichtige Stellung im Leben von Witwen nehmen die Kinder ein, denn sie geben ihnen die größte emotionale Unterstützung neben der intensiveren Freundschaftspflege. Trotzdem bleibt Einsamkeit eines der größten Probleme: Gemäß einer britischen Studie aus dem Jahre 1981 haben zwei von drei Witwen und Witwern große Mühe, alleine zu leben.

Dieses etwas düstere Bild könnte sich in Zukunft aber ändern, vor allem für die Frauen, denn je weniger Frauen als Hausfrauen und Mütter definiert werden, desto größer ist ihre Chance, mit ihrem Alleinsein auf positive Art fertig zu werden. Frauen und Männer werden wohl in Zukunft eher bereit sein, eine neue Partnerschaft einzugehen oder noch einmal zu heiraten. Als Trendsetter scheinen seit einigen Jahren Fernsehfilme und -serien zu wirken, in denen die neue Liebe im Alter gefeiert wird. Auch für Witwer könnte sich das Bild in einer wenigstens teilweise emanzipierten Gesellschaft ändern. Dadurch wären sie besser auf das Alleinsein vorbereitet und müßten sich nicht zwangsläufig nach einer neuen Lebenspartnerin umsehen.

Die große Leere

Isolation und Einsamkeit sind zwar kein zwingendes Altersschicksal, doch hat sich das Bild vom einsamen Alten längst in unserem Bewußtsein etabliert: Es sind die Frauen und Männer auf der Parkbank, die die Tauben füttern, oder die verschlossenen Wohnungstüren in anonymen Wohnstätten, die dieses Bild füllen. Wie viele alte Menschen tatsächlich einsam sind, läßt sich nur schwer ermitteln. Dennoch besteht für viele Menschen eine große Gefahr, im Alter isoliert zu leben. Diese Gefahr ist besonders bedrohlich, wenn man bedenkt, daß das gesellschaftliche Umfeld eine wichtige Voraussetzung für Gesundheit, Wohlbefinden und Lebensqualität ist. Die Vorstellung von einer generellen Einsamkeit im Alter sollte allerdings revidiert werden. «Sie basiert auf falschen Voraussetzungen, trägt aber zu einer negativen Erwartungshaltung der Älterwerdenden bei und zu einer Angst vor dem Alter», schreibt die Heidelberger Gerontologin Ursula Lehr. Das mag damit zusammenhängen, daß Einsamkeit oft mit Isolation und Alleinsein gleichgesetzt wird.

Der Züricher Psychoanalytiker Paul Parin charakterisiert Einsamkeit als innere Wahrnehmung: «Wenn niemand da ist, oder niemand mehr da ist, den man lieben könnte, den man hassen müßte, ist man einsam. Liebesgefühle finden keine Erwiderung; die Sexualität bleibt leer. Haß hat kein Ziel mehr, zerbricht an der Aussichtslosigkeit, an der Ohnmacht zu siegen.» Dabei handelt es sich ganz und gar nicht um ein altersspezifisches Phänomen, wie bereits erörtert wurde. Obwohl im Alter auch die gesellschaftliche Aktivität abnimmt, ist dies nicht mit Einsamkeit gleichzusetzen, denn diese hängt in erster Linie von der Persönlichkeit und der Art ab, wie jemand mit Problemen und Krisen umgeht, und nicht so sehr vom Alter. Die Bonner gerontologische Längsschnittstudie ergab, daß die gesellschaftliche Aktivität im Alter zwar konstant gering nachläßt, daß die Lebenszufriedenheit davon aber nicht betroffen ist. «Wir sollten den Wunsch alter Menschen nach Zurückgezogenheit, nach einer gewissen Isolation respektieren», kommentiert Ursula Lehr. «Wir sollten wissen, daß es Menschen gibt, die dabei glücklicher und zufriedener sind – und es auch schon in jungen Jahren waren, Menschen, die das Alleinsein genießen.»

Denn weniger Kontakt mit Freunden und Bekannten zu pflegen, weniger Veranstaltungen zu besuchen, kann in allen Lebensphasen aktuell sein. So weist die klassische Jugendpsychologie auf Phasen hin, in denen sich der Jugendliche auf sich selbst zurückzieht, etwa dann, wenn Mädchen und Jungen der «oberflächlichen» Kameradschaft den Rücken kehren und sich Einzelfreundschaften zuwenden. Auch mit der Eheschließung oder der Familiengründung gehen erhebliche Veränderungen im Bereich sozialer Kontakte einher: Freundschaften werden aufgrund der neuen Orientierung nicht mehr gepflegt oder aufgegeben; Frauen, die aus diesem Grund aus dem Berufsleben ausscheiden, fühlen sich oft in die soziale Isolation gedrängt.

Obwohl es im Verlauf des Lebens immer wieder Situationen gibt, in denen man sich auf sich selbst zurückzieht, häufen sich diese mit den Jahren. Für Frauen ist dies oft schon früh der Fall, wenn die Kinder das Haus verlassen haben.[4] Familiäre Veränderungen sind aber auch eine Chance für ein neues gesellschaftliches Engagement. Der Grund dafür, daß im Alter die sozialen Kontakte manchmal unter dem gewünschten Niveau liegen, ist aber nicht zuletzt im Wandel zu sehen, den die typische Familie in den letzten hundert Jahren durchgemacht hat. Familien, die noch drei Generationen unter demselben Dach vereinen, sind heute nur noch in ländlichen Gebieten zu finden. Typisch ist heute die sogenannte Kernfamilie, die aus einem Paar und den finanziell noch nicht selbständigen Kindern besteht. Die Kontakte zur Familie werden dadurch im Alter erschwert, und nach der Verwitwung leben viele alte Menschen allein. Die Bonner Längsschnittstudie zeigte aber, daß für drei Viertel der Befragten der Kontakt zu Kindern und Enkeln sehr wichtig ist, um hohe Zufriedenheit zu erlangen. Bei Personen mit höherem Schulabschluß und besserem Gesundheitszustand war der Kontakt zur Familie allerdings nicht mehr so zentral.

Wenn eine Familie zusammenhält, so bedeutet das aber noch lange nicht, daß Großvater und Großmutter auch in der Familie integriert sind. Oft sind die Besuche bei ihnen wenig mehr als Pflicht und Höflichkeit. Ursula Lehr stellt deshalb fest: «Das Ausmaß der Einsamkeitsgefühle ist eher eine Funktion der Erwartungen hinsichtlich der Eltern-Kind-Beziehungen und hinsichtlich anderer Sozialkontakte als eine Funktion tatsächlicher Kontakte.» Vor allem bei persönlich belastenden Umständen wie bei einer gestörten Partnerbeziehung, beim Fehlen außerfamiliärer Kontakte oder in finanziell belastenden Situationen, wird der Wunsch, die eigenen Kinder mehr zu sehen, größer. Untersuchungen zeigen auch klare Unterschiede beim Gefühl der Einsamkeit: Frauen klagen mehr darüber als Männer, Menschen über 75 mehr darüber als Menschen zwischen 65 und 74 Jahren, diejenigen, die gesundheitlich angeschlagen sind, klagen mehr über Einsamkeit als diejenigen, die sich gesund fühlen, und Witwen fühlen sich einsamer als Frauen, die nie verheiratet waren.

Es überrascht kaum, daß vor allem Menschen über Einsamkeit klagen, die einen eingeschränkten Interessenhorizont besitzen, wenig ziel- und zukunftsorientiert, unzufrieden sind und wenig Selbstvertrauen haben. Im Alter scheint ein Phänomen zurückzukehren, das sich schon in der Jugend einstellen kann: Einsamkeit durch Langeweile. Ursachen dafür sind oft mangelndes Interesse, fehlende Aufgaben oder auch einfach eine fehlende Rhythmisierung des Tages- und Wochenablaufs.

Am Ende angelangt

Mit zunehmendem Alter gewinnen Sterben und Tod eine immer größere Bedeutung im Leben. Meist sterben zunächst Freunde, Bekannte, die eigene Partnerin oder der eigene Partner. Doch der eigene Tod spiegelt sich im Sterben der anderen wider. Zwangsläufig beschäftigt man sich im Alter häufiger als in anderen Lebensphasen mit der eigenen Endlichkeit.

Mit anderen über das eigene Sterben zu sprechen, scheint dabei die größte Schwierigkeit zu sein. Wie Sexualität oder Altern gehören auch das Sterben und der Tod zu den größten gesellschaftlichen Tabus. Das hat sich seit einigen Jahren etwas geändert. «Der Tod ist sozusagen in Mode gekommen», sagt die Genfer Gerontologin Astrid Stuckelberger. Hinter unseren Schwierigkeiten, mit Sterben und Tod umzugehen, verbirgt sich meist die Angst vor dem Ende, dem Ungewissen, dem Leiden. «Unter den vielen Geschöpfen, die sterben», schreibt der Soziologe Norbert Elias, «sind es allein die Menschen, für die Sterben ein Problem ist. Sie allein unter allen Lebewesen wissen, daß sie sterben werden; sie allein können ihr eigenes Ende voraussehen und treffen besondere Maßnahmen – als Einzelne und als Gruppen –, um sich vor der Gefahr der Vernichtung zu schützen. Das war durch die Jahrtausende hin die Zentralfunktion des gesellschaftlichen Zusammenlebens von Menschen und ist es bis heute geblieben.» Dabei kann es nicht darum gehen, die Angst zu überwinden, denn sie ist, wenigstens aus biologischer Sicht, sinnvoll. Die Todesangst und der Lebenswille sind miteinander verbunden. Deshalb auch weist Schopenhauer darauf hin, daß die Todesfurcht nicht von der Erkenntnis abhängt: «Denn das Tier hat sie, obwohl es den Tod nicht kennt.»

Auch wenn man das ganze Leben hindurch Gedanken an den Tod vermeidet und verdrängt, wird eine Auseinandersetzung mit Sterben und Tod spätestens dann unausweichlich, wenn die Phasen der akuten Krankheit häufiger werden und man merkt, daß es zu Ende geht. Eine deutsche Studie aus dem Jahre 1988 konnte dabei fünf Menschentypen ermitteln, die unterschiedlich mit ihrem Tod umgehen:

- Menschen, die Sterben und Tod akzeptieren, die gleichzeitig nach den verbliebenen Möglichkeiten des Lebens suchen.
- Menschen, die zunehmend resignieren, verbittern und das Leben als Last empfinden.
- Menschen, die ihre Todesangst überwinden, indem sie einen neuen Lebenssinn (z. B. die Religion) finden.
- Menschen, die sich bemühen, ihr Leben nicht als Zentrum des «Universums» zu erleben.
- Menschen, die ihre tiefe Depression mit Hilfe von Angehörigen und Freunden überwinden und sich ins Unvermeidbare fügen.

Es zeigt sich auch, daß nur Menschen, die auf ein erfülltes und zufriedenes Leben zurückblicken, keine Angst vor dem Sterben haben. Trotzdem geben gemäß einer Studie der Duke-Universität nur zehn Prozent der Befragten spontan an, Angst vor dem Sterben zu haben, was damit zusammenhängt, daß viele Menschen sich selbst ihre Angst nicht eingestehen können.

Als Elisabeth Kübler-Ross in den 60er Jahren daranging, sterbende Patienten in einem Krankenhaus über ihre Sterbeerfahrungen zu befragen, stieß sie beim Krankenhauspersonal auf Ablehnung. Viele der Befragten waren hingegen erleichtert, über ihr Sterben zu sprechen; sie kannten ihre Diagnose, wußten, wie lange sie noch zu leben hatten, obwohl Ärzte und Personal sich wie üblich bemüht hatten, dies zu verschweigen. Kübler-Ross nimmt aufgrund ihrer Interviews an, daß Sterbende einen fünfstufigen Prozeß durchmachen:

- Hören sie die Diagnose, dann ist die erste Reaktion meist Verleugnung: «Das kann nicht sein. Da muß ein Fehler vorliegen.» Sie suchen weitere Ärzte auf, wünschen tiefgreifendere Tests.
- Schlagen diese Versuche fehl, so taucht Wut auf: Die Sterbenden beschimpfen ihre Partner, Angehörigen und Ärzte, hadern mit dem Schicksal.
- Diese emotionale Phase weicht einer «feilschenden» Phase. Der Patient fleht um mehr Zeit, verspricht, das Leben zu ändern, wenn ihm nur etwas mehr Zeit geschenkt wird.

- Fruchtet auch dieser Versuch nicht, stellt sich tiefe Traurigkeit, Depression ein.
- Kurz vor dem Tod, wenn der Körper bereits sehr geschwächt ist, scheint der Patient sein Schicksal zu akzeptieren und erwartet, manchmal sogar sehnsüchtig, den Tod.

Natürlich ist der von Kübler-Ross beschriebene Verlauf wenig mehr als ein in der Fachwelt umstrittenes «Idealschema». Kaum jemand wird genau auf diese Weise auf das Sterben reagieren. Trotzdem zeigt ihre Studie, daß selbst die letzte Lebensphase von einer starken Dynamik, von emotionalen Wandlungen bestimmt wird und nicht bloß ein letztes «Aushauchen des Lebensgeistes» ist.

Die Kunst, das Leben zu verlängern

> Zu spät beginnt man erst dann mit dem Leben, wenn es ans Aufhören geht. Leben aber muß man das ganze Leben lang lernen und auch sterben muß man das ganze Leben lang lernen.
>
> *Seneca*

Hundertjährige leben zufriedener

Das Alter würde wohl für viele Menschen an Schrecken verlieren, wenn sie wüßten, wie gut ihre Chancen auf ein befriedigendes Alter stehen – kaum jemand, der sich nicht ein Alter in bestmöglicher Gesundheit und körperlicher Frische, in geistiger Wachheit und geprägt von befriedigendem Tun oder, wie es die Gerontologen ausdrücken, ein Alter in Kompetenz wünschte. Kompetenz ist einer der Schlüsselbegriffe der modernen Alternsforschung. Er bezeichnet die Fähigkeit, im Alter trotz zunehmender gesundheitlicher Einschränkungen und sozialer Verluste ein einigermaßen selbständiges Leben zu führen, bedeutsame Aufgaben wahrzunehmen, und schließlich die Verluste zu bewältigen und unveränderbare Belastungen hinzunehmen.[1]

Doch um im Alter kompetent zu sein, müssen verschiedene Voraussetzungen gegeben sein. Es kommt zwar in hohem Maße auch auf die Umwelt an, was einer aus seinem Leben zu machen imstande ist. Dennoch sind viele Faktoren des kompetenten Alterns individueller Natur. Schon alleine von seinen vererbten Anlagen her besitzt jeder Mensch unterschiedliche Voraussetzungen. In japanischen Untersuchungen wurde deutlich, daß Hundertjährige meist aus Familien stammen, in denen Langlebigkeit keine Seltenheit ist.

Die genetischen Anlagen scheinen das Potential der maximalen Lebenserwartung für jeden Menschen zu bestimmen. Was wir aus diesem Potential machen, hängt wesentlich von unserer Einstellung zum Leben, von unserer Umgebung und unserem Lebensstil ab. Lebensstil und Lebensschicksal eines Menschen bestimmen gemeinsam, wie alt er wird und wie er altert. In den letzten Jahrzehnten hat die Forschung viel Mühe darauf verwendet, diese persönlichen Bedingungen für ein langes Leben in Gesundheit zu untersuchen. Dazu eignet sich das Studium sehr alter, langlebiger Menschen. Sie erreichen ein Alter, das weit über der durchschnittlichen Lebenserwartung liegt, denn sie schöpfen ihr genetisches Potential weitgehend aus. Der Bonner Gerontologe Hans Thomae hat am Sandoz-Symposium über Alternsforschung 1992 in Basel die psychosozialen Aspekte der Langlebigkeit und des gesunden Alterns zusammengefaßt:[2]

Hundertjährige sind nicht zwangsläufig glückliche Menschen. Aber im allgemeinen sind sie eben doch zufriedener als Menschen, die früher sterben. Thomae verweist auf die wichtige Bedeutung des sozio-ökonomischen Status, den ein Mensch innehat. So zeigte die Bonner Längsschnittstudie (Bolsa), daß langlebige Männer im Durchschnitt besser verdienten als kurzlebige. Einen solchen Unterschied konnten die Bonner Gerontologen bei Frauen aber nicht feststellen. Dennoch scheint ein höheres Einkommen dazu zu führen, daß die Menschen weniger anfällig für Krankheiten sind. Besserverdienende besitzen zumeist auch ein höheres Bildungsniveau und legen dadurch ein besseres Gesundheitsverhalten an den Tag. Andererseits ist auch die medizinische und gesundheitliche Versorgung bei ihnen besser.

Die ebenfalls großangelegte Längsschnittstudie der Duke University (USA) schälte aufgrund ihrer langjährigen Untersuchungen spezifische Bedingungen für Langlebigkeit heraus und brachte sie auf eine einfache Formel: «Die wichtigsten Wege, um die Lebensspanne zu erhöhen, sind: eine nützliche und zufriedenstellende Rolle in der Gesellschaft und eine positive Einstellung zum Leben zu behalten, körperlich stets aktiv zu sein und nicht zu rauchen.» Hinzu kommt gemäß der Duke-Studie sexuelle Zufriedenheit während des ganzen Lebens. Bewohner österreichischer Altenheime, so eine kürzlich veröffentlichte Studie, lebten rund sieben Jahre länger, wenn sie unter ihren Altersgenossen auch einen Bettgenossen fanden. Für Männer ergänzten die Duke-Forscher diese Strategien um ein weiteres Moment: Männer brauchen während des gesamten Lebens eine gesellschaftliche Rolle, die sie befriedigt, und die Möglichkeit, Probleme zu lösen. Daß dies für Frauen nicht gilt, mag an den Generationen liegen, die sich an dieser Studie beteiligten. Während sich die soziale Rolle der Männer aus der beruflichen Tätigkeit ergab, waren die Frauen offenbar durch ihre biologische Bestimmung gesellschaftlich bereits hinreichend definiert. Es ist also anzunehmen, daß dieses Ergebnis in Zukunft korrigiert werden muß und daß jene Generationen, die im Begriff sind, alt zu werden, das Bedürfnis nach einer gesellschaftlichen Rolle haben, unabhängig von ihrem Geschlecht.

Aber auch für Frauen der heute älteren Generationen ist es wichtig, daß sie im Alter eine gesellschaftliche Rolle besetzen. Dafür mag das Beispiel einer 88jährigen Rentnerin stehen. Der Haushalt befriedigte sie nicht. Sie verwirklichte deshalb einen Jugendtraum, indem sie sich an einer Seniorenbühne als Schauspielerin betätigte. Das Theater faszinierte sie so sehr, daß sie begann, Theaterstücke für ältere Menschen zu schreiben, womit sie großen Erfolg hat. Dadurch hat sie sich nicht nur einen neuen Sinn im Leben gegeben, sondern fühlt sich auch rundum zufrieden.

Die durchgeführten Studien wiesen auch Unterschiede zwischen Frauen und Männern nach, die nicht durch das gesellschaftliche Rollenverständnis zu erklären sind: Für Frauen, die zwischen 1900 und 1905 geboren wurden, stellten sich der gute sozio-ökonomische Status, eine gute Gesundheit und die Fähigkeit, mit Problemen fertig zu werden (Coping), als wichtigste Faktoren der Langlebigkeit heraus. Männer dieser Jahrgänge hingegen brauchten neben der Gesundheit einen hohen Grad an Lebenszufriedenheit und die soziale Integration in der Familie und in anderen Bereichen der Gesellschaft. Bei den Jahrgängen 1890 bis 1895, die zum selben Zeitpunkt untersucht wurden, war es aber gerade umgekehrt: Für die Männer dieser Gruppe war es wichtig, Probleme zu bewältigen, während bei den Frauen eine hohe Lebenszufriedenheit und die soziale Integration stärker in den Vordergrund rückten. Die Begründung für die Unterschiede sehen die Forscher im unterschiedlichen Ablauf der Persönlichkeitsentwicklung von Männern und Frauen.

Was die Gesundheit betrifft, so ist es nicht unbedingt entscheidend, wie gesund ein Mensch objektiv ist. Viel wichtiger ist für ein langes Leben, so zeigen sowohl die Bonner als auch die Duke-Längsschnittstudie, wie gesund jemand sich subjektiv fühlt. Gesundsein und Sich-gesund-Fühlen sind oft nicht dasselbe. Den wenigsten Menschen ist es vergönnt, im Alter vollständig gesund, also frei von körperlichen Beschwerden, zu leben. Zum Alter gehört deshalb auch ein realistisches Verständnis von Gesundheit und davon, was der Körper noch zu leisten vermag. Der heute 92jährige Historiker Jean Rodolphe von Salis meint denn auch, das Altern sei eine derart individuelle Angelegenheit, daß es kein Rezept gäbe: «Aber ich würde jedem raten, sich dem Alter entsprechend zu verhalten. Es ist ganz selbstverständlich, daß mit den Jahren die Leistungsfähigkeit abnimmt. Man soll nicht dagegen revoltieren. Man soll nicht mehr leisten, als man imstande ist.»

«Nach unseren Erfahrungen», so Thomae, «vermindert die Wahrnehmung von schlechter Gesundheit sowohl die körperlichen und sozialen Aktivitäten als auch das Gesundheitsverhalten in bezug auf die Ernährung, das Rauchen und andere Aktivitäten, wie es vom Arzt empfohlen wurde. Hinzu kommt, daß die Wahrnehmung guter Gesundheit zu einem psychophysischen Wohlbefinden beiträgt, was wiederum eine bessere Gesundheit unterstützt.» Dies belegt auch das Beispiel des offiziell ältesten Menschen der Welt, der Französin Jeanne Louise Calment. Sie wurde 1994 119 Jahre alt und hat ihr Leben lang geraucht.

Menschen, die über hundert Jahre alt werden, essen in der Regel weniger als der Durchschnitt der Bevölkerung. Sie ziehen Mahlzeiten, die wenig Fett enthalten, vor und enthalten sich schwer verdaulicher Speisen. Dieses Ernährungsverhalten, das sie wohl schon ihr Leben lang praktizierten, entspricht auch den Erkenntnissen der Biologie: Versuchstiere, die bei strenger Diät gehalten werden, leben wesentlich länger als normal gefütterte Artgenossen. Viele Biologen glauben, daß ein verminderter Energieumsatz des Körpers zu dieser Lebensverlängerung führt. Längsschnittstudien haben zwar erbracht, daß starkes Rauchen die Chancen einer langen Lebensdauer vermindert; ein ähnlicher Effekt in bezug auf den «normalen» Alkoholkonsum konnte aber nicht gefunden werden.

Doch gesunde Ernährung allein reicht oft nicht aus für ein langes Leben. Wichtig ist auch, daß man sowohl körperlich als auch geistig aktiv bleibt – das ganze Leben lang. Viele langlebige Menschen haben von Kindheit an hart gearbeitet, was dazu beitrug, daß sie mit ihrem Leben zufrieden und immer wieder neuen Problemen, die es zu lösen galt, ausgesetzt waren. In der Bonner Längsschnittstudie fiel den Gerontologen auf, daß die langlebigen Männer öfter den Haushalt machten als diejenigen, die kein hohes Alter erreichten. Jean Rodolphe von Salis antwortete auf die Frage, wie man so alt werden könne wie er: «Wahrscheinlich spielt die Tatsache eine Rolle, daß ich nie schleifen ließ. Ich habe immer weitergearbeitet, mich immer weiter beschäftigt. Ich habe das Neue, das jeweils Aktuelle in mich aufgenommen, die Entwicklung mitverfolgt, so daß ich immer Zeitgenosse geblieben bin.»

Eine wichtige Rolle spielt ganz allgemein die Lebenszufriedenheit. Dabei geht es gemäß der Duke-Studie um die Zufriedenheit im sozialen und emotionalen Bereich. Auch die Bonner Studiengruppe konstatiert eine signifikant bessere Gelauntheit bei den langlebigen Menschen sowie neben der Zufriedenheit mit der Arbeit und dem Gefühl, nützlich zu sein, eine hohe Zufriedenheit im Zusammenleben mit dem Partner bzw. der Partnerin.

Keine der genannten Bedingungen für ein langes und befriedigendes Leben kann für sich genommen ein solches Leben garantieren, denn sie beeinflussen sich gegenseitig. Eine gute Gesundheit z. B. macht zufrieden, und eine hohe Lebenszufriedenheit wirkt sich wiederum positiv auf das subjektive Empfinden der Gesundheit aus. Solche Rückkopplungen gibt es zwischen allen Faktoren, die die Langlebigkeit prägen. Erst das richtige Gleichgewicht unter ihnen fördert ein langes und befriedigendes Leben.

Körperliches und geistiges Training

«Wer rastet, der rostet», heißt einer der Grundsätze im Alter, die sich sowohl im geistigen als auch im körperlichen Bereich bewahrheiten. Wer seine geistigen Fähigkeiten nicht trainiert, wird sie mit der Zeit verlieren. Wer sie allerdings immer wieder beansprucht, wird sie auch so lange auf hohem Niveau halten können, bis Krankheiten die Nutzung der geistigen Aktivität beeinträchtigen. Ungenutzte Fähigkeiten können zwar verkümmern, sind aber nicht für immer verloren. Im Gegenteil: Die Gerontopsychologie hat in den letzten Jahren nachdrücklich bewiesen, daß das verlorene Potential durch gezieltes Training wieder aktiviert werden kann, so daß die geistige Kompetenz auch nach einer Durststrecke bis ins hohe Alter gewährt bleibt. Wiederum wirken sich die zufriedenstellenden geistigen Aktivitäten positiv auf die Lebenszufriedenheit und damit auch auf die persönlichen Bedingungen für ein langes Leben aus. Training der geistigen Fähigkeiten bedeutet freilich nicht, daß alte Menschen andauernd «Gehirnakrobatik» mit Intelligenz-Tests, Gedächtnisübungen und Kreuzworträtseln treiben sollten; es geht vielmehr darum, mit wachen Augen am Leben teilzunehmen und immer wieder neue Herausforderungen anzunehmen.

Dasselbe gilt auch für die körperlichen Aktivitäten. Einem Ausspruch des Hippokrates zufolge sollen Organe, die nicht gebraucht werden, schneller altern und erkranken. Tatsächlich vermögen Sport und Bewegung die Alterserscheinungen hinauszuschieben. Sie ermöglichen ein Alter in Gesundheit, Leistungsfähigkeit und Freude. Gezieltes Fitneßtraining kann einerseits eine Form der Therapie sein – etwa für Frauen, die an Osteoporose leiden –, andererseits den allgemeinen Gesundheitszustand beträchtlich verbessern. Eine Studie des Zentrums für geriatrische Forschung an der Tufts-Universität in Boston mit muskelschwachen Altersheiminsassen demonstrierte dies nachdrücklich.[3] Die zehn Probanden im Alter zwischen 86 und 96 Jahren waren von Beginn ihres Programms an zwar in ihrer Beweglichkeit eingeschränkt, wodurch sie einem erhöhten Risiko von Stürzen, Knochenbrüchen und funktionellen Behinderungen ausgesetzt waren, sie litten aber ansonsten nicht an akuten Krankheiten. Die Forscher entwickelten für diese Alten ein intensives, achtwöchiges Trainingsprogramm, das auf dem Prinzip der Überwindung von Widerständen durch Muskelkraft beruhte. An einem mit Flaschenzügen und mit verschiedenen Gewichten ausgerüsteten Gerät mußten die Teilnehmer in sitzender Position mit den Beinen Gewichte heben und senken, indem sie das Kniegelenk abwechslungsweise beugten und streckten. Ein weiterer Krafttest bestand darin, rasch von einem Stuhl aufzustehen, ohne dabei die Hände zu benutzen.

Nach Abschluß des Trainings hatte sich die Muskelmasse der Probanden in der Mitte der Oberschenkel durchschnittlich um neun Prozent vergrößert, was man bei den 90jährigen Versuchsteilnehmern zunächst für unmöglich gehalten hatte. Die mittlere Gehgeschwindigkeit war um 48 Prozent erhöht, und die greisen «Fitneßschüler» waren nun in der Lage, 20 Kilo schwere Lasten zu heben, gegenüber 8 Kilo bei Versuchsbeginn. Im Bereich der Muskelkraft betrug die durchschnittliche Zunahme 174 Prozent – die ursprüngliche Leistungsfähigkeit wurde also mehr als verdreifacht. Dieser Leistungsgewinn war allerdings nicht von Dauer. Die Probanden widmeten sich nach dem Training wieder ihrem «seßhaften» Lebensstil. Nach vier Wochen hatten sie bereits ein Drittel ihrer Kraft verloren, die sie durch die Muskelübungen gewonnen hatten. Eine Reihe weiterer Studien zeigte aber, daß nicht nur die Kraft durch gezieltes Training zunimmt, sondern daß auch Ausdauer und Beweglichkeit besser werden. Dies hat weitere Folgen für den Gesundheitszustand: Der Blutdruck vermindert sich, die Körperfettwerte und der maximale Sauerstofftransport verbessern sich.

Wichtig ist allerdings, daß an den Sport und das Training in gehobenerem Alter nicht die gleichen Maßstäbe gesetzt werden wie in der Jugend. Alte Menschen können und sollen keine Spitzenleistungen erbringen. Spitzensport in jungen Jahren kann sich im Gegenteil als nachteilig im Alter erweisen, da die enormen Belastungen in Training und Wettkampf den Körper verschleißen. Zudem ist längst nicht jeder alte Mensch fähig, die sogenannten Seniorentrainings durchzustehen. Vor allem unerkannte Herz-Kreislauf-Leiden könnten den körperlichen Aktivitäten ein jähes Ende setzen.

Ärzte sollten deshalb zuvor immer eine medizinische Untersuchung fordern. «Doch dieser Forderung», so der 80jährige Züricher Hochschulsportlehrer Carl Schneiter, «wird selten nachgekommen.»

Neben der körperlichen Verfassung ist die Motivation eine wichtige Voraussetzung für Sport im Alter. Denn Aktivität um jeden Preis ist fehl am Platz. Wer sich sein Leben lang bei der Arbeit körperlich stark abgemüht hat, ist oft froh, wenn er sich nicht mehr übermäßig bewegen muß. Das «Schaukelstuhl-Syndrom», das gemütliche, selbstzufriedene, nicht leistungsorientierte Rentnerinnen und Rentner auszeichnet, muß nichts Negatives bedeuten.

Das Bewegungs- und Körpertraining im höheren Alter sollte sich vor allem auf die Kompetenz im Alltag auswirken. Die Trainierenden müssen lernen, sich adäquat zu bewegen, ihre Schritte und Bewegungen zu stabilisieren, zu variieren und besser zu koordinieren. Dadurch können Risiken wie ein Oberschenkelhalsbruch vermindert werden. Sport führt nicht nur zu einer besseren körperlichen Verfassung, sondern ruft auch positive Wirkungen im psychischen Bereich hervor. «Sport als Feld sozialer Begegnung und freundschaftlicher Beziehungen unterstützt das seelische Wohlbefinden, das Selbstvertrauen, vor allem aber das Selbstwertgefühl», betont Bärbel Schöttler von der Sporthochschule Köln. Eine wichtige Funktion im Altensport kommt deshalb der Geselligkeit zu. Sie hilft den Teilnehmern, ihre soziale Kontaktfähigkeit zu erhalten. Kann man bei der Aktivität den anderen Teilnehmern näherkommen, so tritt das Leistungsmotiv automatisch in den Hintergrund.

Ernährung: Der Körper braucht eine Umstellung

«Laß ab vom Schlemmen, wisse, daß das Grab dir dreimal breiter gähnt als anderen Menschen.» Shakespeares Mahnung aus dem 16. Jahrhundert hat auch heute nichts von ihrer Gültigkeit verloren. Noch nie wußte eine Gesellschaft so viel über die Folgen der Ernährung wie die unsere, und trotzdem ernähren wir uns mehrheitlich falsch. Wenig hat sich im Vergleich zum frühen 18. Jahrhundert geändert, als der Leibarzt des preußischen Königspaares, Hufeland, in seinem Buch «Die Kunst, das menschliche Leben zu verlängern» schrieb: «Der größte Teil der Menschen ißt viel mehr als er nötig hat. Schon in der Kindheit wird uns durch das gewaltsame Hinunterstopfen und Überfüttern der natürliche Sinn genommen zu wissen, wann wir satt sind.»

Aus heutigen Versicherungsstatistiken geht hervor, daß jeder dritte Todesfall in der BRD als Folge einer ernährungsbedingten Krankheit gesehen werden muß. Zu Recht meinte Max Burgers pointiert: «Dein Bauch ist dein Tod.» An erster Stelle stehen dabei die Herz-Kreislauf-Krankheiten. Von 1924 bis heute ist ihr Anteil an den Sterbefällen von 15 Prozent auf rund die Hälfte angestiegen.

Von der Ernährung sind allerdings keine Wunder zu erwarten. «Es gibt keine Diät, die das Altern verhindert oder gar verjüngt», betont der Ernährungswissenschaftler Hans-Jürgen Holtmeier. Eine ausgewogene Ernährung beugt vielmehr den häufigen, degenerativen Krankheiten vor. Da diese Leiden oft über mehrere Jahrzehnte entstehen, ist es sinnvoll, mit der gesunden Kost so früh wie möglich zu beginnen. Je früher, so die Regel, desto größer ist die Lebenserwartung. Oft kommt nämlich eine Umstellung der Ernährungsgewohnheiten zu spät.

Doch bei Fragen der Ernährung im Alter geht es nicht nur um die Vielesser, die oft gleichzeitig an einem Mangel an Eiweiß, Vitaminen und Mineralstoffen leiden, sondern auch um Unterernährung, Mangelernährung oder gar Essensverweigerung. Wie eine Untersuchung in einer New Yorker Klinik nachweist, sind ältere Menschen, die weniger als 45 Kilo wiegen, mit großer Wahrscheinlichkeit unterernährt. Von knapp 3000 betagten Patienten traf dies immerhin auf rund 100 Personen zu. Zu Untergewicht neigen offenbar am stärksten die Menschen, die sozial isoliert und bedürftig sind. Eine Studie der Universitäten Minnesota und Pennsylvania wies überdies nach, daß ein Mangel an B-Vitaminen, der sich über zwei bis drei Monate erstreckt, bei gesunden Erwachsenen Verwirrung und verminderte Urteilsfähigkeit hervorrufen kann. Ältere

Menschen reagieren stärker auf den Vitamin-Mangel als jüngere. Ähnliche geistige Veränderungen sind auch bei andersgearteter Mangelernährung zu erwarten. Verwirrt erscheinende ältere Menschen müssen deshalb nicht unbedingt an einer psychischen Krankheit wie der Demenz leiden.

Das Ausmaß an Mangelernährung in Krankenhäusern und Pflegeheimen ist zum Teil erschreckend: Gemäß Untersuchungen des Genfer Altersmediziners Charles-Henri Rapin in Kanada wiesen zwei von drei Patienten Zeichen eines Eiweißmangels auf. Daß die Mangelernährung in Institutionen häufiger ist als bei alten Menschen, die zu Hause wohnen, stimmt besonders bedenklich, da man eigentlich annehmen sollte, daß das Heimpersonal über die altersspezifischen Bedürfnisse Bescheid weiß. Eine norwegische Studie zeigt aber, daß das Personal in der Regel nicht einmal die Anzeichen einer Mangelerkrankung erkennt. Auch eine Ernährungsstudie im Bethanien-Krankenhaus Heidelberg aus dem Jahre 1989 belegt gravierende Mängel: Von den 300 bis 75jährigen geriatrischen Patienten war die Hälfte normal ernährt und je ein Viertel über- bzw. unterernährt. Lediglich bei einem Drittel der Patienten befanden sich die Werte von fünf untersuchten Vitaminen im Normbereich. Ein weiteres Drittel hatte einen kritischen Vitaminwert, während das letzte Drittel der Patienten zwei oder mehr kritische Vitaminwerte aufwies.

Die Bedürfnisse des alten Körpers sind in jedem Fall nicht mehr dieselben wie in jungen Jahren. Der Energiebedarf nimmt allgemein mit den Jahren ab, nicht zuletzt, weil die Körperlänge abnimmt und die körperlichen Aktivitäten weniger Energie benötigen, aber auch, weil der Energieumsatz der einzelnen Zellen reduziert wird. Der junge Körper kann sich zum Teil an Überernährung anpassen, beim älteren Körper hingegen führt ein Zuviel an Nahrung automatisch zu einem Fettansatz. Ein Charakteristikum des Alters ist deshalb die Tendenz zur Fettleibigkeit. Während der 30jährige Körper im Schnitt täglich 2400 Kilokalorien benötigt, reichen ab 55 Jahren rund 2100 Kilokalorien aus. Die Umstellung erfolgt in der Regel Mitte des fünften Lebensjahrzehnts. Dies bedeutet freilich nicht, daß ältere Menschen von allem weniger essen sollten, denn der Bedarf an Vitaminen, Spurenelementen, Mineralien und essentiellen Aminosäuren muß in unvermindertem oder gar gesteigertem Maße gedeckt werden.

Der Anteil an Eiweiß an der Nahrung muß im Alter wesentlich gesteigert werden. Die Grundregel für ältere Menschen lautet: Ein Gramm Eiweiß und 0,8 Gramm Fett pro Tag und Kilo wünschenswertes Gewicht, was bedeutet, daß Fett im Alter möglichst gemieden werden sollte. Da der Proteinbedarf auch im Alter unvermindert hoch bleibt, so der Ernährungswissenschaftler Hans-Jürgen Holtmeier, ist «die Abkehr von tierischen Eiweißträgern, besonders bei älteren Menschen, die oft eine vegetabile Ernährung im Übermaß nicht vertragen, nicht unproblematisch». Zusätzlich sollten ältere Menschen genügend kalorienarme, aber ballastreiche Kohlehydrate sowie Obst, Gemüse und Rohkost essen. Diese Nahrungsmittel tragen auch dazu bei, den Vitaminbedarf zu decken. Die Einnahme von Vitaminpräparaten ist deshalb in der Regel nicht nötig.

Die Regeln für ein langes und befriedigendes Leben wurden nicht von der modernen Gerontologie aufgestellt. Sie sind sozusagen im gesunden Menschenverstand begründet. Schon Erasmus von Rotterdam betonte: «Mäßigkeit im Essen und Trinken und aufs Land gehen – dann habe man mit den Ärzten nichts zu tun.» Diese Empfehlung gilt noch heute; allerdings sollten ältere Menschen regelmäßig einen Arzt zur vorsorglichen Untersuchung aufsuchen, denn es kann gefährlich sein, Mißempfindungen und Beschwerden als bloße Alterserscheinung abzutun.

Fast sämtliche Biographien von Menschen, die ein langes und befriedigendes Alter erreichten, belegen, daß die Weichenstellung für das Alter sehr früh beginnen sollte, am besten schon in der Kindheit. Für gestreßte Menschen, die kaum Zeit für Bewegung, Lust auf eine ausgewogene Ernährung und Mut zu einer positiven Lebenseinstellung haben, ist es nach der Pensionierung oder dem ersten Herzinfarkt manchmal zu spät. Einen großen Teil ihres Lebenskredits haben sie bereits verbraucht. Untersuchungen in den USA zeigen aber, daß ein gezieltes Bewegungs- und Ernährungsprogramm auch bei schwer leidenden Herz-Kreislauf-Patienten in fortgeschrittenem Alter den Gesundheitsstatus noch wesentlich verbessern kann. Oder wie es Hans Thomae ausdrückt: «Wichtig bleibt eine bestimmte Kunst, Licht auch in dunklen Tagen zu entdecken – eine alte Einsicht und eine neue Entdeckung.»

Die Jungbrunnen-Utopie

Der Traum vom ewigen Leben ist so alt wie das Bewußtsein vom Tod. Der chinesische Kaiser Shihuangti etwa sandte im 3. Jahrhundert v. Chr. Expeditionen aus, um sie nach einer seltenen Wurzel, panax schinseng, suchen zu lassen. Sie sollte ihm die ewige Jugend garantieren. Als die Ginseng-Wurzel jedoch bei Hofe eintraf, war der Kaiser schon gestorben... Auch den Ägyptern war die Lebensverlängerung ein großes Anliegen. Ihre Mediziner erachteten es als Ziel, das damals nur in extremen Einzelfällen erreichte Alter von 110 Jahren künstlich zu erlangen. Dazu versuchten sie sich an Techniken, die erst im 20. Jahrhundert wieder aktuell wurden: In einem Papyrus ist von der «Überführung eines Hirns eines alten Menschen in einen Jugendlichen» die Rede.

Die Medizin des Mittelalters orientierte sich an den Erkenntnissen der Antike, glitt dabei aber immer mehr ins Mystische ab. Die Suche galt hauptsächlich dem «Lebenselixier» und dem «Jungbrunnen». Berühmt ist etwa das Gemälde von Lucas Cranach dem Älteren aus dem Jahre 1546 mit dem Titel «Der Jungbrunnen». Darauf reisen Scharen älterer Frauen durch eine unwirtliche Gegend zu einem Wasser-Bassin. Sie sind in vergilbte Stoffe gekleidet, sind gebrechlich, ihre Haut ist faltig. Sie waten durch den Jungbrunnen und werden dabei immer jünger, je näher sie dem anderen Ende kommen. Dort entsteigen sie dem Bad und werden sogleich in ein Zelt geführt, wo sie sich mit farbenfrohen Stoffen einkleiden. Auch im wissenschaftlich-technischen Zeitalter, wie es der britische Philosoph Francis Bacon in seinem Werk «New Atlantis» von 1627 skizzierte, nahm die Lebensverlängerung einen wichtigen Platz ein: Zuoberst auf der Liste der wichtigsten Zukunftsaufgaben stehen die Verlängerung des Lebens, die partielle Wiederherstellung der Jugend und die Verzögerung des Alterns.

Der Wunsch einer Epoche nach ewiger Jugend, Schönheit und Kraft ist jeweils um so ausgeprägter, je mehr die Gesellschaft von den Jüngeren beherrscht wird. Die Sehnsucht, dem schicksalhaften Altern und Sterben zu entrinnen, ist auch heute noch aktuell. Im Gegensatz zum Mittelalter wird die Verjüngungskur jedoch nicht mehr an einem mystischen, verborgenen Ort gesucht, sondern in den Möglichkeiten der Medizin. Die Geschichte der modernen Alternsforschung beginnt denn auch mit dem Versuch, das Leben zu verlängern: 1889 führte der damals 72jährige Charles Brown-Sequard einen Selbstversuch durch, in dem er sich einen Hundehodenextrakt spritzte. Danach fühlte er sich, wie er sagte, 30 Jahre jünger. Wenige Jahre später starb er allerdings an einem Hirnschlag. Brown-Sequards Versuch machte Schule. Der Wiener Eugen Steinach versuchte 1912, die Samenleiter von Ratten abzubinden, um die männlichen Sexualhormone in die Blutbahn zu leiten. Sie sollen danach «munterer, freßlustiger und reinlicher» geworden sein und einen schöneren, glänzenderen Haaransatz bekommen haben. Später wurde diese Operation auch an Männern vorgenommen, doch bei den meisten war keine Verjüngung festzustellen.

Mit einer Operation ähnlich der von Brown-Sequard verhalf sich Serge Voronoff in den goldenen zwanziger Jahren zu Reichtum. Er implantierte seinen Kunden Affenhoden zum Mindesthonorar von 5000 Dollar. Seine Karriere fand ein jähes Ende, als sich herausstellte, daß die Implantate abgestoßen wurden und daß er mit den Hoden auch die Syphilis übertragen hatte. In dieser Tradition ist auch der Schweizer Arzt Paul Niehans zu sehen. Er spritzte seinen Patienten eine Lösung ein, die Zellen aus Organen von Schafföten enthielt, und begründete damit die Frischzellentherapie, die auch heute noch zahlreiche Anhänger findet. Nicht bewiesen ist allerdings, daß sie eine verjüngende Wirkung erzielt.

Während die Mediziner bis vor kurzem relativ unspezifisch vorgingen, orientieren sie sich heute an den Ergebnissen der modernen Alternsforschung. Im Zentrum stehen dabei vier verschiedene Maßnahmen zur Lebensverlängerung:

- Kalorienreduktion bei der Ernährung
- Zufuhr von Vitaminen und Antioxidantien

- Verabreichung von Hormonen und Wachstumsfaktoren
- Beeinflussung der Gene, die für das Altern ursächlich verantwortlich sind.

Experimente an Ratten, die schon in den 30er Jahren durchgeführt wurden, haben ergeben, daß ihre Lebenserwartung um über 50 Prozent ansteigt, wenn sie unter einer strengen Diätregie gehalten werden. Der Alternsforscher Roy Walford von der University of California, Los Angeles, hält sich deswegen an eine asketische Diät nach dem Motto: «Unterernährung ohne Fehlernährung». Er ißt wenig Kalorien (1600 statt 2400 pro Tag), diese sind dafür aber nährreich und versorgen den Körper mit allen nötigen Spurenelementen, Vitaminen und essentiellen Aminosäuren. Wissenschaftlich leitet sich diese Maßnahme von der Theorie ab, daß jedem Lebewesen eine gewisse Menge an Energie gegeben ist, die es im Verlauf seines Lebens verbraucht. Wenn also der Stoffwechsel verlangsamt wird, so hat dies auch eine Wirkung auf die gesamte Lebensspanne. Unterstützt wird diese Theorie durch Versuche, bei denen Fliegen bei tiefen Temperaturen gehalten wurden, denn dadurch wurde ihr Stoffwechsel verlangsamt, und ihre Lebenserwartung stieg auf das Doppelte des üblichen Maßes. Ob Walford und seine Mitstreiter aufgrund der Kalorienreduktion länger leben, ist allerdings ungewiß, zumal die oben erwähnten Ratten in den Experimenten vor allem eine stark verlängerte Phase vor der Geschlechtsreife hatten. Immerhin zeigen neuere Studien, daß eine Kalorienbeschränkung auch von der Lebensmitte an einen gewissen, wenn auch schwachen Effekt haben kann. Zudem haben Untersuchungen bei über 100jährigen ergeben, daß diese tendenziell weniger Kalorien als der Bevölkerungsdurchschnitt zu sich nehmen.

Vitamine und Antioxidantien stehen in Kalifornien, dem Zentrum der weltweiten Langlebigkeitsbewegung, hoch im Kurs. In jeder Stadt gibt es mehrere «Vitamin-Shops», und das Buch «Life Extension» von Durk Pearson und Sandy Shaw steht seit Jahren auf der Bestseller-Liste. Zu den Verfechtern der Einnahme von Vitaminen und Antioxidantien gehörte auch der zweifache Nobelpreisträger Linus Pauling. Er nahm täglich mehrere Gramm eines

Vitamin-Cocktails zu sich. Er ging davon aus, daß die Ursache des Alterns in der fortwährenden Schädigung der Zellstrukturen liege. Vitamine und Antioxidantien sollen helfen, die schädliche Wirkung der freien Radikal-Moleküle zu bremsen und die Körperzellen «jung» zu halten. Auch diese Theorie wird durch Experimente an Ratten unterstützt. Doch diese sind stark umstritten, da es sich bei den verabreichten Antioxidantien um Appetitzügler handelt. Gemäß einer neuen Studie aus den USA soll die regelmäßige Einnahme hoher Dosen von Vitamin C, einem Antioxidant, die durchschnittliche Lebenserwartung von Männern um sechs Monate und von Frauen um ein Jahr erhöhen können. Dieses Ergebnis ist jedoch stark zu bezweifeln. Denn es ist aus heutiger Sicht unwahrscheinlich, daß die Schädigung durch freie Radikale einen so großen Einfluß auf die Lebenserwartung ausübt. Linus Pauling starb 1994 im Alter von 93 Jahren.

Wie schon bei Brown-Sequard, Voronoff und Steinach sollen Hormone und Wachstumsfaktoren – also im Blut zirkulierende Biomoleküle, die ganz spezifische Zellen aktivieren –, zur Lebensverlängerung beitragen. Vielversprechend scheinen dabei vor allem Faktoren, die das Wachstum von Nervenzellen regulieren und deren Untergang hemmen. Pharmaunternehmen hegen die Hoffnung, daß künftig gentechnisch produzierte Wachstumsfaktoren als Therapie altersbedingter Hormonstörungen eingesetzt werden können. Nervenwachstumsfaktoren revitalisieren beschädigte Neuronen und regen sie zur Bildung neuer Verbindungen an. Dadurch kann der Verlust von ganzen Nervenzellen kompensiert werden. Ein Prozeß, der natürlicherweise in unserem Gehirn abläuft, aber ab einem gewissen Punkt den Verlust von Gehirnzellen nicht mehr zu kompensieren vermag. Erste Versuche mit gedächtnisschwachen Ratten verliefen erfolgreich: Sie konnten sich nach der Behandlung mit Wachstumsfaktoren wieder an vergessene Labyrinthausgänge erinnern.

Die altersbedingte verminderte Ausschüttung von Wachstumshormonen führt zu einer Abnahme von Muskel- und zu einer Zunahme der Fettmasse. Eine klinische Studie am Medical College of Wisconsin in Milwaukee mit dem menschlichen Wachstumshormon hGH hat erstaunliche Resultate gebracht: Sechs Monate lang wurde zwölf Männern im Alter zwischen 61 und 81 Jahren dreimal wöchentlich eine Dosis hGH gespritzt. Die Probanden, die mit neun gleichaltrigen Männern einer Kontrollgruppe ohne Therapie verglichen wurden, hatten nach der Behandlung eine durchschnittlich um zehn Prozent vergrößerte Muskelmasse; das Fettgewebe hingegen hatte um 14 Prozent abgenommen, die Haut war um sieben Prozent dicker und hatte ihre Ledrigkeit verloren. Daniel Rudman, der Leiter des Versuchs, ist überzeugt, daß diese Behandlung die Folgen der Alterung von zehn bis 20 Jahren rückgängig gemacht habe. 70jährige fühlten sich denn auch wie 50jährige und machten wieder ausgedehnte Wanderungen. Nach Absetzen der Behandlung verloren sie allerdings rasch ihre wiedergewonnene Jugendlichkeit.

Neben hGH werden derzeit noch andere Wachstumsfaktoren geprüft, etwa solche zur Beschleunigung der Wundheilung oder zur Verhinderung der altersbedingten Veränderung des Knochengewebes. Ob diese gentechnischen Produkte künftig als «Jungbrunnen-Spritze» verabreicht werden, ist noch völlig offen. Denn die Nebenwirkungen und die Folgen einer Langzeitbehandlung sind noch nicht bekannt. Hinzu kommt, daß solche Präparate zur Zeit sehr teuer sind. Eine Behandlung mit dem menschlichen Wachstumshormon wie in Milwaukee käme jährlich auf rund 14000 Dollar zu stehen, und dies bis ans Ende des Lebens.

Die genetische Form der Lebensverlängerung knüpft an die Forschungserfolge der letzten Jahre an, in denen es gelungen ist, einzelne Gene zu isolieren, die beim Altern der Zelle eine wichtige Rolle spielen. Ein Beispiel hierfür ist etwa das Gen für den sogenannten Elongationsfaktor-1α der Fruchtfliege *Drosophila melanogaster*. Junge Zellen besitzen sehr viel von diesem Eiweiß, denn es spielt im Aufbau, in der Biosynthese, aller Eiweiße eine zentrale Rolle. Im Verlauf des Lebens einer geschlüpften Fliege nimmt die Menge EF-Eiweiß in den Zellen kontinuierlich ab, die Aktivität des Gens geht zurück. In der Folge wird es für den Körper immer schwieriger, die lebensnotwendigen Eiweiße und Zellen zu erneuern. «Und dann fängt es an, in allen Körperorganen schiefzugehen.

Das ist das, was wir als Altern bezeichnen», erklärt der Entwicklungsbiologe Walter Gehring vom Basler Biozentrum.

Gehring und sein Team haben versucht, den zwangsläufigen Abfall des EF-Eiweißes durch einen gentechnischen Eingriff bei der Fruchtfliege zu verhindern. Die EF-Produktion hielten die Basler Forscher aufrecht, indem sie ein zusätzliches Gen für dieses zentrale Eiweiß in die Keimbahn schleusten. Der Effekt war verblüffend: Die manipulierten Fliegen lebten etwa 40 Prozent länger als ihre unter gleichen Bedingungen gehaltenen, natürlichen Verwandten. «Das Interessante dabei ist», so Gehring, «daß die Fliegen nicht einfach langsamer senil werden, sondern, daß wir die gesunde Phase verlängern können.» Mit anderen Worten: Die kleinen, wenige Millimeter großen Fruchtfliegen werden nicht länger alt, sondern bleiben länger jung. Für Gehring steht deshalb fest: «Dieses Eiweiß könnte einen der wenigen Schlüsselfaktoren im Alterungsprozeß darstellen.»

Allerdings sind die Resultate dieses Experiments umstritten. Denn eine Wiederholung des Versuchs durch eine andere Forschungsgruppe konnte keinen eindeutigen Effekt des gentechnischen Eingriffs auf die Lebenserwartung nachweisen. Anscheinend, so machen Kritiker geltend, ist die Lebensverlängerung in den Basler Experimenten auf glückliche Umstände zurückzuführen und weniger auf den direkten Einfluß des vermehrt gebildeten EF-Eiweißes.

Michael Jaswinski von der Louisiana State-University meint jedoch: «Möglicherweise werden wir in 30 Jahren die wichtigsten Gene kennen, die für ein langes Leben garantieren. Wir werden dann in der Lage sein, die maximale Lebensspanne eines Menschen zu verdoppeln, zu verdrei- oder gar zu vervierfachen. Es ist tatsächlich möglich, daß einige Menschen, die jetzt leben, auch in 400 Jahren noch leben werden.» Und der kalifornische Forscher Michael Rose ist überzeugt: «Wenn wir willens sind, genug Geld für die Forschung auszugeben, dann werden wir in etwa 25 Jahren die ersten Produkte besitzen, die das menschliche Alter signifikant hinausschieben werden. Das würde erst der Anfang eines langen Prozesses technischer Entwicklungen sein, durch den die menschliche

Lebensspanne aggressiv erweitert wird. Die einzigen Grenzen des Lebens sind die Grenzen unserer Technologie.»

Was sich hier als technokratische Wunschvorstellung präsentiert, entbehrt bislang jeglicher Grundlage. Denn der Prozeß des Alterns ist derart komplex und von derart vielen Faktoren bestimmt, daß ein einfaches Eingreifen in die Gene natürlicher Organismen wohl kaum eine größere Auswirkung auf die Lebensspanne haben wird. Viele Experten befürchten im Gegenteil, daß ein solcher Eingriff das Gleichgewicht zwischen den rund 50000 Genen, die wir besitzen, empfindlich stören könnte. Es steht zumindest fest, daß jeder Mensch andere genetische Voraussetzungen besitzt: Was dem einen zur Lebensverlängerung gereicht, mag beim anderen gar nichts bewirken.

Alcor Life Extension Foundation Riverside, CA

Kalifornien ist nicht nur das Zentrum der Langlebigkeitsbewegung der USA, hier finden sich auch die bizarrsten Blüten, die der Traum vom ewigen Leben hervorgebracht hat. In Riverside, nur eine Autostunde von Los Angeles entfernt, ist die Alcor Life Extension Foundation angesiedelt. In einem Industriegebiet neben einem Umzugunternehmen liegt mit Alcor die größte cryonistische Stiftung der Welt. Ihre Mitarbeiter sind überzeugte Cryonisten, das heißt, sie sind Anhänger der Idee der diesseitigen Unsterblichkeit. Sie haben sich folgerichtig zum Ziel gesetzt, den Tod zu überwinden, denn sie halten es für puren Defätismus, einfach anzunehmen, der Tod sei für jeden Menschen unausweichliches Schicksal. Für sie ist das Altern die schrecklichste Krankheit, die es zu bekämpfen gilt, und der Tod ein Zustand, in dem der Körper leblos ist. Deshalb gelte es, den eigenen leblosen Körper in eine Zeit hinüberzuretten, in der das ewige Leben medizinisch und technisch möglich sein wird.

Den Stiftungsmitgliedern bietet Alcor eine Infrastruktur, mit der sie ihre Körper bei minus 196 Grad Celsius über Jahrhunderte hinweg retten können: Ist ein Mitglied mit einem entsprechenden Vertrag gestorben, wird es so bald wie möglich an eine Herz-Lungen-Maschine angehängt, um die Schädigungen der Zellen so klein wie möglich zu halten. Alsdann wird das Blut durch ein Ersatzprodukt, das zur Hauptsache aus Gefrierschutzmitteln besteht, ausgetauscht. Dieses soll die Schäden, die während des Gefrierprozesses entstehen, minimieren. Der Körper wird in eine Art Schlafsack gehüllt und kopfüber in einen der vier großen Stickstofftanks gesenkt. Neben Ganzkörperkonservierung bietet Alcor auch eine Konservierung des Kopfes alleine oder von Haustieren an. Die Kosten für eine Ganzkörper-Konservierung belaufen sich auf 120000 Dollar. Die sogenannte Neurokonservierung des Kopfes kostet bei Alcor 41000 Dollar.

Nach Vorstellungen der Alcor-Verantwortlichen sollen die Toten in 100 bis 150 Jahren langsam aufgetaut werden. In ihrem Körper beheben nanotechnologische Geräte[4] automatisch die Schäden, die durch das frühere Leben und durch den Gefrierprozeß entstanden sind. Bestehende Krankheiten, Krebs oder Aids, werden dadurch ausgelöscht. «Wenn die Patienten dann aufwachen», heißt es in einer Werbeschrift von Alcor, «scheinen keine Spuren der Zeit an ihnen feststellbar. Sie haben die Gesichter und die Körper von Teenagern. Ihre Haut ist geschmeidig und glatt, und ihr Geist ist wacher und aktiver, als er es je in ihrer früheren Jugend war. Ihr Gedächtnis und ihr Charakter sind vollständig und unverändert. Sie sind eigentlich dieselben Menschen geblieben. Mit dem einzigen Unterschied, daß sie erneut leben; gesund und bereit, den Herausforderungen einer aufregend neuen Welt zu begegnen.»

Natürlich entbehrt diese Phantasie jeglicher Grundlage. Zwar sind einige Tierarten (Springschwänze, Schildkröten) bekannt, die im Winter gefrieren und im Frühjahr wieder leben können, doch sind diese Phänomene nicht mit dem Einfrieren bei Alcor zu vergleichen. Zwar betreibt Alcor Forschung an Hunden, aber die Stiftung kann noch keine wesentlichen Erfolge vorweisen. Mehrere Hürden sind nämlich zu nehmen. Zuerst gilt es, eine Form des Einfrierens und Wiederauftauens zu finden, die keinen Schaden anrichtet; dann müßte die Krankheit kuriert werden können, an der der Eingefrorene gestorben ist, und zuletzt müßte der Körper wieder zu Leben erweckt werden. Alle drei Forderungen sind aus medizinischer Sicht reine Utopie.

Wer schon in jungen Jahren seine Lebenserwartung vergrößern will, kann dies aber auch ohne Medikamente, Vitamine oder Wachstumsfaktoren tun. Betrachtet man nämlich die häufigsten Todesursachen (Herz-Kreislauf-Krankheiten und Krebs), so wird deutlich, daß oft nicht der natürliche Alterungsprozeß das Leben begrenzt, sondern der Lebensstil selbst. Ausreichende Bewegung, eine vernünftige Ernährung, Zufriedenheit und Verzicht auf zuviel Tabak und Alkohol sind die besten Garanten für ein langes Leben. Der Wiener Gerontologe Gerhard Hofecker meint deshalb auch treffend: «Wir sollten nicht versuchen, die ursächlichen Alterungsprozesse zu verändern, um die Lebensqualität zu verbessern; um das Altern zu bremsen, sollten wir vielmehr die Lebensqualität verbessern und die Langlebigkeit innerhalb unserer genetischen Grenzen genießen.»

Vom Umgang der Gesellschaft mit dem Alter

Für immer jung? Kult und Mythos jugendlicher Werte

> Gleich den Blättern, welche die blühende Jahreszeit unter den Strahlen wachsen läßt, genießen wir einen flüchtigen Augenblick lang die Blüte unserer Jugend, und bald umringen uns die dunklen Parzen, die eine das schmerzliche Alter bringend, die andere den Tod. Die Frucht der Jugend verfault allzubald; sie dauert kaum so lange wie die Helligkeit des Tages. Und sobald dieser Punkt erreicht ist, wird das Leben schlimmer als der Tod. Wer einst schön war, flößt selbst seinen Kindern und Freunden Mitleid ein, wenn die Stunde der Jugend vorüber ist. Wenn die Jugend vergeht, ist es besser zu sterben als zu leben.
>
> *Mimnermos*

Als der Aktionskünstler und Professor für Ästhetik Bazon Brock 1972 in Frankfurt die vielbeachtete Ausstellung «Fetisch Jugend – Tabu Tod» organisierte, lenkte er damit die Aufmerksamkeit auf ein kulturelles Kernthema der westlichen Zivilisation. Was in der Ausstellung vermittelt wurde, war die Erkenntnis: «Fetischisierung von Jugend und Tabuisierung von Alter und Tod sind Erscheinungen, die typisch sind für unsere Gesellschaft, typisch für die Art, wie sie sich darstellt, typisch, wie sie sich selbst versteht.»[1] Alle Ideologiekritik hat indes bisher wenig auszurichten vermocht: Der Kult um Jugendlichkeit und die Verdrängung des natürlichen Alternsprozesses haben seit Bazon Brocks Bestandsaufnahme weiter zugenommen. In den USA wurden 1992 eine Million Schönheitsoperationen durchgeführt – dreimal mehr als noch fünf Jahre zuvor. Der Wiener Soziologe Leopold Rosenmayr interpretiert die Jugendbesessenheit als Ausdruck eines Verschleierungsprozesses: «In der durch Selbstzerstörung und Folgen der Zerstörung beschädigten Welt wird, wie um sie zu vertuschen, das Idol quasi unbeschädigter Jugendlichkeit vorgegaukelt.»[2]

Die Erde mag zugrunde gehen, nicht so die Jugend. Man muß es nur wollen, dann ist einem ihre Unsterblichkeit garantiert. Das wenigstens verheißt die Werbung. Das folgende Beispiel mag dafür als typisch gelten: 1990 erschien in deutschen und Schweizer Zeitungen ein Inserat mit der Überschrift «Amerika im neuen Fieber: Auf in die ewige Jugend». Angepriesen wurde eine Creme gegen Falten mit dem bezeichnenden Namen «Anti-Age Super». Trotz der unglaublichen Versprechen sollte durch den Werbetext wissenschaftliche Seriosität suggeriert werden: «Der Sommer 1990 läßt die Herzen der Freunde jugendlichen Aussehens himmelhoch schlagen: Ein neues Molekül wurde entdeckt, das in der Lage ist, die Wirksamkeit des Retinols gegen Falten um das 8- bis 20fache zu steigern. Und wieder einmal kommt die Nachricht aus den USA, wo die Forscher Geoffrey Brooks und Hans Shaeffer um jeden Preis die magische Formel der Jugend finden wollten.» In der magischen Formel steckt ein Imperativ: Das Alter muß versteckt werden. Jungsein ist Pflicht, eine Pflicht, der sich bei Strafe des Nicht-mehr-Beachtetwerdens oder gar des völligen Übersehenwerdens niemand entziehen kann. Daß der Pflicht nachgekommen wird, belegen die Umsatzzahlen einschlägiger Produkte in den USA, die Europa auch diesbezüglich immer noch um einen kleinen Schritt voraus sind: Vier Milliarden Dollar gaben die Amerikaner und Amerikanerinnen 1992 für Schönheitscremes, Säfte und Pillen gegen das Altern aus.

Die Wurzeln des Jugendwahns

Die kulturelle Stellung von Jugend und Alter hat sich in den letzten zweieinhalbtausend Jahren abendländischer Geschichte mehrmals verändert. Mit dem Ende des Römischen Reichs ging eine Ära zu Ende, in der – mal mehr und mal weniger – sowohl der Jugend gehuldigt als auch dem Alter politisch wie philosophisch die Reverenz erwiesen wurde. Das Ansehen des Alters in der Antike beruhte vor allem auf der uneingeschränkten Machtstellung des pater familias. Zwar gab es auch in der Zeit der alten Griechen und Römer Tendenzen zu einer Abwertung des Alters, doch erst in der Spätphase des Römischen Reichs, insbesondere mit dem Sieg der Germanen, wurden die Alten in «das Tal der Verachtung» (Peter Borscheid) gestoßen, wohin sie bis weit in die Neuzeit verbannt waren.

Das Mittelalter war – was das Ansehen und die Wertschätzung des höheren Lebensalters betraf – unbestreitbar altenfeindlich. Der Sozialhistoriker Peter Borscheid hat darauf hingewiesen, daß das Christentum von Beginn an die Bevorzugung jugendlicher Werte stützte, «indem es durch die Identifizierung mit Jesus Christus eine Art Idealalter propagiert».[3]

Zu einer eigentlichen Überhöhung all dessen, was mit Jugend zusammenhängt, kam es aber erst in der Renaissance, in der antike Vorbilder wie dasjenige Alexanders des Großen wiederbelebt wurden. Der Feldherr, der im Alter von 22 Jahren die damalige Welt mit seinen Siegen auf den Kopf stellte, ist eines der ersten Beispiele für einen rauschenden Jugendkult. Er verkörperte das altgriechische Ideal von Schönheit, Spannkraft und Tatendurst in vollendeter Weise. Etwas später in der europäischen Geschichte zeichnete sich auch der Sturm und Drang durch eine mythische Stilisierung alles Jugendlichen aus.

Der Jugendwahn am Ausgang des Mittelalters führte erstmals zum Wunsch, das Alter rückgängig zu machen bzw. die Jugendlichkeit zu erhalten. Mit Hilfe von Wundermitteln hoffte man, Schönheit und Stärke wiederzugewinnen. Neben dem vielbeschworenen Jungbrunnen sollten Tinkturen und Elixiere, Aderlässe und bei alternden Männern auch der Beischlaf mit jungen Mädchen dazu verhelfen, das Alter «wie eine Schlangenhaut abzustreifen» (Erasmus von Rotterdam). Bezeichnenderweise malten Tizian und Michelangelo den Schöpfergott als grauhaarigen, bärtigen Alten mit einem athletischen, jugendlich wirkenden Körper.

Im 19. Jahrhundert, dem Jahrhundert der Pädagogik, wurde Jugend kulthaft stilisiert und der Begriff des Jugendlichen (als Synonym für junger Mensch) geschaffen. Um 1890 entstand die erste

Jugendbewegung, die sich zivilisationskritisch gebärdete und entsprechend den Vorgaben Friedrich Ludwig Jahns wandernd und turnend gegen das bürgerlich geprägte (Groß-)Stadtleben auflehnte. Aus dem 20. Jahrhundert schließlich ist uns die politische Instrumentalisierung der Jugend bekannt: als Träger faschistischer Zukunftswerte bei Mussolini und Hitler, klassenkämpferisch in kommunistischen Jugendverbänden bis hin zur FDJ. Trotz des Mißbrauchs junger Menschen gab es in der NS-Ideologie aber weniger einen Jugendlichkeitskult als vielmehr einen spezifischen Leibeskult: Der gesunde, arische Leib war ein Politikum; er gehörte nicht dem einzelnen, sondern dem NS-Staat. Das «gesunde, kraftvolle Weib» war staatliche Gebärmaschine und Mutter, der Mann Zeug-Wart einer neuen, «aufgenordeten» Rasse von Helden der Arbeit und des Krieges. Eine ideologisch gepflegte Freikörperkultur stand im Dienste der «Heranzüchtung kerngesunder Körper».[4]

Eine tragende Säule der Leistungsgesellschaft

Seit den späten 60er Jahren ist Jugendlichkeit wie nie zuvor zum Maß aller Dinge, zu einem der höchsten gesellschaftlichen Werte überhaupt aufgestiegen. Jugend wird nun nicht mehr als Phase des Lebenslaufs, als vorbeigehender Augenblick, sondern gewissermaßen als Verdienst betrachtet. Alle an der Produktion von Leitbildern beteiligten Sozial- und Wirtschaftsträger – von der Werbung bis zu den Personalbüros – arbeiten unentwegt an einem kulturellen Muster, das alles, was erstrebenswert, schön, angenehm, erfolgreich und gesund ist, am Bild der Jugend festmacht. Alter hingegen steht für das Unerwünschte schlechthin. Gesellschaft und Wirtschaft haben sich entsprechend ausgerichtet. Konsumgüter erhalten grundsätzlich einen «jugendlichen Look». Und in den Intendanzen der elektronischen Medien werden zu Beginn der 90er Jahre verjüngte Programmkonzepte forciert: Jugendfunk statt Seniorenfunk.

Bis noch vor kurzem bestimmten Jugendfragen den gesellschaftspolitischen Diskurs fast ausschließlich. Jugendprobleme (z. B. Ausbildungsfragen, aber auch jugendliche Gewaltanwendung) hielten und halten Eltern, Erzieher und Behörden auf Trab. Der Jugend-

und Schönheitsmythos hat aber mit der Jugend selbst nur indirekt zu tun. Der Topos des jugendlichen Leistungsvermögens, gleichgesetzt mit wirtschaftlicher Effizienz und Konsumkraft, ist zu einem bestimmenden Moment geworden, das den Menschen – zunehmend auch älteren – ihren Platz in der Gesellschaft zuweist und ihr Selbstgefühl prägt. Nur wer jung und dynamisch ist bzw. sich so zu geben versteht, entspricht dem Menschenbild, das in eine Gesellschaft, die sich in raschem technologischem und sozialem Wandel befindet, paßt: So lautet das Credo, das sich tief in den Köpfen nicht nur junger Menschen festgesetzt hat und von den Medien (von den Illustrierten bis zu den Werbeplakaten) kolportiert wird. In einer Welt, in der sich Zerstörung, Chaos und ein Gefühl der Sinnlosigkeit ausbreiten, wird das Idol unzerstörbarer Jugendlichkeit und adonishafter Vollkommenheit zum mannigfach ausbeutbaren Gegenbild, auch wenn dessen Inhaltslosigkeit im Grunde nur allzu offensichtlich ist.

Der Jugendwahn hat ambivalente Züge. Jugend und Jugendlichkeit werden im Grunde genommen auch nur dort bewundert, wo sie marktträchtig in Erscheinung treten: sei es als Zugpferde für Konsumanreize, sei es auf dem Markt sexueller Angebote und Verlockungen. Überall dort aber, wo Jugend sich selbständig und normabweichend artikuliert – etwas als Protestbewegung oder in Subkulturen – oder ihre spezifische Problemlage öffentlich thematisiert (wenn also zum Beispiel Werkstudenten/innen auf ihre prekäre Situation hinweisen oder Lehrlinge Verbesserungen ihrer Ausbildungssituation anmahnen), gerät der Jugendmythos ins Wanken, erleben Jugendliche, daß sie eigentlich nicht zählen, daß sie von den jugendbesessenen Erwachsenen kaum ernst genommen werden. Gern wird übersehen, daß Alte und Jugendliche eine gemeinsame Erfahrung teilen: Als Abweicher von der Norm der mittleren Erwachsenen, die den Ton in der Gesellschaft angeben, sind sie Nicht-Dazugehörige. Im Unterschied zu den Älteren haben die Jugendlichen aber auch keine politische Mitsprachemöglichkeit. Sie sind «Vorbild ohne Rechte».

Die neuen Götter des Glücks in Weiß

Im Schönheitsboom der 90er Jahre feiert der Jugendwahn seinen bisher größten Triumph. Schön gilt als jung, jung als leistungs- und lustfähig. Der Erhalt der Schönheit ist oberstes Gebot. Um dem Ideal «jung-schlank-fit» nahezukommen, begnügen sich viele Frauen und Männer nicht mehr mit Salben, Massagen, Bädern und ähnlichem, sondern begeben sich, um der Natur nachzuhelfen, unters Messer. Während immer mehr Menschen darunter leiden, daß sie von der propagierten Norm abweichen, häufen sich Talk-Shows mit Schönheitsoperierten, die sich in einer Art Coming-out zu ihrer Imageverbesserung bekennen. Die Lifting- und Absaugwelle läßt die prosperierenden Schönheitschirurgen als «neue Götter des Glücks in Weiß» («Die Weltwoche») erscheinen.

Operationen für den schönen Schein sind heute längst nicht mehr das Privileg der «oberen Zehntausend». In Deutschland lassen sich inzwischen pro Jahr über 100000 ihr Äußeres korrigieren und geben dafür rund 180 Millionen Mark aus. Nicht nur um das Selbstbewußtsein aufzupolieren und bessere Chancen bei der Partnersuche oder beim Ehemann zu haben, suchen Frauen im Alter von 40 oder 50 Jahren den plastischen Chirurgen auf. Die wiedererlangte jugendliche Frische erweist sich auch als Vorteil bei der Stellenbewerbung. Das trifft selbst für Männer zu. «Ein richtiger Dicker», vertraute ein Personalberater dem «Spiegel» an, «hat im Top-Management kaum eine Chance.» Die Fähigkeiten treten hinter das Aussehen zurück. Erfolgreiche Manager sollten – so will es das Idealbild – durchtrainiert sein, Ausstrahlung und Charisma haben und den Graue-Schläfen-Effekt nutzen können. Bereits jeder fünfte Patient der bundesdeutschen Schönheitskliniken ist ein Mann. Auch für das «starke Geschlecht» gibt es verbindliche Schönheitsnormen: Ist die Schläfe vier Finger breit, so macht dies «mittelalt». Mehr als vier Finger machen «sehr alt» und ein Lifting notwendig ...[5]

Oscar Wildes Roman «Das Bildnis des Dorian Gray» aus dem späten 19. Jahrhundert antizipiert den narzißtischen Schönheitskult der Postmoderne auf geniale Weise. Es ist die Geschichte des schönen Jünglings Dorian, der, von seiner Schönheit unendlich fasziniert, sich wünscht, daß an seiner Statt ein von ihm angefertigtes Porträt altern möchte. Der Wunsch geht in Erfüllung, und der ewig junge Dorian Gray schaut mit an, wie das Bild als Spiegel seiner Seele zu einer erschreckend zerfallenen Fratze verkommt. Da er das nicht aushält, zerstört er das Bild. Zurück bleibt das makellose Bild Dorians und auf dem Fußboden ein verschrumpelter, ekelerregender alter Mann. In seinem Streben nach ewiger Jugend wird Dorian Gray von seinem Freund Lord Henry unterstützt: «Das Leben hält für dich alles bereit. Es gibt nichts, was du mit deinem außergewöhnlichen Aussehen nicht erreichen könntest. Die Jugend ist das einzige, das zu besitzen sich lohnt. Es gibt absolut nichts, was auf der Welt zählt, außer der Jugend! Wenn man sein gutes Aussehen verliert, wie immer es auch geartet sein mag, verliert man alles.» Trotz seines makellosen Körpers nimmt Dorian ein schreckliches Ende. Er ist im Innern gealtert; sein Wesen wird ihm zur unerträglichen Last, schließlich bringt er sich im Wahn um...

«Verunglückte» kosmetische Operationen oder sich plötzlich auflösende Silikonbrüste enthüllen mit einem Schlag den Seifenblasencharakter des Jugendkults. Dies widerfuhr beispielsweise der italienischen Filmschauspielerin Laura Antonelli. Der 50jährige Star war vom Produzenten gezwungen worden, sich für einen Film die Gesichtshaut unterspritzen zu lassen. Wahrscheinlich aufgrund einer Allergie gegen das flüssige Silikonpräparat fand sich die Schauspielerin mit einem völlig entstellten Gesicht wieder. Die Schauspielerin hat danach eine Kampagne gegen den übermächtigen Verschönerungszwang gestartet. Ihr Motto: «Keine Schönheit mehr um jeden Preis!»

Älterwerden als Krise

Der Prototyp der auf Dynamik und Beschleunigung setzenden Zivilisation ist der Hochleistungssportler. In den meisten Sportarten ist die Zeit jugendlichen Triumphs so kurz bemessen, daß ihr etwas Gnadenloses anhaftet: Profifußballer beispielsweise haben mit 30, höchstens 35 Jahren schon ausgespielt. «Es ist das Gefühl, vor einer Leere zu stehen», faßte der Tenniscrack John McEnroe sein psychisches Befinden zusammen, als er 1992 mit 33 Jahren seine Profilaufbahn abbrach. Wie aber muß sich erst jemand fühlen, der, wie es in einigen Schwimmsportdisziplinen und beim Damenturnen der Fall ist, schon mit 17 oder 18 den Höhepunkt überschritten hat und zu den Veteranen zählt?

Darauf angesprochen, wie sie mit dem ständig wachsenden Druck im Leistungssport umgehe, gab Martina Navratilova, ebenfalls eine der großen Persönlichkeiten des Tennissports der 80er Jahre, eine Antwort, die die Grenzen des jugendlich-sportiven Ideals beispielhaft verdeutlicht: «Als Aufsteiger weißt du nichts von Druck. Du empfindest einfach: ‹Großartig, ich spiele in einem Grand Slam-Final.› Der Druck steigert sich mit der Zeit. Je älter du wirst, je mehr du weißt, was das alles bedeutet, desto mehr Druck spürst du. In jungen Jahren ist es einfacher, damit umzugehen. Du hast noch 15 Jahre vor dir, du kannst dir sagen: ‹Ich werde noch 15mal zurückkommen und eines Tages gewinnen.› Aber mit 35 mußt du dir sagen, daß es dein letztes oder vielleicht zweitletztes Jahr ist. Das ist Druck, denn es bleiben dir nicht mehr viele Chancen.» Das Interview, aus dem diese Sätze stammen, trug den Titel: «Wie lange kann ich den Jungen trotzen? Wie lange kann ich mein Alter heraushalten?»[6] Tags darauf verlor Navratilova gegen die 23jährige Steffi Graf…

Zum Älterwerden gehört die Erfahrung, daß damit der Ausschluß aus verschiedenen Lebensbereichen verbunden sein kann. Die zuerst erfahrene und erlittene Zurückstufung ist die Ausgrenzung infolge Verlusts der Jugendlichkeit, vor allem der äußerlich sichtbaren. Ist es verwunderlich, daß niemand alt sein möchte? Daß zwar alle alt werden wollen, es aber keine(r) sein will, wie der Schauspieler Gustav Knuth einst bemerkte? Die Fixierung auf Jugend und Jugendlichkeit hat ihren Preis. Und nicht nur den, den Schönheitsoperationen kosten. Da Jugend eben nicht ewig dauern kann, für sie aber keine Ersatzwerte bereitstehen, ist ihr Verlust mit Schmerz, Trauer und Resignation verbunden. Jean Améry hat das plötzliche, schmerzliche Gewahrwerden des Verwelkens eigener Schönheit und das daraus resultierende Sich-fremd-Werden ebenso unnachahmlich wie pessimistisch beschrieben: «Seit einigen Wochen bemerkt A., wenn sie morgens bei der Toilette vor dem Spiegel steht, an den Augenlidern kleine gelbliche Hautknötchen oder Efferveszenzen, die ihr weiter keine Beschwerden verursachen, beim Abtasten nicht schmerzen, offensichtlich als harmlos ermessen werden können, nur einfach da sind, nicht einmal besonders häßlich, entstellend nur in beschränktem Maße, von den anderen erst wahrzunehmen nach ausdrücklichem Hinweis, die aber ihr, A., zu mancher Beunruhigung, die sich da einstellte in den letzten Jahren, eine neue, nicht panische, doch auf feinsägende Weise peinigende zufügen. A. also, die Fünfzigerin, die sich der gelben Verschandelung wegen ohne rechten Humor Xanthippe nennt, übt sich vor dem Spiegel im Geschäft des Sichbedenkens und der Erhellung des dunklen Tatbestandes von Selbstentfremdung und gleichzeitigem Selbstgewinn, von Widerwillen oder besser: Widerstand gegen das Ich, das gelbgefleckt und, wie sie sich manchmal etwas hochtrabend sagt, mit ‹geschändeten› Augen aus dem Glase ihr entgegenblickt.»[7]

In Max Frischs «Mein Name sei Gantenbein» finden sich ähnliche Reflexionen eines männlichen Individuums vor dem Spiegel. Doch der Jugendwahn trifft alternde Frauen weit härter als gleichaltrige Männer. Der österreichische Journalist Ernest Hauer hat den Unterschied durchaus selbstironisch herausgearbeitet: «Unsereiner darf jedenfalls sogar die grauen Schläfen in Würde tragen und muß nicht schon das erste graue Haar färben wie eine bedauernswerte Mittdreißigerin in einem besonders widerlichen Werbefilmchen. Denn unsereiner, Mann ab vierzig, ist ja für ein paar Jahre in den besten Jahren. In welchen man sich vorzugsweise – wenn ich der Werbewelt trauen darf – in Vorstandsetagen, im Fond von gepolsterten Luxusautos oder wenigstens im Freizeit-Look auf sonnendurchfluteten Terrassen in malerischer Kulisse herumzutreiben hat. Ach ja, und manchmal sind wir Männer um die vierzig auch noch richtige Männer im Kanu oder an Lagerfeuern. Und alt ausschauen, nein, das tun wir nie. Bestenfalls erfahren, gegerbt – mit Sicherheit aber spannkräftig...»[8] Trotzdem bleibt auch das männliche Selbstbewußtsein von den herrschenden Schönheitsidealen nicht unberührt. Laut einer 1992 durchgeführten Repräsentativbefragung finden sich 49 Prozent der deutschen Männer zwischen 30 und 39

Jahren nicht attraktiv und interessant genug. Immerhin 47 Prozent begründeten ihre Komplexe mit ihrer unsportlichen Figur.

Erspart bleibt den Männern jedenfalls aber die Erbarmungslosigkeit, die das am Gesicht ablesbare Altern für die Frauen mit sich bringt: jene unaufhaltsame Entfernung vom Weiblichkeitsbild, das Männer und Medien entwerfen und das oft schon in jüngeren Jahren zu Kriegszuständen der Frauen mit sich selber führt. Frauen sind wesentlich stärker dem Zwang ausgesetzt, einem Jugendlichkeits-, Schönheits- und Schlankheitsideal hinterherzujagen, das nur wenige erreichen können. Das Zitat einer Frau von Anfang 40 illustriert, wie Frauen gleich doppelt für den sexistisch geprägten Jugendwahn bezahlen: «Männerblicke, die mich auf meine sexuelle Tauglichkeit abschätzten, gehörten zu meinem Alltag als Frau, waren eine Art negative Selbstbestätigung. Erst als die Blicke weniger wurden, wurden sie mir überhaupt bewußt. Ihr völliges Ausbleiben beunruhigte mich, und ich begann nach den Ursachen zu forschen.»

Wem käme es schon in den Sinn, anläßlich des 40. Geburtstags eines Mannes mit Sprüchen aufzufahren vom Kaliber: «Heute eine junge Wachtel – morgen eine alte Schachtel!» 40jährige Frauen hingegen bekommen solches selbst von Geschlechtsgenossinnen zu hören. Die geschlechtsdiskriminierende Schlagseite des Jugendwahns weckt bei zunehmend mehr Frauen Gefühle der Wut. «Wütend und wie!» heißt das Motto einer neuen postfeministischen Bewegung in den USA, die sich «Girlism» nennt. Die «feministische Stimme der Videogeneration» («Der Spiegel») schreit in rockigen Songs gegen den Terror an, der den weiblichen Körper bedroht: Vergewaltigung und zwanghafter Schönheitskult. Die «Riot girls» (Krawallgören) drücken ihren Protest auch durch ihr Outfit aus: Sie tragen Sperrmüllkleider und T-Shirts mit der Aufschrift «Slut» (Schlampe). Die Bewegung beruft sich u. a. auf das Buch von Naomi Wolf, «Der Mythos Schönheit», in dem zu lesen ist, daß sich jedes Jahr 150000 Amerikanerinnen zu Tode hungern. Magersucht ist in den westlichen Industriestaaten inzwischen zur häufigsten Todesursache für Frauen der Mittel- und Oberschicht unter 20 Jahren avanciert. Dieser erschreckende Auswuchs des Schlankheitsideals findet seine Entsprechung im Ergebnis einer Umfrage, die 1992 im französischen Teil der Schweiz durchgeführt wurde: Jedes zweite Mädchen im Teenageralter findet sich zu dick. In den letzten zehn Jahren hat das Gewicht einer durchschnittlichen Europäerin um ganze 15 Kilogramm abgenommen, und die Durchschnittskleidergröße ist dadurch von 38 auf 36 gesunken...

Mittlerweile werden in der Werbung – wenn auch noch selten – beruflich erfolgreiche Frauen mittleren Alters dargestellt. Doch selbst dann wird am Leitbild der körperlich makellosen Frau kein Abstrich gemacht. Jungsein, Schönsein gehören nach der gängigen Norm zusammen. Zusammen garantieren sie den Erfolg sowohl in der Liebe wie im Beruf. Die mit dem gesellschaftlich verordneten Jugendlichkeitskult einhergehende Ablehnung alles angeblich Unattraktiven und Häßlichen verstärkt gerade bei wenig selbstbewußten Frauen die Angst vor jeder körperlichen Veränderung.

Der allgegenwärtige Zwang, schön und jung sein zu müssen, verführt dazu, krampfhaft an der eigenen Jugend festzuhalten. Älter- oder gar Altwerden erscheint demgegenüber als Bedrohung, als Aushöhlung des eigenen Selbst. Hinter dieser, wie der amerikanische Psychoanalytiker Christopher Lasch sie charakterisiert, narzißtischen und für das spätbürgerliche Zeitalter typischen Haltung verbirgt sich unbewältigte Angst – nicht nur vor dem eigenen Älterwerden, sondern auch vor dem Tod. Die Angst «zeigt sich am deutlichsten darin, daß sich dieses Gefühl im Leben von Menschen so früh bemerkbar macht. Frauen und Männer fangen an, sich vor dem Altwerden zu fürchten, bevor sie überhaupt die mittleren Lebensjahre erreicht haben. Die sogenannte midlife crisis präsentiert sich als die ängstliche Einsicht, daß das Alter schon hinter der nächsten Ecke droht. Die Amerikaner erleben ihren vierzigsten Geburtstag bereits als den Anfang vom Ende. Sogar der Lebenshöhepunkt wird damit von der Angst vor dem überschattet, was noch in der Zukunft liegt.»

Da die narzißtische Persönlichkeit «über besonders wenig innere Reserven verfügt, erwartet sie von anderen eine Bestätigung ihres Selbstwertgefühls. Sie braucht Bewunderung für ihre Schönheit, Anziehungskraft, Berühmtheit oder ihre Machtattribute, die gewöhnlich im Laufe der Zeit dahinwelken. Sie ist unfähig, in Liebe und Arbeit Befriedigung zu finden, und wird gewahr, daß ihr wenig bleibt, wenn die Jugend erst hinter ihr liegt. Die narzißtische Persönlichkeit nimmt kein Interesse an der Zukunft und tut nichts, um sich der traditionellen Tröstungen des Alters zu versichern, deren wichtigste die Überzeugung ist, das eigene Lebenswerk werde in einem bestimmten Sinne von den kommenden Generationen fortgesetzt werden. Liebe und Arbeit verbinden sich in der Sorge um die Nachwelt, vor allem im Bemühen, die jüngere Generation zur Weiterführung der Aufgaben der älteren zu rüsten.»[9]

Lebens(sehn)sucht und Todesangst seien ein Luxusthema des Westens, monierte der bereits todkranke Erich Fried. Für den narzißtischen, jugendbesessenen Zeitgenossen darf nicht sein, was – in seiner Optik – nicht sein muß. Die Angst des narzißtischen Menschen vor dem Alter mag insoweit real sein, als die Gesellschaft alten (und neuerdings auch schon älteren) Menschen tatsächlich Lebenschancen entzieht. Sie wird aber dort irrational, wo verdrängt wird, daß (Lebens- und Verlust-)Ängste zum Leben als solchem gehören. Ängste treten auf jeder Lebensstufe auf; und oft sind sie ja auch mehr als berechtigt. Gerade auch in der vielgepriesenen Jugend- oder jugendlichen Erwachsenenzeit. Auf ihre Ausgrenzung in Form von Jugendarbeitslosigkeit und / oder das Gefühl allgemeiner Perspektivelosigkeit reagieren betroffene Jugendliche nicht weniger angstvoll als alte Menschen, die, aus Sinnbezügen ausgeschlossen, vom sozialen Tod – der meist größere Angst auslöst als der physische – bedroht sind.

Die vielbeschworenen «neuen Alten», die vor Aktivität überborden, scheinen zu einem neuen Topos zu werden. «Alt ist out», schreibt die Schweizer Publizistin Margrit Sprecher. «Bereits hat man Mühe, in der Straßenbahn einen grauhaarigen Frauenkopf zu entdecken. Man braucht nicht viel Phantasie zu haben, um sich das künftige idealtypische Seniorenpaar vorzustellen: Sie ganz steifbeinige Barbiepuppe, er ein dynamisch wippender Nußknacker mit unternehmungslustig vorgeschobenem Kiefer und auf Hellwach operierten Augen.»

Die heute Jung-Alten haben den Jugendkult mitgeprägt. So wundert es nicht, daß gerade viele unter ihnen besondere Mühe bekunden, sich von ihm zu lösen. In einer Welt, die auf Effizienz, Rationalität und Prestige eingestellt ist, wird der alte Mensch leicht dazu verführt, den Jungen mit meß- oder zeigbaren Leistungen und Insignien nachzueifern. «Die Großmutter von heute trägt ‹Jugend›. Ein Stück Befreiung liegt darin – zweifellos. Aber beim morgendlichen Blick in den Spiegel drängt sich die bittere Erkenntnis auf, daß die Entfernung vom Idealtyp trotz aller Mühen immer größer wird. Der Senior von heute kämpft um Fitneß, Gesundheit und Aktivität, um Potenz und ‹Lebensfreude›, und er kann diesen Kampf nur verlieren», meint Reimer Gronemeyer. Der gegenwärtige und künftige Zwang zur Jugendlichkeit mache die Alten zu Narren. Ältere oder gar alte Menschen, die dem Älterwerden die Stirn bieten durch lärmige Betriebsamkeit, Verjüngungskuren und vom Konkurrenzdenken geprägte Fitneßprogramme, unterwerfen sich den Pflichtübungen einer Leistungsgesellschaft, von deren Zwängen sie doch eigentlich befreit wären. Das Sich-Messen an den «Jungen» bzw. «Junggebliebenen» macht es unmöglich, den gewonnenen Freiraum zur Schaffung eigener Werte und Normen zu benutzen. Sich radikal zu der eigenen Subjektivität zu bekennen, wäre jedoch die Voraussetzung, um das eigene Alter annehmen zu können.

Jungsein hat kein Alter

«Man braucht sehr lange, um jung zu werden», hat Picasso einmal gesagt. Das scheinbare Paradox macht deutlich, daß Jugendlichkeit eine äußerst relative Größe ist. Es gibt junge Menschen und solche mittleren Alters, die geistig so starr sind, daß sie älter wirken als manche Alten, die sich innerlich lebendig halten und immer wieder Neues versuchen. Montaigne, der große französische Essayist des 16. Jahrhunderts, hatte keine Verherrlichung der Jugend im Sinne, als er schrieb: «Wenn die Jugend in uns erstirbt, so ist das im wesentlichen und in Wahrheit ein härterer Tod als der völlige Tod eines siechen Lebens oder des grauen Alters.»

Der 79jährige Robert Jungk hatte die «jüngsten» Ideen unter den österreichischen Präsidentschaftskandidaten 1992. Dieser alte Mann kam gerade bei den jungen Wählern besonders gut an! Was an

Jungk so jugendlich wirkte, war seine geistige Beweglichkeit, die mit durchaus alterstypischen Zügen vermischt war: «Er hält sich ja nicht an Direktiven», charakterisierte ihn in einem Porträt der Journalist Michael Freund. «Statt dessen schweift er ab, erzählt Anekdotisches, assoziiert frei über zufällig Aufgeschnapptes... Robert Jungk fällt immer etwas ein. Er wirkt, als trüge er die gesammelte Erfahrung seines wechselhaften Lebens stets mit sich in vielen Sakkerln» (Tages Anzeiger/Das Magazin 12/92). Jungk und andere Männer und Frauen seines Schlags belegen die These des Wiener Alterssoziologen Leopold Rosenmayr, wonach der Mensch mit seinen geistigen, Symbole schaffenden Fähigkeiten den biologischen Abbau zumindest teilweise überwinden kann. «Der Sinn des Lebens», lehrt Montagu, «besteht darin, (innerlich) ‹jung› zu sterben, und zwar so spät wie möglich.»

Aber es geht nicht bloß um den Geist. Auch der Körper kann – in der Selbsteinschätzung, und auf die kommt es letztlich an – ein Moment der Frische bewahren. Alter sollte qualitativ verstanden werden, meint der Wiener Alterssoziologe Leopold Rosenmayr: «Es könnte demnach eine 90jährige Frau geben, die man unter die Jung-Alten zählen würde, und einen 65jährigen Mann, der den Alt-Alten zuzurechnen wäre.»[10] Anstelle eines abstrakten, einseitigen Jugendlichkeitsbegriffs käme es darauf an, Werte zu setzen, die nicht ans kalendarische Alter eines Menschen gebunden sind; Werte, die in anderen Kulturen ihren festen Platz haben: Lebensfreude und Lebendigkeit. Wer sich diese Attribute zuschreiben kann, darf sich auch als Hundertjährige(r) jung nennen. Nichts belegt diese These besser als das Selbstzeugnis von Pablo Casals: «Ich bin jetzt über 93 Jahre alt, also nicht gerade jung, jedenfalls nicht mehr so jung, wie ich mit neunzig war. Wenn man weiter arbeitet und empfänglich bleibt für die Schönheit der Welt, die uns umgibt, dann entdeckt man, daß Alter nicht notwendig Altern bedeutet, wenigstens nicht Altern im landläufigen Sinne. Ich empfinde heute viele Dinge intensiver als je zuvor, und das Leben fasziniert mich immer mehr.» Auch der Held in Gabriel García Márquez' Roman «Die Liebe in den Zeiten der Cholera» verkörpert das Ideal der jugendfrischen Seele: Obwohl Florentino Ariza sein ganzes Leben lang vergeblich auf die Frau seines Herzens wartet, verbittert er nicht. Im Gegenteil: Er hält sich für diese große Liebe bereit, indem er das Leben liebt und genießt und auch am Lebensabend genußfähig bleibt. Den Menschen, die ihn umgeben, erscheint er seltsam alterslos.

Mit 40 Jahren zum alten Eisen?

> Das Firmenmotto «Mit Tempo in die Zukunft» findet seine Grenzen in den älteren Mitarbeitern – nicht, weil sie weniger können oder weniger lernfähig wären, sondern weil sie andere Ansprüche stellen an das Produkt, an die Arbeitsweise, an ihr Verhältnis zu den Arbeitsgeräten und an die Zwischenmenschlichkeit im Betrieb.
>
> *Christel Schachtner*

Alternde Menschen sehen sich von zwei Seiten in Frage gestellt und von Entwertung bedroht. Zur erzwungenen Korrektur des Selbstbilds, das trotz angestrengter Bemühungen von Falten und welkendem Fleisch verunstaltet wird, gesellt sich neben der Erfahrung einer Chancenverminderung auf dem «Liebesmarkt» die Gefahr existenzbedrohenden Wertverlusts auf dem Arbeitsmarkt. Auch hier trifft es Frauen im allgemeinen härter als Männer. Längst nicht für alle Männer gilt aber, daß sie sich zwischen 40 und 50 Jahren auf dem Höhepunkt ihrer Karriere befinden und somit gesicherte Positionen erreicht haben. Für viele ist es gerade umgekehrt: Für sie beginnt in diesem Alter der häufig unfreiwillige Ausstieg.

Die spezifische Form, die der Jugendwahn in der Arbeitswelt annimmt, illustriert auf besonders drastische Weise ein Beispiel, das vor ein paar Jahren aus Wales bekannt wurde: Die Unternehmensleitung einer Fabrik des japanischen Hitachi-Konzerns forderte alle Arbeitnehmer über 35 Jahren auf, in Rente zu gehen. Für die Hitachi-Manager waren sie «zu alt, nicht mehr ausreichend gesund, arbeiteten zu langsam und waren schwierig einzusetzen».[1] Auch wenn die Begründung für die Entlassungen das scheinbar nahelegt: Die tatsächliche physische und psychische Funktionsfähigkeit gilt auf dem Arbeitsmarkt längst nicht mehr als Kriterium für das Ausscheiden aus dem Berufsleben.

Das faktische Kriterium ist das kalendarische Alter. Es fungiert auf dem Arbeitsmarkt als Chancenvermittler oder -verhinderer. Der Arbeitsmarkt ist altersfeindlich. «Aus kurzfristigen Kostenersparnisgründen», stellt David Bosshart, der Referatsleiter des Gottlieb-Duttweiler-Instituts für wirtschaftliche und soziale Studien, fest, «findet vielerorts ein regelrechtes Facelifting, eine ‹Youthification› statt: 40 wird zur magischen Grenze, jenseits derer alles vorbei ist. Der ideale Mitarbeiter ist 28 Jahre alt, hat ein abgeschlossenes Studium, fünf Jahre möglichst internationale Erfahrung, spricht mindestens drei Welt- und eine Spezialsprache, ist ortsunabhängig und hat keine großen sozialen Verpflichtungen.» Höchstaltersgrenzen bei Stellenausschreibungen machen zunehmend Menschen zu schaffen, die eigentlich erst in der Mitte ihrer Erwerbs-Lebenszeit stehen. Einige Konzerne stellen niemanden mehr ein, der älter als 40 ist. Das (Doppel-)Argument für diese auf das kalendarische Alter bezogene Personalpolitik lautet: Jüngere bleiben dem Betrieb länger erhalten; Ältere sind für das Unternehmen teurer. Während ersteres in aller Regel nicht stimmt, trifft letzteres zu. Die mit zunehmendem Dienstalter höheren Löhne lassen die Lohnkosten für ältere Mitarbeiter ansteigen. In den Chefetagen von Großkonzernen wird inzwischen über die Abschaffung von Alterszulagen und die Einführung reiner Leistungslöhne (wobei allerdings die berufliche Erfahrung mitberücksichtigt werden soll) nachgedacht. In der Schweiz ist es vor allem die sogenannte 2. Säule, die berufliche Altersvorsorge in den Händen der Pensionskassen, die bei der Einstellung älterer Arbeitnehmer aufgrund höherer Beitragssätze zum finanziellen Stolperstein wird.

Immer jüngere Menschen erhalten den Stempel «ältere Arbeitnehmer» aufgedrückt. Im Gefolge der jüngsten Rezession sind keine Zweifel mehr erlaubt: Die «Altersguillotine» fällt schon bei 45 Jahren. Wer älter ist, darf sich zum «alten Eisen» zählen. Das 1992 revidierte schweizerische Arbeitslosenrecht – das hier stellvertretend angeführt wird – leistet dieser Ausgrenzung sogar noch Vorschub. Der Gesetzestext rechnet nämlich explizit die über 45jährigen zu den schwer Vermittelbaren. Vor der Gesetzesrevision lag diese Schwelle, wenigstens auf dem Papier, bei 55 Jahren. Noch schlimmer als in der Schweiz ist es in den neuen deutschen Bundesländern: Den über 55jährigen wird hier im allgemeinen keine Chance mehr auf eine neue Arbeit eingeräumt. «Was ist das für eine Gesellschaft», fragt Marianne de Mestral, Beraterin bei der Kirchlichen Dienststelle für Arbeitslose in Zürich, «in der Menschen bald nur noch im ersten Drittel ihres Erwerbslebens attraktiv sind?» Heute, sagt sie, werde man anders arbeitslos als 1984: «Während damals unter dem Stichwort Rationalisierung vor allem Leute betroffen waren, die mit dem Computer nicht zurechtkamen, lautet das Motto heute Umstrukturierung, Zusammenlegung von Arbeitsplätzen – und zwar europaweit.» Die Rationalisierung, durch die Rezession brutal beschleunigt, findet auf dem Buckel der stetig jünger werdenden sogenannten «älteren Arbeitnehmer» statt. Personalverantwortliche pflegen das schon nicht einmal mehr zu kaschieren. In der Krise wird, wer nicht jung ist und daher für nicht mehr so leistungsfähig und flexibel gehalten wird, auf dem Arbeitsmarkt bald zur Wegwerfware.[2]

Zwar werden Ältere im Durchschnitt seltener arbeitslos aufgrund des tarifvertraglichen Kündigungsschutzes, des informellen Seniorenschutzes für langjährige Beschäftigte und der vorzeitigen Verrentung, trotzdem sind in den letzten Jahren die Arbeitslosenquoten der älteren Jahrgänge kontinuierlich gestiegen. Seit Mitte der 70er Jahre haben sich die betrieblichen Auslesekriterien spürbar verschärft. Beim derzeitigen Überhang an Arbeitskräften sitzen Ältere im Konkurrenzkampf mit Jüngeren, die häufig besser qualifiziert (oder auch nur formbarer), flexibler und gesünder sind, am kürzeren Hebel. Ältere, die arbeitslos werden, riskieren, es sehr lange zu bleiben; mit zunehmendem Alter sinken die Wiedereingliederungschancen drastisch. Bei den Langzeit-Arbeitslosen fallen vor allem zwei Gruppen auf: Menschen beiderlei Geschlechts über 50 sowie Frauen aller Altersstufen. Heute sind die älteren Arbeitslosen zur zentralen arbeitsmarktpolitischen Problemgruppe geworden. 1988 waren in der BRD fünfmal so viele Menschen im Alter von 55 bis 59 Jahren arbeitslos wie 1975: laut Statistik 250000. Doch die statistische Angabe spiegelt längst nicht das tatsächliche Ausmaß der Altersarbeitslosigkeit. Viele der aus dem Erwerbsleben

Hinausgedrängten (Langzeit-Arbeitslose, an den «Herd» zurückgekehrte Frauen) erscheinen in keiner Statistik. Vor allem hinter den vielen Frührentnern verbergen sich viele verdeckte Arbeitslose. 58jährige und ältere Arbeitslose gelten ohnehin de facto als Frührentner.[3]

Die angeblich nachlassende Leistungsfähigkeit ist das ideologische Mäntelchen, das dazu verwendet wird, älteren Menschen Produktivität und Kompetenz abzusprechen und sie aus dem Arbeitsprozeß hinauszudrängen. «Also, wenn die Frage entsteht, wie kann Personal abgebaut werden und man hat ältere Arbeitskollegen, dann spricht man sehr schnell die Älteren an.» So schildert ein Betriebsrat eines elektrotechnischen Großkonzerns die Lage älterer Arbeitnehmer in seiner Firma.[4]

Ihre Berufserfahrung nützt den älteren Kollegen wenig. Auch ihr Mitdenken ist nicht gefragt; ältere Menschen haben oft ein eigenes Arbeitsethos, zu dem es auch gehört, kritisch nachzufragen. Das aber könnte die Abläufe im Betrieb stören. «Nicht mehr bildungsfähig»: Mit dieser Formel werden unbequeme ältere Arbeitnehmer übergangen oder beiseite geschoben. Die Aufforderung zur Weiterbildung in den Betrieben sinkt nachweislich, wenn ein Mitarbeiter älter als 45 Jahre ist, wie verschiedene Studien belegen.

Die Geringschätzung der Arbeitsleistung älterer Menschen ist nicht nur menschenverachtend, sie ist auch objektiv nicht gerechtfertigt. In den letzten 30 Jahren sind zahlreiche Studien zur Arbeitsleistung durchgeführt worden. Die Ergebnisse zeigen klar, daß die These von der geringeren Produktivität älterer Arbeitnehmer/innen wissenschaftlich nicht haltbar ist. Auch in ganz unterschiedlichen Betriebssituationen wurden keine gravierenden Unterschiede zwischen Älteren und Jüngeren festgestellt. Das gilt selbst für manuelle bzw. mit dem Einsatz von Muskelkraft verbundene Tätigkeiten. Nach 50 Jahren sinkt zwar die Muskelkraft auf etwa 70 Prozent ihrer Maximalkapazität; das ist aber insofern gleichgültig, als während des ganzen Arbeitslebens nur 40 bis 50 Prozent benötigt werden, um die am Arbeitsplatz geforderte Leistung zu erbringen. In der industriellen Produktion nimmt die Bedeutung von Tätigkeiten, die mit körperlichem Einsatz verbunden sind, ab zugunsten von Arbeitsformen, die stärker auf mentale Leistung ausgerichtet sind. Konzentrationsfähigkeit, Fähigkeit zur Informationsverarbeitung und das Verständnis technischer Abläufe gewinnen demgegenüber an Bedeutung. Aber auch bezüglich dieser Anforderungen schneiden ältere Arbeitnehmer/innen nicht schlechter ab als die im «Idealalter». Überdies melden sie sich seltener krank und haben auch weniger Betriebsunfälle als jüngere.

Die Ausgrenzung aus der Arbeitswelt – gleichgültig ob durch Arbeitslosigkeit oder unfreiwillige Frühpensionierung – hat immer weit über das Materielle hinausreichende Folgen für die Betroffenen. Für die meisten Menschen ist die Arbeit Teil ihrer Identität. Auf die Frage: Was bist du? erfolgt als Antwort meist die Berufsangabe. Schlimmer noch als der plötzliche Verlust von Arbeit (die dann von einem anderen weitergeführt wird) ist es, wenn der Arbeitsplatz ganz aufgehoben und die geleistete Arbeit somit überflüssig geworden ist. Eine 1985 durchgeführte Untersuchung über eine Betriebsschließung in den USA zeigt, wie sehr das Nichtmehr-Gebrauchtwerden zu Sinnkrisen führen kann. «Für die ältesten Arbeiter, die in den Ruhestand gehen können», resümiert der Arbeitssoziologe Martin Kohli das Ergebnis der Studie, «ist die Betriebsschließung weniger (...) ein materieller als ein symbolischer Schlag: Sie bedeutet für sie einen tiefgreifenden Identitätsverlust, da sie den Ort, an dem sie und viele ihrer Familienmitglieder ihr Arbeitsleben verbracht haben, nun nicht mehr vor Augen haben. Überdies sehen sie den Verlust des Betriebs auch als Metapher für die Veränderungen in der Wirtschaft, die ihr eigenes Arbeitsleben seines Sinns berauben. Die Lebensform, der diese Arbeiter verpflichtet waren, verliert damit ihren greifbaren Platz im kollektiven Gedächtnis. Die Arbeiter haben keinen realen Beweis mehr dafür, daß sie einen nützlichen Beitrag zum gesellschaftlichen Prozeß geleistet haben; ihre Arbeit wird nachträglich entwertet.»[5] Der hier beschriebene Verlust der materiellen Realität ist unter den Bedingungen des technologischen Wandels keine Ausnahmeerscheinung. Gerade in den neuen Bundesländern sind viele Ältere damit konfrontiert, daß entweder der Betrieb oder der Beruf, in dem sie ein Leben lang gearbeitet haben, oder beides zusammen nicht mehr existiert. Ein wichtiges Moment der Kontinuität im Alter – als rückblickende Selbstvergewisserung der eigenen Biographie – entfällt.

Obwohl sich ihr Anteil an der Gesamtbevölkerung erhöht hat, sind seit den 60er Jahren immer mehr ältere Arbeitnehmer aus dem Erwerbsleben gedrängt worden. Allgemein ist ein Rückgang der Erwerbsbeteiligung der über 45jährigen festzustellen. Für die Münchner Soziologin Christel Schachtner kündigt diese Entwicklung an, daß «die Verrentung in Zukunft zu einem immer früheren Zeitpunkt im menschlichen Lebenslauf erfolgen könnte. Ein höheres Krankheitsrisiko mit zunehmendem Alter, ein sich beschleunigender Wandel der Qualifikationsanforderungen, die verbreitete Ansicht von einem altersbedingten Intelligenzabfall sowie das Überflüssigwerden extrafunktionaler Befähigungen (mitbedingt durch die Einführung moderner Kommunikationstechnologien) sind als Gründe für diese Entwicklung anzusehen, die ältere Menschen sowohl von der Ausübung sinnvermittelnder Kompetenzen als auch von sozialen Kontakten abschneidet...»[6]

Um «die Alten» vom Arbeitsmarkt zu verdrängen, bietet sich vorrangig das Instrument des vorgezogenen Ruhestands an. Der Strukturwandel der Arbeitsgesellschaft in den Industriestaaten läßt Frührente immer häufiger zum Normalfall werden. In der Bundesrepublik werden laut einer Studie der Internationalen Arbeitsorganisation (ILO) Männer über 60 Jahren «quasi offiziell» ermuntert, vorzeitig in den Ruhestand zu gehen. Ein ausgebautes System von Vorruhestandsregelungen dient dabei als Anreiz.[7] In der europäischen Stahlindustrie wurden in den 80er Jahren Programme eingeführt, die die Arbeitnehmer veranlassen sollten, mit 50 Jahren den Beruf freiwillig aufzugeben.[8] Die laufenden und noch bevorstehenden Restrukturierungen in vielen Sektoren der Wirtschaft der EG und in Sanierungsregionen wie den neuen Bundesländern werden den Trend zur Frührente bis zur Jahrtausendwende weiter verstärken.

Sozusagen als letzter Schrei haben sich mancherorts spezialisierte «Outplacement»-Firmen etabliert. Mit Hilfe dieser «Spezialisten» können Firmen ältere Angehörige des mittleren und oberen Managements auf unspektakuläre Weise kaltstellen: Der Outplacement-Spezialist hilft dem Entlassenen auf Kosten seiner Firma bei der Suche nach einer neuen Arbeit und unterstützt ihn und seine Familie bei der seelischen Bewältigung der neuen Situation. Der Entlassungsschock wird durch die Outplacement-Beratung abgemildert, und die ursprüngliche Firma – oft ein großer Konzern – erkauft sich durch ihre großzügige Geste eine «Ehrenrettung»: Brutale Entlassungen führen so weniger zu einem Imageverlust. Die betroffenen Führungskräfte zwischen 40 und 60 müssen in der Regel – wenn sie überhaupt wieder unterkommen – mit erheblichen Gehaltseinbußen rechnen. Und nicht selten erweist sich die neue Stelle nach kurzer Zeit als definitive Endstation.

Die Kehrseite der «Entrümpelungs»-Medaille: In vielen Betrieben fehlen heute Erfahrung und Weitblick älterer Arbeitnehmer. Was dies längerfristig für den Erfolg eines Unternehmens oder für die Volkswirtschaft als ganzes bedeutet, ist kaum zu ermessen. Es ist anzunehmen, daß nicht alles Neue, was unter Ausklammerung von Erfahrung gewonnen wird, langfristig auch sinnvoll ist. Oder mit den Worten von Bundestagspräsidentin Rita Süssmuth: «Unter dem Gesichtspunkt einer vordergründigen Rentabilität mag zwar alles für jüngere Arbeitnehmer sprechen, aber dann sollte man vielleicht überhaupt nur noch Maschinen einsetzen. Und selbst die sind ja bekanntlich nicht immer voll funktionsfähig...»[9]

Die diskriminierende Haltung, die in der Arbeitsgesellschaft gegenüber den Älteren vorherrscht, betrifft nicht irgendeine «Minderheit». Die über 50jährigen stellen in den EG-Staaten ein Drittel der Bevölkerung und immerhin ein Fünftel der Arbeitskräfte. Vor rund 20 Jahren wurde in den USA der Begriff *ageism* geprägt, als die Gewerkschaften zum Kampf gegen die Diskriminierung älterer Menschen auf dem Arbeitsmarkt aufriefen: Niemand sollte nur wegen seines Alters das Recht auf Arbeit verlieren. Dieser Begriff hält jetzt auch im deutschen Sprachraum Einzug. Während beim Sexismus das Geschlecht der Frau dafür ausschlaggebend ist, daß entweder ein gesellschaftlicher Zugang versperrt bleibt oder Chancen der Entfaltung nicht wahrgenommen werden können, ist im Falle von *ageism* das Alter eines Menschen der Grund für Reduzierung und Ausgrenzung. Die bereits zitierte Umfrage im Auftrag der EG-

Kommission erbrachte auch Resultate zum Thema *ageism*. Gemäß der Erhebung «ist ein außerordentlich hoher Anteil der Bürger in allen EG-Staaten der Meinung, daß ältere Arbeitnehmer bei der Stellensuche diskriminiert werden». Für eine deutliche Mehrheit der Befragten ist die Diskriminierung auch im Falle von Beförderungen und bei der Weiterbildung Tatsache. Rund 60 Prozent der Deutschen sind denn auch der Meinung, es sollten spezielle Gesetze erlassen werden, um der Diskriminierung älterer Arbeitnehmer ein Ende zu setzen.[10]

Im Schatten der Politik

> So wichtig der möglichst dauerhafte Gewinn jüngerer Menschen für die Parteien ist: Nicht sie, sondern die Älteren entscheiden über die Mehrheitsfähigkeit in der Gesellschaft.
>
> *Petra Mackroth / Malte Ristau*

Alte Menschen sind Objekt der Politik, sei es durch die politisch definierten Normalstandards (Rentenalter), sei es durch staatlich organisierte Vor- und Fürsorgepolitik. Alte Menschen sind aber auch Subjekt in der Politik. Ältere Bürger sind besonders fleißige Urnengänger. Bei öffentlichen politischen Veranstaltungen sind sie die eifrigsten Teilnehmer. Schon heute beeinflußt die im Vergleich zu anderen Altersschichten der Bevölkerung überdurchschnittlich hohe Zahl disziplinierter (d. h. regelmäßiger) älterer Stimmbürger Wahlen und Abstimmungen so, daß es bisweilen zu Verzerrungen der demokratischen Meinungsbildung kommt. Die Analyse der Bundestagswahlen von 1990 – bei der es besonders viele Protestwähler gab – ergibt, daß sich die ältere Generation weit stärker als die jüngere an konfessionellen oder gewerkschaftlichen Bindungen orientiert. Die über 50jährigen waren die Hauptstützen der etablierten Großparteien. Drei Viertel von ihnen stimmten für CDU/CSU bzw. SPD. Mehr als die Hälfte der über 60jährigen Wähler und Wählerinnen gaben ihre Stimme einer der C-Parteien. Die Grünen hingegen mußten sich mit 0,6 Prozent der Stimmen der älteren Wähler/innen begnügen.[1]

Besonders vor den Wahlen werden die Senioren von den Parteien hofiert. Die Parteistrategen sind sich des für sie wertvollen Potentials des bejahrten Elektorats wohl bewußt. Die konservative Ausrichtung älterer Mitbürger und der Umstand, daß sie bisweilen

Dinge mithelfen zu entscheiden, die sie selber nicht mehr betreffen, ist Gegenstand nicht nur politologischer Debatten. Die Frustration enttäuschter jüngerer Menschen gipfelt bisweilen im Ruf, Menschen ab 70 das Stimm- und Wahlrecht zu entziehen. Für ältere Urnengänger, die mit ihrem Beharrungsverhalten wichtige politische und gesellschaftliche Veränderungen blockieren, wurde der Begriff «Stuporbürger» geprägt. Was damit gemeint ist, erklärt etwas zugespitzt der Ethnopsychoanalytiker Paul Parin: «Je älter die Stimmbürger sind, um so einhelliger scheinen sie sich an die sarkastische Mahnung der Jenny in Brechts Mahagonny-Oper zu halten: ‹Segelt unter keinen Umständen gegen den Wind und versucht jetzt nichts Neues.› Sie sind starr, nichts soll sich ändern, sie selber bewegen sich nicht mehr, kaum noch einen Schritt weiter nach rechts. Es scheint sie kalt zu lassen, daß Volksvertreter und Politiker die Umwelt zerstören, die Welt ihrer Kinder und Enkel den tödlichsten Gefahren aussetzen. Die meisten wissen noch, was gespielt wird. Sie sind zu beleben, wenn man ihnen wieder einmal zeigt, wohin sie ihre ziellose Aggression richten können.»[2]

Der Stuporbürger ist gewiß der Typ des verbitterten, vielleicht auch verängstigten und gedemütigten alten Menschen. Die Kritik an den «konservativen» Alten müßte fairerweise auch die Sozialisationsbedingungen und oft bitteren Lebenserfahrungen dieser Menschen mit berücksichtigen. Es ist ein Grundprinzip des demokratischen Gedankens, daß jede(r) mündige Bürger(in) das Recht auf aktive und passive Partizipation am politischen Prozeß hat. Es kann den Senioren deshalb kein Vorwurf gemacht werden, wenn sie – mit den gleichen Möglichkeiten, die allen anderen Gruppen auch zur Verfügung stehen – versuchen, ihrer Meinung zum Durchbruch zu verhelfen. Der Gerontopsychologe Hans-Dieter Schneider beantwortet denn auch die Frage, ob ältere Menschen in der Politik Einfluß haben sollten, auf unzweideutige Weise: «Solange ältere Menschen gesund sind, verfügen sie über die Fähigkeit zu wissen, was sie wollen, warum sie es wollen und auf welchem Wege sie es erreichen wollen.»[3] Der Einfluß älterer Menschen auf die Politik nimmt tendenziell zu: Im Jahr 2000 werden 50 Prozent der Stimmbürger älter als 50 Jahre sein.

So sehr die ältere Generation bei den traditionellen Parteien als «Wasserträger» willkommen ist, so wenig ist ihre aktive Partizipation gefragt. In den letzten drei Jahrzehnten ist die Repräsentation älterer Menschen in politischen Führungsgremien stark zurückgegangen – u. a. als Folge der 68er (Jugend-)Bewegung. In Exekutiven und Legislativen sitzen derzeit nur sehr wenige Rentner/innen. Im schweizerischen Nationalrat (Parlament) zum Beispiel sind nur drei von 200 Mitgliedern im Rentenalter. Das entspricht einem Prozentanteil von 1,5 Prozent. In den Kommunalräten von Städten und Gemeinden – nicht nur der Schweiz – steht es mit der Vertretung von Rentnern ebenso schlecht. Als Mitglieder von Parteien haben Senioren laut einer internen Umfrage der EURAG, des Bundes für die ältere Generation Europas, fast durchweg in ganz Europa nur einen sehr geringen Einfluß. Pensionierte würden in den Parteien als untauglich betrachtet und müßten trotz ihrer großen Erfahrung wegen Altersgrenzen von Posten zurücktreten, stellt die Eurag fest.[4] An dieser ausgrenzenden Praxis ändert auch die Tatsache nichts, daß es in Großparteien mittlerweile Seniorenvereinigungen («Seniorenbeiräte») gibt. Der Verdacht besteht, daß die Parteien damit in erster Linie den sich bildenden außerparteilichen «Grauen Lobbys» (etwa den «Grauen Panthern») das Wasser abgraben wollen. Verschiedene Studien zeigen, daß Parteien in der Regel wenig ältere Menschen als Kandidaten für politische Ämter nominieren. Die innerparteiliche Selektion zeugt von dem auch in den Parteien herrschenden Altersstereotyp, wonach ältere Menschen weniger leisten. In der Tat werden nur wenige alte Menschen gewählt. Aufgrund der vorangegangenen Selektion läßt sich aber nicht feststellen, ob auch die Wähler alten Menschen in der Politik kein Vertrauen entgegenbringen.

Von der Politik ganz allgemein diskriminiert fühlen sich vor allem ältere Frauen. Gerade am Beispiel der Stellung älterer Frauen in der Gesellschaft werden krasse Demokratiedefizite sichtbar. Frauen sind nicht nur in der Politik untervertreten, sie befinden sich auch wirtschaftlich am sehr viel kürzeren Hebel. So sind beispielsweise 85 Prozent aller alleinstehenden Altersbeihilfebezieher Frauen.[5] Auf dem Kongreß der EURAG in Davos 1991 machte eine

Teilnehmerin stellvertretend für viele andere ihrem Ärger Luft: «Keiner kümmert sich um die Bedürfnisse der Alten. Es wäre deshalb an der Zeit, eine Revolution der älteren Generation auszurufen.»[6] Schuld an der mangelnden Einbindung in politische Strukturen schrieben aber Kongreßteilnehmer/innen teilweise auch sich selbst zu. Viele Rentner fühlten sich im Ruhestand müde und wollten von der Politik nichts mehr wissen. Beklagt wurde auch das Fehlen einer großen solidarischen Bewegung.

Zwischen Armut und Wohlstandsspitze

> Wir haben mit unserer lebenslangen Leistung ein Lebensende im Armenhaus nicht verdient!
>
> *Graue Panther, Basel*

Den meisten geht es gut

«Wer will schon leben wie ein Rentner?» fragte eine Anzeige der Commerzbank, die für ein Vorsorge-Programm warb. Die Bank weiß, wen sie bewirbt, denn das durchschnittliche Geldvermögen eines Seniorenhaushalts wird heute auf DM 125 000 geschätzt, in den USA sind es sogar über 200 000 Dollar. Gemäß der Eurobarometer-Umfrage der EG aus dem Jahre 1992 hält die große Mehrheit der alten Bevölkerung ihre finanzielle Situation für gesichert. Noch nie ist eine so reiche Generation alt geworden. Und die Zukunft wird uns noch reichere Alte bescheren. Bis zur Jahrtausendwende wird je ein Viertel des gesamten Geld- und Grundvermögens in der BRD Menschen gehören, die über 65 Jahre alt sind.[1]

Seit vielen Jahren sind die Renten in den alten Bundesländern stärker gestiegen als der Preisindex. In Zahlen ausgedrückt bedeutet das, daß sich das verfügbare Einkommen der Rentnerhaushalte zwischen 1972 und 1989 um durchschnittlich 141 Prozent erhöht hat.[2] Zusammen mit den enorm angewachsenen Vermögenswerten hat dies dazu geführt, daß die Zahl der Rentnerinnen und Rentner, die die Sozialhilfe beanspruchen, im Vergleich zu 1973 stark zurückgegangen ist. Nur noch 1,5 Prozent beziehen Sozialhilfe, während sich im gleichen Zeitraum die Gesamtzahl der Sozialhilfeempfänger verdreifacht hat. Alter führt nicht mehr zwingend zu Armut. «Die Lage der Älteren hat sich in den vergangenen 40 Jahren per Saldo erheblich verbessert», resümiert SPD-Fraktionschef Hans-Ulrich

Klose. «Von der reinen Ausgabenseite her bedeutet Sozialstaat überwiegend Wohlfahrt für die Älteren. Vom Verarmungsrisiko betroffen sind heute in Westdeutschland ausweislich der Statistik zunehmend und stärker die Jungen und Familien mit mehreren Kindern, insbesondere alleinerziehende Mütter.»

Auch wenn diese Zahlen ein positives Bild zeichnen, ist der Ruhestand vieler Menschen mit Entbehrungen und oft auch mit Armut verbunden. Wer kein eigenes Vermögen besitzt, muß im Ruhestand voll und ganz von der Rente und von den Beiträgen der Zusatzversorgungssysteme leben. Wenn ein Ehepaar dann noch weder über Einkünfte der Frau noch über eine Zusatzrente des Mannes verfügt, so muß es mit weniger als DM 1250 im Monat auskommen. Dies trifft in Deutschland auf ein Drittel der Altershaushalte zu. Gemäß der Eurobarometer-Umfrage (Commission of the European Communities: Ages and Attitudes) hält jeder 14. deutsche Rentenbezieher seine Rente eindeutig für zu knapp bemessen.

Eine Diskrepanz der Alterseinkommen ist zwischen Männern und Frauen festzustellen. Rentnerinnen fehlt oft eine Zusatzversicherung, und sie wurden auch bei gleicher Arbeit wesentlich schlechter entlohnt als ihre männlichen Kollegen. Wer weniger verdient, so die Regel, erhält auch eine niedrige Rente. In den alten Bundesländern betrug der durchschnittliche Monatsbeitrag der Versichertenrenten Anfang 1991 bei den Männern DM 1664, bei den Frauen hingegen lediglich DM 704. Auch bei der Angestelltenversicherung erhielten Frauen weniger als die Hälfte der Altersversorgung der Männer.

«Der Bedrohung durch die Armut können Frauen meist nur durch den Bezug von ehelichen Unterhaltszahlungen entgehen», schreibt das Sozialforschungsinstitut Infratest.[3] Besonders hart trifft es oft Frauen, die ledig oder geschieden sind: Von den 61- bis 79jährigen Frauen erreichten 1982 je ein Drittel der Ledigen und Geschiedenen ein monatliches Einkommen, das unter DM 800 lag. In den neuen Bundesländern ist die Situation heute noch dramatischer: Zwei der drei Millionen Rentner sind Frauen. Ihr monatliches Durchschnittseinkommen liegt bei DM 880. «Dafür haben sie im Schnitt mehr als dreißig Jahre gearbeitet», rechnet Regine

Hildebrandt, Brandenburgs Ministerin für Arbeit, Soziales, Gesundheit und Frauen, vor. «Aber ein Altersheimplatz kostet nun DM 1800 bis 2800.» 1986 erhielt jeder zwanzigste über 59jährige Sozialhilfe, 78 Prozent der Sozialhilfeempfänger waren Frauen.

Immer wieder zu Diskussionen Anlaß gibt die Frage, was als Armut zu bezeichnen sei. Sicherlich ist Armut in Entwicklungsländern etwas anderes als in Industrienationen. Ginge es nur darum, daß wir ein Dach über dem Kopf und genug zu essen hätten, so wäre die Armutsrate bei uns gering. Doch arm ist auch, wer nicht an weiteren wesentlichen Gütern unserer Gesellschaft teilhaben kann; dazu gehören Bildung, Kultur, angemessene Wohnverhältnisse, eine ausreichende Krankenversicherung und soziale Kontakte. Arm sein bedeutet im wesentlichen, von der Konsumgesellschaft ausgeschlossen zu sein, und dies kommt einer Diskriminierung gleich, denn oft ist das Konsumieren das einzige, was im gesamten Lebenslauf konstant bleibt. «Die Chance», so der deutsche Soziologe Gerd Göckenjan, «wie bisher Konsument zu sein, sichert nicht nur die Integration in der zweitwichtigsten, auch sinnspendenden, Gesellschaftssphäre, mit dieser verbindet sich auch die Möglichkeit, in gewohnten Lebensumwelten zu bleiben. Die vollständige Marginalisierung des Alters beginnt mit dem Zusammenbruch der Kaufkraft.»

Nach Rechnungen des Frankfurter Ökonomen Richard Hauser leben etwa sechs Millionen Menschen in den alten Bundesländern in Armut, also fast zehn Prozent der Bevölkerung. Ein Beispiel für eine alte Arme ist die 71jährige Heide S. aus Freiburg im Breisgau. Früher hatte sie ein Hotel im Ausland geführt und danach bis 65 in einem Freiburger Modehaus gearbeitet. Heute bezieht sie DM 1259 Rente plus DM 77 Wohngeld; abzüglich Miete, Strom, Wasser und Krankenkassenprämie bleiben ihr DM 463 zum Leben. Von Kino, Reisen oder neuen Kleidern kann sie nur träumen. Auch die Wohnungseinrichtung ist schon abgenutzt und Jahrzehnte alt. Trotzdem ist sie stolz darauf, die Fürsorge noch nie in Anspruch genommen zu haben.

Wie Heide S. könnten schätzungsweise 10 bis 40 Prozent mehr alte Menschen Sozialhilfe beantragen. Doch sie verzichten darauf, meist aus Scham. «Alte klagen selten, was ihnen bisweilen das regierungsamtliche Lob einbringt, eine besonders pflegeleichte Klientel zu sein», schreibt die Journalistin Ulrike Zielke. Noch schwerer als Heide S. hat es allein in den alten Bundesländern eine halbe Million Rentnerinnen. Nach Abzug von Miete und Fixkosten bleiben ihnen im Durchschnitt noch DM 130. Ulrike Zielke meint pointiert: «So lieb sind sie, die Alten, so allzeit bereit zum Verzicht. Soviel Wohlverhalten wird auch honoriert: mit Schmuseeinheiten. Nur, was Wohlfahrtsverbände seit drei Jahrzehnten fordern, eine ‹nachgehende, nachschauende Sozialhilfe› ist bislang noch nirgendwo zustande gekommen. Versprochen wird sie seit Mitte der 60er Jahre.»

Sogar in der reichen Schweiz, die 1994 das höchste Pro-Kopf-Einkommen der ganzen Welt aufwies, ist Armut geläufig. Horrende Wohnungsmieten und überteuerte Lebenshaltungskosten verschärfen hier die Situation zusätzlich. Die Präsidentin der Grauen Panther Zürich etwa meint, es gebe viele Rentnerinnen und Rentner, die nach Südeuropa auswandern wollten, «weil sie sich die Schweiz nicht mehr leisten können. Eigentlich eine Tragödie. Aber in Spanien kann man mit 2000 Franken im Monat noch leben.» Neuere Studien in Basel und im Kanton Bern zeigen, daß etwa ein Sechstel der Bevölkerung als arm zu bezeichnen ist, ein Drittel der Armen sind Altersrentner/innen. Ihre Lebensumstände sind geprägt durch Einsamkeit, schlechte Schulbildung, Krankheit oder Behinderung. Der oft gegen solche Studien vorgebrachte Einwand, es würden lediglich die Sozialausgaben und die versteuerbaren Einkünfte, nicht aber das Vermögen erfaßt, trifft nicht zu, denn die Mehrzahl der über 60jährigen bestreitet den Lebensunterhalt überwiegend aus Rentenzahlungen der gesetzlichen Rentenversicherung.

Ein Blick auf die Wohnsituation illustriert, in welchen Verhältnissen ältere Menschen heute leben. Einem Bericht des Deutschen Statistischen Bundesamtes zufolge wurde 1987 nur jeder dritte Haushalt der über 65jährigen im eigenen Heim geführt. Zum Vergleich: Mehr als die Hälfte der 40- bis 64jährigen lebten damals in den eigenen vier Wänden.[4] Allerdings hat das Wohneigentum auch einen Nachteil: die Gefahr der Isolation. Denn statistisch betrachtet leben die Eigentümer häufig in Häusern mit weniger Wohnparteien als die Mieter.[5] Überdurchschnittlich häufig weisen diese Wohnungen keinen zeitgemäßen Komfort auf. Etwa ein Viertel der Alten lebte 1987 in Wohnungen ohne Zentralheizung, weitere 6 Prozent der Altenhaushalte hatten kein Bad oder WC in der Wohnung. Auch mußten die Altenhaushalte mit einer durchschnittlich kleineren Wohnfläche auskommen als Haushalte anderer Bürger. Zudem wiesen viele Wohnungen gravierende Mängel auf. Alte Menschen wohnen oft in Stadtvierteln mit verblichenem Glanz und schlechter Lebensqualität. Dies liegt nicht nur an der finanziellen Situation der älteren Menschen, sondern auch daran, daß sie sich oft aus Angst, die Wohnung verlassen zu müssen, oder aus falscher Scham nicht für die Behebung der Mängel bei ihren Vermietern einsetzen.

Die neuen Konsumenten: geschmäht und umworben

Die überwiegende Mehrheit der über 50jährigen verfügt über genug Geld, um sich das zu leisten, was sie sich wünschen. In den USA gibt diese Altersgruppe immerhin jeden dritten Dollar aus. Längst haben Marktforschungsinstitute diese potentielle Käuferschicht durchleuchtet. Nach Ergebnissen von Infratest verteilen sich drei Viertel der 55- bis 70jährigen auf vier soziale Milieus.[6]

- Da ist zunächst das *konservativ gehobene Milieu*, zu dem etwa jeder sechste Bürger gehört. Typische Vertreter sind etwa Beamte und leitende Angestellte, Freiberufler oder Unternehmer, die sich als Humanisten und Bewahrer der Tradition verstehen und sich als gesellschaftliche Elite fühlen. Ihre Lebensart ist kultiviert und geordnet, sie verabscheuen Radikalismus jeder Art und neigen zu Bodenständigkeit, Harmonie und Kultur.
- Der überwiegende Anteil der älteren Bevölkerung – nämlich rund 40 Prozent – zählt zum *kleinbürgerlichen Milieu*. Zum Vergleich: Nur 7 Prozent der 18- bis 30jährigen gehört diesem Milieu an, das geprägt ist von der Überzeugung, daß man im Leben etwas Anständiges erreichen müsse. Die «Kleinbürger» halten

traditionelle Werte wie Ehrfurcht, Sauberkeit, Fleiß und Zielstrebigkeit hoch. Geradezu ein rotes Tuch sind für sie hingegen «Ausgeflippte, Drückeberger und Traumtänzer». Auch bei diesem Bevölkerungsteil gilt: Was man erreicht hat, das will man auch im Ruhestand bewahren, etwa durch Hobbywerken, Gartenarbeit, Aktivitäten im Gesangs- oder Schützenverein.

- Dem *traditionellen Arbeitermilieu* gehören etwa 8 Prozent der Älteren an. Die ehemaligen Arbeiter, die oft über sehr niedrige Renten und wenig Vermögen verfügen, verbringen ihren Ruhestand mit nachbarschaftlichem Kontakt, Tauben- oder Kaninchenzüchten, im Gesangs- oder Sportverein. Bindungen aus dem Berufsleben halten sie auch im Ruhestand aufrecht. Die Sicherheit der Altersrenten ist diesen Alten ein großes Anliegen. Sozialen und technischen Wandel hingegen betrachten sie mit Argwohn.
- Jeder zehnte ältere Mensch kann zum *traditionslosen Arbeitermilieu* gezählt werden. Dazu gehören viele Sozialhilfeempfänger. Die meisten dieser Menschen sind unzufrieden, resigniert und konzentrieren ihre Lebensansprüche auf kurzfristiges Konsumvergnügen.

Diese Milieu-Einteilung entspricht weitgehend traditionellen soziologischen Kategorien. In den letzten Jahren sind von Marketing-Spezialisten zum Teil ganz neue Typologien entwickelt worden. So lassen sich nach einer Studie des Züricher Dichter-Instituts die Schweizer im Alter zwischen 55 und 80 Jahren in vier Typen einteilen: *die Explorer, die Bonviveurs, die Selfpromoter* und *die Homeworker.*[7]

Etwa jeder siebte Senior ist gemäß dieser Zielgruppeneinteilung ein Explorer. Explorer sind, so das Dichter-Institut, «stets interessiert und bestrebt, Neues zu entdecken und zu erfahren». Schlagworte wie Gesundheitsvorsorge, Lifestyle, Fitneß und Sport stehen bei ihnen hoch im Kurs ebenso wie Reisen in ferne Länder. Diese können sich die Explorer auch leisten, leben sie doch in guten finanziellen Verhältnissen. «Die Explorer», resümiert die Studie des Dichter-Instituts, «welche sich aus der Gruppe der erwerbstätigen

‹Superkonsumenten› rekrutieren, ist der ‹kommende› Seniorentyp: Ihre Zahl wird in den nächsten Jahren erheblich anwachsen.»

Ganz anders erscheint demgegenüber der Bonviveur, der klassische Genießer, der mit einem Anteil von etwa 50 Prozent den größten Konsumententypus unter den 55- bis 70jährigen in der Schweiz ausmacht. Er verwöhnt sich gern selbst, vor allem mit gutem Essen und Trinken, und tut dies nach der Devise «gut und reichlich». Der Bonviveur ist eher der übergewichtige Senior, der für Gesundheitsprophylaxe wenig, dafür um so mehr für Schlafkomfort übrig hat. Weitgehend dem Klischee des gemütlichen Alten entsprechend, ist der Bonviveur gesellig, Mitglied mehrerer Klubs und Vereine und besucht Festveranstaltungen, wann immer es geht. Finanziell könnte es den Bonviveurs besser gehen, denn mit ihrer Neigung zu Spontankäufen würden sie gerne mehr Geld ausgeben. Bezüglich Urlaub lassen sie sich allerdings auf keine Experimente ein. Sie entscheiden sich für vertraute Orte, vorzugsweise in der Heimat oder an bekannten Badestränden am Mittelmeer. Das Fazit der Studie: «Kulturgeschichtlich betrachtet haben die Bonviveurs ihre Wurzeln in den 70er Jahren, in der Phase des ‹neuen Wohlstands›. Die damals gültig gewesene Hierarchie der Werte und der Lebensqualität ist für sie heute noch bestimmend.»

Nur jeder neunte 55- bis 70jährige Schweizer gehört dem eifrigen, elitären Konsumententypus der Selfpromoter an. Sie zeichnen sich durch viel Energie und Engagement, aber auch durch ein Defizit an natürlicher Lust und spontaner Freude aus. Selbst nach dem Austritt aus dem Erwerbsleben fühlen sie sich noch immer unter Leistungsdruck. Angetrieben in ihrem Eifer werden sie oft durch eine kritische bis pessimistische Einstellung zum Alter und zum Älterwerden. Deshalb trifft man sie auch in freiwillig übernommenen Führungs- und Lehrfunktionen. Selfpromoter betreiben Bildung und Kultur, sind umweltbewußt, sozial engagiert, gesundheits- und fitneßorientiert. An diesen Werten orientiert sich auch ihr Reiseverhalten, denn sie bevorzugen Bildungsreisen, Exkursionen und kulturelle Veranstaltungen. Kulturgeschichtlich betrachtet orten die Marketing-Spezialisten des Dichter-Instituts die Selfpromoter im «zeitlosen Bürgertum». Dieser Typ ist denn auch dem

Kreis der materiell Gutsituierten zuzurechnen, gibt aber sein Geld nur zaghaft aus.

Mit 23 Prozent die zweitgrößte Senioren-Konsumentengruppe der Schweiz machen die unermüdlichen «Schaffer» der Homeworker aus. Haus und Garten sind das Zentrum all ihrer Bemühungen. Dementsprechend unternehmen sie auch wenig Reisen und verbringen ihren Urlaub oft zu Hause. Homeworker betätigen sich als Schreiner, Gärtner, Tapezierer, Installateure und Kleintierzüchter mit dem Ziel, den erreichten, wenn auch oft bescheidenen, Wohlstand zu sichern. Der Homeworker neigt bei seiner Arbeit zur Perfektion, verlangt bei allem, was er kauft, eine hohe Qualität und ist mit seinem großen Sicherheitsbedürfnis in der Regel auch gut versichert. «Die konsumhistorischen Wurzeln», so die Autoren der Studie, «reichen bei den Homeworkern zurück in die Generation des Zweiten Weltkriegs und in die ‹Vorwohlstandszeit› der 50er Jahre.» Deshalb nehmen diese Menschen oft auch Entbehrungen in Kauf, wenn es darum geht, den erreichten Wohlstand in Form eines Eigenheims zu präsentieren.

Woopies, Yollies und Selpies

So hilfreich solche Typologien für Verkaufsstrategen sein mögen, kann man sich doch fragen, ob sie nicht allzu vereinfachend sind und der Bildung von neuen Klischees Vorschub leisten. Selbstverständlich sind die beschriebenen Konsumententypen auch bei Jüngeren und nicht nur in der Schweiz zu finden. Nur wird sich wohl die prozentuale Zusammensetzung der Gruppen ändern. Obwohl die Studie des Dichter-Instituts entgegen einer Reihe anderer Untersuchungen keine signifikante Armut unter den älteren Menschen auszumachen vermochte, bestätigt sie, daß die 55- bis 70jährigen eine sehr heterogene Bevölkerungsschicht sind, die außerdem einem großen Wandel unterliegt. Der wirtschaftliche Boom der 80er Jahre hat dafür gesorgt, daß diejenigen, die in den nächsten Jahren in den Ruhestand treten, so viel Geld zur Verfügung haben werden wie keine andere Generation zuvor. Daß sie zu einem großen Teil noch einer hedonistischen und konsumorientierten Lebensweise anhängen, sollte sie für Marketing-Spezialisten eigentlich zu einer bevorzugten Zielgruppe machen.

Zumindest im deutschen Sprachraum scheint das aber nicht der Fall zu sein: Wer über 50 ist, ist für die Marktstrategen bloß dann interessant, wenn es um seniorenspezifische Angebote wie Kuren, Tagesausflüge, Senioren-Residenzen im Tessin oder am Mittelmeer geht. Die privaten Fernsehsender RTL und Sat1 wollten 1993 sogar ihre Sendestruktur ändern und von älteren Menschen bevorzugte Sendungen wie die Game-Shows («Der Preis ist heiß») einstellen. Diese erreichen zwar hohe Einschaltquoten, doch sind es laut dem 54jährigen RTL-Leiter Helmut Thoma die falschen Zuschauer: «Die Älteren», so urteilt Thoma pauschal, «ändern ihr Konsumverhalten nur noch ungern. Das macht sie für Werbung uninteressant.» Und da private Sender zwar hohe Einschaltquoten brauchen, aber letztlich von der Werbung leben, erklärte kürzlich der Präsident der amerikanischen TV-Anstalt Fox: «Wir brauchen keinen einzigen Zuschauer über 50, um eine gesunde Programmfixierung zu gewährleisten.» Diese und ähnliche Urteile haben unter den Älteren verständlicherweise Entrüstung hervorgerufen.

Für viele alte Menschen hat das Fernsehen eine große Bedeutung in der Gestaltung des Alltags. Durchschnittlich verbringen 55- bis 74jährige mehr als drei Stunden vor dem Fernsehgerät, am Wochenende sogar vier. Doch wenn sie dabei unerwünscht sind, so trifft die Fernsehdirektoren weniger Schuld als die Marketing-Leiter und Werber. Sie sind es letztlich, die entscheiden, für welche Zielgruppen die Werbegelder ausgegeben werden. Der Düsseldorfer Marketing-Forscher Joachim Doblenz, selber in den 30ern, trieb kürzlich den Zynismus der Branche auf die Spitze, indem er sagte: «Die Alten drehen Sie nicht mehr um. Die haben ihr eingefahrenes Konsumverhalten. Jede Werbemark für die ist rausgeworfenes Geld. Lieber warten. Das Problem erledigt sich biologisch. Wußten Sie, daß die Alten bis zur Jahrhundertwende drei Billionen weiterreichen?» Also lieber die Jungen bewerben, suggeriert Doblenz, und warten, bis diese zu reichen Erben geworden sind.

Doblenz und seine Kollegen repräsentieren aber nur einen Teil der Marketingstrategen. Längst haben verschiedene Branchen die konsumfreudigen Alten entdeckt und für sie Wörter wie Woopies, Yollies oder Selpies kreiert. Die *Woopies* sind die «well-off older people», die wohlhabenden Älteren. Die *Yollies* (young-old leisurely living people) stehen für junggebliebene, gemütlich lebende Alte und die *Selpies* für die «second life people», also für die Leute mit dem Leben nach der Arbeit. Bei Banken und Versicherungen etwa nehmen diese Kunden eine immer wichtigere Stellung ein; dafür sinkt das Interesse an den hitzköpfigen und oft hoch verschuldeten jüngeren Klienten. So werden z.B. Senioren-Sparkonten mit höheren Zinssätzen angeboten. Auch die Konsumgüterindustrie setzt immer häufiger auf die aktiven und kaufkräftigen Älteren. «Oma und Opa sind out», so Wolfhard Patzelt von der Werbeagentur Grey, die unter anderem Werbung für ein berühmtes Zahnprothesen-Pflegemittel macht. «Die dritte Lebensphase bedeutet nicht mehr Rückblick, sondern aktive, genußorientierte Lebensgestaltung. Die Leute schauen nach vorne.»

Die Erfahrung, daß die Wirtschaft ein von Klischees geprägtes und damit falsches Bild der älteren Generation hat, mußte auch der Organisator der Züricher Senioren-Messe, Alfred Messerli, machen. Als dieser ein großes Möbelhaus für eine Beteiligung an der Messe anfragte, bekam er eine negative Antwort: Eine Beteiligung könne der Firma ein falsches Image geben. Die Werbung richte sich vor allem an die Jungen. Auch ein Warenhaus meinte, man habe nun das Erscheinungsbild mit Millionenaufwand auf eine neue Erlebniswelt und damit auf die junge Generation ausgerichtet. Alfred Messerli weiß aber, daß eine neue aktive Senioren-Generation herangewachsen ist, «die nach einem erfüllten, arbeitsreichen Leben auch noch etwas haben und genießen möchte. Eigentlich erstaunlich, daß diese Wandlung noch nicht bis in die letzte Werbeagentur durchgedrungen ist. Oder vielleicht muß man sagen: Glücklicherweise.»

In den USA sind die «50+-Konsumenten» jedenfalls als größter und am schnellsten wachsender Markt entdeckt worden, in dem erfolgreich Marketing betrieben werden kann. Der Marketing-Experte Jeff Ostroff warnt vor den «acht tödlichen Fehleinschätzungen», wie: «Alte sind alle gleich», oder «Ältere halten sich für alt» oder «Ältere werden nichts Neues ausprobieren». Gerade mit diesem Vorurteil räumt eine ‹Geromarkt›-Studie in den USA auf, die das Konsumverhalten bei Nahrungsmitteln untersuchte. Hätte man vermuten können, daß sich mit den Jahren bei den Nahrungsmitteln bevorzugte Marken und Produkte hartnäckig in den Einkaufsgewohnheiten festgesetzt haben, so beweist diese Untersuchung genau das Gegenteil. Innerhalb eines Jahres hatten 45 Prozent der über 50jährigen ein neues Fertig-Müsli ausprobiert, 34 Prozent kauften eine neue Eis-Marke, und 30 Prozent hatten es mit einer neuen Dosensuppe versucht. Insgesamt hatten über drei Viertel der Untersuchten im Verlauf eines Jahres eine neue Marke der untersuchten fünf Produkte probiert.[8] Während in Washington mit Bill Clinton erstmals ein Babyboomer zum Präsidenten der Vereinigten Staaten von Amerika gewählt wurde, empfiehlt Ostroff schon heute, Marketing-Strategien für diese sehr kaufkräftige Generation (mit Geburtsjahrgängen von 1945 bis 1964) im Ruhestand zu entwickeln. Sie wird, so erwartet Ostroff, ihr Geld insbesondere beispielsweise für Fitneßprodukte und -angebote, kosmetische Chirurgie, Vitamine oder «Anti-Altern»-Produkte ausgeben.

Doch schon heute ist für viele ältere Menschen konsumorientierter Genuß zu einem wichtigen Bestandteil der Lebensgestaltung geworden. Was sie im Verlauf ihres Lebens erarbeitet haben, Wohlstand und Vermögen, wollen sie bis zuletzt auskosten. Ein populärer Autoaufkleber in den USA beweist auch, daß sie diese Haltung offen kundtun. Ihre Kinder und Enkel werden ihn wohl mit Argwohn lesen, denn darauf steht: «Wir verjubeln das Erbe unserer Kinder!»

Allein gelassen und abgekoppelt

> Das Alter konfrontiert uns mit dem Nicht-Angepaßten, dem Eigenwilligen und Unberechenbaren in uns; mit dem, was unserem täglichen Funktionieren-Müssen und -Wollen einen Strich durch die Rechnung machen kann. Deswegen stören die Zeichen des Alters, deswegen stören die Alten, deswegen werden sie abgekoppelt, weggestellt, ausgespart, ignoriert, vergessen.
>
> *Christel Schachtner*

An den Alten vorbeigedacht

Berichte über betagte Frauen und Männer, die tagelang ohne menschlichen Kontakt leben, sind nicht selten. Bekannte und Verwandte sind gestorben, die erwachsenen Kinder sind mit ihren eigenen Familien beschäftigt, der Gesundheitszustand oder der Haushaltsetat erlaubt es nicht mehr auszugehen: alles Gründe, weshalb Isolation und Einsamkeit das Los vieler betagter Menschen sind. Vor allem Angehörige pflegender Berufe wissen um die Isolation alter Menschen, für die sie bisweilen der einzige Kontakt mit der Außenwelt sind. Untersuchungen über das tatsächliche Ausmaß der Isolation und ihrer Folgen bei älteren Menschen fehlen weitgehend. Einer von acht älteren EG-Bürgern fühlt sich gemäß einer von der Kommission der Europäischen Gemeinschaft 1992 durchgeführten Umfrage «oft einsam», einer von drei «gelegentlich einsam». Ein weiteres Ergebnis dieser Umfrage: Nur einer von zehn älteren Deutschen trifft jeden Tag einen Freund. Einen weiteren Hinweis auf diese Problematik gibt ein Umfrageergebnis, das im Rahmen einer Erhebung zur Lebenssituation der 55- bis 70jährigen Bundesbürger ermittelt wurde: Der Satz «Das größte Problem der älteren Menschen ist die Einsamkeit» fand die Zustimmung von 83 (!) Prozent der Befragten.[1] Ebenso erschreckend wie sinnfällig für das Ausmaß altersbedingten Verlassenseins ist die weitgehend verdrängte Tatsache des einsamen Tods in den Fluren der Pflegeheime.

Die Wohnsituation der meisten alten Menschen begünstigt ihre Isolation. Von 1970 bis 1989 hat die Zahl der Ein-Personen-Haushalte von 60jährigen und älteren in der Bundesrepublik um 50 Prozent zugenommen. Über 4,6 Millionen älterer Menschen (ein Drittel der über 65jährigen) leben allein und auf sich gestellt – vielfach in Kleinwohnungen. In der Abkapselung verkümmern soziale Fähigkeiten, steigt das Risiko, seelisch oder körperlich krank zu werden. Das gleiche gilt für das andere Extrem: Großheime, die kaum Raum lassen für Individualität. Die Wohnprobleme alter Menschen haben in den letzten Jahren noch zugenommen. Die Hochzinspolitik hat die Wohnsituation für viele alte Menschen verschärft. Aufgrund exorbitanter Mietsteigerungen wurden Menschen gezwungen, kostengünstige Wohnungen – oft solche, in denen sie über Jahrzehnte gelebt haben – aufzugeben. Mit dem erzwungenen Umzug ist denn meist auch die Zerstörung des sozialen Netzes verbunden. Und nicht selten sind unbezahlbar gewordene Mieten der Grund dafür, daß Menschen, die eigentlich noch selbständig leben können, gezwungen sind, ins Altersheim zu gehen.

85 Prozent der auf sich allein gestellten älteren Menschen sind Frauen. In Österreich lebt mehr als die Hälfte der über 70jährigen Frauen allein. Das Alleinsein haben die Frauen in der Regel nicht frei gewählt. Während von den über 60jährigen Frauen nur noch 40 Prozent mit ihrem Partner zusammenleben, hat die Mehrheit der älteren Männer – 1989 waren es in der BRD 82 Prozent – das Glück, eine Partnerin zur Seite zu haben. Die gegenwärtigen Lebensumstände älterer Frauen in Deutschland sind geprägt durch ihre Lebensgeschichte. Die heute 60jährigen und älteren sind in den 30er Jahren und früher geboren. Ihre Biographie ist nicht zu trennen von den Folgen des Zweiten Weltkriegs. Das proportionale Übergewicht der Frauen und das damit verbundene Schicksal

drücken auch die folgenden Tatsachen aus: Frauen prägen nicht nur das Bild der Altersheime, sie nehmen auch – als Alleinstehende, selbständig Lebende – die Angebote der Altenhilfe in weit stärkerem Maß in Anspruch als Männer.

Allein leben muß nun nicht zwangsläufig bedeuten, daß man ganz allein auf sich gestellt oder einsam ist. Nach einer Untersuchung des Allensbacher Instituts für Demoskopie bestehen vielfache Kontakte zwischen der älteren und jüngeren Generation, auch wenn diese nicht mehr im gleichen Haushalt leben.[2] Die älteren Frauen von heute mußten mehr Kinder aufziehen und eine größere Familie versorgen als die Generation der jüngeren Frauen. Eine Folge davon ist, daß viele von ihnen auf die Unterstützung ihrer Kinder rechnen und vielfältige familiäre Kontakte pflegen können.

Eine von der Schweizer Winterthur-Versicherung in Auftrag gegebene Meinungserhebung fragte auch nach Kontaktbedürfnissen und -defiziten. Etwa ein Viertel der älteren Menschen gehört der Studie zufolge in die Kategorie der «ausgesprochen kontaktarmen Senioren». 10 Prozent der Befragten – befragt wurden Menschen zwischen 55 und 80 Jahren – werden als «Kontaktverweigerer» definiert, die sich in der selbst gewählten Ein- oder Zweisamkeit wohler fühlen als in der Gesellschaft anderer Menschen. Eine weitere Gruppe, ebenfalls etwa 10 Prozent, werden von den Sozialforschern mit der Kennzeichnung «kontaktspezifisch genügsam» belegt. Menschen dieser Gruppe haben wenig Freunde und Bekannte – «eine Situation, die offensichtlich weder speziell gesucht noch beklagt wird». Offenbar kommt es darauf an, wie und in welchem Zusammenhang nach Isolation gefragt wird. In der Erhebung wurde dieses Thema zweimal angesprochen – mit unterschiedlichem Ergebnis: Während auf die zuerst gestellte Frage sich 15 Prozent der Befragten als isoliert bezeichneten, gaben in einer Nachfrage nur fünf Prozent an, daß sie von Einsamkeit bedrückt würden.[3] Im Zusammenhang einer weiteren Frage gaben 21 Prozent zu Protokoll, daß das Älterwerden für sie u. a. dadurch charakterisiert sei, daß sie sich einsamer fühlten als zuvor. Die Studie ergab des weiteren, daß 40 Prozent der Menschen zwischen 55 und 80 sich auf Kontakte mit der eigenen Familie beschränken. Aus früheren Erhebungen läßt sich dazu ergänzen, daß nur 10 Prozent der erwachsenen Schweizer enge nachbarschaftliche Kontakte unterhalten.[4]

Von Planung und Verkehr überfahren

Isolation und Rückzug vieler alter Menschen können – zum Beispiel was das Wohnen angeht – freiwillig sein. Der Ausschluß aus Lebenszusammenhängen, die für die Jüngeren selbstverständlich sind, ist trotzdem nicht zu leugnen. Gerade betagte Menschen sind in vielfacher Weise Opfer von – städtebaulichen und anderen – Strukturen, die auf reibungsloses Funktionieren angelegt sind. Bei Großplanungen wird den Bedürfnissen der Alten kaum Rechnung getragen. Das gleiche gilt für den öffentlichen Verkehr. Für Alte ohne Computererfahrung stellt schon der Fahrkartenautomat eine unüberwindliche Barriere dar; und die zu hohen Einstiegstritte bei Bahn oder Straßenbahn versperren nicht nur schwer Behinderten den Zugang. Wer sich in den Strukturen öffentlicher Räume nicht zurechtfindet oder sich ihnen nicht anpassen kann, wird – symbolisch oder real – überfahren. Es ist eine traurige Tatsache: Senioren gehören zu den gefährdetsten Verkehrsteilnehmern. Und gefährdet sind sie vor allem als Fußgänger. Das Risiko, buchstäblich unter die Räder zu kommen, ist bei den über 70jährigen ebenso hoch wie bei Kindern zwischen fünf und neun Jahren – dreieinhalbmal so hoch wie in der übrigen Bevölkerung; die am meisten gefährdete Altersgruppe überhaupt sind die 80- bis 84jährigen.[5]

Die Straße ist ein Ort, wo auch von den längst aus der Leistungsgesellschaft Entlassenen unerbittlich Leistung verlangt wird. Christel Schachtner hat das Verhalten alter Menschen im Großstadt-Straßenverkehr empirisch untersucht. Sie stellte fest, daß nur wenige die Straße selbstbewußt und entschlossen überqueren. Viele alte Menschen verhalten sich zögernd-abwartend oder gehetzt, meiden verkehrsreiche Gebiete oder beschränken Besorgungen in der Stadt aufs nötigste. Damit werden Isolation und Ausgrenzung alter betagter Menschen verstärkt.

Ein weiterer Grund, weshalb alte Menschen oft die eigenen vier

Wände am liebsten nicht mehr verlassen möchten, ist die Angst, überfallen zu werden. Die Opfer des sogenannten Taschenziehens – das Entreißen der Handtasche – sind in neun von zehn Fällen Rentner/innen.

Angepaßt und bevormundet

«Nun wird das Idealbild des alten Menschen in unserer Gesellschaft nicht von denen entworfen, die selbst alt sind, sondern von den jugendlichen Beratern, die es besser wissen», schreibt der Sozialphilosoph Wilhelm Blechmann zum hierarchischen Gefälle zwischen denen, die das Alter «organisieren» und den von dieser Sozialtechnik Betroffenen. «Verschiedenen Gruppen gelingt es», so Blechmann, «ein Zielbild des alten Menschen als Ideal zu entwerfen, das aus dem Obrigkeitsstaat stammt. Der alte Mensch soll sein: selbstbescheiden, unterwürfig, mit hohem Anpassungspotential, folgsam an der Hand der Sozialvögte – ein neuer Untertan.»[6]

Die heutige Gesellschaft betrachtet das Alter noch vorwiegend als Problem. Wenn es nicht verdrängt oder ausgegrenzt wird, so ist es Gegenstand der Verwaltung und Versorgung. Alte Menschen haben keinerlei gesellschaftliche Relevanz. Der Politik gelten sie als Last («Altenlast»), ihre Existenz bedeutet in erster Linie einen «Kostenfaktor». Obwohl sich die meisten älteren Menschen einer verhältnismäßig guten Gesundheit erfreuen, «verkennen manche politischen und administrativen Maßnahmen die psychischen, emotionalen und intellektuellen Fähigkeiten und Bedürfnisse der Älteren», stellte schon 1982 ein Expertenbericht an die UNO-Weltkonferenz zur Frage des Alterns in Wien fest.[7]

Die öffentliche Diskussion über Fragen des Alters bewegt sich ebenso wie die Politik meist noch in einem sehr engen Rahmen und beschränkt sich auf Aspekte wie die Rentenpolitik oder die Planung und Finanzierung von Pflegeheimen. Die Alterspolitik folgt dabei im wesentlichen dem von der neueren Gerontologie als antiquiert verworfenen Defizitmodell, wonach Alter mit körperlichem und geistigem Abbau und Rückzug aus dem produktiven Leben gleichzusetzen sei. Das Ergebnis solch vorurteilsbehafteter Einstellungen sind von Kommunen erstellte Altenpläne, die an den Bedürfnissen alter Menschen vorbeizielen, indem sie diese ausschließlich als zu Betreuende sehen und ihnen überdies jegliche Individualität absprechen. Für eine solche einebnende, undifferenziert auf die Alten bezogene Politik finden sich landauf und -ab immer wieder Beispiele. Die Verengung der Optik auf das Alter als Problem von Fürsorge und Versorgung rührt freilich nicht bloß von mangelndem Wissen her. Sie nutzt den Verfechtern des Leistungsdogmas und denjenigen, die an der Aufrechterhaltung von Macht über möglichst alle Segmente der Gesellschaft interessiert sind. Denn wer von Staats wegen versorgt werden muß, der läßt sich auch kontrollieren und disziplinieren.

Die fehlende Bereitschaft, die Bevölkerungsgruppe der alten Menschen – immerhin schon jetzt ein Fünftel der Gesamtbevölkerung – in ihren Belangen und Anliegen ernst zu nehmen, drückt sich in Form verbaler Ausgrenzung aus: Die Alten werden zur «Problem-» oder «Randgruppe» erklärt. Da finden sie sich dann in ehrenwerter Nachbarschaft: Jugendliche, Arbeitslose, Frauen... Lauter «Randgruppen», deren Einfluß auf die Zentralinstanzen der Gesellschaft gering ist. Kennzeichen aller «Randgruppen» ist, daß sie nicht selbst Politik machen, sondern daß politisch über sie bestimmt wird. Die wichtigsten Akteure in der Alterspolitik sind nicht die älteren Menschen selbst, sondern Angehörige der mittleren Generation, die sich kaum mit den Bedürfnissen der Älteren identifizieren.

Je älter Menschen werden, desto öfter machen sie die Erfahrung, daß andere über sie bestimmen: Ärzte, Ämter, die eigenen Kinder, Sozialorganisationen. Sowohl in der «großen» Politik – in Regierungen und Parlamenten – als auch in der zielgruppenspezifischen Alterspolitik bestimmen fast ausschließlich Nichtpensionierte. Politik für Alte ist heute noch eine Politik ohne Alte. Darin liegt sehr viel Demütigendes. Alte Menschen werden betreut, versorgt und abgesichert. Das alles geschieht, ohne daß sie dazu befragt würden. Auch wenn diese von professionellen Sozialagenturen übernommene Fürsorge wohlmeinend ist, stellt sich doch die Frage, ob sie auch dafür sorgt, daß das Leben der Versorgten lebendig bleibt. In vielen Städten gibt es heute sehr gut organisierte Netze von Betreuungs- und Behandlungseinrichtungen – vom Essen auf Rädern über Hauspflege und Krankenpflege zu Hause bis zu den verschiedenen Beratungs- und spezialisierten Einzeldiensten. So sinnvoll und nötig solche Dienstleistungen der öffentlichen Hand oder privater Organisationen sind, so muß der Anspruch auf «Lückenlosigkeit» der Versorgung doch auch Bedenken wecken. Das von der Stadt Zürich vorgeschlagene Modell Labiz (Labiz = Lückenlose Altersbetreuung in Zürich) beispielsweise stieß auf heftige Kritik bei in der Altenarbeit engagierten Sozialarbeitern. Ihren Widerstand gegen eine fast automatische Vollversorgung begründeten sie mit dem Argument, Modelle vom Zuschnitt Labiz würden die persönliche Freiheit der einzelnen alten Menschen zu wenig berücksichtigen. Man müsse es den alten Menschen selbst überlassen, wieviel Pflege und Betreuung sie annehmen wollten. Ein allzu engmaschiges Versorgungsnetz beinhalte die Gefahr eines Überwachungssystems, das persönlichen Freiheits- und Rückzugswünschen nur noch geringen Spielraum lasse.[8]

Die vorherrschenden Betreuungsvorstellungen müssen immer wieder hinterfragt werden. Darauf macht Wolfgang Buff in seinem Essay «Alter schützt vor Hilfe nicht» aufmerksam: «Es ist nicht mehr bloß eine fiktive Gefahr, in einigen Jahren als eigenbrödlerisch, unvernünftig, altersstarrsinnig angesehen und demzufolge behandelt und sanktioniert zu werden, wenn man nicht mit seinem Notruf-Signal-Geber, seiner Telefonkette und seinem Altershobby umgeben, in der altersgerechten Kleinstwohnung, von altersgerechten Mahlzeiten-, Hauspflege-, Fußpflege- und wer weiß noch was für Diensten umsorgt wird. Wer sich nicht qualifiziert auf seinen Ruhestand vorbereiten läßt, stört den Versorgungs- und Fürsorgebetrieb. Er weiß nicht, wann er wie welchen Dienst einzuschalten hat und lebt als alter Mensch auf ‹eigene Gefahr› und ohne ‹sachgerechte› Betreuung, zu allem Übel auch noch ohne sich selbst Hilfe zu geben. Wer sich dieser Fürsorgeindustrie und Versorgungsgesellschaft standhaft verweigert, wird mindestens so sonderbar wirken, wie jemand, der heutzutage versucht, ohne Scheckkarte oder Telefon- bzw. Fernsehanschluß zu ‹überleben›. Spätestens dann wird es allerhöchste Zeit, stärker nach den Zielen, statt immer nur nach perfekteren Mitteln dieser ‹fürsorglichen Belagerung› zu fragen. Zu groß ist das Risiko eines vom Leben befreiten Zugewinns an Lebensjahren für einen Großteil der Alten. Alter ist doch kein Grund, sich alles gefallen zu lassen.»[9]

Wenn in der Gesellschaft die Meinung vorherrscht, Altern sei eine Krankheit, darf man sich nicht wundern, wenn die betroffenen Individuen sich selbst keine Mündigkeit mehr zutrauen. Die Fähigkeit, das Alter aus eigenen Kräften zu gestalten, ist tatsächlich weitgehend abhanden gekommen. Am augenfälligsten ist das vielleicht in bezug auf das Sterben: Wie wir sterben wollen, liegt längst nicht mehr in unserer Kompetenz. Einen anderen als den medizinisch betreuten Tod gibt es kaum noch. Die Vorstellung, daß jemand aus eigener Entscheidung sich zum Sterben bereit erklären könnte, wirkt schon fast ungeheuerlich. Daß das Alter(n), obwohl ein ebenso natürlicher wie unumgänglicher Prozeß, als ähnlich bedrohlich wie eine unheilbare Krankheit empfunden wird, sagt Alarmierenderes über den Zustand des menschlichen und sozialen Beziehungsgefüges aus als über die objektiven Bedingungen des Alterns selbst.

Die allgemeine Ratlosigkeit gegenüber dem Phänomen Alter drückt sich nicht zuletzt in einer Flut von Ratgeberbüchern aus, die Altern als etwas darstellen, das gelernt sein will und auf das man sich frühzeitig vorbereiten muß. Daß solche Ratgeber nützlich sein können, soll nicht bestritten werden. Doch nötig wären wohl auch Ratgeber für die Gesellschaftspolitiker. Sieht man von den administrativen oder karitativen Maßnahmen ab, ist auf politischer Ebene bisher für alte Menschen wenig unternommen worden. Es fehlt weitgehend an Ideen und Projekten für einen Einbezug des dritten und vierten Alters in die produktiven Strukturen der Gesellschaft.

Die Entsorgung der «Sozialleichen»

Gemäß einer Repräsentativbefragung des Infratest-Instituts bei 55- bis 70jährigen haben 44 Prozent aller Befragten das Gefühl, «als würden die älteren Menschen in unserer Gesellschaft nur noch als Belastung gesehen». Die Lebenserfahrung der Älteren gelte wenig in einer Gesellschaft, die dem Leitbild der Jugend huldigt. Zwar unterscheiden sich die Selbstbilder der Älteren gemäß der Umfrage teilweise stark voneinander, doch «das Leiden unter den negativen Alten-Klischees der Gesellschaft zieht sich wie ein roter Faden durch fast alle von ihnen». Die Generation der jüngeren Alten scheint in besonderem Maß unter der Diskriminierung zu leiden. Sie sind noch voller Lebenskraft und werden dennoch zum «alten Eisen» gerechnet. «Die Tatsache, daß mehr als zwei Drittel der Älteren der Ansicht sind, daß ‹das Ansehen der Älteren in der Gesellschaft dringend verbessert werden muß›, kann eigentlich nur als Alarmsignal verstanden werden, die vielfach verletzten Gefühle der Älteren ernstzunehmen», kommentieren die Forscher den Befund der Umfrage.[10]

Negative Vorurteile tragen dazu bei, aus alten Menschen «Sozial-Leichen» (Ursula Lehr) zu machen und sie ins gesellschaftliche Abseits zu drängen. Der Ausschluß geschieht bisweilen auf sehr subtile Weise. So wurde beispielsweise im Rahmen der letzten Volkszählung in der Bundesrepublik darauf verzichtet, die Schul- und Berufsbildung der über 65jährigen abzufragen.[11]

Der Verlust von Sinnbezügen, die Erfahrung des Nicht-mehr-Gebrauchtwerdens ist immer mit Gefühlen der Ohnmacht und Selbstentwertung verknüpft. 31 Prozent der Älteren haben laut der Infratest-Umfrage eine pessimistisch-resignative Grundhaltung gegenüber dem Alter im allgemeinen, da sie erwarten, daß es nur Einschränkungen und Benachteiligungen mit sich bringt. Zum möglichen Identitätsverlust, der mit der Aufgabe der Arbeit verbunden ist, gesellt sich der Funktionsverlust. Viele Rentner vergleichen sich insgeheim mit den noch Erwerbstätigen und haben unterschwellig ein schlechtes Gewissen. Trotz des Vorhandenseins auch positiver Identifikationsmuster müsse der Schluß gezogen werden, schreiben die Autoren der Infratest-Studie, daß die Selbstwahrnehmung der Älteren überwiegend negativ geprägt sei.

Nebst der Berufsaufgabe werden auch die körperlichen Besonderheiten des Alters, wie schwindende Attraktivität, Gebrechlichkeit, Nähe des Todes in der westlichen Industriegesellschaft mit ihren Standards von Leistung und Schönheit zu ausgrenzenden Momenten. Die damit verbundene Abwertung des Alters ist allerdings kein neues Phänomen. Schon vor der Industrialisierung wurden vor allem «die Hochbetagten als gleichsam außerhalb der gesellschaftlichen Regeln betrachtet. Sie galten einerseits als besonders stützungswürdig, andererseits aber auch als kontrollbedürftig. Zwar waren sie abgehoben und verehrungswert, aber doch gesellschaftlich abgeblaßt und überall dort uninteressant geworden, wo sie nicht besondere Machtpositionen innehatten und z. B. über verheißungsvolle Vererbungsmöglichkeiten verfügten. Den Älteren wurde weder Sexualität noch Leidenschaft, noch besondere ‹Lebendigkeit› zugebilligt, sie wurden vielmehr in die Ecke der grauen ‹Weisheit› gedrängt. Wo und wann sie diese verlieren – z. B. in Liebesangelegenheiten –, drohte ihnen die Lächerlichkeit.»[12]

Das Erlebnis des Überflüssigseins oder des bloß noch Geduldetwerdens nimmt bei manchen älteren Menschen die Form von innerem Rückzug und Selbstaufgabe an. Sharon Curtin, Autorin des Buchs «Niemand stirbt am Alter», beschreibt einen 81jährigen, der nach erzwungener Wohnungsaufgabe in die psychiatrische Abteilung eines Krankenhauses gebracht wurde: «Herr Gruner entschuldigte sich fortwährend wegen irgend etwas. Mir schien, er entschuldige sich gar, weil er überhaupt atmete, bei jedem Bissen zögerte er, als sei er nicht sicher, ob er ihn denn kauen dürfe. Seine Art zu sitzen und zu gehen, veranschaulichte haargenau den Begriff ‹Selbstverleugnung›.»[13]

Abwertung aufgrund «fehlerhafter» Körperlichkeit oder geistiger «Minderbemittlung» erfahren die davon Betroffenen auf vielfältige Weise. Die «Umwelt» läßt es an diesbezüglichen Hinweisen nicht fehlen: Gleichgültigkeit, Spott oder sogar offene Ablehnung. Parallel zur abnehmenden Zahl möglicher Rollen, die alten Menschen in der Gesellschaft offenstehen, wird ihnen Inkompetenz suggeriert. Oft genügen nonverbale Signale, um alten Menschen zu zeigen: «Du interessierst mich nicht», «Davon verstehst du sowieso nichts mehr», «Du bist überflüssig» usw. Schlimm an solchen Abqualifizierungen ist der Effekt, den sie für die Selbstwahrnehmung der Adressaten haben. Dieser Effekt ist um so größer, je stärker die Betroffenen selbst glauben, daß der Wert eines Menschen von seiner (wirtschaftlichen) Verwendbarkeit abhängt. Verletzliche Menschen mit wenig Selbstwertgefühl neigen dazu, die negativen Botschaften der Außenwelt zu verinnerlichen. Allerdings gibt es auch noch eine andere negativ besetzte, d. h. nicht souveräne Art, auf die den alten Menschen von der Gesellschaft abgesprochene Normalität zu reagieren: Haß und Aggression – gegen «die Jungen», gegen alles, was anders ist als «früher». Auch in dieser Abwehrhaltung spiegeln sich erlittene Ausgrenzung und Abwertung.

Das Schaufenster, in das niemand blicken will

Der zunehmend auch von Älteren geführte Abwehrkampf der Gesellschaft gegen das Alter richtet sich gegen das die Norm sprengende Potential, das dem Alter als Teil der menschlichen Entwicklung innewohnt. Die Soziologin Christel Schachtner hat das so formuliert: «Das Alter ist wie ein Schaufenster, aber eines, in das keiner schauen will, weil er darin all das entdeckt, was als peinlich, bedrohlich, beängstigend, lächerlich und schreckensvoll gilt.»[14]

Werden, Wachsen und Vergehen gehören untrennbar zum menschlichen Leben; was die von Rationalität beherrschte Gesellschaft und die von ihr geformten Menschen jedoch stört, ist die Unplanbarkeit dieses Prozesses – er entzieht sich dem rationellen Zugriff. Alter wird dadurch zu etwas Sperrigem, zu etwas, das aus dem durch Leistung bestimmten Raster fällt und ein «Eigenleben» entfaltet. Das aber macht das Alter zu einer Art Gegenentwurf; Alter provoziert und stört. Und das Provozierende an alten Menschen ist, daß sie ein abgelehntes Stück Leben repräsentieren.

Die Normverletzung, die im Alter zum Ausdruck kommt, hat – ähnlich einem Zerrspiegel – eine subversive Wirkung: Gebrechlichkeit und Verfall können selten einfach biologisch gedeutet werden; vielmehr bilden sich in ihnen die krankmachenden Momente früher gelebter oder erlittener Normalität ab. Alte, kranke Menschen führen uns eben auch vor, was Geschichte und Arbeitsleben an ihnen für immer zerstört haben. Und sie konfrontieren uns mit dem Preis, den wir Jüngeren für unsere Normalität im Begriff sind zu zahlen.

Es verwundert deshalb nicht, daß Betagte und kranke alte Menschen der gesellschaftlichen Stigmatisierung in besonders hohem Maße ausgesetzt sind. «Solange alte Menschen noch rüstig sind, gibt es keine Probleme», schreibt der Psychiatrie-Professor und Soziologe Klaus Dörner in seinem provozierenden Buch «Tödliches Mitleid». «Sie sind so unauffällig, daß man sie einfach vergessen kann. Doch die Kranken, die Ekligen, die Schmutzigen geraten rasch in die Negativbewertung.»[15]

Altersheim: zwischen Verwaltung und Vergewaltigung

Nirgendwo ist die Stigmatisierung des Alters sinn- und augenfälliger als in den Alters- und Pflegeheimen. Die Umsiedlung ins Heim bedeutet Ausgrenzung und Distanz zum Rest der Gesellschaft. In den Heimen werden Menschen, nachdem sie aus ihren gewohnten Lebenszusammenhängen gerissen und buchstäblich «aus dem Verkehr gezogen» worden sind, betreut, versorgt, beschützt und vor allem – verwaltet. Verwaltet mit einem klaren Ziel: Legendär geworden ist der Satz einer Münchner Altersheimleiterin: «Nicht zum Aufleben sind's da, sondern zum Ableben.» Wo es sich nicht darum handelt zu leben, ist Ordnung um so wichtiger. Die Architektur der gängigen Altersheime mit ihrer symmetrischen Anordnung von Räumen erleichtert – ähnlich wie in Krankenhäusern und Gefängnissen – die Beobachtung, Überwachung und Kontrolle der Insassen. Starre Schlaf- und Essenszeitpläne erleichtern ihre «Abfertigung». Betagte, die sich oft kaum mehr selbst für ihre Rechte einsetzen können, werden auf diese Weise entmündigt und infantilisiert. Dazu paßt, daß das Taschengeld, das die Gesellschaft ihren ältesten «Zöglingen» beläßt, nicht selten geringer bemessen ist als das von Strafgefangenen.

«Das Thema ‹Altenheim› spielt im Gesamtzusammenhang der Selbstwahrnehmung älterer Menschen eine entscheidende Rolle», schreiben die Autoren der Infratest-Studie «Die Älteren. Zur Lebenssituation der 55- bis 70jährigen». «Es ist für viele Ältere gleichsam die Inkarnation der Furcht, vernachlässigt und irgendwann doch einmal von den Verwandten, bzw. der Gesellschaft insgesamt, ‹abgeschoben› zu werden.» Der Studie zufolge halten 50 Prozent die Zustände in den deutschen Altersheimen für «katastrophal».

Vor allem Frauen suchen, wenn immer es geht, nach anderen Möglichkeiten, als in einem Heim untergebracht zu werden. «Leben im Altersheim? Unvorstellbar, ich würde depressiv», gesteht die 78jährige Marthe K. Die pensionierte Buchhändlerin weiß auch warum: Der Lebensnerv des alternden Menschen werde gerade im reibungslos funktionierenden Altersheim empfindlich getroffen und die Eigenaktivität abgeblockt. Der für den Rest seines Lebens zum Gast Gewordene gerate in die Mühle der eigenen Trägheit: Je weniger man von außen gefordert werde, desto schneller würden die körperlichen und geistigen Fähigkeiten abbauen. Der typische Heimbewohner werde zurechtgeschneidert, und der solchermaßen manipulierte Mensch verkrieche sich fortan in die Passivität und fülle seine Zeit mit Warten aus. Warten aufs Essen, auf den Beginn des Fernsehprogramms, auf den Besuch von Angehörigen, auf den Tag, auf die Nacht, auf den Tod.

Daß es andere, bessere Lösungen als das Altersheim gibt, zeigt das Beispiel Dänemark. Seit den späten 80er Jahren setzen die Dänen auf die Devise, daß die älteren Menschen das Recht haben sollen, bis ans Lebensende in ihren eigenen vier Wänden bleiben zu können. In Dänemark werden inzwischen keine Altersheime mehr gebaut. Statt dessen werden mit Hochdruck altersgerechte Wohnungen eingerichtet und die ambulanten und krankenhausexternen Dienste erweitert. Um dem Ghettocharakter, den Alterswohnsiedlungen annehmen können, entgegenzuwirken, sind die Alterswohnungen fast immer einem Stadtviertelzentrum angeschlossen, das der ganzen Bevölkerung dient. Für die Älteren gibt es dort zahlreiche Betätigungsmöglichkeiten, und auch Begegnungen mit anderen Generationen kommen auf diese Weise eher zustande. Häufig befinden sich die Alterswohnungen und -zentren mitten in der Stadt – an Wohnstraßen. Dort mischen sich alle Bevölkerungs- und Altersgruppen. Die Alten und/oder Behinderten wohnen meist im Erdgeschoß, Familien mit Kindern in den oberen Stockwerken. Weil damit aber die Gefahr der Isolation noch immer nicht vollständig gebannt ist, hat man vielerorts einen Besuchsdienst eingerichtet, an dem sich auch Rentnerinnen und Rentner betätigen.[16]

Ein interessantes Konzept hat auch die Schweizer Firma Senioren-Wohnen AG (Sewo). Im Auftrag von Gemeinden oder auch aus eigener Initiative hält die Firma Ausschau nach geeigneten Grundstücken für Alterswohnsiedlungen oder -häuser. Ist sie fündig geworden, stellt sie eine gemeinnützige Trägerorganisation zusammen, die als Bauherrin auftritt. Üblicherweise sind darin eine Pensionskasse, eine Bank, ein lokaler Architekt, die öffentliche Hand und die künftigen Bewohner vertreten. Dem Sewo-Konzept entsprechend sind die Wohnungen behinderten- und rollstuhlgängig eingerichtet, Küche und Badezimmer verfügen über spezielle Einrichtungen. Dazu kommen Allgemeinräume, eine hausinterne Cafeteria sowie Therapieräume. Das Entscheidende bei diesem Alterswohnen nach Maß ist aber das auf Integration zielende Zusammenleben der Bewohner. Es beruht auf aktiver Mitwirkung und Selbstverantwortung der Hausgenossen, die sich gemeinsam um Garten, Hausarbeiten, die Betreuung der Cafeteria, die Buchhaltung und die Organisation von Freizeitaktivitäten kümmern. Für das Mittun gibt es einen speziellen Anreiz: Je mehr die Hausbewohner selbst leisten, desto niedriger sind ihre Wohnkosten.

Zur Zeit haben Alterswohngemeinschaften noch Pioniercharakter. Bislang sind erst wenige Ältere bereit, sich auf radikal neue Lebensformen einzulassen. Initiativen zur Gründung von Alters-WGs scheitern bisweilen aber auch an äußeren Hindernissen: Die größte Schwierigkeit besteht darin, geeigneten Wohnraum zu finden.

Den Beweis, daß eine Alten-Wohngemeinschaft durchaus gelingen und zu einer optimalen Gestaltung des «Lebensabends» führen kann, zeigt eine Wohngemeinschaft älterer Frauen, die seit einigen Jahren in einem Außenviertel von Zürich besteht. Sechs Frauen zwischen 68 und 82 Jahren wohnen in einem großen Haus zusammen. Jede der Bewohnerinnen verfügt je über einen Privatraum mit Telefon, Fernsehanschluß und Dusche – sozusagen eine kleine «Wohnung» innerhalb des Hauses; Küche, Wohn- und Eßzimmer sowie eine Fernseh- und Leseecke werden gemeinsam benützt. Drei Frauen begründeten die Wohngemeinschaft. Die Zuzüglerinnen mußten jeweils vier Wochen «probewohnen», aufgenommen wurden sie erst mit dem einstimmigen Einverständnis der Alteingesessenen. Daß sie in der WG körperlich und geistig gefordert werden, erscheint den Frauen als großer Vorteil gegenüber dem Altersheim. Dazu kommt die ungeschmälerte Selbstbestimmung: Es gibt keinerlei Zwang, weder Hausordnung noch Menüplan. Jeweils beim Frühstück wird festgelegt, wer für das Mittagessen sorgt. Die Betreffende kauft ein und kocht nach ihrem Belieben. Um das Abendessen kümmert sich jede der Frauen selbst. Gäste sind in der WG häufig: Kinder, Enkel, frühere Arbeitskollegen, Absolventen von Pflegeschulen, «die einmal normale Alte sehen wollen». Toleranz wird in dieser WG großgeschrieben. Zwar wird schon mal heftig diskutiert, doch alle sind sich einig, daß jede das Recht hat, «anders zu denken und zu fühlen». Allen Frauen geht es gesundheitlich besser, seit sie zusammenwohnen. Wie die Gemeinschaft mit der gegenseitigen Pflege bei ernsthafter Erkrankung, zunehmender Hinfälligkeit und letztlich dem Tod fertig wird, wird sich erst in der Zukunft zeigen; denn bis jetzt ist dieser Fall noch nicht eingetreten.

Auch für Hochbetagte, die teilweise oder ganz auf fremde Hilfe angewiesen sind, gibt es bessere Lösungen als die klassischen Altersheime: In Kleinheimen mit höchstens 20 Plätzen können die individuellen Bedürfnisse der Bewohner besser berücksichtigt werden. In der Schweiz gibt es neuerdings auch von Städten oder Kommunen unterhaltene Wohngemeinschaften für auf Pflege angewiesene Betagte. Heimpflegeplätze werden in Zukunft bei einer Verbesserung der krankenhausexternen Dienstleistungen allerdings nur noch für demente Betagte nötig sein.

Sun City – Oase oder Ghetto?

Umringt von der Wüste Arizonas, unweit von Phoenix, liegen zwei Städte, die fast die niedrigste Steuerbelastung und die geringste Kriminalität der USA aufweisen: Sun City und Sun City West. Sun City, 1960 durch den Immobilieninvestor Del Webb initiiert, beherbergt heute rund 46 000 Einwohner und ist die erste Gemeinde des aktiven Ruhestands (active retirement community) der Welt. Del Webbs Idee war es, ein Gegenkonzept zu den amerikanischen Ruhestands-Städten zu entwickeln, in denen Rentnerinnen und Rentner zwar in schöner Umgebung lebten, aber nichts zu tun hatten. Bevor er ein einziges Haus auf dem nachmaligen Stadtgebiet verkauft hatte, ließ er einen Golfplatz, ein Einkaufs- und Erholungszentrum sowie ein Zentrum für die vielfältigsten Aktivitäten errichten. Sein Konzept hatte Erfolg: Ein Jahr nach der Eröffnung hatte Del Webb bereits 1300 Häuser verkauft, und 1979 war das gesamte Stadtgebiet mit 26 000 Häusern besiedelt. Ein Jahr zuvor eröffnete die Del Webb Company wenige Kilometer entfernt eine neue Stadt, Sun City West, in der heute bereits 22 000 Menschen wohnen.

In den beiden Schwesterstädten besteht eine der größten Golfplatz-Dichten der Welt. Sun City West alleine besitzt sieben 18-Loch-Golfplätze. Die Gesundheitsversorgung umfaßt zwei Krankenhäuser und eine Rehabilitationsklinik. Zur Betätigung stehen in Sun City West drei riesige Aktivitätszentren zur Verfügung, in einem liegt der möglicherweise größte eingeschossige Theatersaal der Welt mit über 7000 Sitzplätzen. Die Aktivitäten werden mehrheitlich von den Einwohnern initiiert und durchgeführt: Da gibt es eine freiwillige Schutzgruppe, die nachts durch die Straßen patrouilliert; eine freiwillige Putzequipe, die jeden Samstag die Straßen fegt und reinigt; Lesezirkel, Ballettgruppen, Mahlzeitendienst für Pflegebedürftige, Tennis, Bowling, die Arizona State University für Senioren, einen Tagesbetreuungsdienst für Demente usw. «Wenn Sie hier nichts finden, was Sie im Ruhestand tun könnten, finden Sie es nirgends auf der Welt», sagte ein Einwohner. Nicht jeder aber ist in den beiden Städten willkommen. Wer hier wohnen möchte, muß nicht unwesentliche Bedingungen erfüllen. Das Mindestalter ist auf 55 Jahre festgelegt (bei Paaren muß wenigstens einer dieser Bedingung genügen), und man muß über genügend Geld verfügen, um sich das Leben in diesen Städten leisten zu können.

Sun City ist ein Dorado für Woopies. Schwarze Amerikaner trifft man hier kaum. Die Einwohner rekrutieren sich mehrheitlich aus der Oberschicht Kaliforniens. Wer dem kalifornischen Leistungsdiktat – schön, jung, aktiv, schnell – nicht mehr genügen kann, zieht nach Sun City. Auf den Straßen trifft man denn auch häufig Frauen und Männer, wie man sie aus der US-Fernsehserie «Golden Girls» kennt – witzig und stets aktiv. Das Leistungsdiktat besteht allerdings nicht mehr. Wer nicht aktiv sein möchte, braucht dies auch nicht zu sein.

Werden die Einwohner gefragt, ob sie nicht lieber bei ihren Kindern oder Verwandten wohnen möchten, so winken die meisten energisch ab: Man wolle ihnen doch nicht zur Last fallen. Werden sie hingegen gefragt, was ihnen am meisten fehle, so sagen die meisten: «Unsere Kinder, überhaupt junge Menschen.» Jüngere dürfen zwar ihre Verwandten bis zur Dauer von drei Monaten besuchen, trotzdem sind Nichtrentner in Sun City eine seltene Erscheinung. Der Kommandant der freiwilligen Schutzgruppe hat keine Schwierigkeit, die geringe Kriminalitätsrate zu erklären: «Wenn wir bei Einbruch der Nacht einen jüngeren Menschen sehen, ist es entweder ein Enkel oder ein Einbrecher. Wir fragen dann in der Regel nach, zu welcher Kategorie er gehört.»

Die beiden Sun Cities sind von Ambivalenz geprägt: Sie haben sowohl etwas von einem Ghetto als auch von einer Oase für ältere Menschen. In die nicht weit entfernt gelegene Welt der Jüngeren brauchen die Einwohner nicht zu gehen, und viele tun dies auch selten. Die beiden Städte bieten alles, was zum Leben nötig ist. Sterben allerdings ist ein Tabu. Der fremde Besucher kann sich des Eindrucks nicht erwehren, als richteten sich die Einwohner hier für die Ewigkeit ein. Wer das Thema Sterben oder Tod anspricht, riskiert ablehnende Reaktionen. Einen Friedhof für die insgesamt 68000 Einwohner gibt es nicht. Außerhalb der Städte gibt es zwar einen kleinen Friedhof, aber die meisten Toten werden in ihre Heimat zurückgeflogen.

Das Verhältnis der Generationen – Vom Konflikt zum Brückenschlag

> Das Beklagenswerte am Alter scheint mir, daß man spürt, wie sehr man in diesem Lebensabschnitt den jungen Leuten verhaßt ist.
>
> *Cicero*

Gestörte Kommunikation

Für das Klima, das die gesellschaftlichen Beziehungen in den nächsten Jahrzehnten prägen wird, ist das Verhältnis der Generationen von größter Bedeutung. Die demographische Entwicklung unterstreicht das nachdrücklich. Meinungserhebungen der letzten Jahre ergeben ein eher widersprüchliches Bild, lassen aber doch den Schluß zu, daß zwischen den jüngeren und den älteren Generationen keine unüberbrückbaren Gegensätze bestehen. In einer Allensbach-Umfrage, die im Sommer 1988 in der Bundesrepublik durchgeführt wurde, antwortete ein überwältigender Anteil auf die Frage, ob man sich mit älteren Menschen gut verstehe, mit Ja. Selbst in der Altersgruppe der 16-29jährigen bekundete eine deutliche Mehrheit (69 Prozent), sie käme gut mit älteren Menschen aus. Eine vom Forschungsinstitut GfM 1992 in der Stadt Zürich durchgeführte Erhebung brachte jedoch einige Hinweise auf einen latenten Generationenkonflikt an den Tag: 56 Prozent der Befragten waren der Meinung, daß die älteren Leute die jungen im allgemeinen nicht gut verstehen. Interessanterweise glaubten das auch 28 Prozent der 60- bis 74jährigen. Umgekehrt meinten 49 Prozent der Befragten, daß die Jungen nicht viel Verständnis für die Älteren hätten. Von den 15- bis 24jährigen gaben rund zwei Drittel an, daß sie sich von den älteren Menschen nicht verstanden fühlen, und über die Hälfte meinte, daß sie für die Älteren kein Verständnis hätte.[1]

Das Umfrageergebnis klingt wie eine Bestätigung der berühmten Feststellung Kurt Tucholskys: «Die verschiedenen Altersstufen des Menschen halten einander für verschiedene Rassen: Alte haben gewöhnlich vergessen, daß sie jung gewesen sind, oder sie vergessen, daß sie alt sind, und Junge begreifen nie, daß sie alt werden können.» Die sozialpsychologische Forschung hat schon vor längerem erkannt, daß das Bild, das wir uns von älteren Menschen machen, sich mit zunehmendem Alter wandelt. Junge Menschen neigen zu einer besonders negativen Sicht älterer Menschen. Im Laufe der Jahre nehmen die Beurteiler/innen ältere Menschen differenzierter wahr und billigen ihnen mehr und positivere Verhaltensweisen zu.

Neben dem Alter spielt aber auch die Art der Kommunikation eine Rolle für die Einschätzung älterer Menschen. Aus einschlägigen Untersuchungen weiß man, daß ein Zusammenhang besteht zwischen der Anzahl älterer Menschen, mit denen ein Jüngerer verkehrt, und seiner Beurteilung, wie gut diese die Jüngeren verstehen. 70 Prozent der jüngeren Leute, die mit niemandem über 65 Jahren – außer der Verwandtschaft – Beziehungen unterhalten, sind der Meinung, daß die Älteren sich mit den Jüngeren im allgemeinen nicht gut verstehen.

Wo bleiben die «geliebten» Großeltern?

Daß das Bild der Alten bei den Jungen durchaus von Vorurteilen geprägt ist, beweist eine Umfrage unter 500 Schülerinnen und Schülern, die 1989 im Auftrag der «Weltwoche» durchgeführt wurde. Sie offenbarte eine tiefe Kluft zwischen dem unteren und dem oberen Segment der Alterspyramide. So assoziierten die Schüler alte Menschen mit Geiz und Verständnislosigkeit für die Jugend. Erst an zehnter Stelle fand sich auf dieser Liste von Zuschreibungen eine positive Angabe.[2] Ein geradezu erschütterndes Bild vom Alter und von alten Menschen findet sich in Aufsätzen, die Basler Gymnasiasten 1986 verfaßten. Ein 19jähriger Schüler schrieb zum Thema «Wie stellen Sie sich das eigene Alter vor?»: «Alle Alten über 70 sind verhaltensgestört. Darum sollte man denen, die den Mut nicht haben und nicht selber Schluß machen, wenigstens das Stimmrecht entziehen.» Ein anderer Schüler derselben Klasse meinte: «Wenn ich sehe, wie meine noch lebende Großmutter herumgeschoben wird, habe ich Angst vor meinem eigenen Alter.» Ein weiterer Schüler urteilte ebenso negativ: «Es lebt nur noch die Mutter väterlicherseits, die mir und der ganzen Familie mehr als nur auf die Nerven geht. Ich behandle sie auch dementsprechend, beachte sie kaum. Jedermann, der älter ist als 70, stellt nur noch eine Belastung dar. Ich werde meine Konsequenzen ziehen und keine 70 Jahre alt werden.»

Natürlich gibt es auch Schüler, die differenziertere Statements abgeben. Stellvertretend seien zwei Mädchen einer Handelsschulklasse zitiert, die 1990 mit dem Thema Alter konfrontiert wurden. Sandra (19): «Ich gehe oft zu meiner Großmutter und erledige die Einkäufe. Manchmal kochen wir zusammen und reden über alles mögliche. So habe ich viel von ihrer Jugendzeit erfahren.» «Natürlich», so Simone (17), «gibt es zwei Sorten von älteren Menschen. Die einen sind freundlich und liebenswürdig, die anderen sind dauernd schlecht aufgelegt und reklamieren. Aber ich glaube, das liegt nicht am Alter.» Das Nebeneinander von positiven und negativen Einstellungen zu den alten Menschen bei Schülern läßt vermuten, daß das eigene Urteil stark von persönlichen Erfahrungen abhängt: Jugendliche, die einen regelmäßigen und «normalen» Kontakt mit ihren Großeltern haben, erleben Ältere im großen und ganzen positiver.

Die Beziehungen zwischen der alten und der ganz jungen Generation scheinen jedoch im allgemeinen innerhalb der Familie gut zu funktionieren. In einer Radiosendung zu diesem Thema (DRS 3, Nov. 1992) wurde von Jugendlichen aufgezählt, was sie an ihren Großeltern mögen: gemeinsame Spiele, Erzählungen und Erfahrungsberichte früherer Zeiten, etwa aus der Kriegszeit. Ältere Menschen werden als Träger dessen geschätzt, was die Geschichtswissenschaftler «oral history» nennen. Auch zum Stopfen emotionaler und gelegentlich finanzieller Löcher, die von den Eltern nicht ausgefüllt werden, sind Großeltern willkommen. Großeltern werden im allgemeinen dann positiv erlebt, wenn sie die Enkel/innen als eigenständige Personen ernst nehmen.

Der Befund der «Weltwoche»-Umfrage und die mehrheitlich negativen Schüleraussagen kontrastieren mit der Tatsache, daß in deutschsprachigen Lesebüchern – so das Resultat einer Studie – grundsätzlich ein positives Bild des Alters und des Alterns vermittelt wird.[3] Allerdings werden vor allem in Schulbüchern der Grundstufe auch Klischees kolportiert. So erscheinen Betagte häufig als genügsam und bescheiden oder aber als etwas verschroben, seltsam oder störrisch. Aus den Aufsätzen der Basler Gymnasiasten geht aber auch hervor, daß viele Jugendliche glauben, die meisten alten Menschen lebten in Altersheimen. Die Schüler reagierten erstaunt auf die Tatsache, daß nur fünf Prozent der über 60jährigen in Heimen leben. Fehlannahmen dieser Art – die sich im übrigen nicht nur bei Jugendlichen finden – spiegeln wohl auch das Bild alter Menschen wider, wie es von den Medien und der Werbung vermittelt wird.

Das Auseinanderdriften der Generationen

Das Verhältnis der Generationen ist von Widersprüchen geprägt. Schwierigkeiten entstehen aus mangelnder Kenntnis und fehlendem Kontakt. Zwar hat der moderne Wohlfahrtsstaat die Beziehungen der Menschen insgesamt leichter gemacht, weil der Trend zur Individualisierung dem einzelnen mehr Wahlmöglichkeiten und größere Gestaltungsfreiheit läßt. Doch der Trend zur Individualisierung und räumlichen Vereinzelung dividiert vor allem in den Städten die verschiedenen Altersgruppen auseinander. Soziologen bezeichnen dieses Phänomen als «generative Entmischung». Die Trennung von Jung und Alt findet auf verschiedenen Ebenen statt. So zum Beispiel im öffentlichen Verkehr: In Frankfurt sind Fahrkarten für die öffentlichen Nahverkehrsmittel während der Stoßzeiten teurer. Umgekehrt genießen Senioren in verkehrsarmen Zeiten bei der Bundesbahn Vergünstigungen. «Werden die Rentner dereinst mit einem ‹Altersrabatt› während den umsatzschwachen Nachmittagsstunden in den Supermarkt gelockt?» fragt der Publizist Urs Haldimann in «Leben ab 60». Die «Alters-Apartheid» – der Begriff wurde von Reimer Gronemeyer geprägt – meint er, werde schleichend und nicht selten verschleiert eingeführt: «Seniorenturnen, Seniorenuniversitäten, Seniorenausflüge, viel wird maßgeschneidert für die Bedürfnisse der Senioren. Dabei bleibt oft schleierhaft, weshalb Alte nicht mit Jungen kartenspielen, wandern, modellieren oder französisch konversieren können.»[4] Wenn man bedenkt, daß öffentliche Verkehrsmittel und Einkaufszentren schon fast die einzigen Orte sind, wo Kontakte überhaupt stattfinden, erscheint die Beseitigung solcher «Reibungsflächen» um so problematischer.

In den Großstädten ist das zahlenmäßige Verhältnis der Altersgruppen und Sozialschichten längst aus dem Lot. Zürich liefert dafür ein Paradebeispiel. Die Schweizer Finanzmetropole ist eine überalterte Single-Stadt. Sie hat in den letzten 30 Jahren 80000 Einwohner verloren mit dem Ergebnis, daß heute mehr über 65jährige als unter 20jährige hier wohnen. Die Hälfte der Haushalte (etwas mehr als in Frankfurt oder Berlin) wird von einer Person bewohnt. Dagegen lebt nur in jedem zehnten Haushalt eine Familie mit Kindern. Arbeitsplätze gibt es genauso viele wie Einwohner, Kleinkinder und Betagte mitgerechnet. Die großen Städte werden immer mehr zu sogenannten A-Städten. Überdurchschnittlich vertreten sind Alleinstehende, Alte, Auszubildende, Arme, Arbeitslose und Ausländer. (Die Älteren finden sich in dieser Aufzählung gleich mehrfach wieder.) Die ungünstige soziale und altersmäßige Zusammensetzung der Stadtbevölkerung schlägt sich auch negativ im Finanzhaushalt der Städte nieder.

Während die Überalterung in den Großstädten aus einer sozioökonomischen Dynamik entspringt, ist die Überalterung in bestimmten privilegierten, Luxuswohnlagen bietenden Gemeinden oder Landstrichen mit Erholungswert (wie etwa die spanische Mittelmeerküste, das Tessin oder die Bodenseeregion) Ausdruck einer Ghettobildung, bei der reiche Alte die Jungen verdrängen. Garmisch-Partenkirchen zum Beispiel hatte schon 1975 einen Altenanteil von 25 Prozent.

Die freiwillige oder unfreiwillige Beschränkung auf den Kontakt mit Gleichaltrigen führt meist zu einer Verarmung des geistig-seelischen Lebens der Betroffenen. Wenn früher viele Gegensätze zwischen den Generationen im Alltag des Zusammenlebens oder wenigstens durch räumliche Nähe ausgeglichen werden konnten, schafft heute der Mangel an Berührung und Begegnung Distanz. Wo es nicht gelingt, den Graben zu überbrücken, herrscht Ablehnung vor. Habitus und Gebaren «der Jungen» irritieren manche ältere Bürger, sie reagieren provoziert, bisweilen sogar haßerfüllt. Auf der anderen Seite ist das Verhältnis oft durch falsche Vorstellungen, die sich Jugendliche übers Alter machen, belastet. Die Einseitigkeit ihres Bildes kommt in negativen Stereotypen zum Ausdruck, wie sie in der «Weltwoche»-Umfrage und den zitierten Schüleraufsätzen zutage traten. An Verständnis fehlt es auf beiden Seiten. Während die Jungen sich daran stören, daß Rentner/innen in der Rush-hour die Straßenbahn benutzen, ärgern sich diese, wenn Kinder oder Jugendliche ihnen nicht selbstverständlich ihren Platz anbieten. Auf den Punkt gebracht, empfinden junge Leute die Alten als Nörgler, die Alten dagegen erleben die Jungen als dreist oder unerzogen. Gestörte Kommunikation allemal.

Ein Ozean von Erfahrungen

In der Regel sind es ja sehr unterschiedliche Erfahrungen, die durch die Gleichzeitigkeit verschiedener Generationen aufeinandertreffen. Viele der heute alten Menschen haben Mühe, den Wertewandel und die damit verbundenen neuen Ideen und Anschauungen der Jungen nachzuvollziehen. Sie sind in einer anderen Epoche mit anderen Denk- und Handlungsmustern aufgewachsen.

Wie schwierig sich die Verständigung zwischen Alten und Jugendlichen gestaltet, soll anhand zweier Beispiele von öffentlichen Reaktionen älterer Menschen illustriert werden, die in deutlichem Kontrast zu den angeführten Äußerungen der Schüler stehen.

«Wenn ich auf einem Barhocker, in einem Warteraum, in einem Café oder in einem öffentlichen Park mit einem dieser modernen Jungen plaudern möchte, werde ich meistens zuerst einmal genau gemustert, als ob der Angesprochene sagen wollte: Was will dieser Alte da? Graue Haare bedeuten für viele der neuen Generation Leute von vorgestern, die verstaubte Ideen und geistige Schlagseite haben. – Es kann aber auch auf Anhieb klappen, als ob da nichts

Belastendes zwischen gestern und heute läge, kein Ozean von Bildern und Erfahrungen, die ein Junger kaum erahnen kann. Man plaudert drauflos, klammert sich an Gemeinsames, an den dünnen Faden ähnlich gelagerter Interessen und trennt sich mit unverbindlicher Sympathie.»[5]

Im Unterschied zu dem «dünnen Faden», der hier die Generationen doch noch zu verbinden vermag, offenbart das zweite Beispiel eine als unüberbrückbar empfundene Kluft. «Wenn die Jungen zu uns anständig sind», ärgert sich ein 72jähriger Leserbriefschreiber, «begehren sie meistens etwas von uns.» Der alte Mann läßt seinem Unmut freien Lauf, nachdem er eine Episode in einem Warenhaus beschrieben hat, wie er sie dem Anschein nach nicht zum erstenmal erlebt hatte: «Die Bedienung läßt auf sich warten. Dort, die beiden geschniegelten Jünglinge haben meine auffordernden Signale bestimmt registriert. Das kümmert sie aber wenig. Ungerührt führen sie ihre Privatunterhaltung fort. Mein Reizpegel steigt. Da erscheint eine ältere Verkäuferin und fragt mich freundlich nach meinem Begehr. Und siehe, jetzt rühren sich auch die Verkäufer, doch nur, um anzukündigen, daß sie jetzt Mittag machen würden. Allein bleiben wir zurück: zwei Menschen im reifen Alter, zusammengeführt nicht mehr nur durch das Kaufgeschäft, sondern durch ein frustrierendes Erlebnis. ‹Eigentlich hätte ich jetzt Mittagspause, und einer von den beiden sollte die Abteilung hüten!› sagt die Frau leise.» (Zeitlupe 6/91) Unabhängig davon, ob die Wahrnehmung der geschilderten Episode durch den alten Mann objektiv richtig ist: Sie steht für Erfahrungen, die alte Menschen immer wieder machen. Handelt es sich um Arroganz und Desinteresse von seiten der Jüngeren oder versteckt sich hinter der geschilderten Episode ein Kommunikationsproblem? Dann wäre das, was der alte Mann als Unhöflichkeit und Mißachtung seiner Person erfährt, aus der Sicht der Jungen nichts weiter als gewohnte Umgangsform: weder beflissen noch feindselig. In einem Klima gestörter Kommunikation aber liegt die Reizschwelle tiefer.

Die Kommunikation zwischen Jung und Alt wird durch einander widersprechende Wertsysteme erschwert. Die Menschen, deren Kindheit in die Zeit des Ersten Weltkriegs oder in die Zwischenkriegszeit fällt, sind im Glauben aufgewachsen, jeder sei für sein Schicksal selbst verantwortlich. Daher schämen sie sich auch, Sozialhilfe in Anspruch zu nehmen. Sie sind geprägt von der Losung: «Bete und arbeite!» Ordnung, Pünktlichkeit, Sparsamkeit, Arbeit und Familie sind die zentralen Werte der sogenannten Adenauer-Alten. Das Prinzip, nach dem sie erzogen wurden, läßt sich als «Unterwerfung durch Bevormundung» charakterisieren.[6]

Für die jüngeren Generationen, die unter ganz anderen Bedingungen sozialisiert wurden, ist diese von der Vor-Wohlstandsgesellschaft geprägte Mentalität kaum nachvollziehbar. Zusätzlich erschwert wird die Beziehung zwischen älteren und jüngeren Generationen dadurch, daß die «Adenauer-Alten», die im Verlauf eines harten Arbeitslebens wenig Zeit hatten, nachzudenken und sich kritisch mit dem eigenen Älterwerden auseinanderzusetzen, sich und ihre Bedürfnisse oft selbst nicht richtig verstehen oder artikulieren können und sich in der Folge in eine Art Igelstellung zurückziehen. Besonders diejenigen alten Menschen, die sich ausgestoßen und unverstanden fühlen, neigen dazu, auf ihrem «Recht» zu beharren oder rundweg alles, was bei den Jungen «anders» ist, abzulehnen. Wissenschaftliche Untersuchungen belegen, daß die «Jugend von heute» in um so stärkerem Maß als «anders als früher» erlebt wird, je älter der beurteilende Mensch ist. Dabei konnten auch geschlechtsspezifische Unterschiede festgestellt werden. Ältere Frauen reagieren stärker auf das «Anderssein» als ältere Männer. Das könnte damit zusammenhängen, daß die Lebensbedingungen von Mädchen und die Rolle der Frau sich besonders deutlich gewandelt haben. Im Unterschied zu den Männern zeigen Frauen trotz dieses Wahrnehmungsunterschieds im allgemeinen dennoch mehr Verständnis für die Jugend und halten sich mit negativer Kritik eher zurück.

Manchmal finden auch Lernprozesse statt. Ältere beginnen dann zu fragen: «Was können wir Alten von den Jungen lernen?» In einer Radiosendung zum Thema «Junge und Alte» meinte ein 74jähriger ehemaliger Handwerker schon fast bewundernd: «Heute dürfen sich Junge mit Alten einen Spaß erlauben. Sie müssen nicht mehr diesen unsinnigen Respekt haben. Wir konnten mit den Alten früher ja gar nicht reden.» Eine ältere Frau fand, die Jungen seien «viel offener, unkomplizierter und unbeschwerter als wir früher». Keine Probleme mit der Jugend haben in der Regel politisch aufgeschlossene und engagierte Alte. Die 68jährige Lisa P., eine Graue Pantherin, findet zum Beispiel: «Die von uns Alten empfundene mangelnde Rücksichtnahme der Jungen ist im Grunde nicht nur negativ. Die Jungen leben heute nach dem Motto: ‹Wenn es mir gut geht, geht es auch meiner Umgebung gut.› Ich sage mir jeden Morgen: Ich möchte keine verdrießliche Alte sein. Und bemühe mich täglich von neuem, durch mein Verhalten bewußt dazu beizutragen. Das ist nicht einfach, und es gelingt nicht immer, humor- und verständnisvoll zu bleiben. Meine Erfahrungen zeigen mir aber, daß es sich lohnt.» Mit dieser Haltung entspricht Lisa P. ziemlich genau dem von der Sozialpsychologin Ursula Lehr entworfenen Leitbild eines «kompetenten älteren Menschen», der, mit einem positiven Selbstbild ausgestattet, sich «Neuerungen gegenüber aufgeschlossen zeigt und auch Meinungen und Einstellungen anderer Generationen akzeptiert».[7]

Generationenkonflikte: der rote Faden der Menschheitsgeschichte

Die Hochschätzung oder Mißachtung der Alten steht in direktem Zusammenhang mit den grundlegenden Werten einer Kultur. Sie hängt davon ab, ob eine Gesellschaft eher Werte wie Kraft, Dynamik, Risiko betont oder aber der Tradition und Sicherheit den Vorzug gibt. In animistischen Kulturen garantiert der Ahnenkult eine hohe Achtung vor dem Alter. Die Urahnen sind die Stammväter und -mütter, durch die der gegenwärtige Bestand der Kultur vermittelt worden ist. In traditionellen afrikanischen Gesellschaften ist die Stellung der Ahnen und der Alten nahezu identisch. Zusammen schützen sie die Jungen; die Alten vermitteln zwischen den unwägbaren Einflüssen und Ansprüchen der jenseitigen Ahnenwelt und dem diesseitigen Leben. Ihre unanfechtbare Stellung beziehen sie aus ihrer Macht, Segen und Flüche zu sprechen. Trotz der Machtstellung und Wertschätzung der Alten in Gesellschaften mit Ahnenverehrung ist aber auch hier eine gewisse Ambivalenz in der Beziehung zwischen den Generationen vorhanden. Gemildert werden die latenten Spannungen durch kleine Neckereien erlaubende «joking relationships» der Jungen mit den Großeltern und anderen älteren Verwandten.[8] In Gesellschaften mit einem Altersklassensystem, das sich aus Gruppen von jeweils Gleichaltrigen zusammensetzt – wie bei einigen Indianerstämmen Nordamerikas –, werden die Jungen oft lange Zeit von Besitz und Ehe ausgeschlossen. Hier sind es am ehesten die mittleren Generationen, die die größte Machtfülle und Verfügungsgewalt auf sich vereinen.

Die Macht der Alten ist eine Konstante der Geschichte der Menschheit, die erst spät in Frage gestellt wird. Wenn es im Neolithikum Alte gab, d. h. über 35jährige, so wurden sie geachtet, denn sie waren Träger, Bewahrer und Übermittler von Traditionen und Wissen. Die Praxis der Altentötung, wie es sie in zahlreichen schriftlosen Kulturen, aber auch in Japan gegeben hat, ändert an diesem Faktum nichts Grundlegendes. Noch die Mythen der Griechen, wie etwa der Kampf zwischen Kronos und Zeus, thematisieren die Gefahren des Generationenkonflikts: Die Alten müssen auf der Hut sein, wenn sie ihre Macht nicht verlieren wollen. Die noch aus der Frühzeit der Menschheit stammende Macht der Alten verfällt erst am Ende des Römischen Reichs. Ausläufer der Gerontokratie, der Altenherrschaft, haben sich, wie das Beispiel China zeigt, bis in unsere Tage erhalten; doch ihre Zeit scheint, wie das folgende Zitat von Deng Hsiao Ping (!) aus dem Jahre 1992 belegt, endgültig abgelaufen. «Die gegenwärtige Führungsschicht ist zu alt. Wir bezeichnen nun 60jährige noch als jung. Aber wenn Leute alt werden, läßt ihr Gedächtnis nach, sie werden stur und machen Fehler. Dessen sollten wir uns bewußt sein. Die Alten sollten deshalb zurücktreten und Platz für die jüngere Generation machen.»

Das ganze Mittelalter und die Neuzeit hindurch bis in die jüngste Vergangenheit war die christliche Familie mit den Eltern im Mittelpunkt die gesellschaftliche Form, die die verschiedenen Generationen zusammenhielt und integrierte. Entgegen einer weitverbreiteten Meinung war die Großfamilie allerdings selten ein idyllischer Ort friedlichen Zusammenlebens. Die Alten genossen im Laufe der abendländischen Geschichte der letzten 2000 Jahre zunehmend weniger Achtung. Wenn sehr alte Menschen bisweilen ihres hohen Alters wegen dennoch auf Bewunderung stießen, so ist das dem Umstand zuzuschreiben, daß nur wenige über 60 Jahre alt wurden.

Historische Untersuchungen für den Zeitraum des ausgehenden 17. Jahrhunderts zeigen, daß in der vorindustriellen Zeit wirtschaftliche Zwänge das Verhältnis der Generationen bestimmten. So konnte ein Bauernbetrieb von 4 bis 5 Hektar nur *einen* nicht arbeitsfähigen Menschen mittragen. Die Berner Historikerin Beatrix Mesmer schreibt: «Es war also unmöglich, in den kleinen Selbstversorgungsbetrieben neben dem aktiven Bauernpaar und seinen Kindern noch alte Eltern mitzuversorgen. Es läßt sich denn auch feststellen, daß in den Klein- und Mittelbetrieben die Generationenfolgen gestreckt wurden. Das hohe durchschnittliche Heiratsalter von etwa 29 Jahren für Männer und 27 bis 28 Jahren für Frauen, das wir für das gesamte agrarische Europa feststellen können, hängt mit diesen Schwierigkeiten zusammen. Der Hoferbe (in manchen Gegenden Europas erbte der Jüngste den Hof) konnte auf kleinen Bauernstellen erst heiraten, wenn der alte Inhaber abtrat, und der alte Inhaber trat meist erst ab, wenn er verwitwet war und wenn abzusehen war, daß die Zeitspanne nicht zu lange dauern würde, in der vom Ertrag der Wirtschaft mehrere nicht arbeitende Esser miternährt werden mußten – nämlich ein alter Elternteil des Hofinhabers und dessen noch nicht arbeitsfähige Kinder.»

«Die weitverbreitete Meinung, in früheren Zeiten habe die Altersversorgung innerhalb der sogenannten Großfamilien stattgefunden, ist eine Romantisierung und ein Mißverständnis», hält Beatrix Mesmer fest. «Die Haushalte der Alten und der Jungen blieben, auch dort, wo die engen Raumverhältnisse das Zusammenleben von mehr als zwei Generationen unter einem Dach erzwangen, streng getrennt.»

Wenn möglich, mied man das Zusammenleben. Der abtretende Hausvater verlor mit der Übergabe des Hofs auch seine frühere Rechtsposition. Daß die Abgabe der vollkommenen Machtstellung über Wirtschaft, Familie und Gesinde äußerst konfliktträchtig war, kann man sich leicht vorstellen.

In Handwerkerfamilien wurden die häuslichen Bindungen zwischen Eltern und erwachsenen Kindern in der Regel früh aufgegeben. Selbst wenn die Nachkommen das gleiche Gewerbe weiterbetrieben, wurden sie nach der Wanderschaft ausgesteuert. Anstatt ihn seinen Kindern zu vererben, verkaufte der alte Handwerker (entsprechende Untersuchungen liegen für Süddeutschland vor) seinen Betrieb an einen Außenstehenden und lebte vom Erlös oder kaufte sich eine Leibrente.

In der vorindustriellen Zeit konnten auch in der Stadt alte Menschen kaum auf Unterstützung durch die Familien rechnen. Waren sie mittellos, blieben sie auf öffentliche Fürsorge angewiesen. So wurden in der dänischen Kleinstadt Odense im 18. Jahrhundert nicht weniger als 40 Prozent der über 70jährigen Männer und Frauen weder von ihren Kindern oder von Verwandten versorgt, sondern fristeten als Untermieter in anderen Unterschichtshaushalten (die dafür von der Gemeinde ein Entgelt bekamen) oder in den städtischen Asylen und Armenhäusern ein kümmerliches Dasein.[9]

«Babyboomers»: die Rentner von morgen

Noch bestimmen die Angehörigen der wilhelminischen Generation, d. h. der heute über 80jährigen, und die etwas jüngeren «Adenauer-Alten» das Bild alter Menschen. Sie sind Zeitzeugen einer geschichtlichen Epoche, die durch radikalen Wechsel gekennzeichnet ist. Die Strukturen, in denen sie groß wurden, unterscheiden sich stark von den heutigen, prägen aber auch im Alter noch ihr Leben.

Bis vor dem Zweiten Weltkrieg war fast die Hälfte der Bevölkerung Deutschlands von bäuerlich-handwerklichen und / oder familienbetrieblichen Strukturen und Normen geprägt. Darüber hinaus fanden sich noch ländlich geprägte Lebensformen, vermittelt durch verwandtschaftliche Bande, auch bei Industriearbeitern. Die heutige ältere Generation ist zu einem beträchtlichen Teil in einem traditionellen Milieu aufgewachsen, in dem das Prinzip der Deckung unmittelbarer Lebensbedürfnisse und eine kleinräumige, durch dichte soziale Kontakte gekennzeichnete Nahversorgung mit Bedarfsgütern zentrale Bedeutung hatten.

Der überwiegende Teil der älteren Bevölkerung (über 70 Jahre) ist heute weiblichen Geschlechts. Viele alte Frauen müssen sich betrogen vorkommen: Nach einem harten Arbeitsleben, das ihnen kaum erlaubte zu sparen, sitzen sie, arm und einsam, am Katzentisch der Gesellschaft. Die heute über 70jährigen Frauen gehören einer Generation an, die auf vielfache Weise benachteiligt wurde. Viele arbeiteten als Dienstmädchen, Heimarbeiterinnen, Köchinnen, Wäscherinnen, in der Landwirtschaft oder in kleinen Handwerksbetrieben. Während der Kriegszeit wurden viele von ihnen in die Fabriken geholt, nach der Rückkehr der Männer aber wieder an den Herd verbannt. Aufgrund ihrer von lückenhafter oder ungesicherter Erwerbsarbeit gekennzeichneten Biographie müssen diese Frauen mit viel zu niedrigen Renten auskommen. Aber auch die etwas jüngeren Frauen, die heute 60- bis 70jährigen, erfahren im Alter noch ihre doppelte Benachteiligung. Auch für sie steckte das sogenannte Drei-Phasen-Modell den biographischen Rahmen ab: Die Berufsbildung der Mädchen wurde vernachlässigt, die spätere Erwerbstätigkeit hatte bloß den Charakter eines Zusatzverdiensts, die gesellschaftliche Bestimmung der Frau wurde in der Mutterschaft gesehen. Die heute 60- bis 85jährigen Frauen waren es, die in der Nachkriegszeit als «Trümmerfrauen» entscheidend mithalfen, die Städte wieder aufzubauen und unter schwierigen Bedingungen für das Überleben ihrer Familie sorgten. Für ihre über Jahrzehnte geleistete unbezahlte Arbeit erhalten sie im Alter keinen adäquaten Gegenwert.

Mit den jüngeren Rentnern der Gegenwart, den neuen «Jung-Alten», die in ihren mittleren Jahren an den Segnungen des «Wirtschaftswunders» teilhatten, gewinnt das Bild des Alters allmählich andere Züge. Ihre Werthaltungen unterscheiden sich schon deutlich von denjenigen der vorangehenden Generationen. Und schon in ein bis zwei Jahrzehnten werden die sogenannten Babyboomers, also jene große Zahl von Menschen, die in den 50er und frühen 60er Jahren geboren wurden, ins «dritte Alter» vorstoßen, wodurch dessen Image sich nochmals verändern wird. Die «Babyboom»-Generation bestimmt heute schon weitgehend den Lebensstil und die Werte der spätindustriellen Gesellschaft. Geprägt wurden diese «Spätgeborenen» von dem Wirtschaftswohlstand der 50er und 60er Jahre, dem Vietnamkrieg und der Studentenbewegung, von Rock- und Popmusik und von der Frauenemanzipation. Gerade bei den Frauen ist der Bruch mit traditionellen Rollenbildern am ausgeprägtesten. Sie haben weit mehr Schul-, Berufsbildung und Aufklärung genossen als frühere Frauengenerationen.

Die Wahl Bill Clintons zum amerikanischen Präsidenten markiert die Wachablösung der bisher führenden Generation (verkörpert durch Clintons Vorgänger Reagan und Bush) durch eine andere, vollkommen in der zweiten Hälfte des 20. Jahrhunderts beheimatete. «Unsere Generation der 30- bis 50jährigen, hineingeboren ins bereits gemachte Nachkriegs-Bett, hat sich bisher nicht besonders hervorgetan», urteilt der Publizist Johann Aeschlimann selbstkritisch. «Aufgebrochen, die Kultur zu revolutionieren, hat sie nur eine Unterhaltungsindustrie geschaffen. Angetreten, die Politik umzustülpen, hat sie vor allem die Kunst der Flucht und der Verdrängung entwickelt. Die Kinder der Sixties haben sich bislang vorwiegend als aalglatte Anpasser ausgezeichnet. Mit Bill Clinton, dem Elvis-Kenner und McDonald's-Kunden, kommen die Babyboomer nun zum erstenmal an die große Macht.»[10] Die in vielem verwöhnte, in manchem aber auch zu kurz gekommene Wohlstandsgeneration (die Gesellschaft war auf den plötzlichen Geburtenanstieg nicht vorbereitet) tritt indes kein leichtes Erbe an: Zu verwalten sind die Folgen des Wettrüstens; mehr Schulden, als je eine Generation hatte, müssen bezahlt werden; ein desolates Bildungssystem harrt der Reformen. Wenn wir von den Älteren in 20 oder 30 Jahren sprechen, müssen wir uns vor Augen halten, daß es dann eben diese Generation sein wird, die dem Alter ihren Stempel aufdrückt.

Die Babyboomers sind in einer Welt des Konsumrauschs aufgewachsen und zu Verbrauchern par excellence erzogen worden. Unterhaltung und Jugendkult sind die Chiffren des mit ihnen assoziierten Lebensstils. Doch erst ihre Kinder sehen sich unabweisbar in jene «Sinnwüste» (Gronemeyer) versetzt, in die Konsum als Selbstzweck führt. Für Douglas Coupland radikalisiert die «Generation X», d. h. die zwischen 1965 und 1975 geborene Altersgruppe, die Trends der Babyboomers, wobei zum erstenmal für eine ganze Generation «Orientierungslosigkeit zur Normalität» geworden ist. Für sie fällt nach Coupland «Katastrophe und Klamauk, Glamour und Gewalt» in eins. Den «twentysomethings» – wie die Vertreter der «Generation X» auch genannt werden – begegnet man als schlecht entlöhnten Dienstleistenden in Fast-food-Restaurants, als Studenten mit unsicheren Zukunftsaussichten, in Gefängnissen oder einfach «als Treibgut der Gesellschaft» («Die Weltwoche»). Verstümmelte Lebenserwartungen, Apathie, Skepsis und Zynismus werden ihnen nachgesagt. Sie selber bemitleiden sich als vernachlässigte Produkte hoher Scheidungsraten und werfen ihren Eltern vor, die Jagd nach Geld und Vergnügen über das Wohl ihrer Kinder gestellt zu haben. In den USA, wo ihre Probleme besonders augenfällig sind, hat die «Generation X» kaum mehr Aussichten, den Wohlstand ihrer Eltern zu erreichen. Sie ist die erste Generation in diesem Jahrhundert, der es wirtschaftlich bedeutend schlechter als ihrer Elterngeneration geht.

Noch unheimlicher nimmt sich die Perspektive der nach 1975 Geborenen, der «Nintendo-Generation», aus. (Nintendo ist der Name des weltgrößten Herstellers von Video- und Computerspielzeugen). Hauptsächlich sozialisiert über elektronische Medien, sind sie hin- und hergerissen zwischen den Verheißungen einer virtuellen (Computer-)Realität und den Bedrohungen und Ängsten, die von einer faktisch fortschreitenden Umweltzerstörung ausgehen.[11] Die Beziehung zwischen der Nintendo-Generation und ihren Großeltern wird von der Werbung als eine Beziehung zwischen «usern» und «buyern» verstanden, wobei den «buyern» potentiell eine Affinität mit den Kids unterstellt wird, wie das Beispiel einer Sega-Werbung zeigt (Sega ist der Hauptkonkurrent von Nintendo): «Oma (67), nicht vorbestraft, will Geburtstagsgeschenk für Enkelin nicht herausrücken. Ist das noch legal? Friedlich fütterte Oma Z. bis jetzt Tauben im Park. Doch seit sie das Geburtstagsgeschenk für ihre Enkelin (einen Sega Mega Drive) selber ausprobiert hat, ist es damit vorbei. Wie auch mit dem Geschenk. ‹Darauf kann ich über

150 Games spielen›, verteidigt sie sich, ‹und erst noch mit gestochen scharfer 16-Bit-Technologie.›» Ob die – nicht ganz eindeutige – Mischung so stimmt: im ironisierten Boulevardstil daherkommender Zeitgeist und Uralt-Klischee? Die Werbung, die den Puls der Zeit sowohl abhört wie mitbestimmt, spielt hier auf der Klaviatur wechselseitiger Egoismen. Doch das Elektronikzeitalter nivelliert die Unterschiede: Im Nirwana der Bits verwischen sich die Generationengrenzen.

Ein neuer «Klassenkampf»?

Wenn es nach dem Gießener Soziologen Reimer Gronemeyer geht, haben wir es heute mit unversöhnlichen Interessengegensätzen zwischen Jung und Alt zu tun. Das «Anspruchsdenken» belastet und überfordert nach Gronemeyer die Jungen, die außerdem riskieren, von einer neuen Altenmacht politisch überrollt zu werden. Die Jungen interessieren sich zwar im allgemeinen wenig für die Alten, was allerdings nicht ausschließt, daß soziale oder wirtschaftliche Mißstände nicht reflektiert würden. In den USA existiert seit 1986 eine Lobby-Organisation, die sich AGE nennt: «Americans for Generational Equity». Ihr Ziel ist die Gleichbehandlung der Generationen. Sie stört sich daran, daß die Senioren Ansprüche stellen, die anderen Gruppen der Gesellschaft nicht erfüllt werden. In Europa hat sich noch keine entsprechende Bewegung gebildet, aber Anlaß für Neid gäbe es wohl. Von der umfassenden Sicherung des Existenzminimums, die der älteren Generation von Gesetzes wegen zusteht, können Junge (Studenten oder Arbeitslose) nicht einmal träumen. Hinzu kommt, daß die jüngeren Alten die einzige Gruppe Erwachsener der Gesellschaft sind, der es möglich ist, sich nur um sich selbst zu kümmern.

Im Gefolge der Wohlstandsgesellschaft der Nachkriegszeit sind zwei neue Klassen im Entstehen begriffen: «Die einen – vor allem ältere Menschen – genießen Konsum und soziale Sicherheit, die anderen – vor allem junge Menschen – schlagen sich durch und sehen vor ihren Augen die Yuppies und Woopies, deren Lebensstil sie nie erreichen werden.»[12] Dazu kommt, daß bei Wahlen und Abstimmungen die über 65jährigen mit ihrer (disziplinierten) Stimmkraft nicht selten den Ausschlag geben, wenn von den Jungen erwünschte Veränderungen verhindert werden. Und eben diese Jungen müssen die Renten der Alten, für deren Finanzierung der Versicherungsbeitragssatz mit jeder Reform erhöht wird, mit ihrer Arbeitsleistung absichern.

Vor allem zwischen der kommenden Rentnergeneration und den nachfolgenden jüngeren Generationen wird sich nach Gronemeyer eine Kluft auftun. Angehörige der «Wohlfahrtsgeneration», d. h. Menschen, die nach 1945 geheiratet und in den 50er bis 90er Jahren im Erwerbsleben gestanden haben, haben von den Segnungen des Wohlfahrtsstaates – vom Kindergeld bis zu Hausbaukrediten – in einem Maß profitiert, wie das in Zukunft wahrscheinlich nicht mehr möglich sein wird – der Abbau ist bereits im Gange. Für die Versorgung der Gesellschaft stehen zunehmend weniger Ressourcen zur Verfügung; der kleiner werdenden Zahl produktiver jüngerer Menschen steht ein wachsender Bedarf wirtschaftlicher, medizinischer und psychosozialer Betreuungsleistungen für immer mehr alte Menschen gegenüber. Zahlenbeispiele wie das folgende illustrieren das Ausmaß der Problematik: In der Schweiz finanzierten die unter 62jährigen Erwerbstätigen den Älteren 1987 bereits eine knappe Milliarde der insgesamt 2,7 Milliarden Franken Krankenpflegekosten. Bis zum Jahre 2010 wird dieser Solidaritätsbeitrag auf 7,4 Milliarden steigen. «Die Solidarität gegenüber Altersrentnern ist bereits heute in Gefahr und droht binnen weniger Jahre zu zerfallen, wenn keine Gegenmaßnahmen getroffen werden», warnen denn auch die schweizerischen Krankenkassen.[13]

Wird mit dieser Entwicklung der Boden für den «Altersklassenkampf» bereitet, wie Reimer Gronemeyer meint? Was, so fragt er, soll die Jungen daran hindern, den Generationenvertrag zu kündigen und dem «grauen Heer von Abgabensaugern» den Geldhahn zuzudrehen? Die Jungen hätten von den Alten gelernt, daß Konsum den Sinn des Lebens darstelle, und die Konsumhaltung sei das letzte Bindeglied zwischen den Generationen. Wenn es dabei bleibe, werde es einen erbitterten Kampf geben, denn größtmöglicher Konsum der Jungen heiße größtmögliche Einschränkung der Alten.

Die unbegrenzte Erfüllung von Konsumwünschen, der hohe Stellenwert individueller Selbstverwirklichung und die allgemeine und einseitige Ausrichtung auf Leistung: all das macht es schwer, für den Umgang mit alten Menschen angemessene Verhaltensweisen zu entwickeln. Wie lassen sich die berufliche Karriere, der Wunsch nach Selbstverwirklichung mit der Pflege alter, gebrechlicher Familienmitglieder vereinbaren? Auch die nachbarschaftliche Hilfe hat auf dem Hintergrund von Anonymität und Mobilität ihre Grundlage weitgehend verloren. Als Ersatz für die Solidarität zwischen den Generationen übernehmen soziale Institutionen immer umfassendere Betreuungsaufgaben.

Die Entwicklung läuft in der Vision Reimer Gronemeyers auf eine Explosion zu, denn die Alten, die bald einmal die Mehrheit stellen, könnten die Jungen ihrerseits politisch überfahren. Jugendlobby gegen Altenlobby also? «Verteilungskämpfe werden der Alltag sein», prophezeit Gronemeyer. «Die Woopie-Alten, die die Welt in ein ökologisches Trümmerfeld verwandelt haben, fordern soziale Sicherheit, Winterurlaub auf Mallorca und – wenn es soweit ist – den 6000-Mark-pro-Tag-Pflegeplatz. Wie wird es dann mit dem Generationenvertrag aussehen? Wird den Alten das Wahlrecht genommen, die Rente halbiert, das Pflegeheim in ein Sterbehaus umgewandelt? Werden die rüstigen Alten zu Wiedergutmachungsarbeiten herangezogen, werden sie verpflichtet werden zu Aufräumarbeiten beim Abbruch und der Entsorgung von Atomkraftwerken? Wird man ihre Asche mit einem Fluch vergraben, weil sie zu viele und weil sie zu gierig waren?»[14]

Der exzessive Konsum und das Verfolgen ausschließlich privater Interessen der Wohlfahrtsgeneration bürden den Jungen nicht nur im Umweltbereich schwere Hypotheken auf: Sie haben mit den riesigen Defiziten der öffentlichen Haushalte als Erblast zu leben. Ross Perot, Außenseiterkandidat für die amerikanische Präsidentschaft des Jahres 1992, fand eine witzig-makabre Metapher: «Die Staatsschuld ist wie die verrückte Tante, die wir unten im Keller behalten – alle Nachbarn wissen, daß sie da ist, aber niemand spricht davon.» Die Schlußfolgerung, die sich daraus ergibt, ist allerdings weniger witzig: Für das Leben über die Verhältnisse in den 80er Jahren werden die «Kinder und Kindeskinder» bezahlen.

Jüngste Entwicklungen in den USA lassen Gronemeyers These eines bevorstehenden Klassenkampfs zwischen Jung und Alt als nicht mehr ganz übertrieben erscheinen. Unter der Führung einer Organisation mit dem Namen «Lead or Leave» haben Vertreter der «Generation X» – einer Generation, der bislang Initiative abgesprochen wurde – begonnen, gegen die «gehätschelten Golden Girls and Boys», sprich: die Alten, mobil zu machen. Vor dem Hauptquartier des mächtigen amerikanischen Rentnerverbands AARP stellten die Xer Protestplakate auf. Den Rentnern, war darauf zu lesen, müßten die Renten gekürzt werden; die Regierung solle aufhören, sie auf «Kosten ihrer Enkel zu verwöhnen». Aus der Sicht der Xer leben die Alten und die Babyboomers in Saus und Braus, letztlich aber auf Pump und damit auf Kosten der Generation X, die eines Tages dafür zur Kasse gebeten werden wird. Die «Twentysomethings» sind in Amerika die Generation mit der schlechtesten Schulbildung in diesem Jahrhundert. Und viele Unternehmer mußten feststellen, daß die Vernachlässigung von Bildungsaufgaben ihre Wettbewerbsfähigkeit schmälert. Der Ökonom Robert Kuttner bezeichnet deshalb die Xer als «Opfer eines bemerkenswerten generationenbezogenen Wirtschaftsnotstands». Die neue Frontstellung wird durch eine Meinungsumfrage im Rentnerparadies Florida bestätigt: Knapp die Hälfte der befragten Xer betrachtet die gutorganisierten Senioren als einen «selbstsüchtigen Stimmblock», der von der Sozialpolitik «unfair bevorzugt» werde. Auch in Kalifornien haben die Gegensätze zwischen Jung und Alt zugenommen. Als Folge der dort 1979 unter großem Einsatz zorniger Rentner in einer Volksabstimmung durchgesetzten Senkung der Immobiliensteuern liegt das öffentliche Bildungssystem, dem die Mittel fehlen, brach.[15]

Sind die Renten noch zu zahlen?

Neben den rapide ansteigenden Gesundheits- und Pflegekosten, die ältere Menschen verursachen, ist es vor allem die Frage der Rentenfinanzierung, die Zündstoff zwischen den Generationen anhäuft.

Der gesetzlichen Rentenversicherung in den deutschsprachigen Ländern liegt die Idee des ungeschriebenen Generationenvertrags zugrunde, der schon die Grundlage für die Sozialgesetzgebung Bismarcks abgab. Er basiert auf dem Prinzip der Solidarität: Die Jungen sorgen während ihres Berufslebens für die Alten mit (d. h., die im Erwerbsleben stehenden Generationen bezahlen im sogenannten Umlageverfahren die Renten der Rentner) und erwerben sich damit den Anspruch, ihrerseits im Alter Rente beziehen zu können. Die so erworbenen Rentenansprüche sind nicht nur «wie Eigentum geschützt», die Rente ist auch «verläßlicher Alterslohn für die geleistete Lebensarbeit».[16]

Der vielbemühte Generationenvertrag bismarckscher Prägung weist heute Risse auf. Das Umlagesystem funktioniert nämlich nur dann zufriedenstellend, wenn das Zahlenverhältnis zwischen den Erwerbstätigen und den Rentnern ausgeglichen ist; das ist aber immer weniger der Fall. Das Ungleichgewicht läßt das Umlagesystem zu einer schweren Last für die folgenden Generationen werden. Ein nicht kleiner Teil der diese Bürde tragenden Erwerbstätigen hat gleichzeitig für heranwachsende Kinder aufzukommen. Die Kinder sind vom Standpunkt der Gesellschaft aus gesehen ein Kapital: künftige Erwerbstätige, die eines Tages Steuern und Rentenbeiträge zahlen werden, wovon wiederum die Gesellschaft als ganzes profitiert. Unter den Bedingungen einer niedrigen Fruchtbarkeitsrate stellt sich denn auch die Frage nach der Solidarität innerhalb der aktiven Generation. Auch kinderlose Männer und Frauen erwarten aufgrund des Generationenvertrags, daß ihre Rente später von den künftigen Generationen bezahlt wird. Aus diesem Grund mehren sich in letzter Zeit die Stimmen, die von den Kinderlosen in irgendeiner Form einen Beitrag zu den «Reproduktionskosten» der Gesellschaft verlangen.

«Nach allen bisher bekannten Daten zur Sozialstruktur läßt sich unser heutiges System der sozialen Sicherung unter keinen Umständen so aufrechterhalten wie bisher», urteilt der Soziologe Johann Michael Gleich.[17] Und der amerikanische Demograph Nathan Keyfitz moniert: «Das System muß geändert werden, wenn eine Spaltung der Gesellschaft vermieden werden soll – eine Spaltung zwischen denjenigen, die schon oder bald Rente beziehen, auf der einen Seite und den Jüngeren auf der anderen Seite, die während langer Jahre hohe Beiträge für einen Teil der Gesellschaft, in den sie sich kaum einfühlen können, zahlen müssen. Wenn die Jüngeren schon jetzt nur eine schwache Neigung verspüren, die Älteren, deren Kultur ihnen fremd ist und die sie als hoffnungslos ‹unmodern› empfinden und unter denen sie kaum Freunde und nur wenige Verwandte haben, mittels Steuern zu unterstützen, so würde diese Neigung mit einem weiteren Anstieg der Kosten weiter schwinden.»[18]

Die Angst, die sozialen Kosten der Rentner könnten nicht bezahlt werden, ist allerdings nicht neu. Schon in den 40er Jahren gab es in der Schweiz Schaubilder, auf denen durch Rentner erdrückte Erwerbstätige (im Jahre 2020) zu sehen waren und ein Bevölkerungsrückgang um 50 Prozent prophezeit wurde. Die heutigen demographischen Prognosen sind indes methodisch zuverlässiger. Aber auch sie besagen, daß in den nächsten Jahrzehnten immer weniger Jüngere für immer mehr Alte aufkommen müssen. Die Solidarleistungen, die die Erwerbstätigen zu erbringen haben, nehmen schon jetzt stark zu. Nach Berechnungen der Deutschen Bundesbank belasten die derzeitigen Beiträge an die Pflichtkassen der gesetzlichen Sozialversicherung – Renten-, Arbeitslosen- und Krankenversicherung – die Einkommen der versicherten Bürger bereits mit insgesamt etwa 36 Prozent. Vor 20 Jahren waren es noch annehmbare 26 Prozent. In allen Industriestaaten wird in den nächsten 40 Jahren der Anteil der Sozialausgaben am Bruttosozialprodukt kontinuierlich steigen. In Deutschland ist das Problem als Folge der Wiedervereinigung «über Nacht» akut geworden: Die Einbeziehung der Bürger der neuen Bundesländer ins Rentenrecht der alten BRD hat den Sozialstaat in eine finanzielle Schieflage geraten lassen: Über 10 Milliarden DM betrug 1992 das Defizit der Rentenversicherungsträger. «Der Sozialstaat Deutschland», schreibt der Wirtschaftskorrespondent Gert Tigges, «steht – ohne daß das dringende Problem der Pflegeversicherung mit einem jährlichen Finanzbedarf von mindestens 24 Mrd. DM (steigend) geklärt wäre – vor einer bitteren Alternative: Entweder werden die Leistungen in sämtlichen Bereichen der sozialen Sicherung drastisch eingeschränkt, oder aber die Beiträge steigen in naher Zukunft in Größenordnungen, die die verfügbaren Einkommen spürbar schrumpfen lassen.»[19] Auch in anderen Ländern ist die soziale Sicherung in Frage gestellt. So wurden beispielsweise in Schweden im Rahmen eines «Krisenpakets» 1992 die Renten bereits um zwei Prozent gekürzt.

Es besteht die Gefahr, daß die mit der gegenwärtigen Rezession und mit den Schwierigkeiten der Wiedervereinigung verbundenen Krisenerscheinungen zur Zeichnung eines allzu düsteren Bildes Anlaß geben. Katastrophenmeldungen sind indessen verfrüht. An Lösungsvorschlägen fehlt es nämlich nicht. Gefragt ist allerdings politischer Gestaltungswille. In Fachkreisen diskutiert wird u. a. der *Finanzierungsmodus*.

- Anstatt mit Lohnprozenten und Arbeitgeberbeiträgen könnte die Finanzierung der sozialen Netze über direkte oder indirekte Steuern (z. B. die Mehrwert- oder eine neu einzuführende ökologische Steuer) erfolgen. Wenn die menschliche Arbeit immer weniger zählt, werden von den Löhnen unabhängige Einnahmequellen zur Entlastung der (noch) Arbeit Leistenden um so wichtiger.
- Der im Generationenvertrag angelegte Konflikt verliert an Brisanz, wenn anstelle von «Umlageverfahren» (die Jüngeren bezahlen für die Älteren) mehr Gewicht auf «Kapitaldeckungsverfahren» (d. h. im Sinne einer auf die Person selbst bezogenen Versicherung) gelegt wird. Wenn man die eigene Rente selbst bezahlt, vermeidet man ein Nullsummenspiel mit den jüngeren Generationen. Das kollektive Vorsorgesystem mit dem ihm innewohnenden Gedanken der Solidarität zwischen den Generationen hatte gewiß seine Berechtigung nach dem Krieg und ist sicher auch jetzt nicht völlig obsolet. Eine seiner negativen Auswirkungen ist jedoch, daß es den Anreiz zum individuellen Sparen vermindert.
- «Altersrente plus» für die über 75jährigen. Der an der Universität Genf lehrende Volkswirtschaftler Peter Tschopp schlägt vor, den Generationenvertrag zu «kündigen» und die über 75jährigen gesondert zu versichern. Neben der Rentenversicherung könn-

ten auf diese Weise vor allem die Krankenversicherungsträger entlastet werden. Durchschnittsverdienern lassen sich mangels adäquater Vermögen die finanziellen Auflagen des hohen Alters nicht mehr aufbürden. Auch ihre Kinder und Enkel schaffen es nicht mehr, zumal auch ihr eigener Bedarf an Gesundheitsleistungen ständig zunimmt. Mittels der «Altersrente 75+» würden die Betagten finanztechnisch «ausgegrenzt»: Der neue Pfeiler der sozialen Sicherung beruht auf einer Gemischtfinanzierung: allgemeine Steuermittel und Erträge aus der Mehrwertsteuer plus Beiträge der auf diese Weise Versicherten.[20]

Gefordert wird auch mehr *Solidarität der Älteren mit den Jüngeren.* Der verstärkte Einbezug alter Menschen bei der durch die Alterung der Bevölkerung entstehenden Probleme drängt sich auf: Zum Teil findet diese Solidarität ja auch schon statt: Großeltern helfen ihren Enkeln bei der Ausbildung oder greifen ihnen mit Wohnungsbaukrediten unter die Arme.

- Die kommenden Altengenerationen werden über ein ansehnliches Vermögen verfügen. Auch heute gibt es reiche alte Menschen. Nach Berechnungen des Instituts für Wirtschafts- und Sozialpsychologie der Universität Köln besitzen die heute über 65jährigen das größte Vermögen aller Generationen. Es ist nicht abwegig, darüber nachzudenken, wie die wachsende Finanzkraft der Rentner/innen zur Absicherung der steigenden sozialen Kosten der sozialen Sicherung im Alter (v. a. der Hochbetagten) herangezogen werden könnte.
- In der Betreuung der Betagten könnten vermehrt Jung-Alte tätig werden und dabei die Jüngeren entlasten.
- Alte arbeiten mit Jungen zusammen.
- Realistischerweise muß man davon ausgehen, daß am bestehenden System der Alterssicherung nicht so schnell gerüttelt werden wird. Das gegenwärtige, auf dem Umlageverfahren bzw. dem Generationenvertrag beruhende Rentenmodell steckt zwar aufgrund der demographischen Entwicklung in einer Krise, dennoch sind Katastrophenmeldungen über das baldige Ende seiner

Finanzierbarkeit nicht angebracht. Auch wenn dieses System in seinen Grundzügen beibehalten wird, bieten sich Lösungsmöglichkeiten an.

Um die Rentenfinanzierung nach dem bestehenden Modell in Deutschland sicherzustellen, müßte entweder die Beitragsrate ansteigen – von derzeit 17 auf 22 Prozent im Jahre 2010 bzw. 37 Prozent im Jahre 2030 –, oder die Rentenleistung müßte gegenüber heute bis zum Jahre 2030 auf 54 Prozent gekürzt werden, oder der Staat müßte statt eines Defizits von 10 Prozent (heutiger Stand) bis 2030 ein Defizit von 50 Prozent ausgleichen. Diese Schätzungen stimmen allerdings nur, wenn sich die Arbeitslosigkeit auf dem gegenwärtigen Stand hält.[21]

Während eine Zunahme der Arbeitslosenquote das Rentenfinanzierungssystem noch mehr aus dem Gleichgewicht bringen würde, hätte eine vermehrte Erwerbstätigkeit der Frauen einen entlastenden Effekt. Außer diesen beiden Größen hat auch noch die Höhe der Einkommen einen Einfluß auf den Kassenstand der Rentenversicherung.

Eine Arbeitsgruppe von Bevölkerungswissenschaftlern des International Institute for Applied Systems Analysis in Wien hat – ausgehend von der zu erwartenden demographischen Entwicklung – eine Reihe von Maßnahmen untersucht, die dazu beitragen könnten, daß die Renten in Deutschland finanzierbar bleiben. Untersucht wurde zum einen die Auswirkung, die die – vorgesehene – Erhöhung des Rentenalters hat, zum anderen, was eine gegenüber heute veränderte Lastenverteilung bewirken würde.

Die schrittweise Erhöhung des Rentenalters auf 65 Jahre bewirkt zwar – so das Ergebnis der Studie – eine Verringerung der Belastung der aktiven Generation, der Beitragssatz der Erwerbstätigen im Jahre 2030 wird aber ohne zusätzliche Maßnahmen immer noch 31 Prozent betragen.

Was mit der Erhöhung des Rentenalters allein nicht geschafft werden kann (nämlich die Rentenfinanzierung sicherzustellen), ist hingegen mit einer Kombination der folgenden drei Maßnahmen zu bewerkstelligen: 1. Erhöhung des Rentenalters, 2. Abzüge von der

Zusatzrente des Ehepartners, wenn diese eine gewisse Höhe übersteigt (wird heute schon praktiziert) und 3. eine Neuverteilung der Lasten.

Die Kernidee, die das System zwar nicht aus den Angeln hebt, aber doch in entscheidenden Teilen revolutioniert, beruht auf einer Anpassung der Beitragsrate der Versicherten, der Höhe der Renten und der Bundesbeiträge – und zwar derart, daß das Verhältnis zwischen dem Durchschnittseinkommen der aktiven Bevölkerung und dem der Rentner unverändert bleibt. Der Vorschlag besteht darin, daß die Renten nicht wie bisher an die Brutto-, sondern an die Nettoeinkommen der Erwerbstätigen gebunden und die Bundesbeiträge im gleichen Maß erhöht werden wie die Versichertenbeiträge. Auf diese Weise würde die wachsende Rentenlast gleichmäßig – solidarisch – auf alle verteilt. Mit der Anwendung dieses Modells, zeigen sich seine «Erfinder» überzeugt, könnten die Renten in der Bundesrepublik trotz der ungünstigen demographischen Entwicklung auch im nächsten Jahrtausend garantiert werden. In Zahlen sieht das folgendermaßen aus: Bezogen aufs Jahr 2030 würden die individuellen Beiträge 23 bis 25 Lohnprozente ausmachen, die Renten würden im Vergleich mit dem Jahr 1985 relativ um 5 bis 8 Prozent gekürzt, und das vom Staat zu deckende Defizit in der Rentenkasse würde 13 anstatt 10 Prozent wie im Jahr 1990 betragen.[22]

Auf dem Weg zur altersirrelevanten Gesellschaft

Welche Schlußfolgerungen ergeben sich aus der «Brüchigkeit des Generationenvertrags»? Ist das düstere Bild, das Reimer Gronemeyer entwirft, zutreffend, oder überzeichnet es – im Sinn einer auf ein Umdenken zielenden Polemik – mögliche Tendenzen gesellschaftlicher Entwicklung? Eine 1989 vom Institut für Demoskopie Allensbach durchgeführte repräsentative Befragung von Führungskräften ergab, daß ein Drittel der Befragten glaubt, in Deutschland werde es schon bald so etwas wie eine «Altenmacht» auf politischer

Ebene geben. Von den befragten Politikern war sogar jeder zweite dieser Meinung. Ebenfalls ein Drittel der Befragten rechnete mit einer zunehmenden Altenfeindlichkeit.

Nach Ansicht von Johann Michael Gleich läßt sich in Deutschland allerdings nur ein «sehr geringes ‹revolutionäres› Potential alter Menschen erkennen». Grundlage dieser Einschätzung bilden Untersuchungen über die Teilnahme alter Menschen an politischen Veranstaltungen, ihre Aktivitäten in politischen Parteien, Gewerkschaften, Bürgerinitiativen oder auch ihr Engagement in neuen sozialen Bewegungen. Dabei zeigt sich, daß die Gruppe politisch aktiver alter Menschen im Unterschied zur Gruppe der politisch Interessierten (d. h. der alten Menschen, die an Wahlen teilnehmen) zahlenmäßig sehr gering ist. So nehmen weniger als 3 bis 4 Prozent der Menschen über 60 Jahre gelegentlich an politischen Veranstaltungen teil, und nur 3 Prozent sind in politischen Parteien aktiv. Diese Zahlen sind über die Jahre hinweg stabil. Bei den politisch aktiven alten Menschen handelt es sich zudem fast ausnahmslos um Menschen, die schon in jüngeren Jahren aktiv waren. Nicht nur die aktive Partizipation der Älteren am politischen Leben ist gering, es gibt auch keine übergreifende Vertretung für ihre Interessen; sieht man von den «Grauen Panthern» ab, die sich ja nicht als Partei verstehen, so fehlt der Großgruppe der Alten eine eigene Lobby, mit deren Hilfe sie sich an der Gesetzgebung beteiligen könnten.

Wenn von «Klassenkampf» zwischen den Generationen die Rede ist, stellt sich die Frage, ob denn die Alten für sich überhaupt eine Klasse bilden. Tatsächlich bedeutet das Alter für jeden Menschen je nach Einkommen, Status, Bildung, Geschlecht etwas anderes. Interessenlage und Chancen für ein erfülltes, selbstbestimmtes Leben im Alter hängen vom Gesundheitszustand ebenso wie von der eigenen Biographie ab.

Auch von einer sich formierenden Jugendmacht kann schließlich nicht die Rede sein. Ähnlich wie bei den Alten überwiegen auch bei den Jungen die Interessengegensätze. Die große «Eurobarometer»-Umfrage der EG-Kommission, bei der 1992 Bürger sämtlicher EG-Staaten und aller Altersgruppen befragt wurden, erbrachte den «Beweis einer mächtigen Solidarität zwischen den Generationen».

Gemäß dieser Erhebung würde nahezu die Hälfte aller Europäer zur Finanzierung des Lebensabends höhere Steuern in Kauf nehmen, und acht von zehn Bürgern nähmen die Erwerbstätigen in die Pflicht, einen angemessenen Lebensstandard für ältere Menschen zu gewährleisten. Allerdings ist diese Bereitschaft bzw. Haltung bei den 15- bis 34jährigen weniger ausgeprägt.[23]

Altersgruppen bilden in der modernen Gesellschaft keine homogenen, einheitlichen sozialen Gefüge. Das gilt für die junge genauso wie die alte oder mittlere Generation. Deshalb wird es «auch in Zukunft bei uns keinen Kampf zwischen den Generationen geben, weil die Interessen innerhalb der Generation viel zu heterogen sein werden und von daher eine Orientierung an Lebensphasenkonzepten gegenüber der Orientierung an Lebenssituationskonzepten zunehmend weniger sinnvoll erscheint» (Gleich).

Tatsächlich mehren sich die Anzeichen dafür, daß die starren Alterskategorien sich allmählich aufzulösen beginnen. Die Zwischengeneration der dynamischen «Jung-Alten» läßt herkömmliche Klischees, die sich auf bestimmte Lebensphasen beziehen, als überholt erscheinen. Soziologen sprechen in diesem Zusammenhang von der «Age Irrelevant Society» (der Begriff entstand parallel zum Begriff «ageism»): Gemeint ist die Herausbildung einer gesellschaftlichen Struktur, in der die Zugehörigkeit zu einer bestimmten Generation gegenüber anderen Merkmalen eine untergeordnete Rolle spielt.

Generationengefüge im Umbruch

Heute leben mehr Generationen gleichzeitig als früher. Die klassische Drei-Generationen-Familie gehört allmählich der Vergangenheit an; vier Generationen innerhalb einer Familie werden zur Regel. Soziologen sprechen deshalb von der Vier-Generationen-Gesellschaft. Inzwischen sind selbst Familien mit noch lebenden Ururgroßeltern keine Seltenheit mehr: In der BRD gab es schon 1983 350 Fünf-Generationen-Familien. Das Nebeneinander von vier oder fünf Generationen hat vielfältige Umschichtungen zur Folge. So gibt es inzwischen in den Industriestaaten weit mehr Eltern als Kinder, und immer mehr alte Menschen haben Kinder, die ihrerseits im Seniorenalter sind. Die Alterung der Bevölkerung und die geringe Reproduktionsrate führt dazu, daß sich die Verwandtschaftsbeziehungen verengen. Ihre Ausrichtung ist stärker vertikal als horizontal: Es gibt mehr Menschen, die keine Geschwister und relativ wenige Onkel und Tanten haben, dafür außer den Eltern lebende Großeltern und Urgroßeltern. Diese Konstellation ist neu und in ihren Auswirkungen noch kaum absehbar. Vermehrte Rollenvermischungen und -konflikte sind vorprogrammiert.

Besonders die mittlere Generation (gemeint sind hier die knapp 30- bis etwa über 50jährigen) sieht sich einer neuen Herausforderung gegenüber. «Was», so fragt Ursula Lehr, «geschieht mit den Menschen des mittleren Lebensalters, die als 50jährige einmal die Rolle der Eltern und Großeltern und gleichzeitig die der Kinder und Enkelkinder einnehmen? Der Fünfzigjährige gleichzeitig in der Rolle des Großvaters und des Enkelkindes?»[24] Wenn es um den Konflikt der Generationen geht, ist meist bloß von den Gegensätzen zwischen Alt und Jung die Rede. Die mittlere Generation findet weit weniger Beachtung. Doch gerade diese Generation ist im gesellschaftlichen Gefüge am meisten gefordert. Sie trägt die Kosten der Kindererziehung und die Hauptlast der Rentenfinanzierung; dazu kommen oft noch Pflegeleistungen für ältere Angehörige. In der «unsymmetrischen Lastenverteilung im Drei-Generationen-Vertrag» (Kinder-Eltern-Großeltern) sieht der Soziologe Johann Michael Gleich den Kern allen Übels (und nicht im Generationenkrieg zwischen Jung und Alt). Entlastungen für die mittlere Generation wären angezeigt. In diesem Zusammenhang ist interessant, daß vorausschauende Arbeitgeber inzwischen über die Einführung eines altersunabhängigen Gehalts nachdenken. Anstelle des Dienstalters gäbe nur noch die Leistung den Ausschlag für die Höhe des Gehalts. Von einer solchen Regelung würden nicht zuletzt jüngere Leute mit Kindern, die in der Ausbildung stehen, profitieren.[25]

Der beschleunigte technologische Wandel und der Trend zur Individualisierung und Vereinzelung (die Angehörigen der verschiedenen Generationen wohnen nicht mehr zusammen) hat dazu geführt, daß sich Lebenslage und -gefühl der einzelnen Generationen stärker unterscheiden. Dieser Differenzierungsprozeß fördert die Subkulturen, die auf das Alter bezogen sind und die kaum miteinander in Berührung kommen: Die Jungen bleiben unter sich und die Alten ebenso. Die unterschiedlichen Ausprägungen der Lebensstile, die sich in unterschiedlichen Konsummustern und Sprachformen äußern, verringern die Berührungspunkte zwischen den verschiedenen Altersgruppen. Allerdings gibt es auch Gegentendenzen: Beim Publikum von Rockkonzerten etwa ist in den letzten Jahren bisweilen wieder eine stärkere altersmäßige Durchmischung festzustellen. Die Generation der «Babyboomers» wirkt in gewisser Weise als integrierender Katalysator.

Solidarität in der Pflege

Die Beziehungen zwischen den Generationen werden durch zwei soziologische Räume bestimmt, die sich in vielerlei Hinsicht stark voneinander unterscheiden: den öffentlichen und den privaten Raum. Zwar präsentiert sich das Bild auch auf der Ebene der Familie widersprüchlich, doch ist die Familie wahrscheinlich vorschnell für «tot» erklärt worden. Nirgends zeigt sich das soziale Potential familiärer Beziehungen deutlicher als in der Fürsorge für ältere Familienangehörige. Zwar sind Drei-Generationen-Haushalte heute eine Ausnahme. Das Zusammenleben mehrerer Generationen in kleinen, teuren Wohnungen ist kaum möglich. Und der Wunsch nach Unabhängigkeit und räumlicher Distanz hat die Generationen auseinanderrücken lassen. Dennoch ist die Zahl alter Menschen, die auf die Hilfe jüngerer Familienangehöriger rechnen können, noch immer erstaunlich groß. Das familiäre Netz ist entgegen einer weitverbreiteten Auffassung bis heute weitgehend intakt und leistungsfähig geblieben. Am deutlichsten belegen das entsprechende Zahlen aus Österreich: Jeder zweite Pflegebedürftige wohnt mit jüngeren Menschen unter einem Dach. Zum Teil werden die Pflegebedürftigen von Angehörigen betreut, die selber schon zur älteren Generation gehören. Vorwiegend sind es Frauen – ledige, geschiedene oder verwitwete Töchter und Schwiegertöchter –, die sich aufopfernd um ihre Eltern kümmern. Die Öffentlichkeit würdigt diesen Beitrag kaum; sie läßt diese Frauen weitgehend im Stich. Auch wenn es wünschenswert ist, daß die Pflege alter Menschen nicht einfach an anonyme Institutionen delegiert wird, so läßt der Hinweis auf die häufige Überforderung pflegender Angehöriger doch den Schluß zu, daß in der heutigen Gesellschaft ein solches Engagement nicht einfach gefordert werden kann. Wenn es um Pflege geht, wird die Solidarität zwischen den Generationen vielfach überstrapaziert.

Wohin es führen kann, wenn Betreuer nicht unterstützt werden, zeigt auf drastische Weise das Phänomen des «Granny-dumpings» in den USA: Immer häufiger kommt es vor, daß ältere Menschen – vorwiegend Frauen – vor Notfallstationen ausgesetzt werden, bisweilen mit einem Schild um den Hals wie diesem: «Sie ist krank, bitte betreuen Sie sie.» Manchmal übergeben die überlasteten Familienangehörigen die Großmutter oder den Großvater dem medizinischen Personal und versprechen, bald wieder zurückzukehren. Doch dann erscheint niemand, und die hinterlegten Namen, Adressen und Telefonnummern stellen sich als falsch heraus. Es kommt auch vor, daß hilflose alte Menschen einfach vor einem Supermarkt stehengelassen werden. Das «Granny-dumping» hat in den USA inzwischen sogar noch eine perverse Erweiterung erfahren: So kommt es vor, daß auch Wohnungsvermieter und sogar Pflegeheime bedürftige alte Menschen kurzerhand vor einem Krankenhaus abladen. Und wenn das Krankenhaus nach erfolgter Betreuung die Betagten wieder nach Hause schicken will, sind die Wohnungen bereits weitervermietet und Pflegeplätze anderweitig vergeben worden – an zahlungskräftigere Kunden.

Das «Granny-dumping» wirft ein grelles Licht auf die völlig unbefriedigende Pflegeplatzsituation. In Europa ist dieses Phänomen zwar noch nicht aufgetreten, aber in Deutschland ist der Pflegenotstand kaum geringer als in den USA. Weil das Angebot an Pflegeheimplätzen bei weitem nicht genügt, müssen immer mehr alte Eltern bei ihren erwachsenen Kindern leben. Das Versagen des Sozialstaats weckt eine böse Assoziation: Sollte sich auf makabre Weise der Kreis zur Urgesellschaft schließen, die ebenfalls das Aussetzen von alten Menschen praktizierte?

Brückenschlag – Ansätze für ein neues Miteinander

Die demographische Entwicklung in den kommenden Jahrzehnten und der veränderte Lebensstil am Ausgang des 20. Jahrhunderts werden das Verhältnis der Generationen zweifellos stark beeinflussen. Während sich die einen einen Kampf der Generationen ausmalen, sehen andere Ansätze für ein neues Miteinander in einer Gesellschaft, in der das kalendarische Alter an Bedeutung verliert. Positive Signale gehen vor allem von den älteren Menschen aus. So gaben in einer repräsentativen Umfrage, die im Winter 1990/91 vom Dichter-Institut für Motivforschung in der Schweiz durchgeführt wurde, 82 Prozent der Befragten im Alter zwischen 55 und 80 Jahren zu Protokoll, daß sie Sympathien für die Jungen haben. Lediglich 18 Prozent stehen ihnen kritisch bis ablehnend gegenüber. In einer großen Umfrage bei alten Menschen in sämtlichen EG-Staaten im Jahre 1992 äußerten 45 Prozent der Befragten den Wunsch nach mehr Kontakt mit den Jüngeren; 25 Prozent verspürten keine Lust auf mehr Begegnungen mit der jungen Generation. Etwa die Hälfte der alten Menschen neigen dieser Umfrage zufolge mehr oder weniger stark dazu, sich hauptsächlich mit Gleichaltrigen zu treffen. In einer gleichzeitig durchgeführten Erhebung, die alle Altersgruppen einbezog, war die überwiegende Mehrheit der Befragten der Auffassung, Alt und Jung sollten häufiger zusammenkommen.

Zwar haben zweifellos viele alte Menschen das Bedürfnis, hauptsächlich mit ihresgleichen Umgang zu pflegen. Das Verbindende ist die Vergangenheit, sind Erinnerungen an gemeinsam durchlebte Zeiten und Menschen. Doch die bevorzugte Kommunikation mit Gleichaltrigen schließt den Wunsch oder die Suche nach Kontakten mit den jüngeren Generationen keineswegs aus. Wer älteren Menschen spontan und offen begegnet, wird der Erfahrung der Autoren zustimmen, daß die Kommunikation zwischen den Generationen nach wie vor nicht nur möglich ist, sondern auch gewünscht, gesucht und positiv erlebt wird. Eine Leserin des Seniorenmagazins «Zeitlupe» bringt das zum Ausdruck, wenn sie schreibt: «Ich bin 91 Jahre alt, lebe seit fünf Jahren in unserem kleinen, aber schönen Altersheim und kenne absolut keine Langeweile. Mein Wunsch wäre, eine Zusammenkunft mit jungen Menschen zu gestalten, mit ihnen zu diskutieren über ihre und unsere Probleme, gemeinsam über die Weltlage und über die Zukunft zu reden. Beide Teile könnten sicher davon profitieren.» Etwas skeptisch fügt die alte Frau dann noch hinzu: «Aber ob das auch der Wunsch der heute so vielbeschäftigten Jungen wäre?» (Zeitlupe 2/1992)

Besonders fruchtbar für ältere Menschen sind Kontakte mit Jüngeren außerhalb der eigenen Familie. Solche Beziehungen dienen der Heidelberger Alternsforscherin Ursula Lehr zufolge dazu, die Kompetenz alter Menschen zu erhalten und zu steigern. Wenn sich alte Menschen zu stark den eigenen Kindern zuwenden, gilt dies als Anzeichen für eine emotionale Mangelsituation im Alter, wie sie zum Beispiel als Folge einer gestörten Partnerbeziehung oder fehlenden Austauschs mit der näheren oder weiteren Umwelt auftritt. Die Frage, mit der der Brief der 91jährigen interessierten und geistig wachen Leserbriefschreiberin schließt, spiegelt die Tatsache wider, daß die Altersgruppen in unserer Gesellschaft weitgehend voneinander getrennt leben und daß es an Kontakten und Begegnungsmöglichkeiten zwischen ihnen fehlt. «Dies ist kein Zufall», schreibt die ehemalige Familienministerin und heutige Bundestagspräsidentin Rita Süssmuth. «Wir halten sie mit unseren Systemen und Institutionen ja zum Teil systematisch voneinander fern.»[26] Fast die Hälfte der über 60jährigen Deutschen kommt täglich kaum eine halbe Stunde mit Personen zusammen, die nicht zu ihrem Haushalt gehören. Es gibt jedoch auch Beispiele, wo der Kontakt zwischen alten und jungen Menschen geradezu selbstverständlich ist und als unersetzlich empfunden wird. Yehudi Menuhin etwa sagt von sich: «Was mich aber jung erhält und glücklich macht, ist die Freundschaft zu jungen Musikern. Wenn man älter wird, braucht man junge Menschen.»

Der Brückenschlag zwischen den Generationen kann nicht einfach verordnet werden; es genügt auch nicht, an den guten Willen der Jungen und Alten zu appellieren. Erforderlich ist eine differenzierte Betrachtungsweise. Der renommierte Alterspsychologe Hans-Dieter Schneider hat darauf hingewiesen, daß zum einen nicht alle alten Menschen in einen fruchtbaren Sozialkontakt mit anderen treten können und daß zum anderen der Kontakt auch gar nicht in jedem Fall das beste ist. Schneider unterscheidet zwischen ressourcenreichen und ressourcenarmen Alten. Erstere sind reich an Geld, Zeit, geistigen Interessen oder irgendeinem anderen Gut, das tauschbar ist. Der Kontakt mit Jüngeren ist für sie potentiell von Vorteil, bereichernd und beglückend. Für Menschen hingegen, die vorwiegend aufs Alter ausgerichtet sind, kann er umgekehrt zu einem frustrierenden Erlebnis werden. Ressourcenarme Alte fühlen sich unter ihresgleichen wohler, sicherer und zufriedener.[27]

Kontakte zwischen Generationen sind heute weniger selbstverständlich; sie müssen vielfach erst wieder geknüpft werden. Langsam bildet sich hier und da das Bewußtsein heraus, daß Junge und Alte letztlich identische Interessen haben, die gemeinsam sogar besser durchgesetzt werden können. Basels Graue Panther haben erkannt, daß die Probleme der Jungen und der Alten über weite Strekken dieselben sind oder ineinandergreifen. Mit ihrer Forderung nach einem frei wählbaren Sozialdienst neben dem Militärdienst haben die Grauen Panther ein Konzept entwickelt, das neue Möglichkeiten für die Betreuung alter Menschen schafft und gleichzeitig denjenigen jungen Männern eine Alternative bietet, die nicht in der Armee dienen wollen. Ein auf breitere Basis gestellter Sozialdienst könnte in der Tat dazu beitragen, eine empfindliche Lücke zu schließen: In Deutschland fehlten 1991 rund 60000 Altenpfleger/innen. Ein weiteres gemeinsames Interesse der unteren und oberen Altersklassen sprechen die Grauen Panther mit ihrer Forderung nach einem lebenslangen, existenzsichernden Basislohn für alle an. Davon würden junge Arbeitslose ebenso profitieren wie alte Menschen, die über eine zu geringe Rente verfügen. Die Basler Grauen Panther lassen es indessen nicht bei theoretischen Erwägungen bleiben. Sehr gezielt suchen sie den Kontakt mit den Jungen – so zum Beispiel im vom Basler Theater organisierten gemeinsamen Theaterspiel. Das unverkrampfte Verhältnis zu den Jungen zeigt sich auch darin, daß die Altenorganisation das Beitrittsalter auf 18 Jahre senkte.

Das Motto des neuen Miteinanders lautet: kooperieren statt einander Konkurrenz zu machen. Unterschiede brauchen dabei nicht verleugnet zu werden, im Gegenteil: Die Lebenserfahrung und Urteilskraft der Älteren werden in allen Lebensbereichen, nicht nur in Politik und Wirtschaft, besonders fruchtbar, wo sie sich mit der Risikobereitschaft und Flexibilität der Jugend paaren können. Es gibt genügend Nischen für die Ausübung wechselseitiger Solidarität. Manche Schüler und Studenten würden vielleicht ganz gern gegen Entgelt Haus- oder Gartenarbeit für ältere Menschen verrichten. Professionelle Organisationen der Altenhilfe müßten hierbei, allenfalls staatlich unterstützt, vermittelnd tätig werden. Aus solchen Auftragsverhältnissen könnten – gleichsam als Nebenprodukt – echte menschliche Beziehungen und Begegnungen resultieren.

Was gefordert ist, sind Begegnungen in gegenseitiger Offenheit. Die Unterschiede der Lebensalter sind in einem fruchtbaren Austausch ja auch reizvoll. Alte helfen Jungen auf die Sprünge – und umgekehrt. Für ein gegenseitiges Geben und Nehmen gibt es gute Voraussetzungen. Im Zeitalter der Mikroelektronik und Computer ist vieles aufgebrochen, was lange festgefügt war. Der rasante technologische Wandel bringt es mit sich, daß die Jungen vielfach über eine höhere spezifische Kompetenz verfügen. Konnte man früher ein Leben lang von dem zehren, was man einst in Jugendjahren gelernt hatte, ist an der Schwelle zum 21. Jahrhundert jeder von uns damit konfrontiert, ständig um- oder dazulernen zu müssen. Anders als früher lernen heute auch Väter von Söhnen, Mütter von Töchtern und Großeltern von ihren Enkeln. Bindung und Freundschaft erleichtern den Wissenstransfer von den Jüngeren zu den Älteren. Selbstsichere und selbständige alte Menschen haben damit keine Mühe, unsichere alte Menschen hingegen verschließen sich dem Neuen und reagieren anstatt mit Lernbereitschaft mit Ablehnung.

Für ältere Menschen eröffnen sich verschiedenste Möglichkeiten, ihrerseits Jüngere an ihrem gespeicherten Wissens- und Erfahrungsschatz teilhaben zu lassen – durchaus im Sinne des afrikanischen Sprichworts, wonach der Tod eines alten Menschen mit dem Brand in einer Bibliothek zu vergleichen ist. Allerdings, was bei Jugendlichen ankommt, ist lebendige Erfahrung, die offen, vorurteilslos und dialogbereit an sie herangetragen wird. Gefragt sind

z. B. Hobbyhistoriker, die Jüngere bei der geschichtlichen Spurensicherung unterstützen können. So stellen sich in Berlin auf Exkursionen und in Schulen ältere Bürger, die den Naziterror aus eigener Anschauung kennen, als Zeitzeugen zur Verfügung. Anerkennung verschaffen sich die Alten dadurch, daß sie die von ihnen gelebte und miterlebte Vergangenheit weder leugnen noch beschönigen. Dann fällt es den Jüngeren auch leichter, das «stehenzulassen», was sie nicht verstehen können. Andere zeigen den Schülern ihre ehemaligen Spielplätze und machen sie mit alten Spielen bekannt.

Inzwischen gibt es Börsen für ehrenamtliche Helfer und Börsen für Wissensvermittlung aller Art – in Deutschland zum Beispiel die Zeitschrift «Wissenbörse»; in ihr bieten ältere Menschen ihr Wissen und ihre Fähigkeiten an – von der Steuerberatung bis zum klassischen Ballettunterricht. Eine generationenüberspringende Aktion stellt die Initiative «Alt hilft Jung» dar. Dahinter steht die Idee, daß auch ältere Menschen die Möglichkeit haben sollen, einen aktiven wirtschaftlichen Beitrag zu leisten. Dem seit 1986 bestehenden Dachverband in Bonn sind Vereine in zahlreichen Städten der Bundesrepublik angeschlossen. Weit über 1000 ehemalige Betriebsleiter, administrative und technische Manager beraten Jungunternehmer oder helfen jungen Leuten bei der Existenzgründung gegen geringes oder gar kein Entgelt. Seit 1990 machen besonders Betriebe in den neuen Bundesländern häufig von dieser Dienstleistung Gebrauch. Einige Industrie- und Handelskammern haben Seniorenkreise gebildet, die mit den Senior-Experten der Aktion «Alt hilft Jung» zusammenarbeiten. Die bisherigen Erfahrungen haben gezeigt, daß die angebotene Dienstleistung – die Weitergabe von Erfahrungswissen – nicht nur eine gute Idee ist, sondern in der Praxis auch erfolgreich umgesetzt werden kann. So konnte die Aktion «Rentner helfen jungen Unternehmern e. V.» in Hannover bereits 1987 ihren 2000. Einsatz mit einer Festveranstaltung im Rathaus feiern. Ähnlich erfolgreich sind die entsprechenden Initiativen in Hamburg und München. Die Seniorenexperten helfen aber nicht nur, neue Firmen zu gründen, in einzelnen Fällen helfen sie mit ihrer Beratung auch, voraussehbare Pleiten zu vermeiden.[28]

Eher noch etwas utopisch muten die Versuche gemischter Wohnformen von verschiedenen Generationen an. Erste Erfahrungen sammelt der Hamburger Verein «Wohngemeinschaft Jung und Alt». In einem ehemaligen Kindertagesheim, das der Verein angemietet hat, lebt zum Beispiel ein 70jähriges Paar mit sieben weiteren WG-Freunden im mittleren und Studentenalter zusammen. Geteilt werden Küche und Wohnzimmer. Das Zusammenleben schaffe, so der 71jährige Ulrich, Anlaß «für die wechselseitige Übertragung von sinnvollen Gewohnheiten». Die Älteren könnten von der Toleranz der Jüngeren profitieren, die Jüngeren hingegen von der sparsameren Lebenshaltung der Älteren.

Um Ghettoisierungstendenzen entgegenzuwirken, fordern Institutionen, die die Anliegen älterer Menschen vertreten, offene Begegnungsstätten. Junge und Alte können sich an solchen Orten zwanglos treffen und gemeinsam Kurse und Veranstaltungen besuchen. Neuerdings setzt sich auch der Bundesaltenplan zum Ziel, «die Kommunikation und verbindende Aktivitäten von verschiedenen Generationen» zu fördern, «um gegenseitige Toleranz und ein besseres Verständnis füreinander zu erreichen». Der Plan will die Errichtung von Treffpunkten im kulturellen und Sportbereich, wo die Möglichkeit zum freien Miteinander und Erfahrungsaustausch geboten wird, unterstützen.

Seit kurzem liegen nun erstmals auch spezielle Unterrichtshilfen vor: Alter und Altern sollen zum Thema auch in der Schule werden. Die Schweizer Stiftung «Pro Senectute» hat zusammen mit dem Lehrmittelverlag des Kantons Zürich vier didaktische Leitfäden für verschiedene Schulstufen – vom Kindergarten bis zur Berufsschule – erarbeitet. Die Kinder und Jugendlichen sollen auf spielerische Weise lernen, sich mit dem Altern und alten Menschen in unserer und in fremden Kulturen auseinanderzusetzen. Ziel des «Altersunterrichts» ist es, der Desolidarisierung der Generationen vorzubeugen. Durch möglichst frühzeitige Aufklärung sollen «unverkrampfte, sachlich informative und persönliche Begegnungen» erleichtert werden.

Alt – aber anders

Ist der Ruhestand zum Ausruhen da?

> Die Alten sind nach dem Maß der gesellschaftlich nützlichen Arbeit, die sie nicht mehr leisten, überflüssig geworden und wegzuwerfen.
>
> *Theodor W. Adorno*

Ruhestandsgrenze als Altersgrenze

Ruhestand und Alter sind in den Industriegesellschaften faktisch zu Synonymen geworden. Diese Gleichsetzung ist im Bewußtsein der Menschen so verankert, daß leicht in Vergessenheit gerät, daß die Einführung des gesetzlich festgelegten Rentenalters eine relativ junge Errungenschaft ist – sie liegt wenig mehr als 100 Jahre zurück. Der durch den Antritt der Rente definierte Ruhestand ist eine Erfindung der Industriegesellschaft. Im Rahmen der Bismarckschen Sozialgesetzgebung wurde in Deutschland 1889 die Alters- und Invalidenversicherung eingeführt. Von diesem Zeitpunkt an hatten Erwerbstätige im Alter von 70 Jahren Anspruch auf Altersrente. 1916 wurde die Ruhestandsgrenze auf 65 Jahre gesenkt. Diese Grenze gilt in Deutschland im Prinzip immer noch bzw. wieder neu aufgrund der Rentenreform 92. Während bei der Einführung des Ruhestands nur etwa 5 Prozent der Bevölkerung in Deutschland über 65 Jahre alt waren und nur wenige Menschen über das 70. Jahr hinaus lebten, machen die über 60jährigen in Deutschland heute mehr als ein Fünftel aus. Auch der Lebenslauf hat sich in diesen 100 Jahren grundlegend verändert: Aus dem Arbeitsleben, das von der Pubertät bis zur Betagtheit reichte, ist eine Biographie geworden, in der die Berufstätigkeit nur noch etwa die Hälfte der Lebenszeit ausmacht. Zur Verkürzung der Berufsphase tragen sowohl die im allgemeinen lange dauernde Ausbildungszeit als auch die durch die

Langlebigkeit «geschenkten» Altersjahre bei: Die Ruheständler der 90er Jahre haben im Durchschnitt bei der Berufsaufgabe noch mehr als ein Viertel der Lebenszeit vor sich! Das schafft eine im Vergleich zu vor 100 Jahren ganz andere Ausgangslage für die Gestaltung des Alters. Heute ist der Ruhestand keine Restzeit mehr, sondern fällt mit dem Lebensabschnitt des dritten und vierten Alters zusammen. Die heutigen «Jung-Alten» erleben das Alter auf eine Weise, die das Lebensende in die Ferne rückt. Das ist eine historische Novität. Die lange Phase zwischen Ruhestand und Tod ist kulturgeschichtlich gesehen ein Zeitraum, für den es der Gesellschaft noch an Erfahrung mangelt. Nur so ist es zu erklären, weshalb um einen angemessenen Status für das Alter gerungen werden muß.[1]

Starre Altersbarrieren: ein Anachronismus

In allen westlichen Gesellschaften ist die gesetzlich geregelte Altersgrenze des Übergangs in den Ruhestand spätestens seit der Mitte dieses Jahrhunderts zum selbstverständlichen Einschnitt der Normalbiographie geworden, der «das Alter» vom übrigen Erwachsenenleben abtrennt. Fixe Ruhestandsgrenzen – gleichgültig, ob sie nun bei 65 oder 60 Jahren gezogen werden – eignen sich jedoch als Kriterium für die Zuschreibung von Alter immer weniger. Zum einen tragen sie der gestiegenen Lebenserwartung nicht Rechnung, zum anderen lassen sie außer acht, daß Menschen mit 65 oder auch 70 Jahren durchaus noch sehr leistungsfähig sein können. Dennoch leitet sich die Leistungsfähigkeit, die den Alten zugeschrieben wird, immer noch aus der durchschnittlichen Alterssituation früherer Generationen ab. Die meisten Menschen scheiden heute aber zu einem Zeitpunkt ihres Lebens aus dem Beruf aus, mit dem sie keineswegs die Vorstellung von Altsein verbinden. Ein Vergleich mit der Situation von 1940 in den USA zeigt das Ausmaß der Veränderung: Hätten die amerikanischen Rentner von heute eine gleich lange bzw. gleich kurze arbeitsfreie Lebenszeit vor sich wie damals, würden sie anstatt mit 65 erst mit 70 Jahren in Rente gehen.[2]

Die Gleichsetzung von «drittem Alter» und Ruhestand wird zunehmend fragwürdig. Der Ruhestand in seiner klassischen Form als von Erwerbsarbeit befreiter Lebensabend entspricht nicht mehr den neuen Gegebenheiten. Eine ganze Generation (die Generation «zwischen Lebensmitte und Lebensabend», wie sie auch schon bezeichnet wurde), die dadurch charakterisiert ist, daß sie mehrheitlich nicht mehr erwerbstätig, aber noch durchaus arbeitsfähig ist, sieht sich ihrer Funktion weitgehend enthoben. Schuld daran ist die fast absolute Trennlinie, die mit dem Eintritt in den «Ruhestand» gezogen wird. Diese Grenze, die ursprünglich zum Schutz der Schwächeren und im Sinn der Gleichbehandlung aller festgelegt und damit gerechtfertigt war, ist letztlich Ausdruck des überholten, von der neueren Gerontologie verworfenen Defizitmodells des Alters. Die Zäsur der Pensionierung trennt heute nicht Jung und Alt, sondern schneidet das produktive Erwachsenenalter willkürlich – fast «mitten im Leben» – in zwei Hälften, die kaum etwas miteinander zu tun haben.

Die verlängerte letzte Lebensphase kann aus verschiedenen Gründen nicht mit dem «Lebensabend» früherer Zeiten verglichen werden. 75 Prozent der älteren und alten Menschen sind gesundheitlich in der Lage, ein aktives und unabhängiges Leben zu führen. Der Ruhestand als Kriterium für Alter hat aber dazu geführt, daß wir es heute mit einer «Gegenläufigkeit der biologischen Uhr einerseits und der soziologischen Uhr andererseits»[3] zu tun haben. Sowohl die veränderten medizinischen als auch die soziologischen Rahmenbedingungen zwingen indes zum Umdenken: Anstelle des kalendarischen Alters eines Menschen müßte das funktionale Alter, d. h. also seine effektive Leistungsfähigkeit und -bereitschaft, als Kriterium für das Ausscheiden aus dem Berufsleben dienen. Die Ruhestandsgrenze von 65 Jahren (in Wirklichkeit liegt diese Grenze in Deutschland heute durchschnittlich unter 60 Jahren!) für die endgültige Ausgliederung aus dem Erwerbsleben ist anthropologisch gesehen nicht mehr zu rechtfertigen. Die Grenze – sofern es denn überhaupt eine solche geben muß – wäre heute eher bei 75 Jahren zu ziehen.[4]

Sollen 50jährige ihre Arbeit aufgeben, um Jüngeren Platz zu machen?	Starke Zustimmung	Leichte Zustimmung
EG 12	9,9	20,5
Belgien	13,4	24,3
Dänemark	9,8	22,2
Frankreich	8,6	21,8
Ost-Deutschland	5,5	17,9
West-Deutschland	7,5	19
Deutschland gesamt	7	18,8
Griechenland	17,9	25,8
Irland	8,2	18,5
Italien	12,4	20,9
Luxemburg	14	17,4
Niederlande	9,4	13,4
Portugal	20,3	31,5
Spanien	9,9	24,7
Großbritannien	9	17,2

Brachliegendes Potential

Die faktische Abtrennung des berufsfreien «Lebensabends» von der übrigen Lebenszeit hat aus dem letzten Drittel des Lebenslaufs einen biographischen «Leerraum» gemacht. Wer altershalber aus dem Arbeitsprozeß ausscheidet, ist gesellschaftlich nur noch unzureichend verankert, oder anders gesagt: Wer keine Erwerbsarbeit leistet, ist erklärtermaßen alt. Von ihm wird nichts mehr «verlangt».

Die gewachsene Kompetenz alter Menschen ruft indes geradezu danach, daß ihnen die Chance gewährt wird, an der Produktion und Gestaltung des gesellschaftlichen Lebens teilzunehmen. Das ist aber nicht der Fall, wenn den Rentnern bloß noch Hobbys, Altersnachmittage und sonstige Freizeitbeschäftigungen zugestanden werden. Sie reichen nicht mehr aus, um den «Lebensabend» auszufüllen.

Leichte Ablehnung	Starke Ablehnung	Ohne Meinung
33,3	32,3	4
37,5	21,5	3,3
25,4	41,9	0,8
36,6	30,1	2,9
39,7	33,8	3,1
40,9	28,5	4,1
40,6	29,6	3,9
26,7	22,9	6,7
26,7	40,8	5,8
30,7	32,2	3,8
31,4	33,7	3,5
33,1	41,7	2,3
20,7	25,5	2,1
34	25,4	5,9
25,4	43,8	4,6

Vor allem die «jungen Alten» haben mehr zu bieten. Doch die gegenwärtige Gesellschaft ruft dieses «Altenkapital» (Ursula Lehr) kaum ab. Im Gegenteil: «Ein ganzer Teil des gesellschaftlichen Reichtums verpufft», klagt der französische Philosoph Jean Baudrillard, «ohne dem Alter einen Sinn geben zu können. So wird ein Drittel der Gesellschaft in einen Zustand der Sonderung und des ökonomischen Parasitentums versetzt. Die dem Terrain des Todes abgerungenen Gebiete sind gesellschaftlich verwüstet.» Mit Blick auf die zunehmende Praxis der Frühverrentung fühlte sich Ursula Lehr schon vor zehn Jahren zu der kritischen Frage veranlaßt: «Sollte wirklich die einzige Funktion der Alten darin bestehen, Arbeitsplätze für die Jugend freizumachen, um dadurch von heute auf morgen zur ‹Altenlast› zu werden?» [5] Daß die Älteren selbst nur wenig Neigung zeigen, den Jüngeren «freiwillig» Platz zu machen, zeigt das Ergebnis einer Umfrage, die 1992 im Auftrag der EG-Kommission durchgeführt wurde. (Vgl. Graphik)

Die verlängerte Lebenserwartung und die zunehmende physische und psychische Kompetenz der Alten kontrastieren mit den fehlenden Möglichkeiten, diese Fähigkeiten auszuleben. Emilie Lieberherr, Mitglied der Regierung der Stadt Zürich und eine der Vorkämpferinnen für eine Neuorientierung in der auf das Alter bezogenen Politik, hat die Zeichen der Zeit erkannt: «Nach meinem Dafürhalten ist es eine der größten Herausforderungen des nächsten Jahrtausends, die alte Generation nicht als hilflose Altersgruppe zu bewerten, sondern ihren Erfahrungsschatz in alle gesellschaftlichen Überlegungen miteinzubeziehen.»

Millionen von älteren, gesunden, körperlich und geistig leistungsfähigen Menschen brauchen eine Beschäftigung und Aufgaben, die sie befriedigen. Die subjektive Befindlichkeit ist auch objektiv abgestützt: Der Ruhestand ist nicht zum Ausruhen da, betonen Mediziner und Psychologen und warnen vor den negativen Folgen der «Aktivitätsatrophie» – der funktionslosen Passivität im Alter. Diese Meinung teilen auch die auf Altersfragen spezialisierten Soziologen. «Das Leitbild ‹wohlverdienter Ruhestand›», meint Walter Schroeder, «begünstigt Konsumorientierung, Unterhaltung und Ablenkung – der Rest fällt unter Betreuung.»[6] Intimität, Privatleben und Freizeit haben als Werte zwar an Bedeutung gewonnen, doch für sich allein garantieren sie weder Sinnerfüllung noch Lebenszufriedenheit. Das gilt für alle Lebensphasen. Für die letzte nicht minder. Der Ruhestand führt unter den Bedingungen der Langlebigkeit ins Abseits.

Die Gesellschaft aber hat bislang keine sinnvollen Rollen für den wachsenden Anteil der «Ruheständler» anzubieten: das individuelle Potential ist weiter entwickelt als das gesellschaftliche. Es fehlt schlicht an Mustern, wie sich der lange Zeitraum des dritten und vierten Lebensabschnitts sowohl für den einzelnen als auch für die Gesellschaft produktiv gestalten ließe. Daß das Problem wenigstens erkannt ist, zeigt die folgende von der Kommission der Europäischen Gemeinschaft im Rahmen des europäischen Seniorenjahrs 1993 abgegebene Erklärung: «Rolle und Verantwortung der älteren Menschen in unserer Gesellschaft müssen stärker berücksichtigt werden. Das Potential der älteren Menschen als produktiv Tätige, Konsumenten und Steuerzahler muß als Teil der normalen Wirtschaftsdynamik anerkannt werden.»[7] Auch der Altenplan des Bundesministeriums für Familie und Senioren benennt das Problem, doch über Absichtserklärungen kommt auch er nicht hinaus: «Es sollen Möglichkeiten geschaffen werden, die in Familie und Beruf erworbenen Kompetenzen und Fähigkeiten einzusetzen, um Isolation und Persönlichkeitskrisen vorzubeugen.» Die Aufgabe ist gestellt; auf die Umsetzung darf man gespannt sein.

Voraussetzungen dafür zu schaffen, daß die Alten befriedigende Rollen übernehmen können, ist das eine. Andererseits stellt sich aber auch die Frage, ob es sich die Gesellschaft langfristig leisten kann, den Schatz der Erfahrungen, der sich bei den älteren Menschen angesammelt hat, einfach ungenutzt zu lassen. Die «demographische Zeitbombe» läßt die Nutzung dieses Potentials als dringlich erscheinen.

Der Anteil der 55- bis 75jährigen an der Bevölkerung wächst überproportional. Die Frage, was die Gesellschaft mit diesem Teil der Bevölkerung «anfängt», welchen Stellenwert sie ihm beimißt, welche Rolle sie für ihn bereithält, ist von zentraler Bedeutung für die gesellschaftliche Entwicklung der nächsten Jahrzehnte. Viel hängt von den Alten selbst ab: Neue, besser qualifizierte, beruflich kompetentere Generationen «Jung-Alter» werden in den nächsten Jahrzehnten das Bild des Alters entscheidend mitbestimmen. Aufgrund ihres Selbstbewußtseins werden sie sich kaum mit einem Platz am Rand der Gesellschaft begnügen.

In gesellschaftlichen Organisationen und Verbänden wächst inzwischen das Bewußtsein, daß es für sie von Vorteil sein könnte, die Alten stärker einzubeziehen. Bei der SPD hat man beispielsweise gemerkt, «daß die Senioren zu den Aktivposten der Parteiarbeit gehören, nicht nur was ihre eigene Zielgruppe angeht». «Sie entwikkeln», schreiben die Parteistrategen Petra Mackroth und Malte Ristau, «interessante Aktivitätsmuster und neue Rollen.» Doch die SPD-Führung zeigt sich noch aus einem anderen Grund an den Alten interessiert: Die großen Parteien müssen sich in den nächsten zehn Jahren auf einen Mitgliederrückgang von einem Drittel gefaßt machen. Darum wäre es «fahrlässig, die Anstrengungen auf jüngere Menschen zu begrenzen. Die größten Mitgliederzuwächse sind nämlich jetzt schon und in Zukunft verstärkt in der Gruppe der Älteren möglich. In gewisser Weise könnten die Senioren der ‹Parteinachwuchs› der 90er und folgenden Jahre sein.»[8]

Das komplexe Problem der Frührente

Obwohl der «Lebensabend» keiner mehr ist, der Ruhestand zumindest der «Jung-Alten» obsolet geworden und die Funktionslosigkeit der Rentner problematisch geworden ist, ist der von Erwerbsarbeit befreite Ruhestand in den letzten Jahrzehnten zunehmend länger geworden. Das ungenutzte «Altenkapital» hat sich dadurch noch vergrößert. Daran ist zum einen die gestiegene Lebenserwartung «schuld», zum anderen hat wesentlich der mächtige Trend zur Frührente dazu beigetragen. Seit Mitte der 70er Jahre hat der vorgezogene Ruhestand immer mehr zugenommen und folglich zu einer weiteren Verjüngung des Alters geführt. Für immer mehr Menschen wird der Ruhestand so zu einer Zäsur «mitten im Leben».

Die vom Gesetz vorgesehenen Normaltersgrenzen sind inzwischen weitgehend ausgehöhlt. Das Übertrittsalter von 65 Jahren ist in der Bundesrepublik längst nicht mehr die Regel. Zwischen 1960 und 1987 ist das durchschnittliche Austrittsalter deutscher Männer aus dem Beruf von 65 auf 59 Jahre gesunken. Verglichen mit 1975 hat sich die Erwerbsquote der über 60jährigen halbiert. Konkret: In den westlichen Bundesländern geht nur noch ein Drittel der männlichen Bevölkerung über 60 Jahren einer Erwerbsarbeit nach. Der Trend «nach unten» setzt sich weiter fort: Auch die Zahl der Erwerbstätigen zwischen 55 und 59 Jahren nimmt laufend ab.[9] Die als sogenannte «59er Regelung» praktizierte Frühverrentung in manchen Betrieben hat sich mittlerweile teilweise bis zur «55er Regelung» entwickelt: Immer mehr Arbeitnehmer gehen zehn Jahre früher als offiziell vorgesehen in Rente.

Der Großteil der Frühverrentungen ist durch den Arbeitsmarkt, der andere Teil durch frühzeitigen Gesundheitsverschleiß bedingt. Im Trend der Frührente drückt sich ein tiefgehender Strukturwandel der Industriegesellschaft aus. Die Veränderungen im Produktionsprozeß (Stichworte: Rationalisierung, Automatisierung) führen dazu, daß die Arbeit «ausgeht». Teilweise kommen in den 80er Jahren vollzogene Rationalisierungsmaßnahmen (v. a. in Büro- und Dienstleistungsberufen) erst jetzt voll zum Tragen; auf sie geht ein Teil der gegenwärtigen Zunahme der Arbeitslosigkeit zurück. Zur Rationalisierung mittels Computer und Roboter kommt eine organisatorische «Revolution»: Die Arbeitsabläufe werden so organisiert (vereinfacht oder verknüpft), daß dafür weniger Arbeitskräfte benötigt werden. Dieser neue Durchbruch macht es möglich, in den 90er Jahren weltweit 20 Prozent mehr Produkte mit 20 Prozent weniger Arbeit herzustellen.[10] Doch die Grenzen möglicher Rationalisierung sind noch lange nicht erreicht.

Bei der Restrukturierung wird das Mittel der Frührente gezielt eingesetzt, um die Zahl der Beschäftigten zu verringern. Die Frührente wird so zum Schlüsselmechanismus für die Anpassung der Wirtschaft an die abnehmende Nachfrage von Arbeitskräften. Faktisch bedeutet das, daß die verfügbare Arbeit einerseits auf weniger Individuen (wobei die verbleibenden Arbeitskräfte aber oft mehr Arbeit leisten müssen) und andererseits auf einen zunehmend kürzeren Abschnitt des Lebenslaufs der im Produktionsprozeß Tätigen zusammengedrängt wird. Die Frührente hat außerdem den Nebeneffekt, daß effizientere Arbeitsmethoden schneller eingeführt werden können: Umschulung ist aufwendiger als Schulung. Trotz scheinbarer wirtschaftlicher Vorteile ist die Frührente aber ein ebenso teures wie fragwürdiges Mittel, um den Arbeitsmarkt zu regulieren. Sie verschlingt sage und schreibe ein Drittel der Rentenausgaben. Für das Funktionieren der Gesellschaft als ganzes ist es längerfristig wohl kaum vernünftig, wenn ein immer größerer Teil der Bevölkerung außerhalb der Arbeitswelt steht. Soll das neue Potential der Alten fruchtbar gemacht werden, muß aber gerade der umgekehrte Weg eingeschlagen werden.

Zu dem in allen Industriestaaten ablaufenden Prozeß der Arbeitsverknappung kommt in Deutschland noch verschärfend die wirtschaftliche Sanierung in den neuen Bundesländern hinzu. Die daraus resultierende Arbeitslosigkeit wird in einem ganz erheblichen Maß durch Frührenten «kompensiert»: Mehr als eine halbe Million über 55 Jahre alte Arbeitnehmer sind 1992 in den neuen Ländern mehr oder weniger freiwillig aus dem Arbeitsleben ausgeschieden. Die Rezession beschleunigt die Umbruchphase zusätzlich. Sie führt dazu, daß noch mehr ältere Arbeitnehmer freigestellt werden. Die Mehrheit der «überflüssigen» Älteren wird in Rente geschickt. Frührentner sind somit – nüchtern betrachtet – nichts anderes als Arbeitslose, die unter einem anderen Namen firmieren.

Ein anschauliches Beispiel, wie die Frührente in der Praxis systematisch «gehandhabt» wird, liefert der Pharma-Konzern Ciba. Die Firma hatte 1991 beschlossen, 1600 von 22000 Arbeitsplätzen des Stammhauses abzubauen. Um keine Mitarbeiter entlassen zu müssen, unterbreitete die Konzernleitung den über 60jährigen Männern und über 58jährigen Frauen ein Angebot zur Frührente, aufgrund dessen die nicht mehr erwünschten Mitarbeiter bis zum regulären Rentenalter 80 Prozent ihres bisherigen Gehalts erhalten sollten: ein zweifellos attraktives Angebot, dessen Wahrnehmung aber nicht so freiwillig war, wie es den Anschein erweckte. Wer nicht von sich aus annehmen wollte, wurde nämlich vom Vorgesetzten dazu gedrängt.[11]

Bald keine Arbeitslosen mehr?

Wie soll eine Gesellschaft funktionieren, in der immer weniger Arbeit für immer weniger Beschäftigte angeboten wird? Die Frage zielt natürlich nicht bloß auf die älteren Bürger, schließt sie aber mit ein. Auf den Einigungsboom folgte in Deutschland der Katzenjammer: Die Wirtschaft wächst kaum noch, in der Industrie werden mehr Stellen abgebaut, als in den 80er Jahren geschaffen wurden; gleichzeitig nimmt die Produktivität aufgrund der Rationalisierungsmaßnahmen weiter zu. Künftiges Wachstum kommt mit immer weniger menschlicher Arbeitskraft aus. In den westlichen Bundesländern hat die Zahl der Beschäftigten 1992 nach jahrelangem

Anstieg erstmals wieder abgenommen. Die Arbeitslosigkeit hat längst die Drei-Millionen-Grenze überschritten. Schon 1987 ließ sich aufgrund einer Hochrechnung der Bundesanstalt für Arbeit bis weit in die 90er Jahre hinein eine hohe Arbeitslosigkeit voraussagen. Allerdings haftet solchen Prognosen insofern eine gewisse Unsicherheit an, als sie es mit teilweise schwer abschätzbaren Größen wie der Entwicklung der Erwerbsbeteiligung der Frauen, der Zuwanderung von Ausländern und Aussiedlern und dem Erwerbsverhalten älterer Arbeitnehmer zu tun haben.[12]

Inzwischen sind allerdings die schlimmsten Befürchtungen noch übertroffen worden: Die magische Zahl von vier Millionen Arbeitslosen ist fast erreicht. Um die Arbeitslosigkeit mittels steigender Erwerbstätigkeit dauerhaft zu senken, wäre ein unvorstellbar großes Wachstum der Wirtschaft nötig. Schlechte Zeiten also für ältere Arbeitslose, schlechte Zeiten aber auch für ältere Menschen, die ihre Berufstätigkeit über die vorgesehenen Altersgrenzen hinaus verlängern möchten. Und die Aussichten werden, was die Entwicklung der Beschäftigten angeht, noch trüber: In den nächsten sieben bis elf Jahren werden in Deutschland zwei bis drei Millionen Arbeitsplätze verschwinden, die nie wieder besetzt werden. Allein in der Automobilindustrie sollen 200000 Arbeitsplätze wegrationalisiert oder aufgehoben werden; mindestens 145000 werden es bei der Bahn sein. Eine beschäftigungswirksame Reinvestitionspflicht der Rationalisierungsgewinne gibt es nicht. «Dafür aber die bittere Erkenntnis», schreibt der Wirtschaftskorrespondent Gert Tigges, «daß die Entkopplung von Wirtschaftswachstum und Beschäftigung, Politik und Gesellschaft mit Problemen konfrontiert, die menschlich und finanziell zu lösen die soziale Marktwirtschaft vor ihre mutmaßlich größte Herausforderung stellt.»[13]

Angesichts der für die nächsten zehn oder fünfzehn Jahre zu erwartenden chronisch hohen Arbeitslosenzahlen in den Industrieländern mag es erstaunen, wenn Ökonomen für die ersten Jahrzehnte des nächsten Jahrtausends mit einer Verknappung des Arbeitskräfteangebots rechnen. Die Hinweise ergeben sich aus den sinkenden Geburtenraten – nicht nur in der Schweiz und in Deutschland. Länder wie Spanien und Italien, ehedem klassische

Jährliche Nettozugänge zum Arbeitsmarkt 1961 bis 2025 EC 12

Unter der Annahme einer Erwerbsquote auf dem Stand von 1985

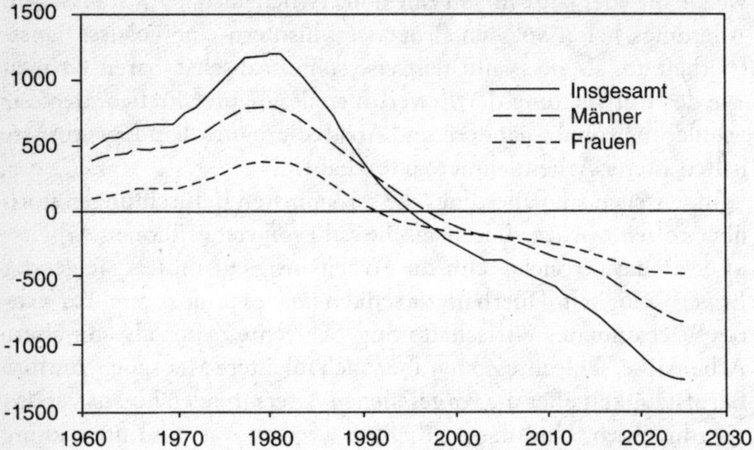

Quelle: Eurostat

«Exporteure» von Arbeitskräften, weisen besonders niedrige Fruchtbarkeitsraten auf. Die absolute wie relative Abnahme der Zahl jugendlicher Arbeitskräfte wird dazu führen, daß der Nachwuchs auf dem europäischen Arbeitsmarkt noch knapper wird. Bereits heute haben einzelne Sektoren der Wirtschaft trotz Rezession Mühe, geeignete Lehrlinge in genügender Zahl zu finden. Dabei spielt allerdings auch die partiell wieder schlechter werdende Schulbildung der Jugendlichen eine Rolle.

Im Grunde genommen ist in jeder Gesellschaft immer mehr als genug Arbeit vorhanden – vorausgesetzt, man definiert Arbeit weit genug. Gerade gemeinnützige Arbeitsprogramme für Arbeitslose, wie es sie zum Beispiel in den USA gibt, belegen, daß in vielen Bereichen sinnvollerweise noch Arbeit geleistet werden kann bzw. müßte. Das betrifft vor allem den sozialen Sektor. Und hier wird der Bedarf künftig ganz erheblich steigen. Infolge der Zunahme betagter Menschen, für die spezielle Dienstleistungen in Form personalintensiver Betreuung und Pflege erbracht werden müssen, wird die Nachfrage nach Arbeitskräften tendenziell stark wachsen – ein weiterer Beitrag zur Minderung der Arbeitslosigkeit. Bis zum Jahr 2040 wird sich der Personalbedarf für die Pflege dementer Betagter aller Voraussicht nach verdreifachen. Falls die allgemeine Dienstpflicht entfiele, stellt sich die Frage, von wem die Arbeit der heute in der Bundesrepublik alternativ Zivildienstleistenden übernommen werden soll. Fallen die heute 700000 Zivildienstleistenden weg, muß für Hunderttausende von hilfsbedürftigen Menschen eine Ersatzbetreuung gefunden werden.

Neue Trends in der Wirtschaft deuten ebenfalls darauf hin, daß künftig wieder mehr Arbeitskräfte benötigt werden: Die Produktion nutzt Rohstoffe und Energie sparsamer, und die sukzessive Umgestaltung des Steuersystems – Entlastung der Personen, Belastung von Rohstoffen und Energie – macht den vermehrten Einsatz von Arbeitskräften wieder rentabel. «All diese Argumente», meint der Schweizer Ökonom Hans Schmid, «führen mich zur These, daß wir uns nach Überwindung der momentanen Arbeitslosigkeit während langer Zeit über weitgehende Vollbeschäftigung freuen können.»[14] Allerdings, schränkt Schmid ein, kann dieses Ziel nur erreicht werden, wenn verstärkte Bemühungen zur Aus- und Weiterbildung von Arbeitslosen erfolgen. Eine erfolgreiche Vollbeschäftigungspolitik setzt aber auch die Integration von Frauen in eine Vielzahl qualifizierter Berufe voraus.

Anhebung des Rentenalters als Lösung?

Die voraussehbare Verknappung der zur Verfügung stehenden Arbeitskräfte in 15 oder 20 Jahren und die Angst vor dem Kollaps der Rentenversicherung haben die Politiker dazu gebracht, die Weichen wieder in Richtung Altersarbeit zu stellen.

In Deutschland ist mit dem Rentenreformgesetz 1992 eine Trendwende in der Beschäftigungspolitik für ältere Arbeitnehmer eingeläutet worden. Von 2001 an sollen die vorgezogenen Altersgrenzen für den Bezug der Rente von 60 und 63 Jahren stufenweise wieder auf 65 Jahre angehoben werden. Vorzeitige Verrentungen werden mit Rentenabschlägen «bestraft», die Weiterarbeit über 65 hinaus mit Zuschlägen belohnt.

Die Vorteile der neuen Regelung scheinen offenkundig zu sein: Bei einer Anhebung des Ruhestandsalters verringern sich die Rentenbezugsdauer und die Zahl der Rentner, die Beitragseinnahmen hingegen steigen. Dazu kommt, daß die älteren Arbeitnehmer zu den einkommensstärksten zählen. Sie helfen somit ganz besonders mit, das Rentenloch wieder zu stopfen. Die OECD empfiehlt denn auch allen Industriestaaten, die Altersgrenze an- oder sogar aufzuheben. Doch selbst wenn die Anhebung des Rentenalters nur finanzpolitisch begründet wird, ist fraglich, ob sie zum angestrebten Ziel führt: Die Mehreinnahmen der Rentenkasse könnten leicht durch Mehrausgaben der Arbeitslosenversicherung «aufgefressen» werden, wenn mehr Ältere arbeiten, ohne daß gleichzeitig das Arbeitsangebot zunimmt. Eine Anhebung des Rentenalters macht erst Sinn, wenn sich die Wirtschaftslage entscheidend bessert und die Nachfrage nach Arbeitskräften ansteigt.

Was die «Emanzipation des Alters» angeht, stellt sich die Frage nochmals anders. Inwieweit trägt eine Anhebung des Rentenalters dazu bei, den neuen Gegebenheiten «des Alters» Rechnung zu tragen? Mit der bloßen Anhebung des Renteneintrittsalters wird die Zäsur zwischen Berufsleben und funktionsloser Altersphase nicht aufgehoben. Das Problem der fixen Grenze bleibt bestehen. Die gesetzliche Renten- und Altersgrenzenpolitik verhindert in jedem Fall eine echte Wahlfreiheit; zudem eignet sie sich kaum als Instrument zur Steuerung der Beschäftigung. Die Bereitschaft, länger zu arbeiten, hängt wesentlich von der tatsächlichen Nachfrage nach Arbeitskräften ab.

Wenn die Erwerbsarbeit im Alter zum Zwang wird, geht sie an den tatsächlichen Bedürfnissen vieler Arbeitnehmer vorbei und trägt ihrer Lebenslage nicht Rechnung. Die Bereitschaft zur Arbeit im höheren Alter – ausgehend von der heutigen Verrentungspraxis heißt das praktisch ab 60 Jahren – setzt eine hohe Identifikation mit der ausgeübten Tätigkeit voraus. Die ist aber häufig nicht gegeben.

Die Fortsetzung der Berufsarbeit im höheren Alter gegen den erklärten Willen der Betroffenen zu erzwingen, wie das das Rentenreformgesetz 1992 tut, ist fragwürdig. Nach Ansicht der Soziologen Bäcker und Naegele ist es dringlicher, «die gesundheits-, arbeitsmarkt- und personalpolitischen Voraussetzungen dafür zu schaffen, daß jeder Arbeitnehmer in freier Entscheidung die Wahl treffen kann, auch freiwillig länger zu arbeiten».[15]

Die Schaffung altersgerechter Arbeitsbedingungen ist eine unverzichtbare Forderung, wenn die älteren Arbeitnehmer vor erneuter Diskriminierung bewahrt werden sollen. Denn die Gefahr besteht, daß die Unternehmen bei einer genügend großen Auswahl an Arbeitskräften versuchen werden, nur die leistungsfähigsten älteren Menschen in ihren angestammten Positionen weiterzubeschäftigen. Den anderen hingegen droht ein «down-grading», d.h. die Abschiebung auf schlechter bezahlte Nebenerwerbsjobs. Um das zu verhindern, bedarf die Erhöhung der Lebensarbeitszeit tarifrechtlicher Absicherungen.[16]

Das Recht auf Arbeit im Alter

Das Problem der Funktionslosigkeit der Alten läßt sich nicht mit der allgemeinen Anhebung der Altersgrenze lösen. Vielmehr geht es darum, auf die einzelnen Individuen zugeschnittene Lösungen zu finden. Zu solchen Lösungen zählt sicher auch die Möglichkeit, freiwillig so lange zu arbeiten, wie man Lust hat.

Zwar haben heute die wenigsten Arbeitnehmer die Möglichkeit, im Rentenalter weiterhin erwerbstätig zu sein. Einerseits ist die starre Ruhestandsgrenze faktisch zum Berufsverbot geworden, andererseits machen die derzeitigen Trends auf dem Arbeitsmarkt solche Wünsche weitgehend zur Illusion.[17] Aufgrund der herrschenden Arbeitsbedingungen ist (Erwerbs-)Arbeit im Rentenalter in erster Linie für Angehörige gehobener Berufsarten, die aus ihrer Tätigkeit eine hohe persönliche Befriedigung ziehen können, attraktiv. Die meisten erwerbstätigen 65jährigen und älteren Männer sind – kaum überraschend – Selbständige. Sie verteilen sich auf wenige Berufsgruppen: Landwirte, Groß- und Einzelhandelskaufleute,

Unternehmer, Ärzte und Apotheker. Interessant ist in diesem Zusammenhang auch die Tatsache, daß jeder zehnte aktive Mediziner in Deutschland über 60 Jahre alt ist.

Doch auch für Angehörige anderer Berufsgruppen könnte Arbeit im Rentenalter wieder lustvoll werden, wenn tatsächlich Schritte zur Humanisierung der Arbeitswelt unternommen werden. Dafür müßten aber die starren Altersbarrieren fallen. Ganz falsch wäre es, die Möglichkeit, im Alter Erwerbsarbeit leisten zu können, mit der Forderung nach Anhebung des Rentenalters gleichsetzen zu wollen, denn im Unterschied zu letzterem beinhaltet das Recht auf Arbeit im höheren Alter Wahlfreiheit.

In Deutschland und der Schweiz mehren sich die Stimmen, die mit der altersbedingten Ausgrenzung Schluß machen wollen. Wenn es sich zwar empfiehlt, an einem gesetzlich festgelegten Rentenbezugsalter aus sozialpolitischen Gründen festzuhalten, so «darf die mit der Alterssicherung erreichte Befreiung vom Zwang zur Erwerbsarbeit im Alter nicht zu einem erzwungenen Ausschluß von jeglicher Erwerbstätigkeit und von nicht erwerbstätiger Arbeit und Tätigkeiten führen», sind sich die Alterswissenschaftler einig, die sich im Projekt «Zukunft des Alterns und gesellschaftliche Entwicklung» der Berliner Akademie der Wissenschaften zusammengefunden haben.[18] Den Hintergrund solcher Überlegungen bildet die Erkenntnis, daß das kalendarische Alter kaum etwas mit Kompetenzen und Fähigkeiten, Neigungen und Wünschen zu tun hat. Hingegen nehmen mit zunehmendem Alter die Unterschiede zwischen den Individuen gleichen Alters zu: Die einen sehen den Sinn des Lebens noch im Beruf, die anderen finden einen neuen jenseits des Berufs.

Die Forderung, auch im Alter an der gesellschaftlichen Werteproduktion teilhaben zu können, knüpft historisch gesehen an ein selbstverständliches Recht und gleichzeitig an eine Notwendigkeit der vorindustriellen Zeit an. Die vorindustrielle Gesellschaft benötigte aufgrund ihrer knappen Ressourcen und geringen Produktivität die Arbeitskraft möglichst vieler ihrer Mitglieder. Folgerichtig gab es auch keinen an eine bestimmte Altersgrenze gebundenen Ruhestand. Keine produktive Arbeit leisteten im Ancien régime nur die Klassen, die aufgrund ihrer privilegierten Stellung die insgesamt bescheidenen Überschüsse aus der Landwirtschaft oder dem Handel abschöpfen konnten: der Adel, das städtische Patriziat und der Klerus. Das Leisten oder Nichtleisten von Arbeit hatte mit dem Alter der Individuen nichts zu tun. Somit war immer Arbeit für Menschen jeder Altersstufe vorhanden. Das ermöglichte einen gleitenden Übergang in die letzte Phase des Lebens, in der aus Gründen physischer Schwäche keine Arbeit mehr geleistet werden konnte.

Bestrebungen, ältere Menschen am gesellschaftlichen Leben – insbesondere auch am Erwerbsleben – teilhaben zu lassen, gewinnen an Bedeutung. Die ersten entsprechenden Initiativen erfolgten bereits vor dreißig Jahren. So ist in der Kennedy-Charta von 1961, das Werk der Präsidenten Eisenhower und Kennedy, eine Art Recht auf Arbeit auch des alten Menschen festgeschrieben: «Jeder unserer alten Staatsbürger... hat das Recht, eine Beschäftigung auszuüben, das Recht, unabhängig zu leben, das Recht, mit Würde zu leben und zu sterben...» Anfang der 80er Jahre wurde in den USA folgerichtig ein Gesetz verabschiedet, demzufolge bis zur Vollendung des 70. Lebensjahrs das Alter kein Kündigungsgrund sein darf. Für die Aufhebung jeglicher obligatorischen Rentenaltersgrenze haben sich in den USA die Gewerkschaften eingesetzt. Daß der Vorstoß von dieser Seite erfolgte, macht deutlich, daß es sich nicht darum handeln kann, daß Arbeitnehmer im Rentenalter zum Weiterarbeiten gezwungen werden.[19] Das Recht, so lange weiterarbeiten zu dürfen, wie man Lust hat, trägt vielmehr dem Umstand Rechnung, daß die meisten Menschen heute länger leben und auch nach dem 65. und selbst 70. Lebensjahr fähig sind, für die Allgemeinheit nützliche Tätigkeiten auszuüben. Dazu kommt, daß berufliche oder berufsähnliche Aktivitäten in weit höherem Maße als Freizeitbeschäftigungen dazu beitragen, die geistige und körperliche Gesundheit zu erhalten und das Leben als sinnvoll erscheinen zu lassen. Das spiegelt sich in der subjektiven Befindlichkeit: Alte Menschen wollen eben auch gebraucht werden und nicht nur zur Last fallen.

Hinter der Forderung nach Recht auf Arbeit auch im Alter steht die Einsicht, daß soziale Sicherheit, sofern sie durch die Rente tatsächlich gewährleistet ist, nicht automatisch soziale Ausgrenzung verhindert. Die Arbeitnehmervertreter setzen sich in der Bundesrepublik derzeit noch mit Nachdruck dafür ein, daß die kollektivvertraglichen Regelungen zur Altersgrenze strikt eingehalten werden. Das hat nicht zuletzt damit zu tun, daß dadurch ein Ausgleich zwischen den jungen, nachdrängenden und den älteren Arbeitnehmern garantiert werden soll. Dieses Motiv hatte zweifellos eine gewisse Berechtigung, solange die «Babyboomers» auf den Arbeitsmarkt drängten und eine verhältnismäßig hohe Jugendarbeitslosigkeit herrschte. Doch selbst unter dem Gesichtspunkt der Güterabwägung (Ältere verzichten zugunsten Jüngerer) schränken arbeitsvertragliche Einheitsregelungen und kollektivvertragliche Altersgrenzen zur Verteilung von Arbeitsplätzen das Grundrecht der freien Berufswahl ein. Die UN-Weltversammlung zur Frage des Alterns (1982) hielt denn auch in ihrer Schlußerklärung unzweideutig fest: «Staatlicherseits sollte die Beteiligung älterer Menschen am Wirtschaftsleben erleichtert werden. Zu diesem Zweck sollte für Arbeitnehmer das Alter für den Eintritt in den Ruhestand nicht herabgesetzt werden, wenn der einzelne dies nicht selber wünscht.»[20] Das Ende auf das Alter bezogener Diskriminierungen bedingt aber, daß die Gesellschaft es zuläßt, daß ältere Menschen so lange wie möglich an ihrem produktiven Leben teilhaben.

Künftige Beschäftigungschancen

In Anbetracht des sich weiter verschärfenden Konkurrenzkampfs um Arbeitsplätze mögen Bemühungen, die Beschäftigungschancen für Ältere verbessern zu wollen, fast utopisch anmuten. Einiges deutet aber darauf hin, daß die Utopie Wirklichkeit werden könnte.

Der amerikanische Arbeitsminister und Harvard-Professor Robert Reich beschreibt die wichtigsten Charakteristika der Weltwirtschaft der 90er Jahre folgendermaßen: Die Wirtschaft befindet sich im Übergang von der industriellen Massenproduktion zur «globalisierten, dezentralisierten Produktionsweise, in welcher Ideen und Informationen die strategischen Ressourcen sind». Der Arbeitnehmer in der weitgehend automatisierten Arbeitswelt wechselt seine Funktion, er wandelt sich zum Systemplaner und Programmierer. Im Fortgang der technischen Revolution entstehen neue Berufsbilder mit anderen Arbeitsinhalten, aber auch mit größerer Verantwortung. Der verstärkte Einsatz neuer Technologien trägt wesentlich zum immer schnelleren Veralten beruflicher Kenntnisse und zur stärkeren Ausdifferenzierung beruflicher Laufbahnen bei. Altes muß in immer rascherem Tempo Neuem weichen. Die Menge spezialisierter Tätigkeiten, die zu überblicken selbst die Berufsberater immer mehr Mühe haben, wächst unaufhörlich. Infolge des Strukturwandels der Arbeitswelt werden fortlaufend Erwerbstätige freigesetzt, die sich dann auf dem Arbeitsmarkt ein neues Tätigkeitsfeld suchen müssen. Lebensarbeitsstellen gibt es kaum noch. Stärkere Fluktuation von Arbeitsplätzen und die Einführung flexibler Beschäftigungsformen sind Begleiterscheinungen dieses Prozesses.[21]

Was bedeutet das für die Beschäftigungschancen älterer Mitarbeiter? Zunächst muß man noch einmal an das zum Teil immer noch herrschende und die Personalpolitik vieler Betriebe bestimmende Vorurteil erinnern, wonach die Leistungsfähigkeit Älterer geringer sei als die Jüngerer. Die gerontologische Forschung hat längst nachgewiesen, daß diese Einschätzung undifferenziert und vielfach falsch ist. Die Zusammenfassung von Leistungsdaten in Statistiken ergibt für die große Mehrheit der älteren Menschen ein falsches Bild, weil die Durchschnittswerte bereits durch eine kleine Gruppe von Personen mit großem Leistungsabfall stark nach unten gedrückt werden. Die Bewertung der Leistungsfähigkeit muß darum individuell erfolgen. «Die Befunde wissenschaftlicher Forschung besagen», führt der Soziologe Dieter Specht aus, «daß zumindest ein Drittel der älteren Menschen für ihre Tätigkeit bessere Voraussetzungen mitbringt, als dies jüngeren Mitarbeitern möglich ist, und diese Fähigkeiten in guten Leistungen umzusetzen versteht. Spezifisch für ältere Menschen ist eine Zunahme an Wissen und Erfahrung, größere Ausdauer im mentalen Bereich, größeres Geschick im Umgang mit Mitarbeitern, Vorgesetzten und Geschäftspartnern, eine höhere Zuverlässigkeit, Einsatzbereitschaft und oft eine hohe

Betriebsverbundenheit und Identifikation mit dem Unternehmen(sziel).»[22]

Leistungsvorteile durch Qualifikation

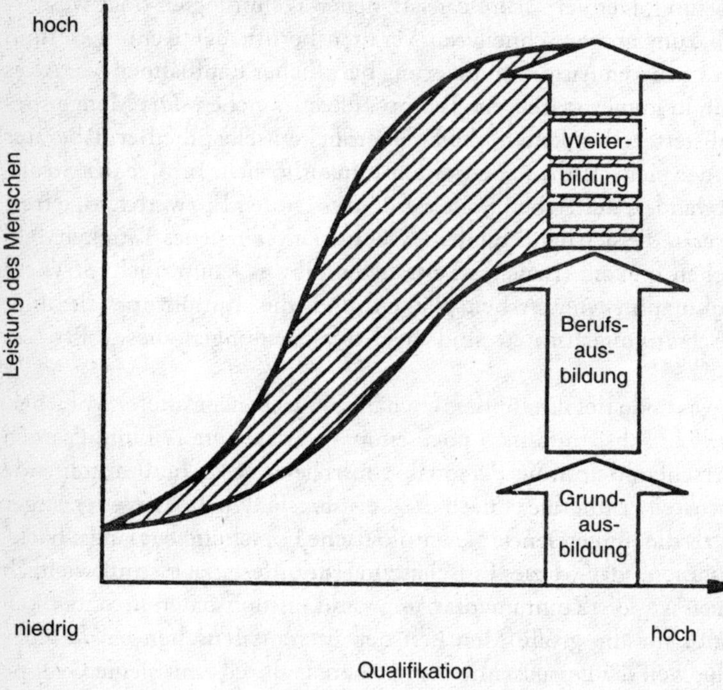

Die mentale Leistungsfähigkeit nimmt mit steigendem Alter weniger schnell ab als die körperliche. Der technologische Wandel erweist sich von daher für die Älteren als günstig. Durch die Weiterentwicklung der Produktionstechniken – automatisierte, flexible, informationstechnisch vernetzte Fertigungssysteme – werden Leistungen, die vorwiegend an Körperkraft und Reaktionsgeschwindigkeit orientiert sind, zunehmend weniger benötigt. Die gegenwärtigen Entwicklungen im Bereich der Produktion und auf dem

Arbeitsmarkt bestimmen die soziale Bedeutung des Alters in verschiedenartiger, zum Teil gegenläufiger Weise: Zu einer Verfestigung von Alterskategorien und weiterhin starren Altersgrenzen tragen die erhöhte Arbeitsfluktuation sowie der verstärkte Einsatz flexibler Beschäftigungsformen in einem marginalisierten Arbeitsmarktsegment bei.

Auf der anderen Seite gibt es eine ganze Reihe von zunehmend wichtigeren Faktoren, die unter den Bedingungen eines schnelleren Tempos bei der Veränderung der Berufsstruktur die Bedeutung der Zugehörigkeit zu einer Generation oder Altersgruppe reduzieren:

- erhöhter Stellenwert beruflicher Weiterbildung im Lebenslauf;
- verstärktes Ungleichgewicht zwischen Angebot und Nachfrage nach neuem beruflichen Spezialwissen;
- sinkende Bedeutung beruflicher Erstplazierung für den gesamten Berufsverlauf;
- abnehmende generationsspezifische Verankerung über die Integration in die Arbeitswelt.

Für den künftigen Wert der älteren Arbeitskraft ist die Tatsache von Bedeutung, daß die Alten von morgen – im Unterschied zu den heutigen älteren Generationen – auf eine lange Erfahrung mit Informationstechniken zurückblicken werden können. Damit wird die Erfahrung erst recht zu einem Schlüsselwert.

Längst setzen sich Wirtschaftsführer mit Fragen wie der nach genügenden Führungskräften auseinander, stellen Überlegungen an, wie der spezifische Beitrag älterer Führungskräfte zum wirtschaftlichen Erfolg eines Unternehmens aussehen könnte, wie die Vorteile der Zusammenarbeit jüngerer und älterer Führungskräfte zu nutzen seien. Auch die Bereitschaft, über 65 Jahre hinaus beruflich tätig zu bleiben, ist Gegenstand künftiger Unternehmensstrategien. Nicht nur in mittleren Betrieben kann auf das Erfahrungswissen der älteren Führungskräfte häufig nicht oder nur schlecht verzichtet werden: Gemäß einer Allensbach-Umfrage bei Managern gehen zwei Drittel der Führungskräfte davon aus, daß ein schrittweiser Übergang in den Ruhestand im Sinne der Kontinuität für alle Beteiligten vorteilhafter wäre. Ebenso waren die Wirtschaftsführer der

Meinung, eine längere Präsenz im Beruf blockiere künftig kaum die Karriere der Jüngeren. Überdies war nur knapp ein Viertel der befragten Führungskräfte davon überzeugt, daß Betriebe mit jüngerer Altersstruktur bessere Wettbewerbschancen als Betriebe mit höherer Altersstruktur hätten.

Bereits heute sind qualifizierte Kräfte knapp. Das Volumen des benötigten Wissens steigt. Es ist absehbar, daß bald der Wissensbedarf die vorhandenen Kapazitäten übersteigen wird. Die zur Zeit in der Wirtschaft noch vorherrschende Favorisierung der jüngeren Mitarbeiter steht im Widerspruch zu einer vorausschauenden, den gesellschaftlichen und arbeitsorganisatorischen Umwälzungen Rechnung tragenden Personalpolitik, die das Potential der älteren Arbeitnehmer in die Personalentwicklungspläne einbezieht.

Das Konzept des lebenslangen Lernens und der auf allen Stufen kontinuierlich praktizierten Weiterbildung läßt das kalendarische Alter als relativ unwichtig erscheinen. Wenn es aber dennoch ins Spiel gebracht wird – Stichwort: Erfahrungsvorsprung –, dann muß das konsequenterweise gemäß der Frage: «Was können Alte besser machen?» (Ursula Lehr) geschehen. Zu einer flexiblen Planung gehört demnach, daß sie sich bei der Verteilung der Arbeit und bei der Schaffung von Arbeitsplätzen daran orientiert, wer in welchem Alter noch wie stark belastbar ist bzw. wo seine spezifischen Stärken liegen. Daß dabei auch der Arbeitszeitgestaltung eine wichtige Rolle zukommt, versteht sich von selbst.

Die prognostizierte Veränderung des Berufsbilds, die ältere Menschen in der Arbeitswelt wieder aufwertet, führt zum Schluß, daß die noch vorherrschende Praxis, ältere Arbeitnehmer auszugrenzen, kurzsichtig und im Grunde genommen unvernünftig ist.

Über die Arbeitsgesellschaft hinaus

> Geben Sie die Höherbewertung des Langfristigen auf. Lernen Sie das schnelle Verlernen. Vergessen Sie die linearen Lebensvorstellungen. Verschiedenen Lebensmustern werden Sie mehrmals begegnen: Lernen, Arbeiten, Reisen usw. werden keine altersspezifischen Tätigkeiten mehr sein.
>
> *David Bosshart*

Arbeit stiftet Identität

In unserer Gesellschaft kommt der Arbeit eine Schlüsselstellung zu. Nicht nur das Einkommen, sondern auch die Wertschätzung in der Gesellschaft ist unmittelbar mit der Arbeit verknüpft. Macht, Mitsprache bei Entscheidungen, Prestige und Einfluß sind Werte, die sich für die meisten Menschen nur über den Beruf, den sie ausüben, erwerben lassen. Ob und in welchem Maß jemand in der Gesellschaft integriert ist, entscheidet sich weitgehend über seine Stellung in der Arbeits- und Berufswelt. «Arbeit», so der Berliner Soziologe Martin Kohli, «ist nicht nur unter dem Gesichtspunkt des materiellen Überlebens und der Organisation wirtschaftlicher und politischer Interessen relevant, sondern darüber hinaus unter demjenigen der kulturellen Einheit der Gesellschaft und der Identität ihrer Mitglieder. Von da her gewinnt die Frage, wer an der Erwerbsarbeit beteiligt und wer davon ausgeschlossen ist, ihre Brisanz.» [1] Wie sehr sich auch die Alten am Arbeitsleben orientieren, zeigt sich daran, daß ihre Aktivitätsmuster meist der Logik des vom Beruf bestimmten Lebensabschnittes folgen: Soziale Kontakte und Entspannung konzentrieren sich wie bei den Jungen aufs Wochenende.

Die größte Gruppe, die von der Erwerbsarbeit ausgeschlossen ist, sind die Rentner. Ihr Ausschluß ist auch der hauptsächliche Grund, weshalb die Alten ganz allgemein einen niedrigen gesellschaftlichen Status haben. Zum erlittenen Statusverlust kommt bei den Rentnern das Erlebnis eines Sinnverlusts hinzu. Für Peter Trachsel, der sich im Rentenalter zum Bürgermeister einer Schweizer Kleinstadt wählen ließ und dadurch nationales Aufsehen erregt hat, ist ganz klar: Arbeit bedeutet Würde. Wer Pflichten hat, so Trachsel, der hat auch das Gefühl, etwas wert zu sein. Der Ex-Rentner setzt sich deshalb dafür ein, daß auch andere Alte seinem Beispiel folgen und zwischen 65 und 75 Jahren stunden- oder tageweise im öffentlichen Dienst arbeiten können.

Die Arbeitsbiographie entscheidet in hohem Maße darüber, wie die letzte Lebensphase verlebt wird. Das Alter definiert sich aber auch dann, wenn es nur «Ruhestand» ist, in bezug auf gesellschaftliche Arbeit. Umgekehrt, schreibt Hans-Ulrich Klose, «stellt der ungewöhnliche Zuwachs an gesellschaftlich als ‹alt› Definierten durch die weitgehend arbeitsmarktbedingten Frühverrentungen den Faktor ‹Alter› ins Zentrum sozial- und gesellschaftspolitischer Strategien. Es geht jetzt schon und künftig verstärkt darum, einen gewachsenen und weiter wachsenden Teil der Bevölkerung in den Hauptstrom der Gesellschaft zu integrieren.»[2] Wie aber soll das geschehen? Die Zahl von rund 60 Millionen älterer EG-Bürger, die – trotz intakten Leistungsvermögens von produktiver Arbeit entbunden – «nur kosten, ohne zu leisten», macht es ebenso wie die wachsende Arbeitslosigkeit nötig, den für die Gesellschaft zentralen Wert Arbeit kritisch zu hinterfragen. Die Arbeitsgesellschaft bedarf einer weitgehenden Reform. Nur so ist es möglich, sowohl die demographische als auch die technologische Revolution auf humane Weise zu bewältigen.

Die westeuropäische Arbeitsgesellschaft der 90er Jahre läßt sich folgendermaßen beschreiben: Die wirtschaftlich-technologische Entwicklung ist charakterisiert durch ein verlangsamtes Wirtschaftswachstum, die zunehmende Bedeutung ökologischer Gesichtspunkte und Entwicklung neuer Technologien, die mit hoher Geschwindigkeit voranschreitet. Immer mehr Bereiche der Arbeit werden informatisiert.

In der Folge der technologischen Entwicklung nimmt die Zahl der Lebensarbeitsstunden, die vom einzelnen theoretisch noch geleistet werden müßten, laufend ab. Das weitere Wachstum der Wirtschaft erfolgt mit immer weniger menschlicher Arbeitskraft. Das Problem der knapper werdenden Arbeit stellt sich also mit aller Macht. An Lösungsvorschlägen fehlt es allerdings nicht. Dazu gehören:

- eine drastische Verkürzung der Lebensarbeitszeit. Als einer der ersten hat Percy Barnevik, der Präsident des multinationalen Maschinenbaukonzerns ABB, für die Einführung der Viertagewoche oder des Sechsstundentags plädiert; faktisch eingeführt ist die Viertagewoche seit Anfang 1994 bei der Volkswagen AG (allerdings mit Lohneinbußen).
- eine Verteilung der übrigbleibenden Arbeit auf mehr Hände, wobei die verschiedenen Altersgruppen gleichmäßiger berücksichtigt würden. Die Neuverteilung der Arbeit ist nach Th. W. Wehkamp «der einzige Weg, wenn wir eine totale Unterteilung der Gesellschaft in Reiche, also jenen, die arbeiten, und Arme, die keine Arbeit haben, vermeiden wollen».[3]
- Solange noch ein Überangebot an Arbeitskraft besteht, kann schließlich auch die Schaffung neuer Beschäftigungsmöglichkeiten im Rahmen eines gezielten Ausbaus des Wohlfahrtsstaats in Betracht gezogen werden, wenn dafür volkswirtschaftliche Mittel umverteilt werden: Im sozialen Bereich sind immer noch (und in Zukunft sogar noch vermehrt) viele Lücken zu schließen; Altenpfleger beispielsweise sind Mangel«ware». Der Bedarf an Pflegeplätzen wird sich in den nächsten Jahrzehnten verdrei- oder vervierfachen.

Die Neuverteilung und -organisation der Arbeit ist zwar eine dringliche Forderung, bis heute hat die technische Revolution allerdings bloß dazu geführt, daß wir das vorläufige Scheitern der Option «Vollbeschäftigung» feststellen müssen. Eine große Zahl Menschen im erwerbsfähigen Alter ist nicht am Produktionsprozeß beteiligt. Für diese Menschen, die entweder arbeitslos sind, nur zwischenzeitlich arbeiten, wechselnde Teilzeitarbeit oder zweitklassige Arbeit verrichten, vermag die Arbeit nicht mehr identitätsstiftend zu wirken. Aber auch für andere Arbeitnehmerschichten ist der Beruf nur noch Job, liegt der Sinn des Lebens in der Freizeit und dem Freizeitkonsum. Innerhalb eines halben Jahrhunderts hat derart eine revolutionär anmutende Verschiebung der Werte und des persönlichen Engagements vom Arbeits- zum Freizeitbereich stattgefunden. Damit ist ein Lebenskonzept abgelöst worden, in dem Leben Arbeit war (Arbeit verstanden als selbstverständliche Pflichterfüllung gegenüber dem Staat), wobei Arbeit und Mühe zusammenfielen. Der früher gültigen Arbeitsethik entsprechend hatte es mit der Plackerei erst ein Ende, wenn die Leistungsfähigkeit nachließ; dieser Moment definierte auch den Beginn des Alters: Wer nicht mehr arbeitete bzw. arbeiten konnte, war alt. In jüngster Zeit meinen Soziologen ein Wiedererwachen der «Arbeitsmoral» feststellen zu können – «nicht als Auferstehung des alten Pflichtethos, sondern als Form der Selbstverwirklichung».[4]

Die Zukunft gehört der flexiblen Lebensarbeitszeit

Die Auflösung des Pflichtethos ist von einer zweiten wichtigen Entwicklung begleitet: «die Pluralisierung der Lebensstile» (Wolfgang Zapf). Die individuellen Lebensläufe weichen immer stärker voneinander ab. Neben «klassischen» Karrieren finden sich immer häufiger «Patchwork»-Biographien (Ein- und Ausstieg in bzw. aus dem Beruf wechseln ab) – vor allem, aber nicht nur bei Frauen. Dennoch hält die Gesellschaft immer noch an anscheinend unverrückbaren Vorstellungen in bezug auf den «richtigen» Lebenslauf fest: Erziehung / Ausbildung, Erwerbs- und Berufszeit, Ruhestand. Altersgrenzen, Altersgruppen und Generationen sind gewissermaßen die «Ingredienzen» des klassisch dreigeteilten Lebenslaufs.[5]

Eine ähnliche, mit der Entwicklung nicht Schritt haltende Einstellung läßt sich bezüglich der täglichen Arbeitszeit feststellen. Das beharrliche, von Vorurteilen geleitete Festhalten an «Normalarbeitszeiten» verkennt, daß gerade die Einführung neuer Technologien im Dienstleistungs- und Produktionssektor zunehmend Spielräume für flexible Arbeits- und Organisationsformen schafft.

Der Wunsch nach Zeitautonomie ist in allen Altersstufen stark verbreitet, besonders aber bei jüngeren Erwerbstätigen sowie Frauen. Untersuchungen zeigen, daß Menschen, die ihren Arbeitsrhythmus selbst bestimmen können, produktiver arbeiten. Eine autonome Gestaltung der Arbeitszeit liegt somit im Interesse der Arbeitnehmer sowie der Arbeitgeber.

Der Wunsch, über die Zeit frei verfügen zu können, drückt sich in der wachsenden Attraktivität der Teilzeitarbeit aus. 1989 ging in der Schweiz jede vierte erwerbstätige Frau einer Teilzeitarbeit nach. Bei den Männern war es erst jeder zwanzigste. Trotz ihrer zunehmenden Bedeutung fehlt es noch weitgehend an sozial tragbaren Regulierungen der Teilzeitarbeit. Wer Teilzeit arbeitet, muß immer noch beträchtliche Nachteile in Kauf nehmen – etwa bei den späteren Rentenansprüchen. Der teilweise Widerstand der Gewerkschaften gegen neue Arbeitszeitformen erklärt sich aus der Befürchtung, daß durch ihre Einführung soziale Errungenschaften unterlaufen werden könnten. Teilzeitarbeit bedarf daher einer tarifvertraglichen Absicherung, die ihren Mißbrauch als Schwankungsreserve verhindert. Teilzeitarbeit könnte, so glauben Arbeitssoziologen, künftig zu einem Schlüssel bei der Umverteilung der Arbeit auf mehr Menschen werden. Viele Arbeitnehmer würden eine Lohneinbuße in Kauf nehmen, wenn ihnen vom Arbeitgeber die Möglichkeit geboten würde, ihre Arbeitszeit zu reduzieren. Denkbar ist aber auch ein Modell, bei dem der Verzicht auf eine volle Stelle, ähnlich wie bei Kurzarbeit, mit einem Lohnersatz vergütet würde. Das Stichwort der Zukunft heißt Job-sharing: Zwei oder mehr Mitarbeiter tragen die Verantwortung für die vorhandene Arbeit gemeinsam und teilen sie unter sich in eigener Zeitsouveränität auf. Job-sharing und Teilzeit helfen nicht nur, der Knappheit an verfügbarer Arbeit zu begegnen, sie sind auch im Hinblick auf die Gleichstellung der Frau zentral. Und die Gleichstellung der Frau wiederum ist von größter Bedeutung für den künftigen Status des Alters.

Teilzeitarbeit ist jedoch nur eine der möglichen Formen, wie die Arbeitszeit flexibel gestaltet werden kann. Viel weitreichender sind Konzepte, die die Aufteilung der bezahlten Arbeit auf das gesamte Arbeitsleben eines Menschen anstreben, wobei Zeiten der Erwerbsarbeit mit erwerbsfreien Zeiten («Sabbatzeiten») abwechseln würden. Eine flexible Lebensplanung anstelle eines starren Lebenslaufs böte die Möglichkeit, frei zwischen Muße und Arbeit zu pendeln – nicht nur im Rahmen der Tages- und Wochenarbeitszeit, sondern im Verlauf des gesamten Erwachsenenlebens bis hin zum freiwillig gewählten Ruhestand. Mit solchen zukunftweisenden Konzepten beschäftigen sich auch die Führungsinstanzen der EG. Im Zuge der demographischen und sozialen Entwicklung hat sich die Lebenserwartung erhöht und das Arbeitsleben verkürzt. Um auf die neue Situation angemessen zu reagieren, schlägt die Kommission der Europäischen Gemeinschaften in einem Arbeitspapier u. a. auch die Einführung «alternierender Zeiten der allgemeinen und beruflichen Bildung, der Beschäftigung und arbeitsfreien Zeit» vor.[6] Eine flexible Arbeitsbiographie beinhaltet die Möglichkeit, auch im höheren Alter noch lustvoll und unverbraucht zu arbeiten.

«Auszeiten» werden aber noch aus einem weiteren Grund zur gesellschaftlichen Notwendigkeit: Der hohe Rhythmus von Veränderungen in der Arbeitswelt verlangt nach vermehrter Weiterbildung. Experten halten einen mindestens einwöchigen Bildungsurlaub alle zwei Jahre für absolut notwendig; nur so könnten die riesigen technologischen Herausforderungen auch von der menschlichen Seite her bewältigt werden. Die kontinuierliche Kompetenzerweiterung der Erwerbstätigen ist auch im Hinblick auf ein an Möglichkeiten reiches drittes Lebensalter von größter Bedeutung.

Das Postulat der Verkürzung der Wochenarbeitszeit und Überlegungen zu einer Verteilung der Lebensarbeitszeit auf mehr Phasen deckt sich mit einem Trend, der auf eine Umwertung von Werten hindeutet: Immer mehr Menschen stufen Freizeit höher ein als materielle Güter. Daß es sich bei der Flexibilisierung der Lebensarbeitszeit nicht um reine Utopie handelt, soll anhand zweier Beispiele gezeigt werden, bei denen diese Idee ansatzweise verwirklicht ist.

- Das Personal des Pflegeheims Bärau im oberen Emmental (Schweiz) kann seine jeweils bevorzugte Arbeitsweise frei wählen: Jahresarbeitszeit anstelle von Wochen- oder Monatszeitvorgaben, variable Tagesarbeitszeit ohne Blockzeiten, Langzeiturlaub je nach Dienstalter. Angeboten werden auch Möglichkeiten für eine flexible Pensionierung.

- Ein «Freizeitkonto» haben die Mitarbeiter der Elektronikfirma Hewlett-Packard in der Bundesrepublik, auf dem sie ihre Ansprüche auf Arbeitszeitverkürzung über frei wählbare Zeiträume hinweg ansammeln können. Die Idee entstand infolge der Einführung der 38,5-Stunden-Woche im Jahr 1985. Aus Rentabilitätsgründen suchte das Unternehmen nach einem Weg, den 40-Stunden-Betrieb aufrechtzuerhalten. Die Lösung wurde darin gefunden, daß von den wöchentlich 40 Arbeitsstunden 38,5 als «Regelarbeitszeit» betrachtet werden; die überzähligen Stunden werden dem persönlichen «Freizeitkonto» gutgeschrieben. Sein Guthaben kann der Mitarbeiter später halbtageweise oder über eine längere Zeitdauer hinweg in größeren Einheiten beziehen. Das Modell erlaubt sogar, so viel Freizeit zu sparen, daß dadurch ein vorzeitiger Ruhestand möglich wird.

Ruhestand «à la carte»

Während die Flexibilisierung der Lebensarbeitszeit – vorausgesetzt, sie setzt sich durch – sich erst auf das Alter von morgen oder übermorgen auswirken wird, steht für die heutigen Generationen der mittleren und älteren Erwerbstätigen der selbstgewählte vorzeitige oder gleitende Ruhestand ganz oben auf der Prioritätenliste. In gewissen Branchen laufen derzeit Modellversuche für einen Teil-Vorruhestand. Bei der Swissair beispielsweise kann die Arbeit ab dem 60. Lebensjahr (Frauen ab dem 57.) auf 50 beziehungsweise 70 Prozent reduziert werden, wobei das Gehalt eine analoge Kürzung erfährt.[7] Seit 1992 bietet zudem die gesetzliche Rentenversicherung in Deutschland die Möglichkeit eines Teil-Rentenbezugs an. Die Teilrente kann in Höhe von einem Drittel, der Hälfte oder von zwei Dritteln der Vollrente bezogen werden, sofern die Voraussetzungen für den Bezug einer vollen Altersrente erfüllt sind.[8]

Deutschland weit voraus ist allerdings Schweden: Dort kann jede(r) ab 60 Jahren eine Teilrente beziehen, die 65 Prozent des Verdienstausfalls deckt. Die Schweizer Gewerkschaften haben einen

Vorschlag erarbeitet, dem zufolge Männer und Frauen ab 62 Jahren eine volle oder halbe Rente beziehen können. Wer will, bleibt länger im Beruf und bezieht die Rente später; ab dem 67. Lebensjahr erhalten schließlich alle die volle Rente. Eine weitere Variante könnte darin bestehen, eine gleich lange Zeit vor und nach dem Erreichen des gesetzlichen Rentenalters Teilzeit zu arbeiten, wobei für diesen Zeitraum nur die halbe Rente bezogen werden würde.

Nicht zuletzt bei Karrierejobs wäre das Modell des gleitenden Ruhestands zu bedenken. Der Teilübergang in den Ruhestand hat für beide Seiten – das Unternehmen und den Arbeitnehmer – Vorteile. Besonders in technisch anspruchsvollen Tätigkeitsfeldern, wo der Mangel an qualifizierten Bewerbern die Ausweitung der Produktionsleistung behindert, könnte eine Teilzeitweiterbeschäftigung von älteren Mitarbeitern Entlastung bringen. Für den Arbeitnehmer hat ein gleitender Übergang in den Ruhestand u. a. den Vorteil, daß eine schockartige Umstellung vermieden wird und der Partner sich schrittweise auf die veränderte Gegebenheit einstellen kann.

Auf dem Programm für die Zukunft steht die vollständige Flexibilisierung des Übertritts in den Ruhestand – Ruhestand «à la carte». Im Unterschied zur heute üblichen Frühverrentung auf Druck der Arbeitgeber meint eine echte Flexibilisierung des Rentenalters, daß die Erwerbstätigen den Zeitpunkt des Übertritts selbst frei wählen können. Ein auf einer freien Entscheidung beruhender, an keinerlei Altersgrenze gebundener flexibler Übertritt in den Ruhestand wird in Westeuropa erst ansatzweise praktiziert; einzelne (Groß-)Firmen sind dabei, entsprechende Modelle auszuarbeiten. Den Arbeitnehmern stünde es dann z. B. frei – mit oder ohne Einbezug von Teilzeitarbeit –, zwischen dem 50. und 75. Lebensjahr aus dem Arbeitsleben auszuscheiden.

Die postmoderne Gesellschaft ist durch eine weitgehende Individualisierung in fast allen Lebensbereichen gekennzeichnet. Die künftigen älteren Generationen – aufgewachsen in den 50er und 60er Jahren – werden sich noch individualistischer geben. Zunehmend mehr Menschen wünschen (und können es sich auch leisten), sich mit 50 definitiv aus der Arbeitswelt zu verabschieden. Andere wiederum möchten bis 70, 75 oder sogar noch länger arbeiten.

Wenn die beiden Anliegen – den Älteren die Chance zur Teilhabe zu eröffnen und das wachsende Potential der alten Menschen gesellschaftlich fruchtbar zu machen – von der Realutopie zur Wirklichkeit werden sollen, dann kann das nur auf eine dem einzelnen Individuum angepaßte Weise geschehen.

In den Staaten der Europäischen Gemeinschaft sprach sich 1992 gemäß einer repräsentativen Meinungsbefragung knapp über die Hälfte der Arbeitnehmer für ein Rentenmodell aus, das ihnen – nach Erreichen eines festgesetzten Minimums von Arbeitsjahren – erlaubt, den Zeitpunkt des Ruhestands selbst zu bestimmen. Nur 40 Prozent der Befragten sprachen sich für die Beibehaltung einer fixen Grenze aus.[9] Man kann wohl davon ausgehen, daß der Wunsch nach flexiblem Übertritt in den Ruhestand nicht ausschließlich materiell motiviert ist und der Prozentsatz arbeitswilliger Rentner in Zukunft ansteigen wird. Letzteres dürfte vor allem dann der Fall sein, wenn ein Modell analog dem oben skizzierten «Ruhestand à la carte» eingeführt werden würde, das gleichzeitig auf die individuelle Belastbarkeit der Teilzeitpensionierten Rücksicht nähme.

Damit ein auf die Bedürfnisse des einzelnen Menschen zugeschnittener flexibler Übergang in den Ruhestand möglich wird, bedarf es sozialer bzw. materieller Absicherungen. Zur Förderung der Zeitflexibilisierung in der Arbeitswelt wäre die Einführung einer nicht lohnbezogenen Grundsicherung wünschenswert, wie sie u. a. vom Wirtschaftsnobelpreisträger Milton Friedman vorgeschlagen wurde.[10] Eine speziell auf die Rentner zugeschnittene Lösung strebt das zur Zeit in der Schweiz diskutierte Modell einer Einheitsrente an. Eine genügende materielle Absicherung aller, vor allem aber auch der Älteren, würde es zudem möglich machen, die Grenzen zwischen Erwerbsarbeit einerseits und Arbeit in einem weiter gefaßten Sinn andererseits durchlässiger zu machen und dadurch Raum für selbstbestimmte Tätigkeiten zu schaffen.

In Japan üblich: die zweite Karriere

Die verlängerte Lebensspanne der meisten Individuen und der technologische Fortschritt lassen das traditionelle Leitbild einer lebenslangen Tätigkeit im gleichen Beruf als veraltet erscheinen. Die immer kürzer werdende Halbwertszeit des Berufswissens zwingt zu Anpassungen und öffnet gleichzeitig Chancen, von Zeit zu Zeit neue Wege zu suchen. Die Zukunft gehört dem flexiblen Lebenslauf, dessen Merkmal der – mehr oder weniger häufige – Wechsel der Betätigungsfelder ist. Je schneller sich die Arbeitswelt verändert, desto höher ist die Rate inner- oder außerberuflicher Wechsel der in ihr Tätigen. Innerhalb der Betriebe wird «Rotation» zunehmend wichtiger. Das hat verschiedene Gründe:

- Untersuchungen haben gezeigt, daß bei Fachspezialisten und Führungskräften nach weniger als zehn Jahren an der gleichen Position das Interesse und die Verantwortung für ihre Tätigkeit abnehmen und dafür vor allem Gehalt, Sozialleistungen und Sicherheit des Arbeitsplatzes an Bedeutung zunehmen. Andererseits wächst ihre Bereitschaft, neue Aufgaben in einem anderen Bereich zu übernehmen.
- Die immer schneller wechselnden innerbetrieblichen Anforderungen machen es nötig, daß die Mitarbeiter gleichzeitig oder hintereinander mehrere Tätigkeiten ausüben. Man spricht in diesem Zusammenhang von «Sukzessiv-» bzw. «Simultan-Portfolio» von beruflichen Tätigkeiten. Soziologen sehen in diesen «Portfolios» die Arbeitsformen der Zukunft: Man übt nacheinander und miteinander mehr als eine Tätigkeit aus, indem Teilzeittätigkeiten akkumuliert werden.

Berufliche Flexibilität erfordert umfassendere Kompetenzen. Diese wiederum befähigen die entsprechend Geschulten, sich wahlweise innerhalb eines Betriebs als «Unternehmer im Unternehmen» oder in neuen Formen und Zwischenformen der Erwerbsarbeit, wie selbständige Projektarbeit oder Subunternehmertum, zu versuchen.

Die Aufweichung der traditionellen Berufsmuster führt zunehmend zu Mehrfachkarrieren. Das eröffnet auch älteren Arbeitnehmern mehr Möglichkeiten: Ein Ausscheiden aus dem bisher ausgeübten Beruf bzw. Arbeitsgebiet mit 50 oder 55 Jahren muß nicht heißen, daß jede Arbeit überhaupt aufgegeben wird. Es kann auch bedeuten, daß man mit voller Kraft etwas anderes tut, beispielsweise vom Unternehmer zum Subunternehmer wird. Bildung, Weiterbildung und Umschulung sind die Voraussetzung für die Flexibilisierung der Karrieren.

Fast «institutionalisiert» ist die zweite Karriere in Japan. Japanische Großbetriebe pflegen ihre Arbeitnehmer recht früh zu verabschieden. Für die (Zwangs-)Entlassenen ist das der Zeitpunkt, um eine neue berufliche Laufbahn einzuschlagen. Die Kehrseite des japanischen Modells ist aber, daß es ohne genügende finanzielle Sicherung ältere Arbeitnehmer in schlechtere und schlechter bezahlte Jobs zwingt, wodurch ihr Lebensstandard meist erheblich sinkt.

Arbeit und Leistung bedürfen einer neuen Definition

Die Industrialisierung hat es mit sich gebracht, daß nicht nur immer mehr Tätigkeiten professionalisiert, sondern auch alle nicht auf Erwerb zielenden Tätigkeiten entwertet worden sind. Leistungen, die nicht im Rahmen einer bezahlten Berufstätigkeit erbracht werden, finden in der Gesellschaft wenig Anerkennung. Die bewahrende und die pflegende Arbeit – zu ihr gehören die Hausarbeit und die Kindererziehung –, die vorwiegend von Frauen geleistet werden, sind daher unterbewertet. Dabei wird übersehen, daß die traditionellerweise unbezahlte Frauenarbeit wertmäßig einen beträchtlichen Teil der gesellschaftlichen Gesamtarbeitsleistung ausmacht. Der zeitliche Aufwand für Hausarbeit übersteigt in einigen Ländern jenen für offiziell entlohnte Arbeit. Gemäß Berechnungen der OECD läßt sich der Wert der jährlich geleisteten Hausarbeit in Deutschland auf über 800 Milliarden Mark veranschlagen. Rechnet man die ebenfalls unentgeltlich erbrachte Nachbarschaftshilfe und andere Formen von Gratisarbeit dazu, steigt der Wert der «bewahrenden» Arbeit nochmals beträchtlich. Tatsächlich wären ohne diese Formen der Arbeit die im Bruttosozialprodukt quantifizierten Leistungen gar nicht realisierbar: Die nicht-produktive Arbeit (wie sie unlogischerweise bezeichnet wird) schafft überhaupt erst die Voraussetzungen für die Leistung von Erwerbsarbeit.

Während der Wert «Arbeit» für immer mehr Jüngere nur noch begrenzt sinnstiftend ist, bewirkt die Bevorzugung – man könnte auch von Fetischisierung sprechen – der Erwerbsarbeit, daß den Älteren der Weg zur gleichberechtigten Teilnahme am sozialen Leben versperrt bleibt. Wenn man die lange Lebenserwartung berücksichtigt, die heutige Rentner haben, wenn sie in den Ruhestand treten, dann dürfte «der Leistungsbegriff eigentlich nicht alleine um Arbeitsethik und Erwerbsfähigkeit zentriert sein» (Gerd Göckenjan). Die Aufwertung sogenannter nicht-produktiver Arbeitsleistungen ist eine wichtige Voraussetzung dafür, daß sich das Image und der Status des Alters verbessern.

Die sich abzeichnenden Veränderungen in der Arbeitswelt bieten die Chance, den Arbeitsbegriff dahin gehend zu erweitern, daß er sowohl bezahlte als auch unbezahlte Arbeit umfaßt. Im «Goldenen Zeitalter der Arbeitslosigkeit» (André Gorz) nimmt die freie Zeit ständig zu, in der Tätigkeiten ohne wirtschaftliche Zielsetzung verrichtet werden können, die jedoch wichtige Bedürfnisse befriedigen. Das können intellektuelle, kreative, manuelle Beschäftigungen sein – aber ebenso stundenlanges Nichtstun oder auch passiver Kulturkonsum. In der von Gorz anvisierten «dualistischen Gesellschaft» gehört jeder Mensch zwei Sphären an: jener der sozialen Produktion (bestimmt durch Erwerbs- und andere Formen «nützlicher» Arbeit) und jener der autonomen freien Tätigkeit, die auch die Entwicklung von Selbsthilfe und von verschiedenen Formen der Zusammenarbeit zur Folge hat.[11] Durch die autonome freie Tätigkeit ergeben sich neue Möglichkeiten der Selbstverwirklichung nicht nur für die jüngeren, sondern auch die alten Angehörigen der «Nichtklasse der Nichtarbeiter».

Durch eine weitgehende Flexibilisierung des Lebenslaufs bei gleichzeitig besserer Verteilung der Erwerbsarbeit würden sich auch die heutigen Trennlinien zwischen dem Alter und der Zeit, die vor dem Alter liegt, verwischen. Der französische Politiker Michel Rocard hat die «Demystifizierung der Erwerbsarbeit» jüngst zu einem vorrangigen Anliegen erklärt: «Unser Leben wird mehr und mehr eine Abfolge von verschiedenartigen Aktivitäten sein, produktiven Beschäftigungen, Weiterbildung, Tätigkeiten im Interesse der Allgemeinheit oder der Familie. Das ist alles andere als eine Verarmung, es wird im Gegenteil eine außerordentliche Entfaltung bedeuten. Was uns in Wirklichkeit schockieren muß, ist nicht, daß zehn von hundert Personen zwischen 18 und 60 Jahren nicht arbeiten, sondern daß es immer dieselben zehn sind, die nicht arbeiten. Die Situation verändert sich völlig, wenn alle hundert arbeiteten, aber nur während 90 Prozent ihres Erwerbsalters. Es ist nicht schwer sich vorzustellen, was das bedeuten könnte: alle zehn Jahre für ein Jahr oder alle fünf Jahre für sechs Monate sich etwas anderem widmen können als der Arbeit: der Familie, einer Vereinigung, einer Zusatzausbildung oder einfach dem Reisen!»[12]

Wenn die Erwerbsarbeitszeit verkürzt wird, nimmt dafür die von Soziologen so getaufte Sozialzeit zu. Immer mehr breitet sich die Erkenntnis aus, daß die großen sozialpolitischen Probleme, auf die wir zusteuern, nicht bloß von ihrer Finanzierbarkeit her betrachtet werden können, sondern daß es zu ihrer Lösung neuer Zeitmodelle bedarf. Ein neuer Arbeitsbegriff, der bezahlte oder unbezahlte Arbeit umfaßt, schließt eine neue Zeitorientierung ein. Nachbarschaftshilfe ist beispielsweise nur möglich, wenn dafür genügend Sozialzeit vorhanden ist – Zeit also, die ich investieren kann, weil ich sie nicht für Erwerbsarbeit aufwenden muß.

Es versteht sich von selbst, daß der Generationenvertrag ein anderes Vorzeichen erhält, wenn er um die Dimension persönlich investierter Zeit erweitert wird. Der Soziologe Konrad Hummel schlägt in diesem Zusammenhang vor, daß Arbeitnehmer in den letzten Berufsjahren bei vollem Lohnausgleich für soziale Projekte freigestellt werden. An Ideen für die Gestaltung verfügbarer Sozialzeit mangelt es nicht. Eine betrifft die (teilweise) Pflege Hochbetagter durch jüngere Alte. Als eine Variante zu Hummels Vorschlag würden gemäß dieser Idee Rentner für ihren freiwillig geleisteten Einsatz nicht bezahlt, sondern mit einem Bonus belohnt, der ihnen später selbst ein Anrecht auf (freiwillige) Pflegeleistung sichern würde.

Die Langlebigkeits-Revolution verändert die Bedingungen des Alterns und des Alters. Die Gleichheit der Lebensalter wird dadurch, wenigstens im Ansatz, Wirklichkeit. Um ihr vollends zum

Durchbruch zu verhelfen, muß die Arbeitsgesellschaft ihr allzu enges Korsett ablegen. Über die Humanisierung der traditionellen Arbeitswelt hinaus gilt es, Tätigkeiten ohne Zeit- und Nutzenkalkül und ohne den für Erwerbsarbeit typischen Konkurrenzdruck aufzuwerten. Je kürzer die Erwerbsarbeitszeit wird – gleichgültig ob als Wochen- oder Lebensarbeitszeit –, desto mehr gewinnen vom Arbeitsmarkt abgekoppelte zweckgerichtete Tätigkeiten an Bedeutung.

Die Ausübung solcher Tätigkeiten ist nicht altersgebunden. Sie erhält aber dann einen besonders hohen Stellenwert, wenn die Erwerbsarbeit ganz entfällt. Die Rentner könnten daher zu wichtigen Trägern «nicht-produktiver» Arbeit werden. Es geht dabei nicht nur darum, älteren Menschen zu einer Beschäftigung zu verhelfen und so das Sinndefizit abzubauen, das Menschen erfahren, die nicht mehr «gebraucht» werden, sondern um die Einsicht, daß der im weitesten Sinne volkswirtschaftliche Beitrag der älteren Generationen für die Sicherung erreichter wirtschaftlicher und sozialer Niveaus immer wichtiger wird. Wird Arbeit in diesem umfassenden Sinn verstanden, könnte auch das Thema der Frühverrentung oder sogar der Herabsetzung des Rentenalters – eine Option, für die es selbst unter veränderten demographischen Bedingungen nach wie vor erwägenswerte Argumente gibt – entkrampfter angegangen werden.

Letztlich geht es darum, koexistierende Rollen für Menschen aller Altersstufen zu finden. Sich ergänzende Arbeitsleistungen, in einem umfassenden Sinn verstanden, könnten zur Integration der verschiedenen Lebensalter beitragen und deren wechselseitige Solidarität fördern.

«Tätigkeiten ohne wirtschaftliche Zielsetzung»

Die Palette von «Tätigkeiten ohne wirtschaftliche Zielsetzung», die sowohl von Jungen als auch von älteren Menschen ausgeübt werden können, ist groß. Neben der «bewahrenden» und pflegenden Arbeit spielt die freiwillige Arbeit eine immer wichtigere Rolle. Sie beruht darauf, daß Menschen ihre Zeit zur Verfügung stellen, um

Notlagen zu lindern und Lücken aller Art zu füllen. Oft geht es dabei auch um die Fürsprache für ungenügend anerkannte Menschengruppen. Seit 1985 ruft die UNO jedes Jahr den internationalen Tag der freiwilligen Mitarbeiterinnen und Mitarbeiter aus. In vielen Gemeinden Deutschlands, Österreichs und der Schweiz wird auf vielfältige Weise Freiwilligenarbeit geleistet. Diese Form nicht auf Erwerb gerichteter Tätigkeit begünstigt insbesondere die Kooperation von Menschen unterschiedlichen Alters. Den Älteren kommt dabei die Rolle der Gebenden sowie Nehmenden zu. Auf lokaler Ebene leisten ältere Menschen bereits jetzt einen wesentlichen Beitrag zum sozialen Leben, indem sie ehrenamtlich für karitative Vereinigungen tätig sind und ihre beruflichen und praktischen Fähigkeiten zur Verfügung stellen. Nicht selten sind es eben diese Beiträge, die es den Betreffenden erlauben, den Ruhestand «aktiv zu genießen». Gemäß einer 1992 durchgeführten Umfrage leisten im EG-Raum allerdings nur 8 Prozent der älteren Menschen in organisierter Form Freiwilligenarbeit. In den Niederlanden sind es immerhin schon 17 Prozent! Diese Zahlen belegen, daß das Potential gesellschaftlich wertvoller Arbeit, die die Alten erbringen können, längst nicht ausgeschöpft ist.

Wie Freiwilligenarbeit organisiert werden kann, zeigt ein Beispiel aus Basel. In der Stadt am Rheinknie hat im Dezember 1992 die Vermittlungs- und Beratungsstelle für Freiwilligenarbeit «Bene Vol» ihre Tätigkeit aufgenommen. Sie vermittelt Menschen dorthin, wo sie gebraucht werden: Im Botanischen Garten ist man froh um Leute, die ein Beet besorgen können, in Krankenhäusern und Heimen warten Patienten auf Besuche. Alleinwohnende, behinderte Betagte sind dankbar für kleinere oder größere Dienstleistungen aller Art; junge, berufstätige Mütter sind auf einen Babysitter angewiesen. Typisch ist folgender Fall: Eine sehbehinderte Frau ruft in der Vermittlungsstelle an, sie wünscht sich jemanden, der mit ihr spazierengeht. In ihrer Kartei hat die Vermittlerin die Adressen von Personen verfügbar, die eine solche Aufgabe übernehmen können. Da findet sich zum Beispiel eine frühpensionierte Frau, die aus gesundheitlichen Gründen (Rückenschmerzen) jeden Tag mehrere Stunden spazierengehen sollte. Die beiden Bedürfnisse ergänzen sich ideal.

Freiwilligenarbeit bietet vielfältige Chancen des Mitdenkens und Mitgestaltens außerhalb des oft lähmenden Konformitätsdrucks von Verwaltungsbürokratien. Drei Bereiche bieten sich an: ehrenamtlicher Einsatz in Gremien und Vorständen von Stiftungen und Vereinen, Mitarbeit im Sozialbereich beim Betreuen und Begleiten von Menschen, die Hilfe brauchen, Mitmachen in gemeinnützigen öffentlichen und privaten Institutionen. Freiwilligenarbeit stellt Ansprüche nicht nur an die Gebenden, sondern auch an die Nehmenden. Die freiwilligen Mitarbeiter und Mitarbeiterinnen bedürfen deshalb der kompetenten Einführung und Betreuung, oft auch der Weiterbildung. Die Abgeltung von Spesen ist ebenso ein Erfordernis wie der Einbezug in die Gemeinschaft anderer Helfender. Wichtig ist auch, daß die geleistete Arbeit sichtbar gemacht wird. Um all das kümmert sich «BeneVol».

«BeneVol» setzt sich zum Ziel, die Freiwilligenarbeit noch breiter abzusichern. Gefordert wird die Berücksichtigung der Freiwilligenarbeit in der Sozialversicherung; und für Sozialeinsätze sollte es einen Steuerabzug geben. Für eine weitere Aufwertung der Freiwilligenarbeit gibt es gute Gründe: Herkömmliche Leistungssysteme werden durch sie sinnvoll ergänzt und manchmal sogar verbessert. Es gibt Institutionen, bei denen jede gespendete Mark durch Freiwilligenarbeit verdreifacht wird. Trotzdem sind der Freiwilligenarbeit Grenzen gesetzt: Sie kann und soll kein billiger Ersatz für staatliche Sozialleistungen und berufliche Sozialarbeit sowie professionelle Pflege sein. Die Soziologin Katharina Ley warnt denn auch: Wenn das politische Umfeld nicht stimmt, kann Freiwilligenarbeit leicht dazu führen, daß mit ihrer Hilfe Lücken schlecht und recht ausgefüllt werden, wo statt dessen strukturelle Lösungen nötig wären. Auch die Gefahr, daß Freiwillige mit Arbeitslosen in Konkurrenz treten könnten, ist nicht ganz abwegig. Dieses Problem kann jedoch gelöst werden, wenn allen Menschen ein Recht auf sinnvolle Arbeit zugestanden wird.

Ein neuer Arbeitsmarkt für Ältere?

Im Rahmen der klassischen Erwerbsarbeit könnten Anreize geschaffen werden, die die Menschen dazu bewegen könnten, über die gesetzlich festgelegte Ruhestandsgrenze hinaus zu arbeiten. Wie bereits ausgeführt, würden eine Flexibilisierung der Lebensarbeitszeit und die Einführung des «Ruhestands à la carte» dazu beitragen. Da der Trend gegenwärtig aber weiterhin eingleisig in Richtung Frühverrentung geht, kommt eine solche Strategie in der nächsten Zukunft noch nicht zum Tragen. Auch die Erwerbstätigen selbst wollen – zumindest jetzt – in der Regel nicht länger arbeiten. Dieser Unwille hat natürlich viel mit der als ausreichend angesehenen Rentenanwartschaft zu tun.

Mittel- bis längerfristig hingegen wird sich ein spezifischer Arbeitsmarkt für noch aktive alte Menschen herausbilden. Dabei ist weniger an Anstrengungen zu denken, wie sie die amerikanische Rentnervereinigung «American Association of Retired Persons» (AARP) unternimmt. Die 23 Millionen Mitglieder starke AARP berät ältere Menschen und unterstützt sie im Kampf gegen Diskriminierung am Arbeitsplatz. So hat die AARP zwischen 1980 und 1986 sechs Millionen Arbeitnehmern im Rentenalter zu einer neuen Arbeit verholfen, indem sie entsprechende Spezialabkommen mit Arbeitgebern schloß. (1986 wollten in den USA 30 Prozent der Arbeitnehmer zwischen 55 und 64 mit 65 Jahren nicht aus dem Arbeitsleben ausscheiden.) Auch in Deutschland gibt es inzwischen Unternehmen mit Modellprogrammen zur Wiedereinstellung von Angestellten im Ruhestand. So imponierend sich die Leistung der AARP ausnimmt, stellt sich doch die Frage, ob diese Art der Arbeitsbeschaffung der Weisheit der Gesellschaft letzter Schluß ist. Es wurden dabei nämlich keine neuen Arbeitsplätze geschaffen, das Problem der Arbeitslosigkeit also nur umverteilt.[13]

Neue Rollen für Alte

Wenn es darum geht, neue Betätigungsfelder für «Jung-Alte» zu finden, sind der Phantasie letztlich keine Grenzen gesetzt. Die Palette reicht von hochqualifizierten mobilen Berufsleuten (Singles), die als Entwicklungshelfer im Seniorenalter («Entwicklungsrentner») ihr Know-how in der Dritten Welt oder in Osteuropa zur Verfügung stellen, über pensionierte Experten aller Art, die Dienstleistungen für Jüngere anbieten, bis zu ehemaligen Studienräten, die als Reiseleiter fungieren, oder ehemaligen Handwerksmeistern, die als Berater in Arbeitslosenzentren wirken.

Mittlerweile entstehen an verschiedenen Orten sogenannte Senioren-Zukunftswerkstätten. Die Idee stammt von Robert Jungk. Die Teilnehmer setzen sich in ihrer Gemeinde zunächst kritisch mit den schon bestehenden Alterseinrichtungen auseinander. Anschließend werden Wünsche und Anregungen für die Zukunft gesammelt und deren Realisierungsmöglichkeiten geprüft. Im Mittelpunkt stehen Aktivitäten für gemeinsame Lebensgestaltung wie Lesezirkel, Reisen oder kreative Tätigkeiten. Ein Hauptanliegen der Zukunftswerkstätten ist die Solidarität zwischen den «jungen Alten» und den «älteren Alten». Der Seniorenclub «Drehscheibe» in Emmenbrücke (Schweiz) etwa organisiert Gartenarbeiter von Senioren für Senioren, Reinigungsarbeiten, kleinere Reparaturen oder Hilfe beim Führen von Korrespondenz. In anderen Zukunftswerkstätten werden Massage bzw. Massagekurse angeboten, oder es wird für das Spazierenführen von Rollstuhlfahrern geworben. Die Zukunftswerkstätten fungieren auch als Ansprechpartner der Behörden; teilweise decken sich ihre Aktivitäten mit denen sozialpolitischer Organisationen wie den «Grauen Panthern». Ältere Menschen können hier nicht nur neue Rollen übernehmen oder schon bestehende aufwerten, die Zukunftswerkstätten haben auch noch eine andere, angesichts der demographischen Entwicklung nicht zu unterschätzende Wirkung: Wenn ältere Männer und Frauen offiziell und öffentlich – und nicht nur in der Familie – als Betreuer/innen, Ratgeber/innen, Pfleger/innen auftreten, so hat das einen nicht geringen Einfluß auf das Image alter Menschen in der Gesellschaft.

Ebenfalls unter dem Motto «gegenseitige Solidarität» stehen Arbeitsvermittlungsstellen «von Senioren für Senioren». Beispielhaft ist das Projekt der Schweizer 9000-Seelen-Gemeinde Rüti

(Kanton Zürich). Als der größte Arbeitgeber des Orts massenhaft ältere Arbeitnehmer vorzeitig in den Ruhestand entließ, wurde bei etwa tausend Frührentnern eine Bedarfsabklärung vorgenommen: «Können Sie sich vorstellen», lautete die Kernfrage, «gegen Entgelt Aufträge für Senioren anzubieten oder durchzuführen?» Siebzig Personen meldeten sich als mögliche Arbeitgeber, knapp 50 als Arbeitssuchende. In der Folge wurde eine ehrenamtlich geführte Vermittlungsstelle gegründet. Schon nach zwei Jahren trug sich das Projekt selbst. Bereits im Probejahr leisteten 22 Rentner für 53 Altersgenossen 716 Arbeitsstunden – hauptsächlich Gartenarbeit. Inzwischen gibt es in zahlreichen Schweizer Städten Stellenvermittlungsbörsen für Senioren. Meistens handelt es sich um stundenweise Einsätze. Sie reichen von Hilfeleistungen beim Kochen oder Putzen über einen Spazierdienst bis zur Ausführung kleinerer Handwerksarbeiten in den Wohnungen der nicht selten betagten «Kunden». Ein Nebeneffekt dieser Form der solidarischen Arbeitsleistung: Die sozialen Kontakte der Anbieter sowie der Konsumenten werden erweitert.

Ein altersheterogenes Sozialgefüge bietet indes die beste Voraussetzung für Initiativen älterer Menschen, die es sich zum Ziel setzen, am Lebens- und Arbeitsprozeß der Gesellschaft teilzuhaben. Sozial und von der Altersstruktur her gemischte Stadtviertel erleichtern die «Verknüpfung der Haushalte» (Christel Schachtner), bei der wechselseitige Dienstleistungen und Freundschaften Hand in Hand gehen können.

Eine Politik für die Alten

> Wir sind keine armen Wackelgreise, sondern zum überwiegenden Teil gesunde, fröhliche und selbstbewußte Frauen und Männer, die sich nach ihrer Pensionierung nicht plötzlich entmündigen lassen wollen.
>
> *Lisa Palm (Graue Panther, Basel)*

Die «Entdeckung» der Alten

Der tiefgreifende demographische Strukturwandel zwingt zunehmend Politiker und Politikerinnen auf allen Ebenen, sich mit dem Thema Alter und Gesellschaft auseinanderzusetzen. Ein Indiz dafür ist das «EG-Programm für die ältere Generation», das 1990 erarbeitet wurde. Noch vor wenigen Jahren waren alte Menschen für die EG kein Thema. Das ist kein Zufall, denn in der EG standen wirtschaftliche Fragen im Vordergrund, darum richtete man das Augenmerk auf die Erwerbstätigen und nicht auf die Rentner. Ausdrücklich erwähnt wurden ältere und alte Menschen in der EG-Sozialcharta von 1989: Darin ist das Recht der alten Menschen auf einen angemessenen Lebensstandard und ausreichende medizinische und soziale Unterstützung festgeschrieben. Mit dem «Programm für die ältere Generation» sind alte Menschen über den sozialen Bereich hinaus ins Zentrum politischer Betrachtungen in der EG gerückt. Den Hintergrund für das plötzlich erwachte Interesse zentraler EG-Instanzen bildet die Einsicht, daß Westeuropa – neben Japan – die am schnellsten alternden Bevölkerungen der Welt aufweist.

Die «Entdeckung» des Alters durch die EG-Instanzen schlug sich u. a. in der Ausrufung des «Jahrs der älteren Menschen und der Solidargemeinschaft der Generationen» 1993 nieder. Mit einer breitangelegten Kampagne in den Medien sollte die Öffentlichkeit in den Staaten der Europäischen Gemeinschaft auf die Veränderungen aufmerksam gemacht werden, die das Altern der Bevölkerung mit sich bringt. Auf Festivals und mit Ausstellungen im gesamten EG-Raum wurde auf die Erwartungen und Belange alter Menschen aufmerksam gemacht. Besonderes Gewicht wurde auf den Beitrag gelegt, den alte Menschen für die Familie und die Gesellschaft leisten – einen Beitrag, der meist unterschätzt wird. Gleichzeitig war es Ziel dieser Aktion, den Dialog und das Verständnis zwischen den Generationen zu fördern. Den Hintergrund des angestrebten Dialogs zwischen den Generationen bildet die Erkenntnis, daß die Alterspolitik der Zukunft die ganze Bevölkerung miteinbeziehen muß mit dem Ziel, eine solidarische, verbindende und mitverantwortliche Gemeinschaft der verschiedenen Altersgruppen in der Bevölkerung herzustellen. Als einer der Höhepunkte des Jahres stand die Gründung einer «Nationalversammlung der älteren Personen» als landesweite Abgeordnetenversammlung in Spanien auf dem Programm.

Auch in der Bundesrepublik erhält die Alterspolitik zunehmend einen höheren Stellenwert. Die «Richtlinien für den Bundesaltenplan» des Bundesministeriums für Familie und Senioren von 1992 umreißen ein ambitioniertes Förderungsprogramm. Gefördert werden sollen

- die gesellschaftliche Beteiligung älterer Menschen,
- Maßnahmen zur Unterstützung hilfs- und pflegebedürftiger älterer Menschen im Hinblick auf ihre Selbständigkeit,
- die Angleichung der Lebensbedingungen alter Menschen im vereinten Deutschland,
- der Ausbau der internationalen Seniorenpolitik.

Was die gesellschaftliche Teilhabe alter Menschen betrifft, setzt der Bundesaltenplan auf die Stärkung der Eigenaktivität und des sozialen Netzes; dabei sollen Selbsthilfeaktivitäten, ehrenamtliche Tätigkeit sowie solidarisches Handeln und Engagement in sozialen Bereichen unterstützt werden. Ausdrücklich angestrebt wird auch die verstärkte Verantwortlichkeit der Alten gegenüber der Gesellschaft und ihre Mitwirkung «an der Gestaltung der Gesellschaftsordnung».[1] Der Bundesaltenplan ist noch nicht viel mehr als eine Absichtserklärung. Wie die Sozialwissenschaftlerin Margret Dieck kritisch anmerkt, basiert die Zuständigkeit des 1991 neu geschaffenen Bundesministeriums für Familien und Senioren im Kern immer noch auf dem Sozialhilfegesetz, so daß der Anspruch, Altenpolitik insgesamt zu gestalten, «bislang mangels entsprechender Kompetenz nicht eingelöst werden kann».

Das «Europäische Jahr der älteren Menschen» und der Bundesaltenplan sind aber Ausdruck einer sich allmählich ändernden Haltung der politischen Entscheidungsträger: «Das Alter» wird in seiner Bedeutung erkannt und als Zukunftsaufgabe begriffen. Das Erwachen des öffentlichen Bewußtseins darf aber nicht darüber hinwegtäuschen, daß die Sozialpolitik in bezug auf das Alter nach wie vor durch Defizite gekennzeichnet ist. Ein «Altern in Würde» ist noch längst nicht zum selbstverständlichen Menschenrecht geworden. Abgesehen von manifesten Tendenzen der Überversorgung, die hier und dort auszumachen sind, weist der Sozialstaat heutigen Zuschnitts immer noch gravierende Mängel auf. Dabei geht es nicht nur um die Sicherung des Existenzminimums, das für alle ein würdiges Leben garantiert. Zu einem Sozialstaat, der diesen Namen verdient, gehört auch die Schaffung von Rahmenbedingungen, die es alten Menschen ermöglichen, in physischem und psychischem Wohlbefinden zu leben. Das aber ist, um nur einen besonders desolaten Bereich herauszugreifen, in einem großen Teil der Alten- und Pflegeheime in Deutschland nicht der Fall.[2]

Die Benachteiligung dieser Menschengruppe zeigt sich auch im weitgehenden Fehlen von spezifischen Einrichtungen, die auf ihre Bedürfnisse zugeschnitten sind. In der großen Infratest-Befragung zur Lebenssituation der 55- bis 70jährigen beklagte sich denn auch jede(r) dritte Befragte darüber, daß es viel zu wenig Tagesstätten, Clubs oder Akademien gibt, wo man sich mit Gleichaltrigen oder Gleichgesinnten treffen und – bei Bedarf – weiterbilden kann.[3] In der großen «Eurobarometer»-Umfrage 1992 unter älteren Menschen sämtlicher EG-Staaten waren drei Viertel der Befragten der

Meinung, ihre Regierungen täten nicht genug für alte Menschen. Einzig in Dänemark, Frankreich, Luxemburg und in den Niederlanden war diese Meinung weniger ausgeprägt. Das erstaunt nicht, denn in diesen Ländern – allen voran in Dänemark und Holland – wird eine neue, mit staatlichen Mitteln gut dotierte Altenpolitik betrieben, die sich besonders die aktive Teilnahme und Integration der Alten zum Ziel setzt. Bei aller Kritik des – möglicherweise drohenden – Überversorgungsstaats gilt es nämlich, nicht minder eine Politik zu denunzieren, die unter dem Vorwand, Bevormundung vermeiden zu wollen, dem Sozialbereich dringend benötigte Mittel entzieht. Daß es dafür aber mittlerweile schon nicht einmal mehr der Vorwände bedarf, zeigt das immer lauter werdende «Nachdenken» der Politiker über die «Grenzen des Sozialstaats»: Ein Angriff auf die Renten ist in mehreren europäischen Staaten bereits kein Tabu mehr.

Warnlichter sollten dort aufleuchten, wo Politiker(innen) «immaterielle» Werte (die nichts kosten) in den Vordergrund stellen und zur Selbsthilfe aufrufen, ohne ein Wort darüber zu verlieren, daß die – tatsächlich sehr wertvolle – Eigeninitiative von Senioren, soll sie funktionieren, der sozialstaatlichen Absicherung bedarf. Eine Politik des Abbaus im Rentenbereich ist nicht nur wegen der legitimen Interessen der alten Menschen nicht zu verantworten, sie ist auch gesamtgesellschaftlich kurzsichtig. Materiell ungenügend abgesicherte Menschen neigen eher zur Verbitterung und Vereinsamung. Verbitterung und Vereinsamung aber machen krank, und Krankheit ist wiederum ein Faktor, der nicht nur das davon betroffene Individuum beeinträchtigt. Nicht nur aus moralischen Gründen, sondern auch um das Gesundheitswesen weniger zu belasten, müßte die materielle Sicherstellung alter Menschen sozialpolitische Priorität haben.

Vereinzelt gibt es Beispiele dafür, daß diese Zusammenhänge erkannt worden sind. Geradezu modellhaft sind die Leitlinien, die sich die Regierung des Schweizer Kantons Bern gesetzt hat. Die «alterspolitische Neuorientierung» der Berner führt weg von der herkömmlichen Subventionierung von Institutionen der Altenhilfe. Statt dessen sollen die Alten – v.a. die Betagten – durch einen

Rechtsanspruch auf ein garantiertes Alterseinkommen in die Lage versetzt werden, die in Anspruch genommenen Dienstleistungen selber zu bezahlen. Ein solches individuelles Finanzierungssystem, erklärt die Berner Regierung, erlaube es den alten Menschen, als «Kunden» über das Angebot zu bestimmen. Und damit werde auch der Anreiz für die in der Altershilfe oder -pflege tätigen Organisationen größer, ihr Angebot auf die wirkliche Nachfrage auszurichten.

Alter als zivilisatorisches Programm

Mit der Verjüngung des Alters unter den Bedingungen der «Langlebigkeits-Revolution» nehmen die Möglichkeiten und die Lebensqualität im Alltag des alten Menschen potentiell zu. Unter dem Motto «Das Alter ist noch jung!» verkünden Paul B. Baltes und Jürgen Mittelstrass in «Die Zukunft des Alterns und gesellschaftliche Entwicklung» sozusagen als «zivilisatorisches Programm», daß das höhere Alter allgemein zu einer sinnvollen Phase des menschlichen Lebens wird, sinnvoll für den einzelnen wie für die Gesellschaft.[4]

Die heutige auf das Alter bezogene Gesellschaftspolitik besteht zu oft noch aus kurzfristigen Reaktionen auf Tagesaktualitäten, «aus Reaktionen», so der Soziologe Johann Michael Gleich, «die nicht selten Schwierigkeiten von heute auf morgen verschieben. Minderung des Rentenanstiegs, Anhebung des Renteneintrittsalters, Einführung einer Pflegeversicherung für den Pflegefall usw. – all dies sind letztlich nicht mehr als Hilflosigkeitsreaktionen, die langfristig die Lage mehr und mehr verschlimmern»[5]. Die demographische Entwicklung und der Werte- und Normenwandel verlangen aber mehr denn je nach einer vorausschauenden Politik und nach langfristigen Strategien. Planer auf allen Ebenen, Ideologieproduzenten und Meinungsmacher müssen sich auf die Tatsache einstellen, daß in ein bis zwei Generationen ein Drittel der Bevölkerung über 60 Jahre alt sein wird. Während bestehende Defizite ausgeräumt werden müssen, muß gleichzeitig verhindert werden, daß neue «Lücken» oder neue Formen der Diskriminierung entstehen.

Dabei geht es keineswegs nur um Sozial- und Gesundheitspolitik. Ein gut funktionierender Sozialstaat wird allerdings auch in Zukunft Voraussetzung dafür sein, daß die Lebensqualität möglichst *aller* im fortgeschrittenen und höheren Alter garantiert werden kann.

Um mit der Entwicklung Schritt zu halten, sind Initiativen auf fast allen Politikfeldern vonnöten. Der Berliner Alternsforscher Karl Ulrich Mayer hält denn auch nichts von einem «Alten-Generalplan». Vielmehr ist nach Mayer für alle Gesellschaftsbereiche zu bedenken, welche Konsequenzen das Handeln für diese Gruppe hat, mit anderen Worten müssen sich alle Institutionen – und nicht nur die auf das Alter «spezialisierten» – auf die veränderte Situation einstellen. Ziel aller Bestrebungen muß es sein, die Autonomie, die aktive Teilnahme und die Lebensqualität alter Menschen zu erhöhen oder sicherzustellen. Sehr hilfreich sind in diesem Zusammenhang Seniorenräte, die von Anfang an in die Planungen staatlicher oder privater Träger der Alterspolitik einbezogen sind. Solche Beratungsorgane existieren mit unterschiedlich ausgeprägten Einflußmöglichkeiten schon in verschiedenen Städten und Gemeinden der Bundesrepublik. Die folgende Aufstellung erhebt nicht den Anspruch auf Vollständigkeit, gibt aber einen Eindruck von der Breite der gesellschaftlichen Aufgaben, die in Angriff genommen werden müssen.

• *Sozialpolitik:* Hohe Priorität genießt die materielle Existenzsicherung der Alten. Die zunehmende Polarisierung zwischen Reich und Arm führt immer stärker auch unter den alten Menschen zur Herausbildung einer «Zwei-Drittel-Gesellschaft». Zum armen Drittel zählen besonders viele alte Frauen. Eine sozialstaatliche Politik, die diesen Namen verdient, müßte darauf achten, daß Lebensqualität und Lebenserwartung der Alten nicht länger – und vor allem nicht in dem Maß, wie es heute noch der Fall ist – von Herkunft und sozialem Status abhängen. Mit Blick auf die Bedingungen, unter denen heute noch viele alte Menschen leben müssen, bedarf es schließlich dringend einer Sozialhilfe, die von sich aus aktiv wird. D. h., die von Not Betroffenen – häufig Menschen, die hilflos oder schlecht informiert sind – müssen ausfindig gemacht werden. Nur so können sie ihre Rechte auch wahrnehmen.

• *Verbesserung der Arbeits- und Beschäftigungssituation* der Alten. Es müssen sinnvolle Tätigkeitsfelder für ältere Menschen erschlossen werden, die über den Rahmen von Erwerbstätigkeit hinausgehen. Dies ist ein vordringliches Gebot und eine Notwendigkeit für die Gesellschaft zugleich.

• *Verkehrs- und Wohnpolitik:* Ziel urbaner Planung muß es mehr denn je sein, menschengerechte und barrierefreie öffentliche Räume zu schaffen, in denen sich auch behinderte oder leistungsschwächere Menschen gefahrlos und hindernisfrei bewegen können. Zu den relativ einfach realisierbaren Vorkehrungen gehören zum Beispiel längere Grünphasen bei Fußgängerstreifen. Die Straßenplaner sollten auch bedenken, daß Unterführungen für alte Menschen nicht nur beschwerlich, sondern auch ein Sicherheitsrisiko sind. – Barrierefreiheit ist auch im Wohnungsbau angesagt. Wohnungen, die von alten Menschen bewohnt werden können, müssen so angelegt sein, daß die Selbständigkeit der Bewohner auch im Falle von Behinderungen garantiert werden kann. Um den zahlreichen alten Menschen, die über ungenügende finanzielle Mittel verfügen, ein eigenständiges Leben zu ermöglichen, müßte vor allem der genossenschaftliche Wohnungsbau gefördert werden. Denn alte Menschen, die eine zu teure Miete nicht mehr bezahlen können, werden oft ins Heim abgeschoben. Sinnvoll sind Baueinheiten mit Zwei-Zimmer-Wohnungen, die sowohl von Älteren als auch Jüngeren bewohnt werden können. Anstatt reine Altensiedlungen zu bauen, müßte die Wohnbaupolitik darauf hin angelegt sein, daß verschiedene Generationen nachbarschaftlich zusammenleben. Auf dem Programm steht schließlich der Bau von Kleinheimen (anstelle von Großaltenheimen) mit extern angeschlossenen Wohneinheiten, die ein Zusammenleben nach individuellen Wünschen möglich machen.

• *Gesundheit:* Was alte Menschen in erster Linie benötigen, ist nicht Spitzenmedizin, sondern eine gut ausgebaute medizinische Grundversorgung. Tageskliniken für behinderte oder rehabilitationsbedürftige Betagte müßten in jedem Ort, in jedem Viertel in ausreichender Zahl bereitgestellt werden.

Eine zukunftsorientierte Politik für das Alter kann und darf sich nicht auf das dritte und vierte Alter beschränken. Das Gesicht des Lebens im Alter erhält seine Züge aus der davorliegenden Lebensgeschichte. Ein Ansatz, der sich nur auf die letzten Lebensphasen bezieht, greift deshalb viel zu kurz. Ausgehend von der Erkenntnis, daß Altern ein lebenslanger Prozeß ist und daß die Weichen für eine gute Lebensqualität im Alter schon früh im Leben gestellt werden, muß eine adäquate gesellschaftspolitische Strategie sowohl den gesamten Lebenslauf der Individuen als auch sämtliche gesellschaftliche Teilbereiche miteinbeziehen. Politik für ältere Menschen muß, findet der Berliner Soziologe Karl Ulrich Mayer, «ganz früh, also bei den Kindern, in den Schulen, in Ausbildung und Allgemeinbildung» ansetzen. Eine gute Allgemeinbildung ist eine bessere Altersinvestition als viele Programme für ältere Menschen. «Es sind die vielen Investitionen, die in der Lebensgeschichte getätigt werden, die dann entscheiden, was wir in unserem Alter tun können.»[6]

Nicht nur die Politik, auch die Sozialwissenschaften sind gefordert, den neuen, das Individuelle stärker betonenden Bedürfnissen alter Menschen nachzuspüren. Neben empirischen Daten über die Lage der Alten sind auch vermehrt Erhebungen über die Bedürfnisse alter Menschen nötig. Längst sind nicht alle Reserven erschlossen: Die Lebensqualität vieler Alten läßt zu wünschen übrig; und zu viele sehen sich aus einer Vielzahl von Gründen an den Rand der Gesellschaft gedrängt. Doch die Bereiche, in denen alte Menschen präsent sind oder Initiative entwickeln, nehmen zu. Die Politik gehört ebenso dazu wie die Arbeitswelt.

Angesagt ist der Dialog

Die Sozialisation und Mentalität der jüngeren Generationen führt allmählich zu einem neuen Selbstwertgefühl der jetzt Älterwerdenden. Ohnmachtserlebnisse, wie sie heute vor allem noch bei den Betagten vorkommen, werden dadurch seltener.

Für den Wiener Soziologen Leopold Rosenmayr ist die veränderte Selbstwahrnehmung alter Menschen von entscheidender Bedeutung für eine Neubewertung des Altenbilds. Zum neuen Bild gehört, daß sich alte Menschen stärker als gesellschaftspolitische *Subjekte* erkennen. Sie fangen an, die Gesellschaft und den Platz, den sie in ihr einnehmen wollen, mitzugestalten; sie lassen sich nicht mehr einfach nur definieren, sondern fangen an, sich selbst um ihre Belange zu kümmern. Diese Feststellungen treffen heute zwar erst für eine Minderheit zu. Doch die meisten alten Menschen werden in Zukunft verstärkt für sich selbst einstehen und ihre Bedürfnisse kundtun können.[7] Gestärkt wird dieses neue Selbstbewußtsein nicht zuletzt durch Erfolge, die sich aus selbst gestarteten Initiativen und Erfolgen der Selbstorganisation ergeben. Alte Menschen gehen heute aus, reisen, nehmen an Stadtviertel- und Straßenfesten teil, erfüllen sich Träume der Selbstverwirklichung, die zuvor nicht ausgelebt werden konnten. Das neue Selbstverständnis vieler alter Menschen äußert sich auch darin, daß sie nicht mehr einfach Objekt einer Politik sein wollen, die über sie verfügt und an der sie keinen Anteil haben. «Warum», fragt die Stadträtin und Leiterin des Sozialamtes der Stadt Zürich Emilie Lieberherr, selbst eine «junge Alte», «soll nicht gelten, daß die alten Menschen als Gleichberechtigte bei allen Entscheidungen, die ihre ureigene Situation betreffen, selbst mitbestimmen und nicht als unmündig, unsachverständig, unfähig betrachtet werden. Wieso sollten sie nicht selbst besser wissen, wie und wo sie wohnen, wann und ob sie ins Altersheim eintreten wollen und welche Aktivitäten sie am liebsten ausüben?» Die Zahl alter Menschen, die sich von anderen nicht mehr sagen lassen wollen, was sie sollen und dürfen, wächst.

Zunehmend melden sich aktive, selbstbewußte alte Menschen öffentlich zu Wort; sie tragen zu dem noch neuen Bewußtsein in der Gesellschaft bei, daß die alten Werte und Normen in bezug auf das Alter anachronistisch geworden sind und für die Zukunft nicht mehr taugen. Wenn die Gesellschaftspolitik dem Rechnung tragen soll, kann sie nicht mehr bloß eine Politik *für* alte Menschen sein, sie muß vielmehr von diesen selbst mitgetragen und mitbestimmt werden. Eine Politik, die in erster Linie vom Gedanken der Betreuung ausgeht, ist jetzt schon obsolet. Der Aspekt der Betreuung steht nur für bestimmte Risikogruppen, wie chronisch Kranke oder zur Selbsthilfe unfähige Personen, im Vordergrund. Ebenso sind sozialpolitische Programme, die von einer homogenen Zielgruppe (den «Alten») ausgehen, nicht mehr zu vertreten. Um von globalen Interventionen loszukommen, müssen die – zunehmend unterschiedlicher werdenden – Erfahrungen und Fähigkeiten älterer Menschen erschlossen und genutzt werden. Das braucht und soll nicht vormundschaftlich geschehen. Angesagt ist vielmehr der Dialog mit initiativen privaten (Selbsthilfe-)Organisationen wie dem Senioren-Schutzbund der Grauen Panther, die die Forderung nach aktiver Teilnahme auf ihr Banner geschrieben haben. Unter den Alten wächst das Bedürfnis, sich selbst mehr um die eigenen Belange zu kümmern. In einer EG-weiten Umfrage in Jahre 1992 sprachen sich 22 Prozent der über 55jährigen für die Gründung einer Seniorenpartei aus. Gemäß dieser Umfrage findet auch die Mehrheit der jüngeren EG-Bürger, daß sich die alte Generation aktiver für ihre Rechte einsetzen sollte.[8]

Die öffentlichen Institutionen sollten nach Ansicht des Soziologen Ueli Mäder Formen der Selbsthilfe unterstützen und ermutigen. Autonome und kompetente Menschen sind in der Lage und haben ein Recht darauf, selbst zu entscheiden, was sie tun wollen und wie man mit ihnen umgehen soll. Bei den neuen Generationen der Alten finden sich immer mehr Menschen, die gelernt haben, Dinge zu organisieren und autonom zu handeln. Der Staat kann dem Rechnung tragen, indem er seine Rolle als Verwalter und Verordner aufgibt zugunsten derjenigen als Vermittler und Koordinator: Er stellt die nötige Infrastruktur zur Verfügung und gewährt Subventionen an einschlägige nichtstaatliche Organisationen, die die Teilnahme und Mitarbeit der Alten zum Prinzip erheben. Staatliche, private und nachbarschaftliche Hilfe können so zu einem umfassenden Netz zusammengeknüpft werden, das Raum für dezentrale Initiativen und individuelle Lösungen läßt.

Der aktive Einbezug alter Menschen in soziale Netzwerke – z. B. in Form von Zukunftswerkstätten – bildet dabei nicht nur eine Möglichkeit, ihr der Allgemeinheit dienliches Potential zu nutzen, alten Menschen hilft das Mitwirken in einem solchen Netz selbst am meisten. Aktives Mittun ist möglicherweise das beste Präventionsmittel gegen Leistungsverlust und Depressionen, die bei Menschen auftreten, die das Gefühl haben, nicht gebraucht zu werden.

Die sozialpolitische Bewegung der Grauen Panther

Bereits 1970 gründete Maggie Kuhn in den USA die Organisation der Grauen Panther. Seither ist diese sozialpolitische Seniorenorganisation in verschiedenen Ländern zum Inbegriff eines selbstbestimmten Aufbruchs im Alter geworden. Der Seniorenschutzbund der Grauen Panther hat in Deutschland inzwischen weit über 20000 Mitglieder. Wenn man bedenkt, daß die heutigen alten Generationen noch wenig Erfahrung mit der Artikulation eigener Interessen haben und nur wenige alte Menschen in die Offensive gehen, ist diese Zahl doch beachtlich. Je mehr alte Menschen ihre Bedürfnisse, Wünsche und Anliegen offen und gemeinsam zum Ausdruck bringen, desto mehr wird auf diese Bedürfnisse auch eingegangen. «Um uns selber müssen wir uns selber kümmern», zitiert Felix Mattmüller, der Präsident der Basler Grauen Panther, Brecht und fügt hinzu: «Als alte Jammerlappen schaffen wir das nicht.» Wer sich den Grauen Panthern anschließt, ist sich seiner eigenen Kraft bewußt. Das Credo der Organisation lautet: Das Leben im Alter hat einen Sinn, wenn man sich mit anderen zusammen für bessere Lebensbedingungen einsetzt. Das aber können viele erst im Alter, weil sie nun keine Angst mehr haben müssen, ihre Arbeit zu verlieren oder Repressalien ausgesetzt zu sein.

In Deutschland gibt es rund 200 Ortsgruppen der Grauen Panther. Bei der Ortsgruppe Wuppertal geht es in etwa so zu: «Mehrere hundert Graue Panther treffen sich jeden Mittwoch in der Universität zur Vollversammlung. Die verschiedenen Untergruppen, vom Chor über die Wander- und Selbsterfahrungs- bis zur Rentenreformgruppe, berichten über ihre Erfahrungen. Dabei fließen Informationen zusammen, die zeigen, wo die Alten im Alltag ‹der Schuh drückt›. Die Aktionen des Schutzbundes basieren häufig auf solchen Inputs. Und wehe, wenn's irgendwo brennt, dann sind die ‹Alten› (sie bezeichnen sich mit einem gewissen Stolz selbst so) rasch zur Stelle, besetzen ein Haus, begleiten eine entmündigte Genossin zur Amtsstelle oder befreien ein Mitglied aus den Händen der Heimbürokratie, um es vorübergehend in einer Wohngemeinschaft oder im selbst verwalteten Altenheim unterzubringen. Zur Infrastruktur gehört ferner ein eigenes Kur- und Begegnungszentrum.»[9]

In neueren Studien ist immer wieder die Rede davon, daß sich langsam der Typ einer neuen lebensfrohen Altengeneration durchsetze. Lebensfroh können Menschen im Alter aber nur sein, wenn ihre Lebensbedingungen auch dementsprechend sind. Gerade Organisationen wie die Grauen Panther oder die noch wenig in Erscheinung getretene Partei «Die Grauen» sind Ausdruck eines wachsenden Bewußtseins, daß an der Lebenssituation alter Menschen noch viel verbessert werden muß. Zu den Grauen Panthern stoßen auch Männer und Frauen, die sich in jüngeren Jahren kaum um Politik gekümmert haben. Viele von ihnen leben an der Armutsgrenze. Sie sind wütend und verunsichert: Sie hatten die längste Lebensarbeitszeit, haben die Wohlstandsgesellschaft mit aufgebaut, und nun müssen sie auch noch Angst haben, daß mittelfristig ihre Renten bedroht sein könnten. Von Armut sind vor allem Frauen betroffen. Von den 1000 Grauen Panthern, die es in Basel gibt, sind nicht zufällig 700 weiblichen Geschlechts. Wer mit Aktivisten und Aktivistinnen der Grauen Panther redet, merkt schnell, daß es sich um Menschen handelt, die in ihrem Denken jung geblieben sind. Tatsächlich knüpfen sie in ihrem Selbstverständnis an die Studentenbewegung von 1968 an; sie bezeichnen sich denn auch gern als die «neuen 68er». Die Grauen Panther machen dem Wort vom «Unruhestand» alle Ehre. «Grau», sagt Alice Liber, Präsidentin der Züricher Gruppe, «hat nichts mit der Haarfarbe zu tun. Grau ist eine undefinierbare Farbe mit allen Schattierungen.» Und Felix Mattmüller ergänzt optimistisch: «Wir gehen davon aus, daß wir mit 60 noch 30 Jahre vor uns haben und somit eine Zukunft.» Mattmüller betont, daß es ihm und seinen Mitstreitern nicht darum geht, «jung zu bleiben». Das wäre eine defensive Haltung. Viel lieber hält man sich an Picasso, der einmal sagte: «Man braucht sehr lange, um jung zu werden.»[10]

Die «bewegten Alten» wollen nicht für dumm verkauft werden. Deshalb halten sie es für nötig, «über ihre Situation in der Gesellschaft nachzudenken, umzudenken und querzudenken, damit etwas in Bewegung kommt».[11] Ungeniert mischen sie sich in die Politik ein, wenn es ihnen nötig scheint. Mit kritischem Auge verfolgen sie den oft undurchsichtigen politischen Prozeß und setzen sich überall dort für Verbesserungen ein, wo ältere Menschen betroffen sind. So haben die Grauen Panther in Deutschland sich für die Witwerrente und für die Erhöhung der Minimalrente eingesetzt. Und die Basler Gruppe macht sich für einen existenzsichernden Basislohn stark, der auch die staatliche Altersrente überflüssig machen würde. Andere Gruppen wehren sich gegen die Erhöhung von Tarifen der öffentlichen Verkehrsmittel und gegen Bevormundung in Heimen. Dabei schlagen sie schon mal kämpferische Töne an (Titel eines Flugblatts: «Die grauen Panther wetzen ihre Krallen») und greifen, um sich mehr Gehör zu verschaffen, auch zum Mittel der Demonstration. Politisch stehen sie weder links noch rechts. Dort, wo es möglich ist, reden sie auch bei der Gesetz- und Rechtsprechung mit. Dank Vereinbarungen mit anderen Vereinigungen wie dem Mieterverband, Invalidenorganisationen oder dem Schrebergartenverein können die Grauen Panther ihr Lobbying von Fall zu Fall verstärken.

Von ihrem Selbstverständnis her verstehen sich die Grauen Panther nicht als Selbsthilfegruppe, sondern als bildungs- und sozialpolitische Bewegung, die Behinderungen und Mißstände in der zweiten Lebenshälfte aufspürt. Ihr Ansatz ist umfassend, sie beschränken sich nicht auf ein Thema. «Die Grauen Panther», heißt es in einer Selbstdarstellung der Ortsgruppe Basel, «wecken ein neues Verständnis für das ‹Altsein› und verändern das negative Altersbild zum positiven Menschenbild des dritten Lebensalters. Sie bringen sich aktiv in die Gesellschaft ein, indem sie zeigen, wie man das Alter sinnvoll gestalten und weiterhin Nützliches vollbringen kann, ohne von dritter Seite ‹verplant› zu werden. Sie gehen die Probleme der Zeit an und bemühen sich, miteinander anstatt nebeneinander her zu leben.» Obwohl bei den Grauen Panthern gesellschaftspolitisches Handeln im Vordergrund steht, spielt auch die gegenseitige

Hilfe der Mitglieder eine große Rolle. Sie erwächst aus der Pflege persönlicher Beziehungen; denn das Moment der Geselligkeit kommt trotz politischer Arbeit nicht zu kurz. Durch den Meinungsaustausch in einer offenen Struktur lernen die Mitglieder miteinander umzugehen, zu diskutieren und zu streiten. So entwickelt sich eine Gesprächskultur, die für einige alte Menschen neu und ungewohnt ist. Die Freundschaften, die aus dem gemeinsamen Engagement heraus geschlossen werden, lassen ein Netz entstehen, das auch dann hält, wenn ein Panther oder eine Pantherin krank wird oder sonst auf Hilfe angewiesen ist. Ihre Lebendigkeit beweisen die Grauen Panther durch Experimentierfreudigkeit. Die Suche nach neuen Wohn- und Lebensformen für Betagte und Pflegebedürftige steht ebenso auf ihrem Programm wie die Absicht, Neues zu lernen und den Dialog auch mit den Jungen zu suchen.

Leben mit dem Tod

Brennen soll das Alter, wenn der Tag sich neigt.
Dylan Thomas

Der hygienische Tod

«Der erste Supermarkt des Todes eröffnete am heutigen Mittwoch in Belgien seine Pforten. Darin will ein französischer Geschäftsmann in Lüttich in einem über 700 Quadratmeter großen Ladenlokal das präsentieren, was für eine übliche Beerdigung gewünscht wird. Ob Blumenbouquets, Kränze, Vasen, Särge oder Grabsteine – alles wird nach Aussagen des Geschäftsmannes zu angeblich unschlagbaren Preisen angeboten. Er soll in Frankreich mit dieser kuriosen Geschäftsidee bereits erfolgreich sein.» Diese Meldung der dpa war Ende 1992 in vielen Zeitungen zu lesen. Was vor wenigen Jahren wahrscheinlich als pietätlos gegolten und einen Skandal ausgelöst hätte, findet man heute als kleine Zeitungsmeldung unter der Rubrik «Vermischtes» oder «Alltag» und läßt einen nur schmunzeln. Der Schluß liegt nahe, daß die Kommerzialisierung des Todes und der Trauer auf der Basis von Tiefstpreisgarantien ein Zeichen dafür sein könnte, daß wir mit Sterben und Tod allmählich freier umgehen können, daß eine Enttabuisierung des Ablebens im Gange ist.

Doch dieser Schluß ist falsch. Wenn wir eine Enttabuisierung erleben würden, müßten wir befreiter über das Sterben sprechen können. Genau das Gegenteil scheint der Fall zu sein. Je zentraler jugendliche Werte in unserer Zivilisation werden, um so stärker werden Sterben und Tod vom Leben getrennt. Wo Leben gleich Jugend ist, dort hat der Tod keinen Platz und wird verdrängt. Dies ist allerdings nichts Neues. Eine Verdrängung des Todes hat es schon immer gegeben. Doch im Verlauf der Geschichte war diese

Abwehr des Endgültigen einem steten Wandel unterworfen. «In früheren Zeiten», schreibt der Soziologe Norbert Elias, «herrschten kollektive Wunschphantasien als Mittel der Bewältigung des menschlichen Wissens vom Tode vor.»[1] Das Leben fand mit dem Tod kein Ende, sondern wurde entsprechend dieser Phantasien in anderer Form in einem irgendwie gearteten Jenseits weitergeführt. «Heute», so Elias weiter, «treten im Zuge eines besonders umfassenden Invidualisierungsschubes aus der Hülle der kollektiven Unsterblichkeitsphantasien häufiger ganz persönliche und vergleichsweise private Unsterblichkeitsphantasien der einzelnen Menschen in den Vordergrund.» Seit dem Beginn der Moderne leben Schriftsteller, Politiker und andere «Unsterbliche» nicht im Himmel, sondern in ihrem Werk weiter, und manch einer wünscht seine Asche an einem geliebten Ort ausgestreut, auf daß er in den Tieren und Pflanzen dieses Orts weiterlebe.

Hinzu kommt, daß der Anblick von Sterbenden heute nichts Alltägliches mehr ist. Das Leben dauert länger, die Familien werden kleiner. Noch vor 150 Jahren hatte ein 20jähriger, statistisch betrachtet, den Tod mehrerer Geschwister und eines Elternteils erlebt. Wenn Großvater oder Großmutter heute sterben, dann findet dieses Ereignis nicht selten weit entfernt statt. Wir haben keine Worte mehr, um mit Sterbenden zu sprechen; am Totenbett überkommt uns peinliches Schweigen. Auch der Sarg wird – anders als früher – nicht mehr tagelang offen aufgebahrt, sondern verschlossen und gekühlt gelagert. Norbert Elias hat dies so kommentiert: «Niemals zuvor in der Geschichte der Menschheit wurden Sterbende so hygienisch aus der Sicht der Lebenden hinter die Kulissen des gesellschaftlichen Lebens fortgeschafft; niemals zuvor wurden menschliche Leichen so geruchlos und mit solcher technischen Perfektion aus dem Sterbezimmer ins Grab expediert.» Der Tod ist kein öffentliches Ereignis mehr. Deshalb kann man «im normalen Gang seines Lebens den Tod leichter vergessen». Daraus resultiere, so Elias, unsere Unfähigkeit, «Sterbenden jene Hilfe zu geben und Zuneigung zu zeigen, die sie beim Abschied vom Menschen am meisten brauchen – eben weil der Tod des Anderen als Mahnzeichen des eigenen Todes erscheint». Der Tod ist einsamer geworden.

Überforderte Krankenhäuser

Die Entwicklung unserer Einstellung zu Tod, Medizin und Gesellschaft hat zur Folge, daß heute etwa 70 Prozent aller Menschen in Kliniken, Pflegeheimen und ähnlichen Einrichtungen sterben. Über die Hälfte aller Menschen starb 1986 in der Bundesrepublik in Krankenhäusern. Im Vergleich zu früher hat sich das Sterben dank der Möglichkeiten der Medizin auch zeitlich verlängert. Das bedeutet aber, daß die Auseinandersetzung mit dem eigenen Sterben oder mit dem Sterben nahestehender Menschen viel intensiver geführt werden könnte. Tatsächlich wünschen neun von zehn Patienten, die dem Tod nahe sind, zu Hause zu sterben, aber nur jedem zehnten wird dieser Wunsch erfüllt.

Weder Ärzte noch Pflegepersonal lernen in der Regel die Sterbebegleitung. Ihre Ausbildung befaßt sich fast ausschließlich mit dem Heilen. Oder wie es ein Arzt ausdrückt: «Ich bin für die Heilbaren wichtiger und mehr da als für die Unheilbaren. Ich lege vielleicht Lippenbekenntnisse ab für die Unheilbaren, daß sie meine Hilfe besonders brauchen. Aber im Grunde fühle ich mich den Heilbaren mehr verpflichtet.»

Die Folge dieses Mangels an Ausbildung und Auseinandersetzung ist Hilflosigkeit: Obwohl im Krankenhaus nicht nur geheilt, sondern auch gestorben wird, werden auch dort Sterben und Tod verdrängt. Stirbt ein Patient, so wird das oft als «Mißerfolg» des beruflichen Könnens interpretiert. Obwohl Ärzte und Personal wissen, daß Sterbende mehr Zuwendung brauchen, meiden sie oft deren Zimmer. Ganz anders verhält es sich bei jungen Sterbenden oder bei Kindern. Weil Ärzte und Personal sich mit ihnen identifizieren können, sind sie bei deren Betreuung viel stärker engagiert. Sie begleiten diese Sterbenden oft voller Zuwendung und Mitgefühl in den Tod. Das mag mit dem sozialen Verlust, den sie erleiden, zusammenhängen. Jüngere Sterbende verlieren ein soziales Entwicklungspotential, sie haben ihr Leben noch nicht erfüllt. Umgekehrt erleiden alte Menschen oft auch im Krankenhaus den sozialen Tod, bevor der biologische eingetreten ist.

Die psychischen und sozialen Bedürfnisse Sterbender sind vielseitig: Sterbende wollen sicher sein, daß die Informationen, die sie über ihren Gesundheitszustand erhalten, auch richtig sind. Sie brauchen das Gefühl, nicht alleine zu sein und nicht verlassen zu werden, haben ein Bedürfnis nach sinnvoller Bewertung des eigenen Lebens, haben einen Anspruch auf Erhaltung und Entwicklung ihres Selbstwertgefühls und der eigenen Persönlichkeit. Sterbende brauchen den Respekt und die Zuwendung der anderen Menschen und dürfen nicht abgeschrieben werden, weil «für die» bald alles vorbei ist.

Fürs Sterben ist ein Krankenhaus der denkbar schlechteste Ort. «Kein Krankenhaus möchte mit einem Sterbehaus verglichen werden», betont der Bingener Arzt Paul Becker. Im Selbstverständnis der Ärzte und der Medizin sind Krankenhäuser Heilstätten, es ist daher nicht ihre Funktion, «rettungslose» Fälle zu betreuen. Selbst bei entsprechender Ausbildung des Personals ist deshalb Sterbebegleitung in Krankenhäusern kaum möglich. «Die Angehörigen», so Becker, «werden oft aus Intensivstationen verdrängt, d. h. ihre Anwesenheit ist auf wenige Minuten begrenzt. Die Pflegenden andererseits sind in der Regel nicht auf die Begleitung Sterbender und Trauernder vorbereitet und werden in dieser Aufgabe so gut wie nicht unterstützt.»

Die Hospiz-Bewegung kämpft mit Anlaufschwierigkeiten

Es wäre nicht sehr sinnvoll, Krankenhäuser, die zumeist hochspezialisierte Medizin betreiben, dazu zu verpflichten, eine umfassende Sterbebegleitung zu ermöglichen. Die Hospiz-Bewegung, die vor rund einem Vierteljahrhundert in Großbritannien ihren Anfang nahm, hat sich zum Ziel gesetzt, Sterbenden und ihren Angehörigen das zu geben, was sie in dieser Situation am meisten brauchen: Ruhe, Unterstützung und Zeit. Der Name «hospice» wurde erstmals Ende des 19. Jahrhunderts von der Dubliner Schwester Mary Aikenhead für die Betreuung unheilbar kranker Patienten verwendet.

1967 gründete die Internistin Cicerly Saunders nach 20jährigen, hartnäckigen Bemühungen das erste Hospiz für Patienten im letzten Stadium ihrer Krankheit. Das St. Christopher's Hospice im Südosten von London verfügt über 54 Betten und ermöglicht Menschen ein Sterben ohne Vereinsamung, Isolation und Verlust von Kommunikation. Cicerly Saunders bezeichnet es als «ein(en) Ort der Begegnung. Sterbende brauchen die Gemeinschaft, und die Gemeinschaft braucht die Sterbenden als Anstoß.» Seither wurden 130 ähnliche Institutionen in England und Schottland ins Leben gerufen; unter Anwendung modernster Methoden der Symptom- und Schmerzbekämpfung bieten sie eine Behandlung, die auf die spezifischen Bedürfnisse der Patienten ausgerichtet ist.

Im Hospiz versucht man, Schmerzen und Todesangst sowie die durch die Krankheit verursachte Einsamkeit zu lindern, Trost zu spenden und die Würde der Menschen zu respektieren. Ziel ist es, daß die Patienten lernen, mit dem nahenden Tod umzugehen und die verbleibende Zeit ihres Lebens sinnvoll zu gestalten. Überwiesen werden die Patienten meist von ihrem Hausarzt. Die Hospize verwenden viel Mühe darauf, engen Kontakt mit dem Hausarzt zu halten, der in der Regel das Vertrauen der Patienten genießt. Es besteht aber auch die Möglichkeit, Patienten nur für einige Tage der Pflege des Hospizes zu überlassen, um die Verwandten, die die eigentliche Pflegeleistung erbringen, zu entlasten und ihnen zu ermöglichen, für kurze Zeit abzuschalten, neue Kraft zu schöpfen und Spannungen abzubauen.

Die Mitglieder des nach den gleichen Prinzipien wie das St. Christopher's Hospice funktionierenden «Heart of Kent»-Hospizes versuchen, den Tod als normalen Prozeß und Teil des Lebens zu akzeptieren. Dieses Hospiz bietet jedem die Möglichkeit, sich auf seine eigene Art auf den Tod vorzubereiten. Der Patient soll stets die Kontrolle über die Situation bewahren und auf würdige Weise sterben können. Die Rot-Kreuz-Mitarbeiterin Annette Kimmich erklärt: «Der Tod wird im Heart of Kent-Hospiz nicht zurückgewiesen, sondern das Leben wird bejaht und gelebt bis zum letzten Moment, ob der Tod nun zu Hause, im Spital oder im Hospiz eintritt.» Das Hospiz beherbergt etwa 12 Patienten pro Tag. Das Pflegeteam wird durch eine Physiotherapeutin und einen Pfarrer ergänzt, etwa 240 freiwillige Helfer, die laufend weitergebildet werden, unterstützen dieses Team. «Es ist immer jemand zum Gespräch bereit», so Annette Kimmich, «Probleme werden mit Patienten und deren Angehörigen diskutiert, man sucht gemeinsam nach Lösungen. Die Stimmung ist sehr fröhlich.» Sterbende werden nicht allein gelassen, sondern bis zum Tod begleitet. Dabei werden die Angehörigen durch die Pflegenden unterstützt – eine Unterstützung, die über den Tod des Patienten hinausgeht.

Im Vordergrund der medizinischen Behandlung in den Hospizen steht die *palliative* oder *schmerzlindernde Medizin*. Diese versucht, unheilbar kranken Menschen in einer Situation zu helfen, in der eine kausale, d. h. auf die Ursachen zielende Therapie nicht mehr möglich ist. Dies ist gerade bei geriatrischen Patienten der Fall, die gleichzeitig an mehreren Krankheiten leiden, die sich über Jahrzehnte angebahnt haben und deshalb nicht mehr heilbar sind. Die palliative Medizin bekämpft deshalb vor allem die Symptome, insbesondere Atemnot, Schmerzen, Angst, Vereinsamung. Sie stützt sich dabei nicht nur auf die medizinische Kunst, sondern zieht bei der Betreuung auch das soziale Umfeld, die Familie und das Pflegeteam mit ein.

«Für die Schaffung von Hospizen wird auch in Deutschland die Zeit reif», ist der Arzt Paul Becker überzeugt. «Gebäude stehen hierfür zahlreich zur Verfügung. Mitarbeiter (auch Ärzte) zu finden, dürfte unschwer gelingen. Das Problem ist und bleibt vorerst die Sicherung der fortlaufenden Finanzierung, die nur gemischt möglich sein dürfte.»[2] Die Kassen sind zwar bereit, 160 bis 200 Mark pro Tag für die medizinisch-ärztlichen Kosten zu zahlen, für die hohen Pflegekosten müßten aber die Familien oder die Sozialämter aufkommen. Doch dafür fehlt vorerst die gesetzliche Grundlage. Noch immer sieht sich die Hospiz-Bewegung in Deutschland durch eine offizielle Stellungnahme der Bundesregierung behindert, in der es heißt: «Der Bau von speziellen Pflegeeinrichtungen für Sterbende wird mit Ausnahme weniger Gegenstimmen als inhuman angesehen.» – «Damit», so die Hospiz-Spezialistin Petra Muschaweck-Kürten, «war die Finanzierung von Bau- und Betriebskosten für Hospize von staatlicher Seite blockiert.»[3] Mehr Aussichten hat die Realisierung von hospizartigen Pflegestationen in größeren Krankenhäusern, wo Patienten Linderung erhalten können. Solche Einheiten bestehen bereits, beispielsweise in der chirurgischen Klinik Köln und in der Tumorklinik Bonn.

Für die Zukunft möchte aber Petra Muschaweck-Kürten das möglich machen, was sich über 90 Prozent der Sterbenden wünschen, nämlich, die letzten Tage ihres Lebens zu Hause zu verbringen. Sie ist überzeugt, daß der Tod zu Hause schon heute möglich wäre, wenn die Hospizidee in Form eines ambulanten Organisationskonzepts verwirklicht würde. Doch zunächst gilt es eine Reihe von Hürden zu überwinden: Gegen das Sterben zu Hause stemmen sich sowohl Kliniken als auch Pflege- und Altenheime, weil sie um die Auslastung ihrer Betten fürchten. Angesichts des Kostendrucks wehren sich zudem die Kostenträger gegen eine personalintensive Sterbebegleitung zu Hause. Doch das Problem liegt anderswo. Es geht um unsere Einstellung: «Wir haben uns daran gewöhnt, nahezu alle mitmenschlichen Dienste zu kommerzialisieren und abzusichern, indem wir uns der Verantwortung durch Versicherungsbeiträge entledigen. Die Hospizidee fordert nicht Geld von den Menschen für die Begleitung Sterbender, sondern Zeit und Gegenwart.»[3]

Euthanasie – das deutsche Tabu des sanften Todes

Der Gedanke an die letzten Lebenstage ist für viele Menschen von Schrecken bestimmt. Sie sehen sich einer hochtechnisierten Medizin ausgeliefert, die mit ihren Apparaten und Medikamenten den nicht mehr lebensfähigen Körper weiterhin am Leben und am Leiden hält. Im «Letzter Wille zu Lebzeiten» von Elisabeth Kübler-Ross heißt es etwa: «Ich fürchte den Tod nicht so sehr wie ein menschenunwürdiges Dahinvegetieren, wie Abhängigkeit und langes Leiden.» Den natürlichen Tod gibt es nicht mehr. Herr über den Tod ist oftmals der Arzt, der entscheidet, etwas zu tun oder etwas zu lassen. Um der Schreckensvision eines fremdbestimmten und von Schmerzen begleiteten Todes entgegenzuwirken, sind in den letzten Jahrzehnten zwei alternative Lösungsformen entwickelt worden: die soeben geschilderte Hospiz-Bewegung, die ein natürliches und für alle befriedigendes Sterben in Begleitung von Vertrauenspersonen ermöglicht, und die Euthanasie, der meist durch die Medizin bestimmte, «schöne Tod».

Doch der «schöne Tod» ist mit einem Dilemma verknüpft, das der Philosoph Hans Saner präzise formuliert: «In aller Welt stehen Ärzte handelnd an der Grenze, an der sie wählen müssen: entweder durch inhumane Perfektion ihrer Kunst Sterbenden ein scheinbar sinnloses, oft unerträgliches Leben aufzuzwingen, oder durch den Verzicht auf Perfektion sie dem Tod preiszugeben, oder gar durch eine andere Art der Perfektion sie zu töten.» [4] Lange galt die Perfektion der ärztlichen Kunst allein als legitim, die anderen Handlungsmöglichkeiten Sterbenden gegenüber hingegen wurden verworfen. «Durch die Technisierung der Medizin ist diese sichere Grenze verwischt worden», meint Saner. «Der Arzt kann durch Euthanasie und im Verzicht auf sie moralisch versagen.» Was auch immer ein Arzt entscheidet, ob er aktiv ins Sterben eines Menschen eingreift oder dies eben unterläßt, er handelt und muß den schmalen Grat zwischen leichtsinniger Lebensverkürzung und mißbräuchlicher Lebensverlängerung suchen, denn «wo der Arzt sich nicht moralisch zum Schuldigen macht, macht ihn dann die Gesellschaft rechtlich zum Verbrecher; wo er rechtlich unantastbar bleibt, versagt er moralisch vor der leidenden Kreatur» (Saner).

Dieses Dilemma hat in der Medizin und in der Öffentlichkeit eine Vielfalt von Reaktionen ausgelöst: Während die einen die Rückkehr zum alten ärztlichen Ethos und die Unterlassung der Euthanasie fordern, verlangen andere auch schon nach «Fachärzten für Tötung auf Verlangen» und schließen sich zu Patientenorganisationen zusammen, die per Verfügung einem «sinnlosen Dahinvegetieren» vorbeugen möchten.

Daß der Begriff der Euthanasie in einem schlechten Licht steht, hat seinen Grund in dem Mißbrauch der Nazis. In der Antike wurde dieser Begriff zwar selten, aber durchaus positiv verwendet.

Euthanasie bedeutete sanfter, leichter, leidloser Tod. Erst mit Francis Bacon, im 17. Jahrhundert, kam eine aktive Komponente hinzu. Für die Zukunft sehe er es als Aufgabe der Medizin, daß Ärzte, «entsprechend ihrer Pflicht und sogar der Menschlichkeit selbst, ihre Kunst und ihren Fleiß darauf verwenden sollten, daß die Sterbenden leichter und sanfter aus dem Leben gehen». Bacon schreibt hier nicht über lebensverkürzende Maßnahmen, sondern über die Linderung des Sterbens. Diese Forderung ist heute etwa dann erfüllt, wenn der Sterbende ausreichend mit schmerzstillenden Mitteln versorgt ist.

1920 stellte der deutsche Jurist Karl Binding in seiner Schrift «Die Freigabe der Vernichtung lebensunwerten Lebens» die Frage: «Gibt es Menschen, die so stark die Eigenschaft des Rechtsgutes eingebüßt haben, daß ihre Fortdauer für die Lebensträger wie für die Gesellschaft dauernd allen Wert verloren hat?» Zusammen mit dem Psychiater Alfred Hoche bejahte er diese Frage und schuf damit die rechtsdogmatische Basis für das Euthanasie-Programm der Nationalsozialisten. Was ursprünglich eine schöne Todesart bezeichnete, wurde durch die Nazis zur verbalen Verschönerung des staatlich organisierten Massenmordes verkehrt.

Doch im Zusammenhang mit der Sterbehilfe hat die Euthanasie einen anderen Charakter. Während sich die Sterbehilfe akut Sterbender annimmt, betraf die Massentötung im Dritten Reich ausdrücklich keine Sterbenden. «Sterbehilfe ist demnach für die einzelne Kreatur. Vernichtung von unlebenswertem Leben ist die völlig erbarmungslose und überhebliche Disqualifizierung einer mißliebigen Klasse. Der Unterschied ist so gewaltig, daß nur Wirrköpfe von einem fließenden Übergang sprechen können», kommentiert Hans Saner.

In der Sterbehilfe gilt es zudem verschiedene Begriffe auseinanderzuhalten: In der *aktiven Euthanasie* wird das Leben aktiv verkürzt, etwa durch ein tödliches Medikament. *Passive Euthanasie* bezeichnet demgegenüber den Verzicht auf eine künstliche Lebensverlängerung, also schlicht das Sterbenlassen. Nimmt der Sterbende selbst den Tod einleitende Maßnahmen vor, so handelt es sich um *Selbst-Euthanasie*. Ist dabei jemand behilflich, weil der Sterbende

z. B. keine Kraft mehr dazu hat, so ist dies *Beihilfe zur Selbst-Euthanasie*. In der Fremd-Euthanasie wird die Sterbehilfe ausschließlich durch einen Dritten vollzogen, entweder auf Verlangen oder ohne Verlangen des Sterbenden.

Mit Ausnahme der Selbst-Euthanasie sind alle Formen der Sterbehilfe gesetzlich verboten. Jean-Paul Sartre hat den Satz geprägt, daß die Möglichkeit der Selbsttötung die höchste Form der Freiheit des Menschen sei. In der Sterbehilfe-Debatte geht es aber letztlich um die Frage, wie weit ein Sterbender über sich selbst bestimmen kann. Obwohl Eingriffe, wie beispielsweise eine Operation, grundsätzlich nur mit dem Einverständnis des Patienten (informed consent) durchgeführt werden können, gilt dies nicht für Sterbende. Sie werden oft nicht danach gefragt, ob sie mit lebensverlängernden oder -verkürzenden Maßnahmen einverstanden sind. Dabei ist das Bedürfnis nach der Selbstbestimmung bis zum Schluß groß. Rainer Maria Rilke hat dazu die folgenden berühmten Verse geschrieben:

Oh Herr, gib jedem Menschen seinen eigenen Tod.
Das Sterben, das aus jedem Leben geht,
darin er Liebe hatte, Sinn und Not.

Oft erhalten Sterbende nicht einmal präzise Auskunft über ihren gesundheitlichen Zustand und die Prognose. Saner zufolge liegt in der Ausweitung der Selbst-Euthanasie des bewußten und informierten Patienten der Ansatzpunkt, «das rechtlich fast unlösbare Problem der Sterbehilfe vernünftig zu entschärfen. Ohne die Emanzipation des Patienten aber wird die Gesetzgebung restriktiv bleiben müssen, oft genug die Vernunft des Arztes und des Kranken».

Problematisch ist aber weniger die Selbst- als vielmehr die Fremd-Euthanasie. Organisationen wie die Deutsche Gesellschaft für Humanes Sterben (DGHS) und Exit in der Schweiz stehen ihren Mitgliedern vor allem mit Rat, aber manchmal auch mit Tat zur Seite. Exit etwa setzt sich ein für «das freie Verfügungsrecht des Menschen über sein Leben, das Selbstbestimmungsrecht des Kranken, das Recht des Menschen auf einen humanen Tod und die Freitodhilfe für sterbewillige Schwerstkranke und Schwerstinvalide». Diese Ziele verwirklicht Exit durch «die Durchsetzung des Rechtes jedes Mitgliedes auf passive Sterbehilfe, Patienten-Verfügungen, Freitodaufklärung und Freitodbegleitung sowie durch Sterbebegleitung». Wenn auch die meisten Ziele und Angebote völlig legal sind, geraten solche Organisationen durch die Freitodbegleitung in rechtliches Zwielicht. Prominentester Fall in letzter Zeit sind die Machenschaften des Präsidenten der DGHS, Hans Henning Atrott. Dieser hatte unter den über 50000 Mitgliedern der Gesellschaft einen schwunghaften Handel mit dem tödlichen Zyankali betrieben und wurde deswegen Anfang 1993 inhaftiert. In mehreren Fällen sollen er und seine Mitstreiter nicht nur das Zyankali zu horrenden Preisen verkauft, sondern auch bei der Selbsttötung aktiv mitgeholfen haben. «Die DGHS trat stets unter dem Deckmantel der Nächstenliebe auf. Doch jetzt stellt sich heraus, daß hinter der Fassade der barmherzigen Samariter eine kriminelle Vereinigung am Werk war – ganz nach der Art der Drogenmafia», schreibt dazu der «Spiegel».

Hans Saner hält die Fremd-Euthanasie unter gewissen Umständen für vertretbar: «Euthanasie ohne sichtbaren lebensverkürzenden Effekt ist die nirgends bestrittene Pflicht der Ärzte. Euthanasie mit einem nicht gewollten, lebensverkürzenden Nebeneffekt muß erlaubt sein, weil der Arzt nicht in jedem Fall wissen kann, wie eine Maßnahme der Linderung allseitig auf den Organismus wirkt.»

Die Probleme werden erst größer, wenn bewußt das Leben des Sterbenden verkürzt wird. Ist sein Krankheitszustand aber erniedrigend und qualvoll, wie dies bei Krebskranken der Fall sein kann, so hält Saner die Verweigerung von Maßnahmen, die zwar den Schmerz lindern, aber das Leben verkürzen, für «inhuman, sadistisch und verbrecherisch». «Das sinn- und hoffnungslose Quälen durch eine kalte Perfektion der medizinischen Technologie hat mit dem Sinn der Medizin nichts mehr zu tun, sondern kommt in die Nähe des Experimentierens mit der ausgelieferten Kreatur. Es müßte gerichtlich belangbar sein.»

Es gibt aber auch Situationen, in denen Linderung nicht mehr möglich und die Grenze zur aktiven Euthanasie, also zur Beschleunigung des Sterbens, erreicht ist. Auch wenn hier ein Arzt aus Erbarmen mit seinem Patienten den Tod herbeiführt, so darf das Gesetz dies nicht akzeptieren. Hier stehen Gesetz und Moral in krassem Gegensatz. Wie steht es aber mit Patienten, die hoffnungslos unheilbar sind oder bei denen bereits der «Hirntod» eingetreten ist? Soll die Medizin sie bis an ihr Ende am Leben halten oder ihnen die «Gnade des schnellen Tods» gewähren? Die Ethik gibt auf solche Fragen, die erst durch die moderne Medizin möglich wurden, keine Antwort. Es gibt weder eine ethische Norm, die das Sterbenlassen gebietet, noch eine, die es verbieten würde. Solche Patienten dürfte man im Erbarmen sterben lassen. Es wäre aber verbrecherisch, wenn man ihnen das Recht auf Leben schlechterdings absprechen und also gebieten würde, sie zu töten.

Die Beihilfe zur Selbsttötung ist heute straffrei; hingegen verbietet Paragraph 216 des deutschen Strafgesetzbuchs jede Form der aktiven Euthanasie: «Ist jemand durch das ausdrückliche und ernsthafte Verlangen des Getöteten zur Tötung bestimmt worden, so ist auf Freiheitsstrafen von sechs Monaten bis zu fünf Jahren zu erkennen.» Doch wo verläuft diese Grenze zwischen passiver Euthanasie und Tötung auf Verlangen? Ist das Abschalten eines Lungengerätes nun aktive Euthanasie oder das Verhindern einer künstlich lebensverlängernden Maßnahme? Zu diesen Fragen herrscht in der Bundesrepublik eine verwirrende Rechtsunsicherheit, die teilweise darin begründet liegt, daß die Fragen schon gar nicht erst ausdiskutiert werden. Deutlich wird die Verwirrung an einem Urteil des Bundesgerichtshofes vom 25. November 1986. Ein Mann fand seinen Onkel, einige Tage nachdem dieser ihm die Selbsttötung angekündigt hatte, bewußtlos vor. Da der Onkel an einer schweren Krankheit litt und seinen Neffen kurz zuvor gefragt hatte, ob er ihm die tödliche Spritze verabreichen würde, spritzte der Neffe seinem Onkel zwei weitere Ampullen, um das Mißlingen der Selbsttötung zu verhindern. Damit trat der ohnehin sichere Tod etwa eine Stunde früher ein. Der Neffe wurde vom Schwurgericht zu dreieinhalb Jahren Gefängnis verurteilt. Der Bundesgerichtshof hingegen hob das Urteil wieder auf.

Das Problem der Euthanasie wird in Europa recht unterschiedlich angegangen. Während in Deutschland die Euthanasie-Debatte noch völlig im Schatten des Dritten Reichs steht und tabuisiert wird, pflegen die Niederlande einen ungezwungeneren Umgang mit der Sterbehilfe, zumal dort die Tötung von Schwerstkranken auf Verlangen nicht strafbar ist, wenn sie unter gewissen Bedingungen durchgeführt wird. Jährlich ersuchen rund 2300 hoffnungslos kranke Menschen um Erlaubnis für eine aktive Euthanasie. Die meisten verlangen eine Kombination von Spritzen mit Medikamenten, die binnen 30 Minuten ein irreversibles Koma einleiten (Barbiturate), und Medikamente, die nach einer Stunde zum Tod führen (Muskelrelaxantien). Die Bedingungen für die aktive Euthanasie wurden 1987 von der Königlichen Medizinischen Gesellschaft aufgestellt und – in modifizierter Form – Anfang 1993 vom Parlament legalisiert: Nur der Patient, und nicht etwa die Familie, kann den Wunsch nach Sterbehilfe äußern; er muß diese Bitte wiederholt und nachdrücklich vortragen und an einer unerträglichen und unheilbaren Krankheit leiden; der Arzt, der den Gesundheitszustand beurteilt, muß einen zweiten Arzt konsultieren, bevor der die Euthanasie einleitet oder bewilligt; er muß seinen Patienten über die Alternativen zur Euthanasie, etwa Sterbebegleitung oder schmerzlindernde Behandlungen, aufklären; der Arzt ist verpflichtet, die gezielte Tötung dem Gerichtsmediziner zu melden; dieser leitet dann den Bericht an den Staatsanwalt weiter; außerdem darf die Todesursache des Patienten als Euthanasie bezeichnet werden.

Doch der Bericht einer parlamentarischen Kommission von 1991 zeigt gewichtige Mängel im bisher praktizierten System auf: Danach sollen jährlich rund 5000 Menschen von ihrem Arzt eine tödliche Medikamentendosis verabreicht erhalten haben. Etwa 400 davon hatten mit ihrem Arzt weder über Euthanasie gesprochen noch darum gebeten. Nur etwa 5 Prozent derer, die um Euthanasie ersuchten, taten dies ausschließlich, weil sie an einer unerträglichen Krankheit litten. Jeder Dritte wünschte die Euthanasie, weil er nicht von anderen abhängig sein wollte. Hinzu kommt, daß ein Fünftel der Ärzte vor der Tat keinen Kollegen zu Rate zog.

Der Untersuchungsbericht zeigt aber auch auf, was in vielen Krankenhäusern rund um den Erdball Alltag ist: Ärzte entscheiden für die Patienten, ob ihr Leben lebenswert ist oder nicht. Ein holländischer Arzt hat die Situation kürzlich so beschrieben: «Überall beenden Ärzte aktiv das Leben ihrer Patienten. Der einzige Unterschied in den Niederlanden ist, daß wir darüber reden.»

Ausblick

> Moderne Gesellschaften zeichnen sich genau dadurch aus, daß fast alle Menschen alt und viele Menschen sehr alt werden. Je höher unsere Lebenserwartung wird, desto dringlicher fragen wir uns, ob wir unter den gegebenen gesellschaftlichen und wirtschaftlichen Bedingungen und aufgrund unserer Lebensweise ein sinnvolles und selbständiges Alter erreichen werden oder unser Verhalten und diese Bedingungen ändern müssen.
>
> *Paul Baltes / Jürgen Mittelstrass*

Prognosen als Wegweiser

Prognosen sind immer gewagt, denn sie sind eine Mischung aus Erfahrungswerten, gesundem Menschenverstand und Wunschdenken. Trotzdem sind sie wertvolle und notwendige Eckpfeiler der Zukunftsplanung. Die gesellschaftliche Entwicklung ist ein dynamischer Prozeß; die Ausgangsbedingungen sind stets historische Novitäten. In der einschlägigen gerontologischen Literatur wird die Beschreibung der feststellbaren demographischen und soziologischen Trends meist normativ mit Postulaten verknüpft, die auf die Emanzipation der Älteren und ihre Integration in die Gesellschaft zielen. Das ist insofern logisch, als der gesellschaftliche Prozeß mitsamt der wirtschaftlichen und teilweise auch demographischen Entwicklung kein Automatismus ist, sondern der politischen Steuerung unterliegt. Desgleichen kann zu Recht davon ausgegangen werden, daß ein so weitreichender demographisch-soziologischer Wandel wie der gegenwärtig ablaufende Umbau der Bevölkerungs-«Alterspyramide» zum «Pilz» auch von Veränderungen der Einstellungen und des Lebensstils und von Lernprozessen begleitet wird. Der gerontologische Ansatz der 80er und 90er Jahre läßt sich mit dem Wort «Aufbruchsstimmung» charakterisieren. Der infolge demographischer Trends eintretende Wandel wird nicht nur als positiv, sondern auch als steuerbar betrachtet.

Wer über die Zukunft des Alters reflektiert, muß von der bereits eingetretenen Entwicklung ausgehen. Der künftige soziologische und sozialpolitische Wandel gründet in dem mächtigen Wandel, der jetzt und heute stattfindet. Der Soziologe H. P. Tews hat das strukturell Neue an der heutigen Situation des Alters in fünf Punkten[1] zusammengefaßt:

1. Verjüngung des Alters. Tews illustriert das am Beispiel der Berufsaufgabe, die heute in Deutschland in den alten Bundesländern bei den Männern durchschnittlich bei 58 Jahren, bei den Frauen bei 56 Jahren liegt, und am Beispiel einer durchschnittlichen Mutter, die heute, wenn das zweite und letzte Kind 15 Jahre alt ist, noch etwa 45 Prozent ihrer Lebenszeit vor sich hat und in der Regel auch die Heirat der Enkel erlebt.
2. Entberuflichung des Alters. Vom Durchschnittsalter der Berufsaufgabe ausgehend, verbleiben bei einer durchschnittlichen Lebenserwartung 60jähriger für die Männer noch knapp 18 berufsfreie Jahre, für die Frauen noch 21 Jahre.
3. Feminisierung des Alters. Der größte Teil der Frauen ist mit zunehmendem Alter infolge der längeren Lebenserwartung des weiblichen Geschlechts verwitwet. Bei den Männern dagegen sind Witwer in der Minderzahl. Frauen prägen nicht nur das Bild der Altersheime, sie nehmen auch häufiger als Männer Angebote der Altenhilfe in Anspruch. Zudem sind sie bei organisierten Aktivitäten – z. B. bei Bildungsangeboten – überrepräsentiert.
4. Singularisierung des Alters. Die Vereinzelung der Älteren ist zumeist eine Folge der Verwitwung. Etwa ein Viertel der Heimbewohner hat keine Familienangehörigen mehr. Mit zunehmendem Lebensalter nimmt der Anteil der Alleinstehenden, hauptsächlich bei Frauen, zu.
5. Hochaltrigkeit. Der Anteil der hochaltrigen Bevölkerung nimmt überproportional zu.

Die globale Entwicklung

Wie die Gesellschaft in Zukunft mit ihren älteren und alten Mitgliedern umgehen wird, hängt von einer Vielzahl von Faktoren ab. Das «Altenproblem» ist Teil des Zukunftsproblems überhaupt. Es läßt sich nicht loslösen von der globalen Entwicklung, von der Zukunft für alle. Die Lebensqualität nicht nur alter Menschen wird in den nächsten Jahrzehnten schließlich von der Situation der Umwelt, dem Maß an Frieden, den Beziehungen zwischen Nord und Süd, der globalen Bevölkerungszunahme, dem Migrationsproblem und ähnlichem mehr abhängen. Ausschlaggebend ist auch die weitere technisch-industrielle Entwicklung und die Gestaltung der Arbeitsbeziehungen. Die Zunahme der Zahl alter Menschen ist ein Phänomen, das alle Länder der Erde betrifft. In den Entwicklungsländern stellt sich das Problem allerdings in wesentlichen Aspekten sehr viel anders als in den Industrienationen. Die Menschen der Zukunft werden auf ihre eigene Weise mit diesen Fragen umgehen, wobei der gesellschaftliche Status der Älteren, für die ja aller Voraussicht nach auch wiederum andere Werte und Normen Gültigkeit haben werden als für die heutigen alten Menschen, ein Teil der Antwort sein wird. Leopold Rosenmayr, einer der Pioniere der Alterssoziologie, ist diesbezüglich optimistisch. Er nimmt an, daß die «Altenposition» im 21. Jahrhundert sich «günstiger» ausnehmen wird als in all den Jahrhunderten zuvor. Den Grund dafür sieht er im gewachsenen Selbstbewußtsein der Älteren. Denkbar ist aber auch, daß es so etwas wie eine generelle «Altenposition» gar nicht mehr geben wird. Die Unterschiede zwischen den «Jung-Alten» und den Hochbetagten rücken immer deutlicher ins Bild. In diesem Zusammenhang stellt sich auch die Frage, ob es eine «Alterskultur», die einige Gerontologen als Zukunftsziel postulieren, überhaupt geben kann. «Die Alten» bilden trotz bestimmter gemeinsamer Merkmale (z. B. als Rentenbezieher) keine kulturelle Subgruppe im eigentlichen Sinn; und die individuellen Unterschiede des Alterns werden künftig wohl noch ausgeprägter sein. Den «homunculus senex» (Gronemeyer) – oder anders gesagt: den musterhaften «Alten» – gibt es nicht. Es wird ihn auch in Zukunft nicht geben.

Noch heterogener und gleichzeitig lebendiger

Die demographische Entwicklung führt zu einer zunehmenden Ausbildung von Gruppen älterer Menschen, die sich durch unterschiedliche Lebenslagen, Lebensstile und Bedürfnisse auszeichnen: Den jungen Alten stehen die älteren Alten und diesen wiederum die ganz Alten oder Hochbetagten gegenüber. Und innerhalb der Gruppe der jüngeren Alten zeigen sich vermehrt Unterschiede hinsichtlich des Ausmaßes der Integration in die Berufswelt oder in damit vergleichbare Tätigkeitsbereiche. Die Differenzierung ist nur teilweise biologisch oder kalendarisch bedingt: In der Gruppe der älteren und alten Menschen (55- bis 100jährige) finden sich Jahrgangsgruppen, die sich in ihren sozio-kulturellen Merkmalen aufgrund unterschiedlicher historischer Erfahrungen zum Teil bereits erheblich voneinander unterscheiden.

Inzwischen wirkt sich der die postmoderne Gesellschaft auszeichnende Trend zur Individualisierung auch bei den über 60jährigen immer stärker aus. Wir leben – was den Status und die «Gesichter» des Alters angeht – in einer Zeit des Übergangs: Neues besteht neben Altem, neuerworbene «späte Freiheiten» finden sich neben Alterselend. Auch der Zeitgeist beeinflußt das Selbstverständnis der Menschen: 80jährige Laienschauspieler gehören ebenso zum «Bild» wie 90jährige, die Krafttraining machen.

Das Alter verliert zunehmend seine «Verbindlichkeit»; das kalendarische Alter hat immer weniger zu bedeuten. Alte Menschen sind heute im allgemeinen körperlich besser in Form, geistig reger, aufgeschlossener, offener für neue Erfahrungen, vielfach auch selbstbewußter und unternehmungslustiger, als frühere Generationen von Älteren es waren.[2]

Gleichzeitig nehmen die individuellen Unterschiede zu und differenzieren sich die Bedürfnisse aus. Gerade deshalb muß man sich vor Verallgemeinerungen hüten: Der Begriff «Neue Alte» ist insofern fragwürdig, als er Anlaß zu einem neuen Klischee geben und dadurch nivellierend wirken könnte. Ebenso verhält es sich mit dem von Gerontologen oft beschworenen «kompetenten älteren Menschen». Eine allzu positiv gefärbte Sicht des Alters kann leicht sozialpolitisch negative Folgen zeitigen: Mit dem Hinweis auf ihr Aktivitätspotential lassen sich Unterlassungen in der Altenpolitik bei Bedarf kaschieren oder rechtfertigen. Auch in Zukunft wird das «Alter» für viele ein eher schwieriger Lebensabschnitt bleiben. Die Zurückgezogenen, die Kranken oder einfach die «Nicht-Aktiven» verdienen aber die Aufmerksamkeit der Gesellschaft nicht weniger als die «kompetenten» Älteren.

Folgt man der Argumentation der Heidelberger Gerontologin Ursula Lehr, wird der Trend zur Individualisierung anstelle von Alters*normen* eine Vielzahl von Alters*formen* hervorbringen. Die heute 40- und 50jährigen werden auch im höheren Alter an ihrem individualistischen Lebensstil festhalten. In der Steigerung der Freiheitsräume des Subjekts erkennt der Wiener Soziologe Leopold Rosenmayr «die entscheidende gesellschaftlich-kulturelle Veränderung», die das Alter in den nächsten Jahrzehnten bestimmen wird. Die älteren Generationen von morgen werden sich in noch höherem Maß von den heutigen unterscheiden, als diese sich von den ihnen vorangehenden abheben. Ihre Werthaltungen werden von den Erfahrungen der Hochkonjunktur, der 68er und der Umweltbewegung und der postmodernen Wertevielfalt geprägt sein.

Bei den jüngeren Generationen – das betrifft in erster Linie die «Babyboomers» – ist ein beträchtlicher Bildungsanstieg zu verzeichnen. Die gegenüber früher bessere Bildung (vor allem bei den Frauen) wird das zukünftige Erscheinungsbild «des Alters» zweifellos stark beeinflussen und viele Aspekte des letzten Lebensabschnitts gegenüber heute anders erscheinen lassen. Das Konzept des lebenslangen Lernens wird vor diesem Hintergrund vom Schlagwort zur Selbstverständlichkeit. Die künftigen Generationen alter Menschen werden den heutigen Trends entsprechend noch besser informiert und damit vielleicht auch politisch kompetenter, ganz allgemein aber selbständiger und auch selbstbewußter sein.

Vieles spricht dafür, daß die Lebensphase des «jungen Alters», der Zeit, die bei körperlicher und geistiger Rüstigkeit verlebt wird, noch länger wird. Dabei darf nicht vergessen werden, daß Kompetenz, Selbstvertrauen, Autonomie und Unabhängigkeit von fremder Hilfe in hohem Maße von der erreichten Lebensqualität abhängen. Lebensqualität aber besteht aus einer Mischung von subjektiven und objektiven Faktoren. Gerade von der Entwicklung letzterer wird vieles abhängen.

Laut einer 1992 im Auftrag der Kommission der Europäischen Gemeinschaft in den 12 EG-Staaten durchgeführten Meinungsumfrage ist knapp ein Viertel der älteren EG-Bürger mit seinem Leben «sehr zufrieden» und etwas mehr als die Hälfte «ziemlich zufrieden». Allerdings variiert der Grad von Zufriedenheit in den einzelnen Ländern beträchtlich. So zeigen sich in den Niederlanden 43 und in Dänemark 68 Prozent der Älteren mit ihrem Leben sehr zufrieden, in Portugal hingegen gibt es nur 3 Prozent «glückliche Alte». Diese Ergebnisse werfen ein grelles Licht auf den Erfolg bzw. Mißerfolg der von den Regierungen betriebenen Altenpolitik. In Dänemark und Holland wird besonders viel für ältere Menschen getan: Die sozialen Netze sind in diesen beiden Staaten auf vorbildliche Weise ausgebaut, und die generationenübergreifende Nachbarschaftshilfe hat mit staatlicher Unterstützung einen hohen Stand erreicht.

Die Neubewertung des Alters durch die Alten selbst wird wahrscheinlich auch das Verhältnis der Generationen günstig beeinflussen. Dadurch wächst die Chance, daß die vielbeschworene Gleichheit der Lebensalter, die «age irrelevant society», wie es die amerikanische Gerontologie nennt, Realität wird. Die größere Akzeptanz des «Alters» und seiner Relativität wird es ermöglichen, daß dieser Lebensphase mit weniger Angst begegnet wird. Die stärkere Integration der verschiedenen Lebensalter müßte eigentlich zu mehr Respekt und Verständnis, nicht nur für die «Alten», sondern allgemein für Menschen unterschiedlichen Alters führen und das Bewußtsein dafür stärken, daß den spezifischen Bedürfnissen jeder Generation Rechnung getragen werden muß. Je höher dieses Bewußtsein ist, desto besser gelingt auch die Integration der verschiedenen Altersgruppen in einer Solidargemeinschaft, die von gegenseitigem Respekt und von Verantwortung getragen ist. Die Solidarität erhält dadurch einen neuen Stellenwert: Es wird weniger darum gehen, daß einzelne Altersgruppen als ganze für andere einstehen. Statt dessen wird Solidarität gefragt sein zwischen denen, die etwas anzubieten haben – sei es Geld oder immaterielle Werte wie Zeit oder Zuwendung –, und den Menschen, die ihre Bedürfnisse nicht selbst decken können: Kinder, Jugendliche in Ausbildung, alleinerziehende Mütter und Väter, junge Familien, pflegebedürftige Alte.

Hat die Familie eine Zukunft?

Bis in die Gegenwart hinein war die Ehe und damit verknüpft die Gründung einer Familie fast selbstverständlicher Bestandteil eines durchschnittlichen Lebenslaufs. Nur etwa 5 Prozent der deutschen Bevölkerung früherer Generationen blieben unverheiratet. Der Zweite Weltkrieg veränderte dieses Bild, allerdings nur vorübergehend. Da mehr junge Männer als junge Frauen dem Krieg zum Opfer fielen, sind von den damaligen jungen Frauen etwa 10 Prozent zeit ihres Lebens unverheiratet geblieben.

Doch nun zeichnet sich eine echte Trendwende ab.[3] Schätzungen zufolge wird von der mitten in die Zeit des Wirtschaftswunders hineingeborenen Generation ein weit größerer Anteil unverheiratet und/oder kinderlos bleiben. Für den Geburtsjahrgang 1955 rechnet man mit einem Anteil von etwa 15 Prozent bei den Frauen, von den Männern dieses Jahrgangs wird sogar jeder vierte niemals heiraten. Gleichzeitig wird heute ein hoher Anteil der eingegangenen Ehen wieder geschieden. Zweitehen haben zudem an Attraktivität eingebüßt. Die Ehe als Versorgungseinrichtung für die Frau hat ausgedient, das Aufziehen von Kindern zur Altersvorsorge erübrigt sich schon seit der Einführung der Altersrenten. Da auch die Bindung an eine Religionsgemeinschaft eine immer geringere Rolle spielt, hat die Kirche ihre «Leitplankenfunktion» und somit ihren Einfluß auf die Lebensgestaltung weitgehend verloren. Die Verstädterung begünstigt anonyme Lebensformen und neue Formen der Lebensorganisation.

Die vielfältigen neuen Möglichkeiten einer individuellen Lebensgestaltung bringen es mit sich, daß der Trend zur Familiengründung stark nachläßt. Während die Angehörigen der geburtenstarken Jahrgänge selbst noch häufig Geschwister haben, wachsen ihre Kinder geschwisterlos auf. Nicht selten ist das Einzelkind der «Babyboom»-Eltern einziger Nachkomme zweier Familien. In manchen Fällen wird es gar die Zuwendung und Unterstützung von zwei Großelternpaaren auf sich vereinen. Umgekehrt können Eltern und Großeltern kaum mehr mit Hilfe und Unterstützung durch diesen einzigen Nachkommen rechnen, denn die Last wäre für einen allein zu groß.

Viele dieser Einzelkinder werden ihrerseits keine Familie mehr gründen. Das bedeutet, daß immer mehr der künftigen älteren Menschen keine Enkel mehr haben und das Aussterben ihres Familienzweigs erleben werden. Der Verzicht auf Kinder überhaupt oder die Beschränkung auf nur ein Kind hat eine geringere Zahl verwandtschaftlicher Beziehungen zur Folge. Familiäre Seitenlinien, bestehend aus Onkeln und Tanten, Cousinen und Cousins, Nichten und Neffen, werden seltener werden.

Die Familie als soziales Netz für gegenseitige Hilfeleistung oder auch für die Freizeitgestaltung wird stetig kleiner. Für den einzelnen wird es daher immer unerläßlicher, sich ein eigenständiges Netz von Beziehungen zu schaffen, das Funktionen der Familie übernehmen kann. Auch die Marktwirtschaft stellt sich auf die entstehenden Lücken ein: Immer mehr Dienstleistungen werden als Ersatz für Hilfeleistungen in der Familie angeboten: vom Ausführ-Service für den Hund bis zur Fußpflegerin, die Hausbesuche macht.

Zur Zeit wird immer noch der größte Teil der pflegebedürftigen chronisch Kranken innerhalb der Familie betreut. Es ist abzusehen, daß die sich verändernden Familienstrukturen die Übernahme solcher Aufgaben in Zukunft kaum mehr zulassen werden. Krankenhäuser und Heime werden mit öffentlichen und noch zu erschließenden privaten Mitteln Aufgaben übernehmen müssen, die bisher von – meist weiblichen – Familienangehörigen unentgeltlich verrichtet wurden. Das bedingt eine gewaltige Angebotssteigerung entsprechender Einrichtungen.

Die Abnahme der traditionellen Bindungen geht einher mit einem nie gekannten Ausmaß an individueller Freiheit. Die verschiedensten Lebenskonzepte existieren nebeneinander. Neben der klassischen Kleinfamilie etablieren sich Wohngemeinschaften unterschiedlichster Zusammensetzung. Es gibt immer mehr Alleinerziehende und immer mehr Paare, die ohne Trauschein zusammenleben. Auch in beruflicher Hinsicht werden die Lebensläufe uneinheitlicher. Immer mehr Wiedereinsteigerinnen, Teilzeitbeschäftigte, Menschen, die früher in Rente gehen oder solche, die eine Zweitausbildung anstreben, leben nebeneinander.

Für die individuell stark voneinander abweichenden Lebenskonzepte und -läufe hat sich inzwischen der Begriff Singularisierung eingebürgert. Damit ist nicht nur das Alleinleben von Menschen gemeint, sondern ganz allgemein die zunehmende Einzigartigkeit der jeweiligen Lebensgestaltung. Für den Management-Berater David Bosshart gehört die Zukunft folgerichtig dem «gepflegten Werteopportunismus», dem schnellen Sich-Anpassen-Können an neue Situationen.

Wie sich die weiter zunehmende Singularisierung auf die Älteren von morgen auswirken wird, ist nicht eindeutig vorauszusagen. Das Problem der Isolation wird sich für Menschen, die von früh an ein eigenständiges Leben gewohnt sind, vielleicht nicht mehr in der gleichen Form wie heute stellen. Die Vereinzelung könnte durchaus in neue Formen der Geselligkeit, des Zusammenlebens oder -wirkens münden. Vor dem Hintergrund dieser Vereinzelung werden Beziehungen zu Freunden, Nachbarn und Bekannten ein stärkeres Gewicht erhalten. Ebenso wird die Selbstorganisation in Gruppierungen wie den Grauen Panthern oder Nachbarschaftsvereinen an Bedeutung gewinnen.[4]

Die Zukunft des Alters ist nur zum Teil «gottgegeben», d. h. demographisch determiniert. Der Rest ist eine Frage gesellschaftspolitischer Entscheidungen. Zu einer Politik, die sich des Phänomens der zunehmenden Zahl alter Menschen unter dem Aspekt der Würde annimmt, gibt es nun freilich keine vertretbare Alternative. Es liegt an uns selbst, die Weichen so zu stellen, daß die späten Lebensphasen für die einzelnen und letztlich für uns selbst und die Gesellschaft fruchtbar gemacht werden. Das setzt allerdings voraus, daß Alter nicht mehr isoliert, sondern einfach als Teil des sinnvoll zu gestaltenden Lebenslaufs betrachtet wird. Utopien, die nur «die Alten» als Teilgruppe im Visier haben, sind wegen ihres isolierenden Charakters abzulehnen.

Mit den veränderten Bedingungen, die das Älterwerden des einzelnen Individuums charakterisieren, ändert sich auch die Gesellschaft als ganzes. Die Dynamisierung des Alters ist Teil des Prozesses einer Gesellschaft, die sich rasant verändert, angetrieben von der Langlebigkeits- und der Revolution im Reproduktionsverhalten. Die Zukunft des Alters ist damit auch die Zukunft der Gesellschaft.

Anhang

Anmerkungen

Ein Bild voller Widersprüche

1 Age and Attitudes, hrsg. von: Commission of the European Communities, Brüssel 1993, S. 14.
2 Nöstlinger, Christine: Ich träume mir ein Haus. In: Borchert, Manfred / Derichs-Kunstmann, Karin / Gattol, Ernst / Rizy, Lisl (Hrsg.): Älterwerden – Lust oder Last, Wien 1991, S. 242.
3 Gronemeyer, Reimer: Die Entfernung vom Wolfsrudel, Düsseldorf 1989, S. 144.
4 Special Survey of the Population Aged 60 and Over. Zit. nach Age and Attitudes, a. a. O., S. 7.
5 Göckenjan, Gerd / von Kondratowitz, Hans-Joachim (Hrsg.): Alter und Alltag, Frankfurt a. M. 1988, S. 15.
6 Mayer, Karl Ulrich u. a.: Gesellschaft, Politik und Altern, in: Baltes, Paul und Mittelstrass, Jürgen (Hrsg.): Zukunft des Alterns und gesellschaftliche Entwicklung, Berlin 1992, S. 751.
7 Angaben aus: Statistisches Bundesamt: Im Blickpunkt: Ältere Menschen, Wiesbaden 1991.
8 Die Zahl bezieht sich auf die Schweiz und das Jahr 1980.
9 Die Älteren, Infratest-Studie zur Lebenssituation der 55- bis 70jährigen. Zit. nach: Borchert / Derichs-Kunstmann / Gattol / Rizy (Hrsg.), a. a. O., S. 82.
10 Vgl. Henkel, Hans-Olaf: Unsere Gesellschaft ergraut. In: Bundesverband der Deutschen Industrie e. V.: Unsere Gesellschaft ergraut: Wie bleibt die Wirtschaft jung?, Köln 1989.
11 Zitiert nach: Tews, Hans-Peter: «Neue Alte»? In: Universitas 9/1987, S. 869.
12 Straka, Gerald A. / Fabian, Thomas / Will, Jörg: «Berufsverbot» mit 65? In: Psychologie und Gesellschaftskritik 56/1990, S. 69.
13 Chappuis, Charles: Vorurteile und Tatsachen. Lebensabschnitte in gerontologischer Sicht. In: Alter und Gesellschaft, Bern 1990.
14 Riley, Matilda White und Riley, John W. Jr.: Individuelles und gesellschaftliches Potential des Alterns; in: Baltes, Paul / Mittelstrass, Jürgen (Hrsg.): Zukunft des Alterns und gesellschaftliche Entwicklung, S. 441.

Die Altersexplosion

1 Heilig, Gerhard/Büttner, Thomas/Lutz, Wolfgang: Germany's Population: Turbulent Past, Uncertain Future. In: Population Bulletin, Vol. 45, No. 4, 1990, S. 35.
2 Lehr, Ursula: Isolation und Einsamkeit im Alter – Dichtung und Wahrheit. In: Hoffmann, Hilmar (Hrsg.): Jugendwahn und Altersangst, Frankfurt a. M. 1988, S. 135.
3 Lehr, Ursula: Psychologie des Alterns, Heidelberg [7] 1991, S. 43.
4 Rosenmayr, Leopold: Alter und Jugend. Historische Ideen, soziale Realisierung. In: Hoffmann, Hilmar, a. a. O., S. 47; Höpflinger, François/Stuckelberger, Astrid: Alter und Altersforschung in der Schweiz, Zürich 1992, S. 28.
5 Imhof, Arthur: Die gewonnenen Jahre. Von der Zunahme unserer Lebensspanne seit dreihundert Jahren oder von der Notwendigkeit einer neuen Einstellung zum Leben und Sterben, München 1981, S. 33.
6 Rosenmayr, a. a. O., S. 46.
7 Rosenmayr, Leopold: Die späte Freiheit, Berlin 1983, S. 351.
8 Diese Zahlen beziehen sich auf die Schweiz, vgl. Höpflinger, François/Stuckelberger, Astrid, a. a. O.
9 Klose, Hans-Ulrich (Hrsg.): Altern der Gesellschaft, Köln 1993, S. 25.
10 Mayer, Karl Ulrich u. a.: Gesellschaft, Politik und Altern. In: Baltes, Paul B./Mittelstrass, Jürgen: Zukunft des Alterns und gesellschaftliche Entwicklung, Berlin/New York 1992, S. 724.
11 Day, Lincoln H.: Upper-Age Longevity in Low-Mortality Countries. In: Lutz, Wolfgang (Hrsg.): Future Demographic Trends in Europe and North America, London/San Diego 1991, S. 127.
12 Sommer, Bettina: Entwicklung der Bevölkerung bis 2030. In: Wirtschaft und Statistik Heft 4/1992.
13 Heilig, Gerhard u. a., a. a. O., S. 36.
14 Kommission der Europäischen Gemeinschaften: Mitteilungen über ältere Menschen, Brüssel 1990, S. 5.
15 Heilig, Gerhard u. a., a. a. O., S. 32–35. Der Untersuchung zugrunde gelegt sind die drei folgenden Szenarien: 1. Fortsetzung des gegenwärtigen Trends: Die Geburtenraten bleiben konstant, die Zahl der Zuwanderer bleibt kontinuierlich bei 80000 Personen pro Jahr (Zahl von 1985), und die Lebenserwartung steigt weiterhin leicht an. 2. «Extremes Altern»: Die Geburtenrate würde wieder sinken – nachdem sie in den letzten zehn Jahren wieder leicht angestiegen ist – und um die Jahrtausendwende einen Wert von 1,27 Kinder pro Frau (wie 1985) erreichen. Einwanderung würde unterbun-

den. 3. Im dritten Szenarium wird angenommen, daß die Deutschen den Wert von Kindern wiederentdecken und gleichzeitig bereit sind, eine große Zahl von Einwanderern aufzunehmen. Die Geburtenrate würde ähnlich wie derzeit in Schweden auf 2,1 Kinder pro Frau bis zum Jahr 2000 ansteigen. Zwischen 1990 und 2020 würden die Einwanderungszahlen auf 300000 pro Jahr ansteigen, um sich dann bei einer Einwanderungsquote von 200000 pro Jahr einzupendeln.

16 Vgl. Hof, Bernd: Arbeitskräftebedarf der Wirtschaft, Arbeitsmarktchancen für Zuwanderer. In: Forschungsinstitut der Friedrich-Ebert-Stiftung, Abt. Arbeits- und Sozialforschung (Hrsg.): Zuwanderungspolitik der Zukunft, Bonn 1992.

17 Mayer, Karl Ulrich u. a., a. a. O., S. 723.

18 ebd.

19 Klose, Hans-Ulrich, a. a. O., S. 7.

20 Die für die nächsten Jahrzehnte prognostizierte rückläufige Zahl der Erwerbstätigen ist nicht nur eine Folge der Alterung der Bevölkerung, sondern auch des Trends zur frühzeitigen Pensionierung. Falls die gegenwärtigen Bedingungen unverändert bleiben – das durchschnittliche Renteneintrittsalter in Deutschland beträgt derzeit knapp 59 Jahre –, rechnen Demographen mit einer Abnahme der Erwerbsbevölkerung in Deutschland bis zum Jahre 2050 um 40 Prozent. Selbst ein – allerdings unwahrscheinlicher – neuer Babyboom in den späten 90er Jahren und ein Wiederanstieg der Fertilitätsrate auf das die Reproduktion sicherstellende Niveau würde diesen Rückgang nur um 5 bis 10 Prozent vermindern – und das erst nach 2025; vgl. Gonnot, J.-P. / Prinz, C.: Pension Systems and Social Security Trends and National Characteristics (Wp-89-107 / IIASA), Laxenburg 1987 und Gonnot, J.-P.: Demographic, Social, and Economic Aspects of the Pension Problem: Evidence from 12 Countries. In: Popnet (IIASA) 4, 1992.

21 Ott, Notburga u. a.: Demographic Changes and Their Implications on Some Aspects of Social Security in the Unified Germany. (Collaborative Paper), Laxenburg (IIASA) 1991, S. 34.

22 Diese Schätzung beruht auf dem Szenarium «Fortsetzung des gegenwärtigen Trends» (vgl. Anm. 15), d. h., es wird mit keiner Verbesserung der Sterblichkeit gerechnet. Es handelt sich also um eine «konservative» Annahme. Nicht berücksichtigt ist, daß die Krankenversicherungsbeiträge infolge der Alterung ebenfalls von derzeit 15 auf 20 bis 25 Prozent ansteigen würden. (Persönliche Mitteilung von C. Prinz, Population Project. IIASA.)

23 Heilig, Gerhard u. a., a. a. O., S. 38.

24 Iff, Hanswerner: Die Betagten zwischen Statistik und Ethik. In: Schweizerische Ärztezeitung Bd. 73, Heft 1 / 2, 1992, S. 14.

25 Rudolf Balmer: Welcher Arzt verschreibt die bittere Medizin? (Europas soziales Netz – die Maschen beginnen sich zu lösen II); Basler Zeitung vom 5.1.1993.
26 Kommission der Europäischen Gemeinschaften, a.a.O., S. 3.
27 Mayer, Karl Ulrich u.a., a.a.O., S. 736.

Die Natur kennt kein Alter

1 Stearns 1992, S. 181.
2 ebd.
3 Obwohl Bienenköniginnen und -arbeiterinnen dieselbe Erbsubstanz besitzen, haben sie unterschiedliche Lebenserwartungen, die auf ihre unterschiedliche Entwicklung vom befruchteten Ei bis zur ausgeschlüpften Biene (sog. epigenetische Einflüsse) zurückzuführen sind.
4 nach: Cutler, Richard. In: Prospects in Aging 1993, S. 23ff.
5 Carey 1992.
6 Vor allem die Superoxiddismutase und die Catalase.

Die körperliche Last der Jahre

1 Die Bonner Gerontologische Längsschnittstudie beobachtet die Lebensumstände bestimmter Jahrgänge seit den 70er Jahren und untersucht diese Jahrgänge in regelmäßigen Abständen.
2 Eine schwere Depression liegt vor, wenn fünf der folgenden Symptome während mindestens zwei Wochen beobachtet werden: beinahe tägliche Niedergeschlagenheit und Trauer; Interesselosigkeit; größere Gewichtszu- oder -abnahme verbunden mit vermindertem oder vermehrtem Appetit; Schlaflosigkeit oder abnormal langer Schlaf; fast tägliche Müdigkeit oder fehlende Energie; unangebrachte Schuldgefühle, Gefühl der Nutzlosigkeit, Minderwertigkeitsgefühle; verminderte Konzentrationsfähigkeit oder Unentschlossenheit; Selbstmordgedanken; Gefühl der Hoffnungslosigkeit.
3 Trizyklische und tetrazyklische Antidepressiva verhindern die Aufnahme der Botenstoffe durch Nervenzellen. Dadurch verbleiben sie länger im synaptischen Spalt zwischen den Gehirnzellen. Die MAO-Hemmer hingegen unterbinden den Abbau der Botenstoffe im synaptischen Spalt, wodurch ebenfalls deren Konzentration erhöht wird.
4 Sachverständigenrat 1990, S. 82.
5 Eva-Maria Dennebaum, Möglichkeiten und Grenzen in der Altenhilfe; in: Spät/Lehr 1990, Bd. 2, S. 154.
6 Sachverständigenrat, a.a.O.

Die Psyche zwischen Entwicklung und Krise

1 Fleischmann 1992, S. 37f.
2 Nach Gibson 1992, S. 21.
3 Belsky 1990, S. 233f.
4 Laut Statistik aus dem Jahre 1963 ist dies im allgemeinen zwischen dem 45. und dem 50. Lebensjahr der Fall und dürfte heute etwas höher liegen.

Die Kunst, das Leben zu verlängern

1 Baltes, Paul/Mittelstrass, Jürgen (Hrsg.): Zukunft des Alterns und gesellschaftliche Entwicklung, Forschungsbericht 5 der Akademie der Wissenschaften zu Berlin, Berlin/New York 1992, S. 703f.
2 Thomae, Hans. In: Prospects in Aging – The 1992 Sandoz Lectures in Gerontology, London 1993, S. 3–22.
3 Fiatarone, Maria u. a.: High-Intensity Strength Training in Nonagenarians; JAMA 1990, Band 263, Nr. 22.
4 Unter nanotechnologischen Geräten stellen sich die Cryonisten winzige, für das Auge unsichtbare Computerchips vor, die mit biologischen Erkennungsmechanismen (Biosensoren) ausgerüstet sind.

Für immer jung?

1 Hoffmann, Hilmar (Hrsg.): Jugendwahn und Altersangst, Frankfurt a. M. 1988, S. 9.
2 Rosenmayr, Leopold: Alter und Jugend. In: Hoffmann, a. a. O., S. 81.
3 Vgl. Borscheid, Peter: Geschichte des Alters, Stuttgart 1987 (2. Aufl.), zit. nach Geo Wissen: Altern und Jugendwahn, Hamburg 1991, S. 32.
4 Vgl. Pini, Udo: Leibeskult und Liebeskitsch, München 1991.
5 Und ewig lockt der Leib, Der Spiegel 32/1992.
6 Tages-Anzeiger Zürich vom 3. 10. 1992.
7 Améry, Jean: Über das Altern. Revolte und Resignation, München 1991 (Tb), S. 43.
8 Hauer, Ernest: «Nur nicht alt ausschauen... Sehr persönliche Gedanken eines Älterwerdenden zum Älterwerden». In: Borchert, Manfred u. a. (Hrsg.): Älterwerden, Wien 1991, S. 18.
9 Lasch, Christopher: Das Zeitalter des Narzißmus, München 1986 (dtv), zit. nach: Fetscher, Iring: Die Verdrängung des Todes und die Hoffnung auf Unsterblichkeit. In: Hoffmann, a. a. O., S. 24.
10 Rosenmayr, Leopold, a. a. O., S. 54.

Mit 40 Jahren zum alten Eisen?

1 Wehkamp, Th. W.: Solidarität, auch auf dem Arbeitsmarkt. In: EURAG: Solidarität zwischen den Generationen, Graz 1991, S. 114.
2 Wer nicht jung, leistungsfähig und flexibel ist, wird auf dem Arbeitsmarkt schnell zur Wegwerfware; Tages-Anzeiger Zürich vom 18. 1. 1992.
3 Bäcker, Gerhard / Naegele, Gerhard: Zur Lebenslage älterer Arbeitnehmer in der BRD unter sich verändernden politischen Rahmenbedingungen und Umstrukturierungen in der Arbeitslandschaft. In: Petzold, Christa / Petzold, Hilarion (Hrsg.): Lebenswelten alter Menschen, Hannover 1992, S. 68.
4 Schachtner, Christel: Störfall Alter, Frankfurt a. M. 1988, S. 195.
5 Kohli, Martin: Altern in soziologischer Perspektive. In: Baltes, Paul B./ Mittelstrass, Jürgen (Hrsg.): Zukunft des Alterns und gesellschaftliche Entwicklung, Berlin / New York 1992, S. 231.
6 Schachtner, a. a. O., S. 81.
7 Mit der Rentenreform '92 sind die Weichen jetzt so gestellt worden, daß die Arbeitnehmer zumindest theoretisch durchschnittlich wieder länger im Arbeitsleben verbleiben müßten.
8 Mäder, Ueli: Aufbruch im Alter, Zürich 1988, S. 18.
9 Süssmuth, Rita: Alte und neue Klischees zum Generationenverhältnis. In: Hoffmann, Hilmar (Hrsg.): Jugendwahn und Altersangst, Frankfurt a. M. 1988, S. 39.
10 Commission of the European Communities: Age and Attitudes, Brüssel 1993, S. 26.

Im Schatten der Politik

1 Statistisches Bundesamt: Im Blickpunkt: Ältere Menschen, Wiesbaden/ Stuttgart 1991, S. 149.
2 Parin, Paul: Drohende Einsamkeit. In: Hoffmann, Hilmar (Hrsg.): Jugendwahn und Altersangst, Frankfurt a. M. 1988, S. 157.
3 Schneider, Hans-Dieter: Selbsthilfe und politischer Einfluß der Senioren. In: Ringeling, Hermann / Svilar, Maja (Hrsg.): Alter und Gesellschaft, Bern 1990, S. 102.
4 Kongreß in Davos, Juni 1991; Basler Zeitung vom 18.6.91.
5 Emilie Lieberherr: Referat, gehalten an der 8. Schweizerischen Seniorenmesse, 28.4.1992.
6 EURAG-Kongreß Davos, Juni 1991.

Zwischen Armut und Wohlstandsspitze

1 Das Vermögen der über 65jährigen läßt sich für die frühen 90er Jahre beziffern. Danach besitzen sie 725 Milliarden Mark in Grundvermögen, 650 Milliarden DM in Geldvermögen (Konten, Wertpapiere usw.) und 350 Milliarden in fälligen Lebensversicherungen.
2 Die Älteren. Eine Studie der Institute Infratest Sozialforschung, Sinus und Horst Becker, Bonn 1991, S. 21 f.
3 Statistisches Bundesamt: Im Blickpunkt: Ältere Menschen, Wiesbaden/Stuttgart: 1991, S. 99.
4 ebd., S. 52.
5 1987 wohnten 80 Prozent aller 65jährigen und älteren Eigentümer in Gebäuden mit ein bis zwei Wohnungen, bei den Hauptmietern waren es nur 28 Prozent. Aus: Statistisches Bundesamt: Im Blickpunkt: Ältere Menschen, S. 53.
6 nach: Die Älteren, a. a. O., S. 45–50.
7 Winterthur-Leben (Hrsg.): Unsere neuen Senioren, 1991.
8 Ostroff, Jeff, S. 9.

Allein gelassen und abgekoppelt

1 Die Älteren. Eine Studie der Institute Infratest Sozialforschung, Sinus und Horst Becker, Bonn 1991, S. 185.
2 Statistisches Bundesamt: Im Blickpunkt: Ältere Menschen, Wiesbaden/Stuttgart 1991, S. 36.
3 Winterthur-Leben (Hrsg.): Unsere neuen Senioren, Zürich 1991, S. 19 und S. 36.
4 Mäder, Ueli: Aufbruch im Alter, Zürich 1988, S. 30.
5 Medienkonferenz der Schweiz. Beratungsstelle für Unfallverhütung (bfu) vom 14. 11. 1991.
6 Blechmann, Wilhelm: Der Umgang mit den Alten zwischen Achtung und Abwertung, Neue Zürcher Zeitung vom 26./27. 10. 1991.
7 Lehr, Ursula: Kompetenz im Alter. In: Universitas 9, 1987, S. 880.
8 Zimmermann, Robert: Das Leben im Alter – ein Stück bewußt gelebten Lebens. In: Ringeling, Hermann/Svilar, Maja (Hrsg.): Alter und Gesellschaft, Bern 1990.
9 Buff, Wolfgang: Alter schützt vor Hilfe nicht. Neue Praxis 1, 1988, 76.
10 Die Älteren, a. a. O., S. 66.
11 Pfeil, Ulrike: Die ergraute Gesellschaft. In: Universitas 9, 1987, S. 866.
12 Rosenmayr, Leopold: Alter und Jugend. In: Hoffmann, Hilmar (Hrsg.): Jugendwahn und Altersangst, Frankfurt a. M. 1988, S. 80.
13 Schachtner, Christel: Störfall Alter, Frankfurt a. M. 1988, S. 84.

14 Schachtner, a.a.O., S. 177.
15 Ulrike Zielke: Sind Senioren die Kostgänger der Nation? Main-Echo vom 11.12.1992.
16 Bis ans Lebensende in der eigenen Wohnung, Tages-Anzeiger Zürich vom 26.6.1989.

Das Verhältnis der Generationen

1 Die Erhebung wurde im Auftrag des Tages-Anzeigers durchgeführt; Tages-Anzeiger Zürich vom 18.7.1992.
2 Die Weltwoche vom 18.5.1989.
3 Ulrich Braun (Referat), Medienkonferenz der Pro Senectute Schweiz, 14.11.1991.
4 Haldimann, Urs: Leben ab 60, Glattbrugg/Zürich 1990, S. 17.
5 Plaudern mit Jungen; Baslerstab, 30.7.1992.
6 Mattmüller, Felix: So nicht mehr mit uns! In: Auflösung der Generationen? Tagungsbericht des Gottlieb-Duttweiler-Instituts für wirtschaftliche und soziale Studien, Rüschlikon/Zürich 1992.
7 Vgl. Göckenjan, Gerd/von Kondratowitz, Hans-Joachim (Hrsg.): Alter und Alltag, Frankfurt a.M. 1988, S. 21.
8 Rosenmayr, Leopold: Die späte Freiheit, Berlin 1983, S. 56f.
9 Vgl. Mesmer, Beatrix: Probleme des Altwerdens in früherer Zeit. In: Ringeling, Hermann/Svilar, Maja (Hrsg.): Alter und Gesellschaft, Bern 1990, S. 49–62.
10 Johann Aeschlimann: George Bush – ein Abgang im historischen Zwielicht, Basler Zeitung vom 19.1.1993.
11 Vgl. Coupland, Douglas: Generation X, New York 1991.
12 Gronemeyer, Reimer: Die Entfernung vom Wolfsrudel, Düsseldorf 1989, S. 125.
13 Haldimann, Urs, a.a.O., S. 19.
14 Gronemeyer, a.a.O., S. 127.
15 Martin Kilian: Achtung, die Zwanzigjährigen kommen! Die Weltwoche vom 25.2.1993.
16 Der Bundesminister für Arbeit und Sozialordnung (Hrsg.): Die Rente '92, Bonn 1992, S. 9 und S. 26.
17 Gleich, Johann Michael: Öffentliches Gewicht der Älteren. In: Trapmann, Hilde/Hofmann, Winfried (Hrsg.): Das Alter, Dortmund 1991, S. 141.
18 Keyfitz, Nathan: Aging and Pensions in Their Social Setting. In: Age, Work and Social Security, ed. by M. Rein and T. Atkinson (noch nicht erschienen), S. 293.

19 Gert Tigges: Sozialstaat Deutschland mit Schlagseite, Basler Zeitung vom 5.8.1992.
20 Peter Tschopp: Nur das Geld der Betagten kann die AHV sichern; Die Weltwoche vom 29.10.1992.
21 Ott, Notburga et. al.: Collaborative Paper CP-91-002, Laxenburg 1991, S. 38.
22 ebd.
23 Commission of the European Communities: Age and Attitudes, Brüssel 1993, S. 15. Der Aussage «Those in employment have a duty to ensure, through contributions or taxes, that older people have a decent standard of living» stimmten 28 Prozent der 15- bis 24jährigen «stark» zu; bei den über 55jährigen stimmten demgegenüber 41 Prozent «stark» zu.
24 Lehr, Ursula (Hrsg.): Tatsachen und Perspektiven, Bonn 1983, S. 9.
25 «Unsere Chefs müssen Idole sein, keine Administratoren»: Interview mit Hanspeter Brüderli, Personalchef des Bankverein-Konzerns, Basler Zeitung vom 21.8.1992.
26 Süssmuth, Rita: Alte und neue Klischees zum Generationenverhältnis. In: Hoffmann, Hilmar (Hrsg.): Jugendwahn und Altersangst, Frankfurt a. M. 1988, S. 38.
27 Schneider, Hans-Dieter (mündliche Mitteilung).
28 Vgl. Oltmanns, Horst-Peter: Alt hilft Jung. In: Späth, Lothar/Lehr, Ursula (Hrsg.): Altern als Chance und Herausforderung, Bd. 1, Stuttgart/München/Landsberg 1990.

Ist der Ruhestand zum Ausruhen da?

1 Vgl. Schroeder, Walter: Freiheit ohne Auftrag – Anstöße zur Altenbildung aus soziologischer Sicht. In: Trapmann, Hilde u. a.: Das Alter, Dortmund 1991, S. 86–89.
2 Vgl. Keyfitz, Nathan: Aging and Pensions in Their Social Setting (noch unpubliziert), S. 289f.
3 Lehr, Ursula: Der Übergang in die «nachberufliche Lebensphase»: neuer Start nach 60. In: Kruse, Andreas u. a. (Hrsg.): Gerontologie – Wissenschaftliche Erkenntnisse und Folgerungen für die Praxis, München 1988, S. 197f.
4 Straka, Gerald A./Fabian, Thomas/Will, Jörg: «Berufsverbot» mit 65? Plädoyer für flexible Altersgrenzen bei der Erwerbstätigkeit und eine aktive Bildungspolitik. In: Psychologie und Gesellschaftskritik, Heft 4, 1990, S. 69.
5 Lehr, Ursula: Isolation und Einsamkeit im Alter – Dichtung und Wahrheit.

In: Hoffmann, Hilmar (Hrsg.): Jugendwahn und Altersangst, Frankfurt a. M. 1988, S. 146.

6 Schroeder, a. a. O., S. 87.

7 Kommission der Europäischen Gemeinschaften: Mitteilungen über ältere Menschen, Brüssel 1990, S. 9.

8 Mackroth, Petra/Ristau, Malte: Die Älteren als dynamischer Faktor. In: Klose, Hans-Ulrich: Altern der Gesellschaft, Köln 1993, S. 300.

9 Die Erwerbsquote der 55- bis 59jährigen Männer lag in der BRD im Jahr 1989 bei 79 Prozent, die der gleichaltrigen Frauen war lediglich halb so hoch. Statistisches Bundesamt: Im Blickpunkt: Ältere Menschen, Stuttgart/Wiesbaden 1991, S. 87.

10 Vontobel, Werner: Ein klares Jein zur Deregulierung, Tages-Anzeiger Zürich vom 16. 1. 1993.

11 Persönliche Mitteilung eines Mitarbeiters.

12 Straka u. a., a. a. O., S. 65.

13 Tigges, Gert: Mehr Produktion – weniger Beschäftigung; Basler Zeitung vom 15. 7. 1992.

14 Schmid, Hans: Noch diese Arbeitslosigkeit, dann keine mehr; Die Weltwoche vom 15. 10. 1992.

15 Bäcker, Gerhard/Naegele, Gerhard: Zur Lebenslage älterer Arbeitnehmer in der BRD unter sich verändernden politischen Rahmenbedingungen und Umstrukturierungen in der Arbeitslandschaft. In: Petzold, Christa/Petzold, Hilarion: Lebenswelten alter Menschen, Hannover 1992, S. 78.

16 Rürup, Bert/Sesselmeier, Werner: Schrumpfende und alternde deutsche Bevölkerung. In: Klose, Hans-Ulrich, Altern der Gesellschaft, Köln 1993, S. 41.

17 In Deutschland verdienen nur wenige Menschen über 65 Jahre ihren Lebensunterhalt selbst. Waren es 1970 immerhin noch 31 Prozent der Männer zwischen 65 und 69 Jahren (11 Prozent der Frauen), so sind es heute gerade noch 7 bzw. 3 Prozent. Vgl. Statistisches Bundesamt: Im Blickpunkt: Ältere Menschen, a. a. O., S. 102.

18 Mayer, Karl Ulrich u. a.: Gesellschaft, Politik und Altern. In: Baltes, Paul B./Mittelstrass, Jürgen (Hrsg.): Zukunft des Alterns und gesellschaftliche Entwicklung, Berlin/New York 1992, S. 744.

19 Trotz des Verbots jeglicher Diskriminierung des Alters hat die Zahl erwerbstätiger Männer im Alter von 55 bis 59 Jahren zwischen 1970 und 1988 in den USA jedoch um 8 Prozent abgenommen, die der 60- bis 64jährigen gar um 19 Prozent; diese Zahlen belegen klar den mit dem wirtschaftlichen Strukturwandel verbundenen Trend auf dem Arbeitsmarkt, der Ältere trotz der gesetzlichen Absicherung marginalisiert. Dessenungeachtet standen

1987 in den USA noch 16 Prozent der Männer und 7 Prozent der Frauen im Alter von 65 Jahren oder darüber im Erwerbsleben – in der BRD waren es im gleichen Zeitraum 5 bzw. 2 Prozent.

20 Straka u. a., a. a. O., S. 71.

21 Buchmann, Marlis: Aufbau oder Abbau von Altersgrenzen in der beruflichen Laufbahn? In: Auflösung der Generationen? Tagungsbericht des Gottlieb-Duttweiler-Instituts für wirtschaftliche und soziale Studien, Rüschlikon/Zürich 1992.

22 Specht, Dieter: Berufliche Anforderungen heute, neue Techniken in der Zukunft. In: Dettbarn-Reggentin, Jürgen/Reggentin, Heike (Hrsg.): Neue Wege in der Bildung Älterer, Bd. 1, Freiburg i. Br. 1992, S. 91.

Über die Arbeitsgesellschaft hinaus

1 Kohli, Martin: Altersgrenzen als Manövrierobjekte? Lebensläufe in der alternden Gesellschaft. In: Auflösung der Generationen? Tagungsbericht des Gottlieb-Duttweiler-Instituts für wirtschaftliche und soziale Studien, Rüschlikon/Zürich 1992.

2 Klose, Hans-Ulrich (Hrsg.): Altern der Gesellschaft, Köln 1993, S. 16.

3 Wehkamp, Th. W.: Solidarität, auch auf dem Arbeitsmarkt. In: EURAG: Solidarität zwischen den Generationen, Graz 1991, S. 113.

4 Schweizerischer Nationalfonds zur Förderung der wissenschaftlichen Forschung: Menschen an der Arbeit, Bern o. J., S. 10.

5 Kohli, a. a. O.

6 Kommission der Europäischen Gemeinschaften: Mitteilungen über ältere Menschen, Brüssel 1990, S. 6.

7 Schweizerischer Nationalfonds, a. a. O., S. 44.

8 Der Bundesminister für Arbeit und Sozialordnung (Hrsg.): Die Rente '92, Bonn 1992, S. 189.

9 Commission of the European Communities: Age and Attitudes, Brüssel 1993, S. 24.

10 Gross, Peter: Vom Arbeitnehmer zum Arbeitsucher, Basler Zeitung vom 12. 12. 1992.

11 Vgl.: Altwegg, Jürg/Schmidt, Aurel: Französische Denker der Gegenwart, München ^{2}1988, S. 112–115.

12 Rudolf Balmer: Michel Rocard zählt auf Rückenwind aus der Bretagne; zit. nach Basler Zeitung vom 12. 3. 1993.

13 Vgl. Mäder, Ueli: Aufbruch im Alter, Zürich 1988, S. 70–73.

Eine Politik für die Alten

1 Bundesministerium für Familien und Senioren: Richtlinien für den Bundesaltenplan, Bonn 1992, S. 15.
2 Eine schonungslose Beschreibung der Zustände in deutschen Heimen findet sich im Buch von Trude Unruh «Tatort Pflegeheim».
3 Die Älteren. Zur Lebenssituation der 55- bis 70jährigen. Eine Studie der Institute Infratest Sozialforschung, Sinus und Horst Becker, Bonn 1991, S. 66.
4 Baltes, Paul/Mittelstrass, Jürgen (Hrsg.): Zukunft des Alterns und gesellschaftliche Entwicklung, Berlin/New York 1992.
5 Gleich, Johann Michael: Öffentliches Gewicht der Älteren – Altenmacht statt Jugendkultur. In: Trapmann, Hilde/Hofmann, Winfried u. a. (Hrsg.): Das Alter, Dortmund 1991, S. 152.
6 Interview mit Karl Ulrich Mayer. In: Bild der Wissenschaft 4/93.
7 Rosenmayr, Leopold: Alter und Jugend. Historische Ideen, soziale Realisierung. In: Jugendwahn und Altersangst, hrsg. von Hilmar Hoffmann, Frankfurt a. M. 1988, S. 81–85.
8 Age and Attitudes. Main Results from a Eurobarometer Survey. Herausgegeben von: Commission of the European Communities, Brüssel 1993, S. 35.
9 Mäder, Ueli: Aufbruch im Alter, Zürich 1988, S. 48.
10 Persönliche Mitteilung von Felix Mattmüller.
11 Das Zitat entstammt einer Selbstdarstellung der Basler Grauen Panther.

Leben mit dem Tod

1 Elias, Norbert: Über die Einsamkeit der Sterbenden in unseren Tagen, Frankfurt a. M. 1982.
2 Zit. nach: Schmitz-Scherzer, Reinhard (Hrsg.): Altern und Sterben, Bern 1992.
3 Zit. nach: Schmitz-Scherzer, Reinhard, a. a. O.
4 Saner, Hans/Holzhey, Helmut: Euthanasie – Zur Frage von Leben- und Sterbenlassen, Basel/Stuttgart 1976.

Ausblick

1 Tews, Hans-Peter: Veränderungen des Altersbildes und des Altersverhaltens. In: Universitas 9, 1987, S. 871.
2 Dieser Befund wird empirisch untermauert durch die Ergebnisse einer 1992 in allen zwölf EG-Staaten durchgeführten Befragung älterer Menschen.

Knapp die Hälfte der älteren EG-Bürger antwortete auf die Frage, ob das Älterwerden ihnen zu einem neuen Leben verholfen habe, mit ja. Vgl.: Commission of the European Communities: Age and Attitudes, Brüssel 1993, S. 8.

3 Vgl. zu den folgenden Ausführungen: Wilbers, Joachim: Singularisierung – eine Entwicklung in der Zukunft? In: Späth, Lothar/Lehr, Ursula (Hrsg.): Altern als Chance und Herausforderung, Bd. 2, Stuttgart/München/Landsberg 1990, S. 157–173.

4 a.a.O.

Ausgewählte Literatur

Altern und Jugendwahn. Geo Wissen 1/91.

Altwegg, Jürg/Schmidt, Aurel: Französische Denker der Gegenwart. München 1987.

Améry, Jean: Über das Altern – Revolte und Resignation. Stuttgart 1968.

Auflösung der Generationen? Auflösung starrer Altersgrenzen? Folgen für Arbeit, Familie, Öffentlichkeit. Tagungsbericht des Gottlieb-Duttweiler-Instituts für wirtschaftliche und soziale Studien (GDI), Rüschlikon/Zürich 1992.

Bäcker, Gerhard/Naegele, Gerhard: Zur Lebenslage älterer Arbeitnehmer in der BRD unter sich verändernden politischen Rahmenbedingungen und Umstrukturierungen in der Arbeitslandschaft. In: Petzold, Christa/Petzold, Hilarion (Hrsg.): Lebenswelten alter Menschen. Hannover 1992.

Bacon, Francis: Magnaliae naturae. New Atlantis 1627, in: The Works of Francis Bacon, 14 Bde. London 1857–1874, Bd. 3.

Baltes, Margret M./Kohli, Martin/Sames, Klaus (Hrsg.): Erfolgreiches Altern. Bern 1989.

Baltes, Paul/Mittelstrass, Jürgen (Hrsg.): Zukunft des Alterns und gesellschaftliche Entwicklung, Forschungsbericht 5 der Akademie der Wissenschaften zu Berlin. Berlin/New York 1992.

Barinaga, Marcia: Mortality: Overturning Received Wisdom. Science Bd. 258, S. 398, 1992.

Beauvoir, Simone de: Das Alter. Reinbek 1977.

Belsky, Janet K.: The Psychology of Aging – Theory, Research & Interventions. Pacific Grove ²1990.

Bergener, Manfred (Hrsg.): Depressive Syndrome im Alter. Stuttgart 1989.

Birren, James E. (Hrsg.): The Handbooks of Aging: Critical Comprehensive Reviews of Research Knowledge, Theories, Concepts and Issues (3 Bde.). New York 1985.

Borchert, Manfred/Derichs-Kunstmann, Karin/Gattol, Ernst/Rizy, Lisl (Hrsg.): Älterwerden. Lust oder Last. Wien 1991.

Borscheid, Peter: Geschichte des Alters. Stuttgart ²1987.

Bosshart, David: Lebensstil-Management und Altersgruppen. In: Auflösung der Generationen? Auflösung starrer Altersgrenzen? (Dokumentation der

Tagung vom 17.–18. September 1992 des Gottlieb-Duttweiler-Instituts für wirtschaftliche und soziale Studien.) Rüschlikon/Zürich 1992.

Brocher, Tobias: Stufen des Lebens. Stuttgart/Berlin 1977.

Buchmann, Marlis: Aufbau oder Abbau von Altersgrenzen in der beruflichen Laufbahn? In: Auflösung der Generationen? Tagungsbericht des Gottlieb-Duttweiler-Instituts für wirtschaftliche und soziale Studien. Rüschlikon/Zürich 1992.

Buff, Wolfgang: Alter schützt vor Hilfe nicht. In: Neue Praxis 1, 1988.

Bundesministerium für Familie und Senioren: Richtlinien für den Bundesaltenplan – Grundsätze, Ziele, Verfahren. Bonn 1992.

Bundesverband der Deutschen Industrie e. V.: Unsere Gesellschaft ergraut: Wie bleibt die Wirtschaft jung? Köln 1989.

Butler, Robert N.: The Life Review: An Interpretation of Reminescence in the Aged. In: Psychiatry 26, 1963.

Carey, J. R. u. a.: Slowing of Mortality Rates at Older Ages in Large Medfly Cohorts. Science Bd. 258, 1992.

Challenges in Aging. The 1990 Sandoz Lectures in Gerontology. London 1990.

Chappuis, Charles: Vorurteile und Tatsachen. Lebensabschnitte in gerontologischer Sicht. In: Alter und Gesellschaft, hrsg. von Hermann Ringeling/Maja Svilar. Bern 1990.

Commission of the European Communities, Directorate-General V: Age and Attitudes. Main Results from a Eurobarometer Survey. Brüssel 1993.

Coper, Helmut/Schulze, Gert: Arzneimittelwirkung im Alter. In: Baltes, Paul/Mittelstrass, Jürgen (Hrsg.): Zukunft des Alterns und gesellschaftliche Entwicklung. Berlin 1992.

Coupland, Douglas: Generation X. Tales for an Accelerated Culture. New York 1991.

Crossroads in Aging. The 1988 Sandoz Lectures in Gerontology. London 1988.

Curtsinger, J. W. u. a.: Demography of Genotypes: Failure of the Limited Life-span Paradigm in *Drosophila melanogaster*. Science Bd. 258, 1992.

Cutler, Richard G.: Genetic and Evolutionary Molecular Aspects of Aging. In: Prospects in Aging. The 1992 Sandoz Lectures in Gerontology. London 1993.

Danner, D./Schröder, H.: Biologie des Alterns. In: Baltes, P./Mittelstrass, J. (Hrsg.): Zukunft des Alterns und gesellschaftliche Entwicklung. Berlin 1992.

Darrach, Brad: The War on Aging. Life 10/92.

Day, Lincoln H.: Upper-Age Longevity in Low-Mortality Countries: A Dissenting View. In: Lutz, Wolfgang (Hrsg.): Future Demographic Trends in Europe and North America. London/San Diego 1991.

Derichs-Kunstmann, Karin: Frauen werden anders älter: In: Borchert, Manfred u. a. (Hrsg.): Älterwerden. Wien 1991.

Dettbarn-Reggentin, Jürgen / Reggentin, Heike (Hrsg.): Neue Wege in der Bildung Älterer, Bd. 1. Freiburg i. Br. 1992.
Die Älteren. Zur Lebenssituation der 55- bis 70jährigen. Eine Studie der Institute Infratest Sozialforschung, Sinus und Horst Becker. Bonn 1991.
Die ergraute Gesellschaft. Universitas 9/87.
Die Rente 92. Das neue Rentenrecht. Hrsg. von: Der Bundesminister für Arbeit und Sozialordnung. Bonn 1992.
Dieck, Margret: Entwicklungslinien der Altenpolitik in der Bundesrepublik Deutschland. In: Klose, Hans-Ulrich (Hrsg.): Altern der Gesellschaft, Köln 1933.
Dörner, Klaus: Tödliches Mitleid. Gütersloh 1989.
Elias, Norbert: Über die Einsamkeit der Sterbenden in unseren Tagen. Frankfurt a. M. 1982.
EURAG: Solidarität zwischen den Generationen. Internationales Kolloquium Lissabon (EURAG Schriftenreihe Nr. 65/66). Graz 1991.
Fetscher, Iring: Die Verdrängung des Todes und die Hoffnung auf Unsterblichkeit. In: Hoffmann, Hilmar (Hrsg.): Jugendwahn und Altersangst. Frankfurt a. M. 1988.
Fleischmann, U. M. / Gunzelmann, Th.: Die Entwicklung der Intelligenz – Grundlagen eines Alterns in Kompetenz, in: Jürgen Dettbarn-Reggentin / Heike Reggentin (Hrsg.): Neue Wege in der Bildung Älterer, Bd. 1. Freiburg i. Br. 1992.
Forschungsinstitut der Friedrich-Ebert-Stiftung, Abteilung Arbeits- und Sozialversicherung (Hrsg.): Zuwanderungspolitik der Zukunft. Bonn 1992.
Fried, Erich: Schöpferische Prozesse in Jugend und Alter. In: Hoffmann, Hilmar (Hrsg.): Jugendwahn und Altersangst. Frankfurt a. M. 1988.
Furtmayr-Schuh, Annelies: Das große Vergessen – Die Alzheimer Krankheit. Zürich 1990.
Gelzen, Thomas: Population Aging and the Growth of Health Expenditures. In: Journal of Gerontology 47, 1992.
Gibson, Hamilton B.: The Emotional and Sexual Lives of Older People – a Manual for Professionals. London / New York / Tokyo / Melbourne / Madras 1992.
Gleich, Johann Michael: Öffentliches Gewicht der Älteren. Altenmacht statt Jugendkultur? In: Trapmann, Hilde / Hofmann, Winfried u. a. (Hrsg.): Das Alter. Dortmund 1991.
Göckenjan, Gerd / Kondratowitz, Hans-Joachim von (Hrsg.): Alter und Alltag. Frankfurt a. M. 1988.
Gonnot, J.-P. / Prinz, C.: Pension Systems and Social Security Trends and National Characteristics (WP-89-107/IIASA). Laxenburg 1987.

Gorz, André: Abschied vom Proletariat. Frankfurt 1980.
Gorz, André: Wege ins Paradies. Berlin 1983.
Gronemeyer, Marianne: Altwerden – Aufbruch und Abschied. In: Universitas 9, 1987.
Gronemeyer, Reimer: Altenboom oder: Wider die Verschulung des Alters. In: Universitas 9, 1987.
Gronemeyer, Reimer: Die Entfernung vom Wolfsrudel. Düsseldorf 1989.
Häfner, Heinz: Psychiatrie des höheren Lebensalters. In: Baltes, Paul / Mittelstrass, Jürgen (Hrsg.): Zukunft des Alterns und gesellschaftliche Entwicklung. Berlin 1992.
Haldimann, Urs: Leben ab 60 (Ein Ratgeber aus der Beobachter-Praxis). Glattbrugg / Zürich 1990.
Hauer, Ernest: «Nur nicht alt ausschauen...» Sehr persönliche Gedanken eines Älterwerdenden zum Älterwerden. In: Borchert, Manfred u. a. (Hrsg.): Älterwerden. Wien 1991.
Haug, Werner: Sterben die Schweizer aus? Überlegungen zum bevorstehenden Bevölkerungswandel. In: Ringeling, Hermann / Svilar, Maja (Hrsg.): Alter und Gesellschaft. Bern 1990.
Heilig, Gerhard / Büttner, Thomas / Lutz, Wolfgang: Germany's Population: Turbulent Past, Uncertain Future. In: Population Bulletin Bd. 45, 4 / 1990.
Hoffmann, Hilmar (Hrsg.): Jugendwahn und Altersangst. Frankfurt a. M. 1988.
Höpflinger, François / Stuckelberger, Astrid: Alter und Altersforschung in der Schweiz. Zürich 1992.
Hug, Heiner: Die Alten kommen. Auf dem Sprung zur Macht. Zürich / Köln 1992.
Hummel, Konrad: Öffnet die Altenarbeit. Zur sozialen Infrastruktur gemeinwesenorientierter Altenarbeit. In: Klose, Hans-Ulrich: Altern der Gesellschaft. Köln 1993.
Iff, Hanswerner: Die Betagten zwischen Statistik und Ethik. In: Schweizerische Ärztezeitung Bd. 73, Heft 1 / 2, 1992.
Imhof, Arthur E. (Hrsg.): Leben wir zu lange? Die Zunahme unserer Lebensspanne seit 300 Jahren und die Folgen. Köln 1992.
–: Reife des Lebens: Gedanken eines Historikers zum längeren Dasein. München 1988.
–: Die gewonnenen Jahre. Von der Zunahme unserer Lebensspanne seit dreihundert Jahren oder von der Notwendigkeit einer neuen Einstellung zum Leben und Sterben. München 1981.
International Institute for Applied Systems Analysis (IIASA News Release 28. 5. 1991): Wirtschaftliche und soziale Auswirkungen eines «alternden»

Europas (Kurzfassung der Studie «Sozialversicherung, Familie und Haushalt in alternden Gesellschaftssystemen»). Laxenburg 1991.
Karl, F. / Tokarsky, W. (Hrsg.): Bildung und Freizeit im Alter. Bern 1992.
Keyfitz, Nathan: Aging and Pensions in Their Social Setting: Demographic and Other Elements Affecting Social Security. In: Rein, M. / Atkinson, T. (Hrsg.): Age, Work and Social Security (noch nicht veröffentlicht).
–: Retirement in Industrial Societies: East and West. Paper Presented at the Workshop on Social Protection and Economic Transformation, organized by Martin Rein, sponsored and held at IIASA (International Institute for Applied Systems Analysis). Laxenburg 11.–13. Juni 1992.
Klose, Hans-Ulrich (Hrsg.): Altern der Gesellschaft. Köln 1993.
Kohli, Martin: Altern in soziologischer Perspektive. In: Baltes, Paul / Mittelstrass, Jürgen (Hrsg.): Zukunft des Alterns und gesellschaftliche Entwicklung. Berlin 1992.
–: Altersgrenzen als Manövrierobjekte? Lebensläufe in der alternden Gesellschaft. In: Auflösung der Generationen? Tagungsbericht des Gottlieb-Duttweiler-Instituts für wirtschaftliche und soziale Studien. Rüschlikon / Zürich 1992.
–: Die Institutionalisierung des Lebenslaufs. Historische Befunde und theoretische Argumente. In: Kölner Zeitschrift für Soziologie und Sozialpsychologie, 37 (1), 1985.
Kommission der Europäischen Gemeinschaften: Mitteilungen über ältere Menschen (Vorschlag für einen Beschluß des Rates über gemeinschaftliche Aktionen zugunsten älterer Menschen). Brüssel 1990.
Koslowski, Leo: Die Operation: Ein Ratgeber für Patienten. München 1989.
Kübler-Ross, Elisabeth: Interviews mit Sterbenden. Stuttgart 1971.
Kunz, Barbara: Die Wechseljahre als positives Erlebnis. Neue Zürcher Zeitung vom 2. 12. 92.
Kruse, Andreas u. a. (Hrsg.): Gerontologie – Wissenschaftliche Erkenntnisse und Folgerungen für die Praxis. München 1988.
Lasch, Christopher: Das Zeitalter des Narzißmus. München 1986.
Lehr, Ursula: Altern bis zum Jahre 2000 und danach – die Herausforderung der Zukunft. In: Lehr, Ursula (Hrsg.): Altern – Tatsachen und Perspektiven. Bonn 1983.
– *(Hrsg.):* Altern – Tatsachen und Perspektiven. Ergebnisse interdisziplinärer gerontologischer Forschung. Bonn 1983.
–: Zur Situation der älterwerdenden Frau: Bestandsaufnahme und Perspektiven bis zum Jahre 2000. München 1987.
–: Kompetenz im Alter. Sind wir ein Land der Hilfsbedürftigen? In: Universitas 9, 1987.

–: Der Übergang in die «nachberufliche Phase»: Neuer Start nach 60. In: Kruse, Andreas u.a. (Hrsg.): Gerontologie – Wissenschaftliche Erkenntnisse und Folgerungen für die Praxis. München 1988.
–: Isolation und Einsamkeit im Alter – Dichtung und Wahrheit. In: Hoffmann, Hilmar (Hrsg.): Jugendwahn und Altersangst. Frankfurt a. M. 1988.
–: Psychologie des Alterns. Heidelberg/Wiesbaden [7] 1991.
Lüscher, Kurt: Generationenbeziehungen in Familie und Gesellschaft. In: Auflösung der Generationen? Tagungsbericht des Gottlieb-Duttweiler-Instituts für wirtschaftliche und soziale Studien. Rüschlikon/Zürich 1992.
Lüthi, Ambros: Ökonomische Ungleichheit und Bedeutung der Rentner. In: Ringeling, Hermann/Svilar, Maja (Hrsg.): Alter und Gesellschaft. Bern 1990.
Lutz, B.: Der kurze Traum immerwährender Prosperität. Frankfurt a. M. 1984.
Lutz, Wolfgang/Prinz, Christopher/Wils, Anne B./Büttner, Thomas/Heilig, Gerhard: Alternative Demographic Scenarios for Europe and North America. In: Future Demographic Trends in Europe and North America. London/San Diego 1991.
Lutz, Wolfgang (Hrsg.): Future Demographic Trends in Europe and North America. What Can We Assume Today? London/San Diego 1991.
Mackroth, Petra/Ristau, Malte: Die Älteren als dynamischer Faktor. Handlungspotentiale und gesellschaftliche Interessen. In: Klose, Hans-Ulrich: Altern der Gesellschaft. Köln 1993.
Mader, Wilhelm: Der Mythos des Narziß und das Altern. Eine Reinterpretation des Narzißmuskonzepts für die Alterspsychologie. In: Psychologie und Gesellschaftskritik 4, 1990.
–: Frühe Weichenstellungen? Altern und Lebensgeschichte. In: Boeckler, R./Dirschauer, K. (Hrsg.): Emanzipiertes Alter. Bd. 1, 1990.
Mäder, Ueli: Aufbruch im Alter. Ansätze. Zürich 1988.
Mann, John A.: Geheimnisse der Lebensverlängerung. Basel 1982.
Marx, Jean: Familial Alzheimer's Linked to Chromosome 14 Gene. Science Bd. 258, 1992.
Mattmüller, Felix: So nicht mehr mit uns! In: Auflösung der Generationen? Tagungsbericht des Gottlieb-Duttweiler-Instituts für wirtschaftliche und soziale Studien. Rüschlikon/Zürich 1992.
Mayer, Karl Ulrich u.a.: Gesellschaft, Politik und Altern. In: Baltes, Paul/Mittelstrass, Jürgen (Hrsg.): Zukunft des Alterns und gesellschaftliche Entwicklung. Berlin 1992.
Meier-Ruge, William: Welche Altersveränderungen führen zu reduzierten Gedächtnisleistungen? – Ergebnisse gerontologischer Hirnforschung. In: Gedächtnistraining, GDI-Schriften 49. Rüschlikon 1987.

Mesmer, Beatrix: Probleme des Altwerdens in früherer Zeit. In: Ringeling, Hermann / Svilar, Maja: Alter und Gesellschaft. Bern 1990.
Mitterauer, Michael: Zur familienbetrieblichen Struktur im zünftischen Handwerk. In: Grundtypen alteuropäischer Sozialformen. Haus und Gemeinde in vorindustriellen Gesellschaften. Stuttgart 1979.
Mohr, Reinhard: Zaungäste. Die Generation, die nach der Revolte kam. Frankfurt a. M. 1992.
Montaigne, Michel de: Essais. Frankfurt a. M. 1992.
Nagel, Wolfgang: Wenn die Rebellen älter werden. In: Altern und Jugendwahn. Geo Wissen 1 / 91.
Neugarten, Bernice L.: Personality and Psychosocial Patterns in Aging. In: Crossroads in Aging. The 1988 Sandoz Lectures in Gerontology. London 1988.
Niederfranke, Annette u. a. (Hrsg.): Altern in unserer Zeit – Beiträge der 4. und 5. Gerontologischen Woche am Institut für Gerontologie Heidelberg. Heidelberg 1992.
Nöstlinger, Christine: Ich träume mir ein Haus. In: Borchert, Manfred u. a. (Hrsg.): Älterwerden. Wien 1991.
Oltmanns, Horst-Peter: Alt hilft Jung. In: Späth, Lothar / Lehr, Ursula (Hrsg.): Altern als Chance und Herausforderung, Bd. 1. Stuttgart / München / Landsberg 1990.
Opaschowski, Horst W.: Psychologie und Soziologie der Freizeit. Leverkusen 1988.
Ostroff, Jeff: Successful Marketing to the 50+ Consumer, How to Capture One of the Biggest and Fastest-growing Markets in America. Englewood Cliffs 1989.
Oswald, Wolf / Lehr, Ursula (Hrsg.): Altern – Veränderung und Bewältigung. Bern 1991.
Ott, Notburga / Büttner, Thomas / Galler, Heinz P.: Demographic Changes and Their Implications on Some Aspects of Social Security in the Unified Germany. German Case Study (Collaborative Paper). Laxenburg (IIASA) 1991.
Parin, Paul: Drohende Einsamkeit. In: Hoffmann, Hilmar (Hrsg.): Jugendwahn und Altersangst. Frankfurt a. M. 1988.
Petzold, Christa / Petzold, Hilarion (Hrsg.): Lebenswelten alter Menschen – Konzepte, Perspektiven, Praxisstrategien. Hannover 1992.
Pfeil, Ulrike: Die ergraute Gesellschaft. In: Universitas 9 / 1987.
Pini, Udo: Leibeskult und Liebeskitsch. Erotik im Dritten Reich. München 1991.
Platt, Dieter (Hrsg.): Biologie des Alterns. Heidelberg 1990.

Prospects in Aging. The 1992 Sandoz Lectures in Gerontology. London 1993.
Ries, Werner: Altern ist keine Krankheit. Berlin 1984.
Riley, Matilda White / Riley, John W. Jr.: Individuelles und gesellschaftliches Potential des Alterns. In: Baltes, Paul / Mittelstrass, Jürgen (Hrsg.): Zukunft des Alterns und gesellschaftliche Entwicklung. Berlin / New York 1992.
Ringeling, H. / Svilar, M. (Hrsg.): Alter und Gesellschaft. Referate einer Vorlesungsreihe des Collegium generale der Universität Bern. Bern 1990.
Rosenmayr, Leopold: Die späte Freiheit. Berlin 1983.
–: Alter und Jugend. Historische Ideen, soziale Realisierung. In: Hoffmann, Hilmar (Hrsg.): Jugendwahn und Altersangst. Frankfurt a. M. 1988.
Rürup, Bert / Sesselmeier, W.: Schrumpfende und alternde deutsche Bevölkerung. In: Klose, Hans-Ulrich: Altern der Gesellschaft. Köln 1993.
Ryder, Norman: Notes on Stationary Populations. In: Population Index 41, 1/1975.
Sachverständigenrat für die Konzertierte Aktion im Gesundheitswesen (Hrsg.): Herausforderungen und Perspektiven der Gesundheitsversorgung, Jahresgutachten 1990. Baden-Baden 1990.
Saner, Hans / Holzhey, Helmut: Euthanasie – Zur Frage von Leben- und Sterbenlassen. Basel / Stuttgart 1976.
Schachtner, Christel: Störfall Alter – Für ein Recht auf Eigen-Sinn. Frankfurt a. M. 1988.
Scheidgen, Helmut: Die allerbesten Jahre. Weinheim 1988.
Schmitz-Scherzer, Reinhard (Hrsg.): Altern und Sterben. Bern 1992.
Schmitz-Scherzer, Reinhard: Sterben und Tod im Alter. In: Baltes, Paul / Mittelstrass, Jürgen (Hrsg.): Zukunft des Alterns und gesellschaftliche Entwicklung. Berlin 1992.
Schneider, Hans-Dieter: Selbsthilfe und politischer Einfluß der Senioren. In: Ringeling, Hermann / Svilar, Maja: Alter und Gesellschaft, a. a. O.
Schroeder, Walter: Freiheit ohne Auftrag – Anstöße zur Altenbildung aus soziologischer Sicht. In: Trapmann, Hilde / Hofmann, Winfried u. a. (Hrsg.): Das Alter. Dortmund 1991.
Schweizerischer Nationalfonds zur Förderung der wissenschaftlichen Forschung: Menschen an der Arbeit. Ergebnisse aus dem Nationalen Forschungsprogramm 15 (Arbeitswelt: Humanisierung und technologische Entwicklung). Bern o. J.
Sommer, Bettina: Entwicklung der Bevölkerung bis 2030. Ergebnisse der siebten koordinierten Bevölkerungsvorausberechnung. In: Wirtschaft und Statistik, Heft 4/1992.
Späth, Lothar / Lehr, Ursula (Hrsg.): Altern als Chance und Herausforderung. Band 1 und 2. Stuttgart / München / Landsberg 1990.

Specht, Dieter: Berufliche Anforderungen heute, neue Techniken in der Zukunft. Chancen des Alters in der beruflichen Qualifizierung. In: Dettbarn-Reggentin, Jürgen / Reggentin, Heike: Neue Wege in der Bildung Älterer. Bd. 1. Freiburg i. Br. 1992.

Statistisches Bundesamt: Im Blickpunkt: Ältere Menschen. Wiesbaden / Stuttgart 1991.

Stearns, Steven C.: The Evolution of Life Histories. Oxford / New York / Tokio 1992.

Steinhagen-Thiessen, Elisabeth u. a.: Innere Medizin und Geriatrie. In: Baltes, Paul / Mittelstrass, Jürgen (Hrsg.): Zukunft des Alterns und gesellschaftliche Entwicklung. Berlin 1992.

Steinhardt, Martina: Altern – Seine Ursachen und seine Biologie. Stuttgart 1990.

Straka, Gerald A. / Fabian, Thomas / Will, Jörg: «Berufsverbot» mit 65? Plädoyer für flexible Altersgrenzen bei der Erwerbstätigkeit und eine aktive Bildungspolitik. In: Psychologie und Gesellschaftskritik 4 / 1990.

Süssmuth, Rita: Alte und neue Klischees zum Generationenverhältnis. In: Hoffmann, Hilmar (Hrsg.): Jugendwahn und Altersangst. Frankfurt a. M. 1988.

Tews, Hans-Peter: «Neue Alte»? Veränderungen des Altersverhaltens. In: Universitas 9 / 1987.

Trapmann, Hilde / Hofmann, Winfried u. a.: Das Alter. Dortmund 1991.

Unruh, Trude: Tatort Pflegeheim. Zivildienstleistende berichten. Essen 1989.

Vogt, Walter: Altern. Frankfurt a. M. 1984.

Wehkamp, Th. W.: Solidarität, auch auf dem Arbeitsmarkt. In: EURAG: Solidarität zwischen den Generationen. Graz 1991.

Weinert, Franz: Altern als psychologische Perspektive. In: Baltes, Paul / Mittelstrass, Jürgen (Hrsg.): Zukunft des Alterns und gesellschaftliche Entwicklung. Berlin 1992.

Wilbers, Joachim: Singularisierung – eine Entwicklung in der Zukunft? In: Späth, Lothar / Lehr, Ursula (Hrsg.): Altern als Chance und Herausforderung, Bd. 2. Stuttgart / München / Landsberg 1990.

Wilde, Oscar: Das Bildnis des Dorian Gray. Stuttgart 1992.

Winterthur-Leben (Hrsg.): Unsere neuen Senioren. Eine Repräsentativ-Befragung des Dichter-Instituts für Motiv- und Marketingforschung. Zürich 1991.

Wolf, Naomi: Der Mythos Schönheit. Hamburg 1991.

Zimmermann, Robert: Das Leben im Alter – ein Stück bewußt gelebten Lebens. In: Ringeling, Hermann / Svilar, Maja (Hrsg.): Alter und Gesellschaft. Bern 1990.

Dank

Für die kritische Durchsicht einiger Teile dieses Buches möchten wir herzlich danken: PD Dr. François Höpflinger, Dozent an der Universität Zürich und Leiter des Nationalen Forschungsprogrammes Alter (NFP 32), Prof. Dr. Wolfgang Lutz vom International Institute for Applied Systems Analysis in Laxenburg, PD Dr. Marco Ermini, Dozent an der Universität Basel und Leiter der Pharma Information Basel sowie PD Dr. Walter O. Seiler, Dozent an der Universität Basel und leitender Arzt an der Medizinisch-Geriatrischen Klinik des Basler Kantonsspitals. Besonderer Dank gebührt Theres Schmid und Ruth Stalder, ohne deren kritische Begleitung und moralische Unterstützung dieses Buch nicht zustande gekommen wäre.

Organisationen

Alt hilft Jung e. V.
Kennedyallee 62–70
53175 Bonn
Vermittlung von pensionierten Fachleuten an Jungunternehmer

Basels Graue Panther
Postfach 686
CH-4125 Riehen 1

Bundesseniorenvertretung e. V.
Severinstr. 39
50678 Köln
Interessenvertretung auf Regierungsebene, durch Landesvertretungen in den Ländern der alten Bundesrepublik, in Sachsen und Mecklenburg-Vorpommern

Bundesverband Seniorentanz e. V.
Insterburger Str. 25
28207 Bremen
Tanzkurse und -veranstaltungen in den Ländern der alten Bundesrepublik

Comedia Colonia
Löwengasse 7–9
50678 Köln
Theaterarbeit mit Senioren, Aufführungen mit Theatergruppen aus dem ganzen Bundesgebiet

Deutscher Seniorenring e. V.
Am Seeblick 91
40627 Düsseldorf
Erfahrungsaustausch zwischen den Generationen und Anregungen für eine gesunde Lebensführung im Alter

Deutsches Zentrum für Altersfragen (DZA)
Manfred-von-Richthofen-Str. 2
12101 Berlin
Forschung und Dokumentation zum Thema Alter

Die Grauen Panther e. V.
Rathenaustr. 2
42277 Wuppertal
Seniorenschutzbund für Jung und Alt

Erfahrungswissen älterer Menschen nutzen
Manfred-von-Richthofen-Str. 2
12101 Berlin
Koordinationsstelle verschiedener Berliner Projekte mit Pilotcharakter, z. B. «Zeitzeugen», «Großmutters Teetisch»

Geführte Autobiographie
Marlisa Fritschi

Isenbergstr. 29

CH-8913 Ottenbach

Graue Panther Zürich
Postfach 1025

CH-8038 Zürich

Großelterndienst für alleinerziehende Mütter
Ansbacher Str. 63

10777 Berlin

Pilotprojekt in Berlin zur Kinderbetreuung durch «fremde» Großmütter und -väter

Interessengemeinschaft der Bewohner von Altenwohnheimen, Altenheimen und gleichartigen Einrichtungen e. V.
Vorgebirgsstr. 1

53913 Swisttal-Heimerzheim

Von Heimbewohnern ins Leben gerufene, bundesweite Initiative

Kompanie des guten Willens e. V.
Enneper Str. 87

58135 Hagen

Rentner und Pensionäre stellen ihr handwerkliches Können für gemeinnützige Einrichtungen zur Verfügung

Koordinationsstelle für Seniorenarbeit des Schweiz. Rentnerverbandes
(siehe Schweizerischer Rentnerverband)

Lebensabend-Bewegung (LAB)
Bödeckerstr. 85

30161 Hannover

Bundesarbeitsgemeinschaft und Landesverbände für Interessenvertretung und Freizeitgestaltung

Österreichisches Komitee für Sozialarbeit
Schottenring 24

A-1010 Wien

Österreichischer Seniorenbund (ÖVP)
Kärntnerstraße 51

A-1010 Wien

Österreichischer Seniorenring
Himmelpfortgasse 7

A-1010 Wien

Pensionistenverband Österreichs (SPÖ)
Alserbachstraße 23

A-1090 Wien

pro – Informationen für Seniorenvertretungen in der Bundesrepublik Deutschland
Wangenheimstr. 27

14193 Berlin

Berichte über Tagungen und Gesetzesvorhaben

Pro Senectute Österreich
Schedifkaplatz 3/8

A-1120 Wien

Pro Senectute Schweiz
Lavaterstr. 60
CH-8027 Zürich

Rentnerarbeit Aktion «P»
Sternengäßchen 1
CH-3011 Bern

Schweizerischer Rentnerverband
Zentralsekretariat
Habsburgerstr. 2
CH-4310 Rheinfelden 2

Senexpert
Forchstr. 145
CH-8032 Zürich

Senioren für Senioren
(siehe Pro Senectute)

Seniorenhilfe «Junge Panther»
Verein zur Verbesserung der Lebensbedingungen hilfs- und pflegebedürftiger Menschen
Rennweg 84
A-1030 Wien

Senior Expert Corps
c/o Swisscontact
Döltschiweg 39
CH-8055 Zürich

Senior Experten Service
Adenauerallee 148
53113 Bonn
Vermittlung von pensionierten Fachleuten an Einsatzorte in Entwicklungsländern

Stelle für Altersfragen des Migros-Genossenschafts-Bundes
Postfach 266
CH-8031 Zürich

Wiener Seniorenzentrum im WUK
Währingerstraße 59
A-1090 Wien

Wissensbörse für Jung und Alt
Am Seeblick 91
40627 Düsseldorf
Kostenlose Wissensvermittlung durch zentrale und regionale «Börsenbriefe»

Wohngemeinschaft Jung und Alt e. V.
Jarrestr. 27/29
22303 Hamburg
Verein, der das Zusammenleben von Jung und Alt propagiert; Kontakte im ganzen Bundesgebiet

ZWAR – Zwischen Arbeit und Ruhestand e. V.
Steinhammerstr. 3
44379 Dortmund
Selbstorganisierte Kulturarbeit mit Modellcharakter

Namenregister

Sachregister

Körper und Gesundheit

Frederic F. Flach
Depression als Lebenschance
Seelische Krisen und wie man sie nutzt
(rororo sachbuch 7168)

Jennifer James
Trübe Tage *Wege aus dem weiblichen Stimmungstief*
(rororo sachbuch 8840)
Dieses leicht zugängliche, praktische Buch wendet sich an alle Frauen, die sporadisch in leichte Depressionen verfallen und immer wieder von Melancholie und Mutlosigkeit eingeholt werden und beschreibt mit Humor und Selbstironie wie "frau" dagegen angehen kann.

Was wir alles schlucken *Zusatzstoffe in Lebensmitteln*
Herausgegeben von der KATALYSE Institut für angewandte Umweltforschung
(rororo sachbuch 8465)

Gunter Schmidt
Das große Der Die Das *Über das Sexuelle*
(rororo sachbuch 8459)

Dagobert Tausch
Taschenlexikon der Medizin *Über 17.000 Namen, Begriffe und Methoden aus allen Bereichen der Medizin - präzise und allgemeinverständlich erklärt*
(rororo sachbuch 6285)

H. Hemminger / V. Becker
Wenn Therapien Schaden
Kritische Analyse einer psychotherapeutischen Fallgeschichte
(rororo sachbuch 9137)

rororo sachbuch

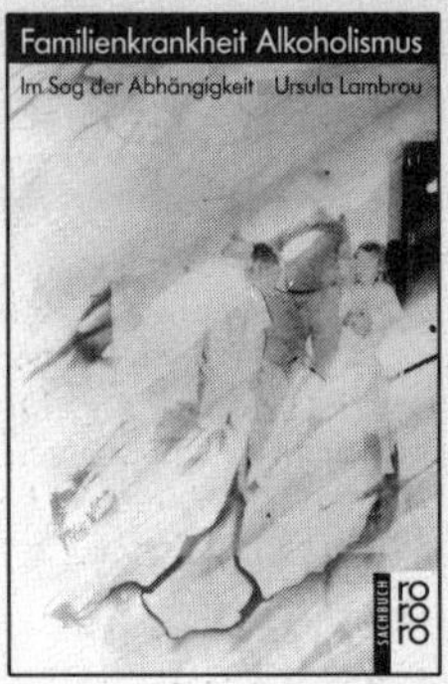

Ursula Lambrou
Familienkrankheit Alkoholismus
Im Sog der Abhängigkeit
(rororo sachbuch 8771)
Alkoholismus ist eine Familienkrankheit: Erst langsam wird die volle Bedeutung dieses Satzes auch hierzulande einer breiteren Öffentlichkeit bewußt. Die Autorin, Pädagogin mit psychologischer Ausbildung in den USA, hat das erste deutsche Buch zu diesem wichtigen Thema geschrieben.

Inge Nordhoff / "pro familia"
Wenn Mädchen die Pille wollen ...
Alles über Liebe, Sexualität, Verhütung
(rororo sachbuch 7930)

Sämtliche Bücher und Taschenbücher zum Thema finden Sie in der *Rowohlt Revue*. Jedes Vierteljahr neu. Kostenlos in Ihrer Buchhandlung.

3406/2

Gesunde Ernährung

Ulrike Arens-Azevedo / Michael Hamm
Fast Food – Slow Food *Plädoyer für eine neue Eßkultur*
(rororo sachbuch 9102)
Die beiden Ernährungswissenschaftler sind mißtrauisch gegen jede lautstarke Propaganda im «Mac-gegen-Müsli-Krieg». Sie zeigen den gangbaren Pfad im Dschungel der Eßstile unserer Zeit.

ÖKO-TEST
Ratgeber Ernährung
(rororo sachbuch 9171)
Tips und Informationen gegen Gesundheitsrisiken bei der täglichen Ernährung.

Bettina Muermann
Lexikon Ernährung
(rororo handbuch 6328)
Das Lexikon enthält rund 1000 Begriffe aus den Bereichen Gesundheit und Ernährung. Ein in dieser Form einmaliges Nachschlagewerk, das präzise und verständlich Auskunft gibt für alle, die sich schnell informieren möchten, ohne gleich wissenschaftliche Literatur zu wälzen.

Beate Seeßlen-Hurler
Das schmeckt Kindern in Europa
Eine kulinarische Reise von Oslo bis Valencia
(mit kindern leben 9146)
Gerichte und Geschichten: Wie gemeinsames Essen mit Kindern zum großen Spaß wird.

Michael Hamm / Sylvia Strobel / Luigi Falavigna
Das Fitneß-Kochbuch *Leckere Rezepte für jeden Sport*
(rororo sportbuch 8694)
Wie man mit leckeren Rezepten seine Leistung steigert.

rororo sachbuch

Michael Hamm
Fitnessernährung *Ratgeber für die Sportpraxis*
(rororo sportbuch 8648)
Was und wann soll man trinken und welchen Sinn haben spezielle Fitnessgetränke? Wie kombiniert man Ernährung und Bewegung zur Gewichtsreduktion Welches sind die typischen Ernährungsfehler bei Freizeit- wie Leistungssportlern? – Diese und weitere Fragen beantwortet Michael Hamm, Professor für Ernährungswissenschaft.

Volker E. Pilgrim
Zehn Gründe, kein Fleisch mehr zu essen
(rororo sachbuch 8273)

Sämtliche Bücher und Taschenbücher zum Thema finden Sie in der *Rowohlt Revue*. Jedes Vierteljahr neu. Kostenlos in Ihrer Buchhandlung.

Anne-Marie und Reinhard Tausch

Seit ihrer Krebserkrankung setzte sich **Dr. Anne-Marie Tausch** gemeinsam mit ihrem Mann sehr intensiv mit der Erfahrung und der Bedeutung des Sterbens auseinander. Sie starb 1983 an ihrem Krebsleiden. **Professor Dr. Reinhard Tausch** arbeitet am Psychologischen Institut der Universität Hamburg.

Anne-Marie Tausch
Gespräche gegen die Angst
Krankheit – ein Weg zum Leben
(rororo sachbuch 8375)
«Eines der erfreulichsten Beispiele hilfreicher Krebsbücher ist ‹Gespräche gegen die Angst›. Eine bewegende Lektüre für alle, die beruflich oder als Angehörige und Freunde mit Krebskranken zu tun haben.»
FAZ

Reinhard Tausch / Anne-Marie Tausch
Wege zu uns und anderen
Menschen suchen sich selbst zu verstehen und anderen offener zu begegnen
(rororo sachbuch 8403)
Ein Buch, das Mut macht, die Verantwortung für sich selbst zu übernehmen, offene und angstfreie Kommunikation zu leben.

rororo sachbuch

Anne-Marie Tausch / Reinhard Tausch
Sanftes Sterben *Was der Tod für das Leben bedeutet*
(rororo sachbuch 8843 und als gebundene Ausgabe)
«Es spricht vieles dafür, das von diesem Buch Veränderung ausgeht. Aus zwei Gründen: Es bricht mit sanfter Radikalität ein Tabu, das Tabu des Todes. Und es informiert einfühlsam über alles, was beim Sterben, dem eigenen oder dem von Freunden und Verwandten, passiert. Jede Frage erhält eine Antwort.»
Süddeutsche Zeitung

Anne-Marie Tausch / Reinhard Tausch
Sanftes Sterben
2 Toncassetten
(Literatur für Kopf Hörer 66021)

Reinhard Tausch
Hilfen bei Streß und Belastung
(rororo sachbuch 9511)

3508/3

Laurie Ashner Mitch Meyerson
Wenn Eltern zu sehr lieben
rororo

NLP: Psycho-Power

Streß mit dem Chef, Probleme in der Familie oder Angst vor der Zukunft - Probleme, die allein schwer zu meistern sind. Jetzt erscheint bei rororo das Psycho-Power-Programm zur Stärkung des Selbstbewußtseins, bekannt als **Neurolinguistisches Programmieren (NLP)**, das in den siebziger Jahren von den Amerikanern Richard Bandler und John Grinder entwickelt wurde. Knapp, praxisnah und verständlich geschrieben, bieten die Bücher konkrete Hilfe für Alltag und Beruf.

Barbara Schott
Gut drauf sein, wenn's schiefgeht
rororo 9604

Cool bleiben
rororo 9603

Andere Wege wagen
rororo 9605

Barbara Schott/ Klaus Birker
Freunde finden
rororo 9668

Prüfungsstreß ade
rororo 9669

rororo sachbuch

Dr. Barbara Schott ist seit 1984 Professorin für BWL und Marketing an der Fachhochschule Nürnberg. Ihre Ausbildung in NLP erhielt sie bei Reese, Grinder und Bandler in den USA und erwarb die «Certification in NLP» durch die «Society of Neuro-Linguistic - Programming». Seit langem unterhält sie ihr eigenes Institut «NLP-Praxis» in Nürnberg.

Klaus Birker ist Professor für Betriebswirtschaft (Führungslehre und Controlling) an der Fachhochschule Rheinland-Pfalz. Seit 1987 ist er zusammen mit seiner Frau tätig als Berater, Trainer und Coach, mit Zusatzausbildungen u.a. in NLP.